21世纪普通高等教育“十四五”规划教材·市场营销系列

企业形象策划

汪秀英　主　编
王春祥　副主编

上海财经大学出版社

图书在版编目(CIP)数据

企业形象策划/汪秀英主编．—上海：上海财经大学出版社，2021.8
(21世纪普通高等教育“十四五”规划教材·市场营销系列)
ISBN 978-7-5642-3776-9/F·3776

Ⅰ.①企…　Ⅱ.①汪…　Ⅲ.①企业形象-设计-高等学校-教材
Ⅳ.①F272－05

中国版本图书馆CIP数据核字(2021)第085695号

□责任编辑　袁　敏
□封面设计　张克瑶

企业形象策划

汪秀英　主　编
王春祥　副主编

上海财经大学出版社出版发行
(上海市中山北一路369号　邮编200083)
网　　址：http://www.sufep.com
电子邮箱：webmaster@sufep.com
全国新华书店经销
上海天地海设计印刷有限公司印刷装订
2021年8月第1版　2021年8月第1次印刷

787mm×1092mm　1/16　17.25印张　442千字
印数：0 001—3 000　定价：48.00元

21世纪普通高等教育“十四五”规划教材

21 SHIJI PUTONG GAODENG JIAOYU "SHISIWU" GUIHUA JIAOCAI

编委会

BIAN WEI HUI

再版说明

自本书上一个版本出版至今已有11年的历史了，11年的时间在宇宙的长河中不及一点，但在一个社会的发展中却变化万千。在过去这11年的时间里，我们伴随着互联网前行的脚步，经历了互联网走进生活、走进生产，到互联网统领生活、统领企业的发展过程，由此企业形象策划也生成了更多的思路和更现代化的方法，如通过AI(人工智能)技术的应用可以生成策划思路和策划方案(至今尚未被使用)，更多新媒体、自媒体平台给企业形象和品牌传播平添了更多的路径选择(已得到广泛的应用)。尽管科技的进步可以使企业形象策划工作形成人机并用的选择，但目前没有人类智慧的积累，单靠技术的手段还很难独立支撑完整方案的出台。不过，AI技术可以作为人类智慧的辅助手段，抑或在将来成为人类智慧的合作伙伴，但人的智慧在企业形象策划中目前仍占据着主导地位，或许在未来也不可替代。我们希望或将能够看到，企业在形象策划、品牌传播的过程中将策划工作与现代科技手段更好地融合，以使企业形象策划工作的内涵和外延更加丰富多彩。

此次对本书上一个版本进行了修订，不仅在文字上给予了更细腻的斟酌，而且在新生产业(如电商产业)与技术服务的应用上更是进行了翔实而系统的思考，如电商企业服务规程的建立、网络传播新技术手段的应用等。希望通过更系统的研究，让我们的企业在运行中多一些创新、多一些稳健、多一些提升，少一些失误、少一些羁绊、少一些折损。

此次修订在“服务规程策划”一章中增加了“电商企业服务规程”一节，旨在帮助电商企业确定服务规则、提升服务水平。同时，删除了“商贸企业服务规程”一节，因为互联网技术的发展使更多的商贸企业融入电商平台的大潮之中，这是大势所趋、行之必然。

本书配置了PPT课件和音频教材。PPT课件由王春祥老师制作，音频教材由汪秀英教授录制。

希望通过这一次的修订，将上一个版本中出现的问题给予解决，使《企业形象策划》一书更具有实用性、可读性、时代的跟随性和现实的可指导性，以提升本书的价值，推动企业的发展。

汪秀英

2021年6月

再版说明

前　言

《企业形象策划》是在众多理论研究和实践操作的基础上形成的旨在指导企业形象策划与运作操作的一部理论与实践融为一体的著作。本著作所依据的基本理论主要有经济学、社会学、军事学这三大理论体系与其中的核心思想。经济学主要指导策划学在经济领域中把握经济规律、适应经济环境、创造各种可能的条件与契机，提高企业的经济效益。社会学主要指导策划学在社会发展中使企业能够承担起一定的社会责任，在力所能及的条件下参与必要的社会活动、传播企业信息、为企业发展创造良好的公众基础，使企业能够为公众认同、使公众喜欢。军事学主要指导策划学为企业进行发展过程中的战略思考、战略布局提供更多的谋略与思想，使策划工作更具有全局性、战略性，使企业在市场竞争中能够思路清晰、指挥有方、运行有序、遇险淡定、注重细节、活动自如，赢取辉煌的战果。

在三大理论体系的指导下，《企业形象策划》还充分吸纳了三大理论体系中的各个分支理论，如管理学、营销学、广告学、公关学、新闻学、传播学、创意学等。在秉承理论指导的前提下，策划学重在总结经验、指导实践、观之未来、规划发展等。从这个角度分析，《企业形象策划》作为策划学的一个分支，具有相对比较广泛的理论基础和实践依据，且具有交叉、融合、跨越多门学科以及理论与实践相结合的综合性理论与实务。

本书以策划为主线，贯穿企业在自身发展与运行中需要策划的各项工作，包括策划契机的把握、策划方法的选择、策划程序的确定、各项策划工作的开展，如营销策划、品牌策划、CIS 策划、服务策划、公关策划、广告策划、新闻策划、危机策划、网络运营策划、策划的效果评估等。对这些策划工作的实际运营要求、策划所关注的核心问题等进行了全面的阐述。本书可以从以下几个方面给读者以启迪：

(1)建立企业形象策划的完备体系。本书从策划方法、策划程序入手，对与建构企业形象相关的各项策划工作进行了系统思考，以其更完整的体系力争使与企业形象和品牌相关的各项工作无遗漏地进行全面的阐述，以保证企业在经济运行中不出现形象和品牌方面的瑕疵与纰漏，保证企业形象和品牌建构与发展的顺畅和有力。

(2)强化企业 CIS 运行工程的基本程序与方法，将 CIS 系统与企业形象系统融为一体，使

CIS策划在企业形象策划中承担起历史的责任，并使其对企业形象的构建与传播形成强有力的支柱，尤其是对理念创意的内涵与方法、行为系统的贯彻落实、视觉识别系统的特征与要求等方面，本书给出了时代的水准和发展的目标，力争使其对企业的CIS运营发挥出有价值的启迪与帮助。

(3)本书对企业形象策划的要素进行了拓展，其中包含有从正象的角度如何推动企业形象发展的常规手段，如对营销策划、品牌策划、CIS策划、服务策划、公关策划、广告策划、新闻策划、网络运营策划等进行了创造性思考；同时也包含从负象的角度对企业形象提出了防守与处置的方法，如对企业危机的预防与危机到来时企业需要处理危机的最佳手段与最佳应对步骤进行了系统性思考，并给出了预防危机的模型和处理危机的模型。

(4)从效益分析的角度，对企业开展形象策划工作所能带给企业的经济效益与社会效益，从定性和定量两个方面给出了具体的方法，从内部效益与外部效益两个角度进行了全面的思考，从投入(成本)与产出(效益)两个方面进行了对比分析，其中更强化其社会效益以及对未来经济运行的影响，所确立的方法可用性强且容易掌握。

本书是集体智慧的融合。为把《企业形象策划》一书打造成精品，发挥其指导实践的作用，本书由首都经济贸易大学工商管理学院汪秀英教授牵头组建了《企业形象策划》一书的工作小组，并经过反复协商确立大纲，多次沟通选择体例，最后由小组成员分领任务进行撰写。本书的第一章、第三章、第四章、第五章、第六章、第八章、第十二章由汪秀英撰写，第二章由莫然撰写，第七章由崔久善撰写，第九章由罗彬彬撰写，第十章由王春祥撰写，第十一章由陆辉撰写，全书由汪秀英教授总纂。

本书在写作过程中参考、引用了大量的文献资料，有些资料在本书的参考文献中已经列出，但也难免有疏漏之处，如有发现，敬请谅解，并希望及时与本书主要负责人汪秀英老师联系(wangxiuying56@sina. com)，我们会在后期再版时予以弥补，同时，向这些资料的原作者致以诚挚的谢意。

本书适合作为高等院校相关专业的教学用书，也适合作为企业家、策划专家、管理者、职业经理及热心策划事业的各界朋友的指导用书。相信此书会给广大读者以裨益。

书中如有不妥之处，或与己意见不一致之处敬请谏诤，以使其日臻完善。

编　者

2011年3月

目　录

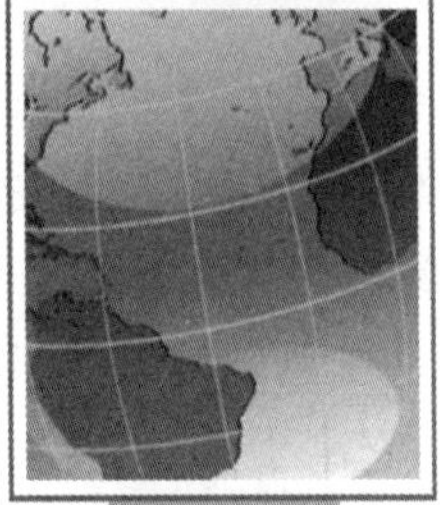

第一章 企业形象策划导论

策划，与人类社会的历史一样古老而久远。综观古代策划，大多集中在军事、政治、外交方面，经济、商业等领域的策划很少涉及。在当今社会，策划涉及了更广泛的领域，包括政治、军事、经济、艺术和生活等领域。政治领域中的策划包括政党纲领的确立、国与国之间关系的建立、未来行进的方向等；军事领域中的策划包括军事装备的设定、战争的分析、战役的规划等；经济领域中的策划包括战略投资的选择、企业形象的设计、进入市场的规划等；艺术领域的策划包括艺术选题和形式的策划、艺术深度和情节的设定等；生活领域中的策划包括人生的路线图和专业的选择、工作的选择、配偶的选择等。无论哪一领域，只要进行战略思考、形象创立、开展大型活动、建立友好关系等，均需要先行策划。

第一节　策划的含义与类型

在经济发展中，策划显示出独有的魅力，策划为企业的经济运行开辟了广阔的前景。只有策划，才能保证企业的市场运行工作有条不紊；只有策划，才能保证企业的重大活动产生巨大的影响力；只有策划，才能保证企业的形象永远处于最佳状态；只有策划，才能使企业的经济运行不出现或少出现漏洞或瑕疵，以尽力避免企业危机的爆发。

一、策划的含义

策划，通俗地讲就是出谋划策，它产生于人的脑力活动或智力活动，因此，策划是一种创造性思维、系统性思考。

企业策划立足于企业发展和经济运行，是为企业未来更好地运营、创造独特的风格而进行的系统性谋划。总体上可以从不同的界面来理解策划，其中有广义的理解、中义的理解，也有狭义的理解。

(一)广义的策划

从广义的角度来理解，策划涵盖了企业的战略规划、运行计划、形象目标和未来的打算等全部内容，具体的内容包括企业对战略选择的思考，所运行的全部工作计划、管理、谋略、设计等。企业的日常工作依据什么、如何约束员工的行为；企业的专项活动选择的类型、投资额度的确定，如何进行传播；企业的社会责任怎样承担、选择哪些方面的社会活动，如何开展这些活动;企业的形象怎样设计、表现出什么样的企业特质,如此等等均在这一广义范围内给予考虑。策划工作的完成,就是企业各项活动实施之前一切工作的就绪。当然,这里的策划工作不是一时之事,而是一项伴随着企业的发展而不断进行的工作。

(二)中义的策划

从中义的角度理解,企业策划是对企业专项活动的制定、筹划、谋略、设计等,其内容包括根据现存的由头进行的新闻制造、重大企业活动的筹划、社会型公益活动参与思路的确定、现存问题的解决、危机事件的处理方案等。这里的企业策划一般有明确的活动主题、具体的活动目标和可行的运作思路与程序。它与整体计划的关系是:从其广义上分析,它寓于企业的经营计划之中,表现为经营计划的项目活动计划;从其深度上分析,它使项目活动计划更加具体、更加深化,所形成的计划书可以直接作为策划活动实施的操作依据。由此它有着自身的体系、体例与运作方法,在活动计划中具有相对的独立性,同时成为实现企业计划的强化剂和助推器。

(三)狭义的策划

从狭义的角度理解,企业策划仅仅是指对具体工作的设计和指导,表现为在具体目标约束下所实施的工作过程,其着眼点在于具体工作的运行和既定目标的实现。它与整体经营计划的关系是:它是整体企业经营计划的执行计划,其指导思想和行为准则均以整体经营计划方案为依据,但其范围和目标均小于经营工作计划;它与中义的活动策划的关系是:它是中义企业策划的操作性计划,但缺少中义企业策划的思想性和创造性。

创意、创新和创造是企业策划的本质特征,没有"三创"的企业策划,只能属于企业计划工作的范围,追求创新可以将企业计划与企业策划进行有效的划分。从总体上来理解,企业经济运行程序中的计划是对全部企业活动的总体计划,是按部就班的工作。它不需要特殊的由头,也不因环境的变化而改变,就如同生产计划、经营计划一样是组织运行中不可或缺的工作。因此,在组织面对变化的环境和特殊的活动由头时,总体的企业计划在其计划的编制、目标的界定和思想深度的挖掘方面很难做出及时的调整;而狭义的企业策划仅仅局限于对某项具体工作的设计和指导,没有更多的思想创造,因此,在指导具体的企业策划工作时很难覆盖全面。

从中义的角度理解企业策划,一方面可以随时捕捉到变化了的环境给组织提供的活动由头与机会;另一方面可以通过设计、创意,挖掘思想深度,把握策划方向,保证企业策划的实际效果。为此我们从中义的角度定义企业策划:企业策划是指组织为实现企业目标、利用组织资源与能力、把握活动由头与机会、选定活动主题、谋划活动对策、创意活动方案、攻克运行中的难关而进行的运筹过程。

企业形象策划寓于企业策划之中,并且属于中义的策划范畴。企业形象策划主要围绕着企业形象,诸如产品形象、员工形象、品牌形象、服务形象等方面的内容而展开,并以营销、公关、广告、传播等各项活动为表现形态,进而保证企业形象的良好状态,推动企业形象的发展。

二、企业策划的类型

有人将策划分为起点策划、时间策划、空间策划、功能策划,还有明策划和暗策划以及黑策划和白策划(陈放,2004,新浪财经)。从经济活动的角度,可将策划分为营销策划、企业策划、广告策划、开业与庆典策划、展览展销策划、新产品上市策划等。从社会活动的角度,可将策划分为媒体节目策划、各种会议策划、文艺活动策划、体育活动策划等。从企业的角度来分析,更多的企业策划均表现为企业形象策划,其主要表现为以下类型。

(一)扩大影响型形象策划

扩大影响型形象策划主要是以知名度的提升作为策划目标，以媒介参与和可能的传播作为手段，策划的目的在于使更多的社会公众认识、了解、理解并接纳企业及企业提供的产品与服务。这种策划在现实中比较多见，如宣传型企业活动就属于这种类型的策划活动。扩大影响型形象策划所要求的条件是：第一，基础条件好，能够达到让人们认识、让人们认同的程度。北京长城饭店是在自身硬件和软件均达到五星级的水准时策划出了"里根总统的访华答谢宴会"的，这就是"做好，告诉别人"的企业基本原理所倡导的思想；第二，目标公众的针对性清晰，如长城饭店企业活动所针对的目标公众是国外来华友人、游人等，因此，开展企业形象推广活动必须要界定为国际性、高水准，只有这样才能吸引国际媒体的关注和报道；第三，保证媒体的关注，一般情况下媒体关注其活动的条件为有新闻价值、具有典型性和独特性、有推广和教育意义等。如"里根总统的访华答谢宴会"就有新闻价值；崔秀芝老师策划的"安徽商之都开业仪式"——邀请北京商业战线的劳动模范在安徽商之都做开业售货表演的主角，就表现出了其典型性与独特性，并具有推广与教育意义。

(二)发展现状型形象策划

发展现状型策划的目的在于使组织的良好现状得以巩固，并在此基础上有所发展和壮大。对于经济组织来讲，其策划的目的表现为市场的扩大、社会公众对品牌的认同；对于政治组织来讲，其策划的目的在于能够推广其出台的各项方针政策，并使其发挥有价值的功效，如政府出台的环境保护措施，能够得到市民的遵守，形成良好的效果。发展现状型形象策划更多表现为工作手段的策划，即采取何种方式能够使组织得到更好的发展。通常企业组织更多会推出CIS策划项目、建设性企业活动、维系型企业活动等。

(三)塑造形象型企业策划

塑造形象型企业策划实际上是建立在已有基础性企业工作的条件下以及各项基础性工作(如经济组织的产品、技术、服务)均达到高水准的情况下，为了使组织有一个更加广泛且良好的影响，而通过企业活动来展示组织的水准与能力，其目的在于让更多的社会公众都能够熟悉组织、接纳组织。塑造形象型策划更多的选择手段是社会型企业活动，如参与体育事业、支援救灾工作、赞助希望工程或各种可赞助的事业、做环境保护的使者等。所有有利于社会、有利于环境建设的工作都可作为企业形象策划工作的由头。企业形象策划常常与公关活动、媒介传播活动同步而行。

(四)解决问题型形象策划

当组织面临问题时，采取策划的手段解决问题比采取任何其他手段都更有助于问题的解决，且还可以为组织的发展和建设提供思路和广阔的空间。组织面临的问题一般可分为内部问题和外部问题。内部问题要通过内部的策划手段给予解决，如了解问题原因，针对其原因出台解决问题的思路，通过内部沟通或会议形式或个案处理等方式给予解决。外部问题，如果问题的性质不是特别严重，则可就问题的性质进行个案处理，如个别沟通、给予补偿等形式；如果问题很严重，已经引起了媒体的关注，则需要采取危机企业的方法进行处理。

(五)危机处理型形象策划

当组织发生了重大事件且已经危及组织的形象和正常的经营运作时，说明组织发生了危机事件。危机事件来势突然、不可预测、让人防不胜防，这时组织必须马上采取应急措施，按照危机处理的程序策划出具体可行的解决危机的方案。关于危机管理与处理危机的策划工作，我们将在第十章中进行论述。

以上五个方面的企业策划类型均属于企业形象策划的范畴，其中任何一种类型的策划均涉及企业形象问题。

第二节 企业形象策划的原则与方法

企业形象策划的原则与方法是由一些不确定因素决定的。因素不确定，但原则与方法却有着确定性；因素的多样性，其原则与方法也具有一定程度的多样性、多变性，并应适应时代发展的需要。

一、企业形象策划的基本原则

企业形象策划原则是企业形象策划的基本依据。根据现代企业发展的状况和策划理论与策划思想的成熟程度，现代企业形象策划应依据以下原则：

（一）信息性原则

掌握必要的信息是企业形象策划的基本前提条件。在当今市场经济的发展中，信息、物质和能源被喻为现代社会发展的三大支柱，其中信息为首要因素。没有信息，便没有现代社会的经济发展和科技进步。在组织的企业活动中，主要应掌握的信息有：

(1)环境信息。环境信息主要包括国际环境信息和国内环境信息两大部分。国际环境信息包括国际政治和经济的发展与变化、国际市场动态、国际能源动态、国际科技发展状况、产品更新换代的速度与方向、国际投资的选择方向、不同国家文化的基本走势、国际企业活动的趋向等。国内环境信息包括政治与法律环境、经济发展的阶段与状况、行业竞争状况、自然资源的利用与保护、技术的发展水平和新技术的产生速率、社会文化的沿袭与改变、人口环境的变化趋势等。

(2)市场信息。市场信息应该包括在环境信息之内，但由于市场信息从宏观上看，标志着经济发展的状况，从微观上分析，它反映着不同企业适应市场的能力以及竞争的发展态势。因此，分析市场信息有助于企业通过选择合适的手段帮助自身实现市场价值。这里我们从微观层面上来认识市场信息，主要分析市场的需求信息和供给信息。市场需求信息指用户或消费者的地理分布、心态表象、消费水平、需求动向、对企业及产品的要求等。产品供应信息是指同本企业生产同类产品的企业所能够给市场提供的产品数量、质量、型号、包装、产品生命周期、产品所处的经济生命周期阶段以及产品在市场上占有的状况等。掌握产品的供应信息，有助于企业把握市场的状况，选择合适的方式开展各项活动，以促进自身市场的发展。

（二）整体性原则

企业形象策划是为组织整体目标的实现而使用的重要手段，因此，在进行企业形象策划时，策划者必须从企业整体的角度出发，考虑问题要全面、周到、细致，即使是一个小环节、小问题，也都要将它放在策划的整体方案之中来考虑。这一整体包括目标、范围、程序、方法、路径等，以保证企业形象策划过程完整、有序。在策划方案的实施过程中，也要考虑到各项工作、各个环节、各种活动的相互联系和相互影响。企业形象策划工作追求的是整体效应。

（三）协调性原则

进行企业形象策划工作要考虑很多问题，一方面要考虑组织所处的环境等诸多不可控制的因素，以求策划出的方案能得到环境的支持，又要考虑到组织内部可控制的因素，制定出策划方略，以使企业形象策划工作达成主动性、积极性和有效性效果。就企业形象策划方案本身来说，组织在策划工作中是可以控制的，但就其影响方案实施的环境来说又是不可控的。既然如此，企业形象策划方案在其运筹、谋划及实施的过程中，就要求策划者要协调好方案这个“系统工程”中的各个子系统，使各个子系统能够更好地协调，达到内部工作与外部环境的协调、目标规划与实施能力和手段的协调、主观愿望与客观实际的协调、部分与整体的协调，以期保证方案的配套、同步和优化。

（四）实用性原则

企业形象策划的主导思想是推动组织的发展，解决现实的问题，形成良好的形象。因此，形象策划本身必须要考虑现实、现存的环境和条件。任何超越现实、现存环境与条件的企业形象策划方案，都不具备可行性。企业形象策划方案的有效性、目的性、创新性和调适性都要寓于实际的操作之中。这种实用性主要表现为策划目标的可实现性、运行程序的可行性、运行范围的可及性、手段方法的可用性。有效的企业形象策划不仅要求对企业理论进行分析与深化，更要求企业理论能够指导企业实践，使企业形象策划方案具有可操作性。这是衡量企业形象策划水准高低的尺度和标准。

（五）反馈性原则

企业所处的外部环境不断变化，为适应环境，使企业形象策划产生更好的效果，策划人员必须从动态的角度来考虑策划的基本思路和基本内涵，各个方案都要出台两种以上的运行思路，形成备选方案，并保证能进行调整、校正、充实和完善。这项工作要依赖于及时准确的信息反馈。信息反馈是在企业策划整个过程中必须要进行的一项工作，它要求在企业形象策划前，策划者要对相关信息了解和掌握，以便因地、因事、因时制宜，出台切实可行的方案；在执行策划的过程中要通过信息的不断获取和反馈，对已经形成的思路进行斟酌；在策划之后、方案实施的过程中，对方案的执行情况进行信息反馈，以便时时监控，保证方案的贯彻落实。反馈是决定企业形象策划方案可协调性的最重要联络方式，是保证企业方案优化和可行的重要路径。

案例拓展

门票上的文章

1993年年初，北京菜市口百货商场的经理就盼望着北京一年一度的龙潭湖庙会的到来。果然，大年三十庙会开幕，“菜百”的经理乐了。瞧，中央电视台的一年一次收视率最高的春节文艺联欢晚会都开始了，可商场里还是人流不断、摩肩接踵，当晚就创下了118万元的历史最高日销售额。大年初一，龙潭湖庙会的门口，只见成群结队的游人，逛罢庙会便径直登上了“菜百”的免费专线车，还高兴地对旁人说：“不虚此行！”再到菜市口买些可心的商品。一些中型商场的经理们看到“菜百”眼热：莫非鸡年他们迎进了“财神”？

当人们花3元钱把一张龙潭湖庙会的门票拿到手时，才“嗅”出这里的究竟。原来门票上一旁写了几行与庙会风马牛不相及的短文：大年三十至初六，沿虚线剪下此票，可到菜市口百货商场购物，部分商品优惠5%～30%。下面还印着龙潭湖庙会到“菜百”的路线图。可别小看这张门票，“菜百”从腊月二十三到正月初六，销售总额竟达786万元，比同期增长了68.9%。这一切在很大程度上正是那张门票的“折射效应”。

“菜百”花了2.6万元在121万名游客面前亮了相。事情还得从前一年的7月说起。1992年7月，“菜百”无意中得知鸡年的龙潭湖庙会是第十届，他们暗中策划，要在庙会上做个“大广告”。他们想到可以把庙会门票作为广告媒体。对此，“菜百”的经理们并没有具体地预测“门票”会给他们带来多大的经济利益，他们更看重的是门票能让越来越多的人知道“菜百”，扩大

"菜百"的知名度,提升"菜百"的形象,目的在于保证庙会之后给商场带来的连锁反应。于是,他们花了2.6万元承印了庙会121万张门票。在门票的左端印上了"菜市口百货商场"的店名和优惠卡。门票的背面还不忘动情之语:"菜市口百货商场全体员工向首都人民致以节日的问候!"一位拿着优惠卡到"菜百"买金项链的女士说:"其实,我并不看重优惠的这几个钱。但是既然这里对消费者有诚意,我也正要买首饰,自然也就到这来了。"

从腊月二十三到正月初六,"菜百"共收回这种优惠购物卡2.2万余张,其中黄金柜台收回近2 000张。尽管优惠购物卡仅有1.9%的回收率,但在"菜百"1992年一年耗资47万元所做的广告中,这是效果最好的一次投资。2.6万元直接带来了经济效益,而社会效益、企业知名度的扩大更是难以估算。这就是企业形象策划的魅力。

资料来源:《北京日报》1993年2月11日第一版,作者:杨晓轩。

如果从企业形象策划的原则角度入手对以上进行分析,在门票上做文章似乎并不是"菜百"的发明专利,然而能在这里面做出新意的文章来,确实需要动一番脑筋。

第一,他们从信息中寻求机会。早在1992年7月,当他们得知鸡年的龙潭湖庙会是第十届时,就打定了企业形象策划的主意,想借此机会做一次大广告。这说明信息为他们带来了机会;而他们通过门票在121万名游客面前告知"持卡优惠销售"时,也是在向社会传递着"菜百"的信息。今天"菜百"的知名度如此之高,应该和这一次活动有着密不可分的关系。

第二,"门票上的文章"整个活动安排形成了一个系列,集游览、购物于一体,从而使活动形成了一个整体;而为保证此项活动的顺利开展,"菜百"从经理人员到普通员工共同参与此项活动,也为关心"菜百"的公众献上了一份爱、送去了一片情,形成了"菜百"的整体形象。

第三,策划充分考虑到了主体与客体的协调,活动过程各项工作的协调等,包括"免费专线车"、春节期间的时间安排、购物优惠商品的确定等。应该说,"菜百"在人们过春节走亲访友的基础上,为京城百姓设计了一种新的春节活动形式——购物,为春节人们清闲自在的生活平添了一份幽情和一份关怀。

第四,这项活动还为"菜百"创造了一个新的经营理念——"京城黄金第一家",1997年5月30日,北京市商委正式授予菜百"京城黄金第一家"荣誉称号。2005年,北京市商委将为"菜百"所授予的"京城黄金第一家"牌匾升格为"中国黄金第一家",这一荣誉称号不仅源于"菜百"企业形象策划活动所形成的影响,还源于活动之后给"菜百"带来的市场效应与社会效应。市场效应表现为"菜百"黄金首饰销售的火爆、销售额的连年递增;社会效应表现为"菜百"成为消费者心中信得过的商场,30多年"买黄金到菜百"是社会公众不变的选择。奥运会期间"菜百"是奥委会授予的"奥运会纪念品定点商店","菜百"的饰品运营就是中国黄金市场的风向标和导航灯。

如今"菜百"的"中国黄金第一家"理念不仅为京城百姓与来京所有到"菜百"的顾客所接纳,同时它也带动了京城商家假日经济的形成,带动了商业竞争和商家服务水准的提升。"菜百"如今的商业运营已经顺利地进入线上和线下双轨道运行的模式,紧跟时代步伐,"菜百"不会停下。

一次企业形象策划活动能取得如此大的经济效益和社会效益,确实是值得思考、值得回味,也值得延伸。

二、企业形象策划的基本方法

企业形象策划强调的是创造力,它来源于创新精神,来源于知识、经验与技能,来源于创造方法和勤奋努力的工作，同时宽松的环境与得当的激励措施也是创造力能得以发挥不可或缺的外部条件。关于创造性方法，国外有很多这方面的总结可供我们参考。

（一）詹姆斯·韦伯·扬创意法

最广为人知的构想产生方法是詹姆斯·韦伯·扬[James Webb Young(1886－1973)]所提出的。韦伯·扬生前曾任美国智威汤逊广告公司创意主任，并于1940年提出其产生构想的概念。

韦伯·扬创意法在构想时有五个特定步骤：

(1)收集原始资料，包括特定资料和一般资料。

(2)用心智检查这些资料，即"用心智的触角到处加以触试"。

(3)孵化阶段，将问题置于下意识之中，以便能产生新的组合。

(4)构想的产生，这不是刻意的过程，而是前三个阶段所发生的一种结果。

(5)最后形成与发展构想，经过对构想进行加工和改造后形成的方案。

韦伯·扬最重要的观点是"新构想是不折不扣的老要素之新组合"。

（二）奥斯本核对表法

亚历克斯·奥斯本[Alex Faickney Osborn(1888－1966)]，创造学和创造工程之父、头脑风暴法的发明人，创设了美国创造教育基金会，开创了每年一度的创造性解决问题讲习会，并任第一任主席，所著《创造性想象》一书成为当时美国最畅销的书籍之一。他所创造的"奥斯本法则"通过六个发问，使人们感到创新并不神秘。

一是改变。即改变功能、颜色、形状、气味和其他。

二是增加。即增加尺寸、强度和新的特征。

三是减少。即做好减轻、减薄、减短、减去过多功能，至少是一时用不上的功能。

四是替代。即用其他材料、零部件、能源、色彩来取而代之。

五是颠倒。即对现有设计来一个上下、左右、里外、正反、前后的颠倒，甚至目标与手段的颠倒。

六是重组。即零部件、材料方案、财务等重新组合，包括叠加、复合、化合、混合、综合等。

为了使"奥斯本法则"能够更好地贯彻落实，奥斯本提出了一个核对表法。方法的使用是利用一张预先准备好的核对表，以此为索引，按照预先的计划，有意识地将个人头脑中的构想引导出来。核对表以询问的方式引出构想（见表1－1）。

表1－1　　奥斯本核对表

(1)有没有其他用途——维持现状？稍做改变？
(2)能否借用其他创意——有什么类似的东西？能借用别人的创意吗？过去有没有类似的东西？能不能模仿什么？可以模仿谁的东西？
(3)可否改变形状、颜色、运动——重新塑造一下；实质改变意义、颜色、运动、声音、味道、形状、类型。
(4)能否变大——加上一点什么；多花一点时间；增加次数；拉长；变薄；附加其他价值；重叠起来；夸张看看。
(5)能否变小——试着取消一些东西；压缩看看；变小些；变低；缩短；除去；变成流线型看看。
(6)能否替换——用别人去代替；用其他要素代替；用其他材料代替；改变一下程序；采用其他动力等。
(7)能否对调——包括要素对调；换成其他类型；改用别种排列；采用别种顺序；原因和结果对调；改变速度等。
(8)能否颠倒——正、负反过来；里外颠倒；上下颠倒；功能颠倒等。
(9)能否加以组合——变成合金如何？组合起来如何？组合成单件如何？将目的组合起来；将创意组合起来等。

“奥斯本法则”和奥斯本核对表法是发挥人们创造性的系统性方法，它更多的是用于企业的新产品开发。

(三)狄波诺的“水平思考”

爱德华·狄波诺(Edward De Bono)曾任教于牛津大学、伦敦大学、剑桥大学和哈佛大学。曾受邀主持诺贝尔奖得主特别会议，被世界公认为是指导思考技巧的权威。他首创水平思考(Lateral Thinking)的概念，这个名词现已收入《牛津英文字典》。狄波诺主持世界上最大的思考教导课程计划，被许多国家采用。狄波诺认为心智(mind)是一种能自行组织(self organizing)的信息系统，并开发出创意思考的正规方法。

狄波诺在其《管理上的水平思考法》一书中提出了著名的“水平思考”法。

水平思考法一般是一种“不连续”的思考，或是“为改变而改变”的思考。与水平思考相对立的是传统逻辑上的“垂直思考”。垂直思考是从一种信息状态直接到另一种状态，就像建塔，以一块石头稳定地置于另一块石头之上；或像挖洞，把你已有的一个洞再挖下去，形成一个更深的洞。

狄波诺认为可以从下面几个角度来激发“水平思考”并突破垂直思考：

①对目前情况进行选择；②对目前假定进行挑战；③创新；④暂停判断一个时期；⑤把一个普通方法按照相反的思路实施；⑥根据目前情况进行推类；⑦用头脑风暴法。

总之，水平思考的概念不像传统的垂直思考那样要“彻底想通”，而是“想出”新的以前所未考虑到的可能解决问题的方法与途径(见表1—2)。

表1—2　狄波诺从10个方面对水平思考与垂直思考进行了比较分析

序号	垂直思考	水平思考
1	选择性的思考	生生不息性的思考
2	他的移动只有出现一个方向后才移动	他的移动则是为了产生一个方向
3	分析性的思考	激发性的思考
4	按部就班的思考	可跳来跳去的思考
5	用此方法者，必须每一步都正确	不一定每一步都正确
6	为封闭某些途径要用否定	不用否定
7	要集中排除不相关者	欢迎闯入的机会
8	类别、分类与名称都是固定的	不固定
9	遵循最可能的途径	探索最不可能的途径
10	是无限的过程	或然性的过程

(四)狄波诺的“六顶思考帽”

六顶思考帽，是指使用6种不同颜色来代表6种不同的思维模式，任何人都有能力使用以下6种思维模式：

(1)白色思考帽：白色是中立而客观的。戴上白色思考帽，人们思考的是关注客观的事实和数据。

(2)绿色思考帽：绿色代表茵茵芳草，象征勃勃生机。绿色思考帽寓意创造力和想象力。有创造性思考、头脑风暴、求异思维等功能。

(3)黄色思考帽:黄色代表价值与肯定。戴上黄色思考帽,人们从正面考虑问题,表达乐观的、满怀希望的、建设性的观点。

(4)黑色思考帽:戴上黑色思考帽,人们可以运用否定、怀疑、质疑的看法,合乎逻辑地进行批评,尽情发表负面意见,找出逻辑上的错误。

(5)红色思考帽:红色是情感的色彩。戴上红色思考帽,人们可以表现自己的情绪,还可以直接表达直觉、感受、预感等方面的看法。

(6)蓝色思考帽:蓝色思考帽负责控制和调节思维的过程。负责控制各种思考帽的使用顺序,规划和管理整个思考过程,并负责做出结论。

六顶思考帽是平行思维和创新的工具,也是人际沟通的操作框架,更是提高团队智商的有效方法。

六顶思考帽是一个操作简单、经过反复验证的思维工具,给人以热情、勇气和创造力,让每一次会议、每一次讨论、每一份报告、每一个决策都充满新意和生命力。它能够帮助人们提出建设性观点;聆听别人的观点;从不同的角度思考同一个问题,从而创造高效能的解决方案;用"平行思维"取代"批评式思维"和"垂直思维";提高团队成员集思广益的能力,为统合综效提供操作工具。

(五)头脑风暴法

头脑风暴法也是亚历克斯·奥斯本(Alex Faickney Osborn)提出的创意方法。简单地说,头脑风暴法是在会议中运用集思广益的方法,以收集众人构想的一种思考。

头脑风暴法通常分以下几个步骤:

(1)选定项目,确定所面临的问题或所需要解决的问题,并由此确定有关会议的主题。

(2)头脑风暴,召集会议集思广益。召集会议注意事项:

①选出5~7名左右的会议参加者。人数过多将会减少每个人发言的机会并增加管理难度,会议参加者应尽可能是不同领域的人。

②确定会议主持者。

③召开会议前,给参加会议者和设计师提供最低程度的预备资料和相关信息,但有时为了避免先入为主,也可以不提供资料。

④会议的时间安排在90分钟左右较为适宜。

另外,会议中还应遵循以下基本原则:

禁止批评他人的观点;充分自由发表意见,荒唐无稽的思想都可以;注重数量不注重质量,其目的是提出尽可能多的想法;可自由组合、改善、追加他人的想法。

在会议中除了遵循以上原则外,还可以灵活使用奥斯本核对表及KJ图表(指亲和图法)①,以引出更多的创意。

(3)选择与评估。头脑风暴引出的创意是否有效,还需要针对目的及目标进行选择与评价,并考虑其实现的难度及障碍。一般情况下,选择与评估创意的常用方法是矩阵评价表法。

矩阵评价表法通常是在多个方案比较中进行优中选优的一种方法。具体步骤是:第一步,将被评价的创意方案纵向排列,将评价指标横向排列;第二步,根据评价指标的重要程度确定

① 亲和图KJ法是日本学者川喜田二郎(Kawakita Jiko)研究开发并加以推广的一种质量管理方法,KJ法是按川喜田二郎的名字命名的方法。其运作思路是,针对某一问题,充分收集各种经验、知识、想法和意见等语言、文字资料,通过A型图解进行汇总,并按其相互亲和性归纳整理这些资料,明确解决问题的基本步骤是:第一步,将资料或信息分类归纳,从杂乱无章中理顺关系;第二步,对于一件大家想认清的事实作情况分析,打破现状;第三步,讨论未来问题或未曾经历过的问题,还不知道下一步的情况时,集思广益、贯彻方针。

不同指标的权数；第三步，对每一个被评价的创意方案进行打分；第四步，计算每一个创意方案的综合得分，通过排序之后确定最优方案、次优方案等(见表1—3)。

表1—3　　矩阵评价表

评价指标 / 权数 / 创意方案	评价指标1	评价指标2	评价指标3	评价指标4	综合得分
	0.4	0.2	0.2	0.2	
创意方案1	8	5	4	4	5.8
创意方案2	9	6	6	5	7.0
创意方案3	7	6	5	5	6.8
创意方案4	8	5	4	3	4.6

说明：

A假设：

评价指标1：活动对企业实现策划目标的影响。

评价指标2：活动对企业产品市场扩大的影响。

评价指标3：活动开展的可行性(问题的解决/困难的克服)。

评价指标4：活动预算的保证与人员的能力。

B评价分值：可选择100分制、10分制、5分制等，本例为10分制。

C评价结果：通过评价。其排序为：第一名，方案2；第二名，方案3；第三名，方案1；第四名，方案4。

(六)凯斯特勒创意法

亚瑟·凯斯特勒(Arther Keostler)创意法指将两个普通的概念或两个想法、两种情况，甚至两个事件放在一起，经由“二旧化一新”的路径，就能产生一个意想不到的、全新的构想，即依据两个原有的事物生成一个全新的事物。

案例拓展　　啤酒广告创意思路的出台

劳温堡是一种在美国市场上上市的德国啤酒，其价格昂贵、品质优良。上市的广告宣传创意若按一般的创意方法可能会表现为：“劳温堡……超级品质”或“当你想要唯一佳品的时候……劳温堡”或“卓越的标记”等形态。

但是，事实上创意者按凯斯特勒的“二旧化一新”创意法进行创意时，提出的广告构想是：

“当他们用光劳温堡时，就订香槟酒”(在美国消费者的心目中，香槟酒是高品质消费品，而啤酒是大众消费品)。

显然，这一构想具有以下效果：

(1)广告虽没有说“劳温堡”是一种高贵品质的啤酒，但却表达出了“劳温堡是一种最高品质啤酒”的概念。

(2)广告的构想表达出了一种关系，即将本产品与另外一种已经被消费者接受的高品质产品联系在了一起。同时，这种联系可以证明本产品所述的概念是合理的。

(3)这一构想采用了与正常思维截然不同的方法，即不说啤酒是可以代替香槟酒的选择，也不说本啤酒是高档啤酒，而是通过相反的提示来让人们产生联想。

中国与俄罗斯混血美女缇娜与中国相声演员闫佳宝合作的相声把中国古老的“皮影戏”与“相声”两种艺术形式相结合，产生了独特的艺术效果，同时还拯救了已不被重视、几乎失传、更不受年轻人爱戴的“皮影戏”艺术。这说明“二旧化一新”这一创意法可以运用到各个领域、各个行业、各种思路的创新与创造之中。

通过“二旧化一新”这一构想，将两个不相关的事情，甚至互相抵触（如前例香槟酒是高档的、啤酒是低档的）的事物形态结合在了一起，并由此产生了另一个全新的、使人注目的构想，这就是“二旧化一新”的功效。①

第三节　企业形象策划的基本程序

一个健全的企业形象策划过程应该是一个科学而完备的系统，其每一步都蕴含着特定的内容，并且步骤之间要很好地衔接。这个健全的科学程序应该由八个步骤构成（见图1—1）。

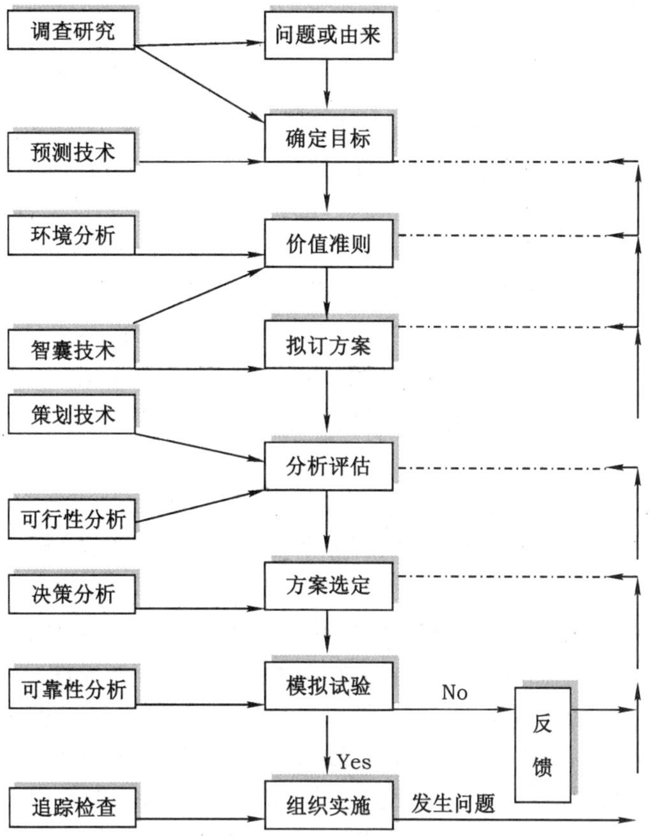

图1—1　企业策划程序图

一、发现问题、寻求由头

当组织发生了一些具体问题，或发展过程中需要抓住时机开展活动时，就形成了企业形象

① 参考资料：www.bhu.edu.cn/news/jingpin/kecheng/guanli/final/w3/3.doc。

策划的开始阶段，在这一阶段中，可能要解决现存的问题，也可能要通过企业活动达到目标。一般而言，发现问题或形成由头是企业形象策划工作的开始。对于问题的发生，我们可以循着以下思路进行思考。

（一）问题表现

组织在运行与发展中碰到的问题有大有小、有轻有重，具体表现为以下几种：

（1）差距问题。这是指组织期望自身的企业形象与实际形象之间出现了差距，形成差距的原因可能与组织内部工作有关，如企业的技术问题、生产工艺问题、员工的岗位责任问题、营销或服务的规范程度不够和行为不统一等问题都可能导致企业的目标得不到实现。形成差距的原因也可能与组织外部的环境有关，如个别社会公众对组织有误解、不可抗力事件的发生造成了承诺难以兑现、各类公众关系政策的调整对自身造成的影响等。

（2）一般问题。组织在日常工作中常常会发生一些对组织有影响的小事情，对这些小事情如果处理不好，可能就会向大事情的方向发展，从而酿成不可收拾的后果。组织对小事情的处理不需要单独进行企业策划，只需要按照制度和工作程序的规定进行处理即可。但如果酿成大事件时，则需通过企业策划开展好相应的活动。

（3）重大问题。是指对组织影响巨大，如果不能很好地处理，会威胁到组织的生命的重大事件或事物。重大问题来源于两种可能：一是由小问题发展而来；二是由问题本身的性质决定属于重大事件，表现为问题本身影响至深，或问题本身影响面大所致，如产品本身的隐患问题、服务制度不健全而导致的服务不规范等问题。重大问题一定要用重大手段来处理，即通过策划开展企业活动。

（4）危机问题。危机是对组织造成破坏性影响的重大事件的突然爆发。危机来源于两种可能：一是对重大问题的发生没有采取积极的措施进行处理与解决；二是问题本身就属于危机事件，如伤害性事件的突然来临。危机事件的发生直接影响的是组织正常业务的开展甚至是组织的生命。对此，必须通过企业策划进行应急性危机管理，以求危机事件的解决。

（二）由头确定

组织在运行中需要开展各类活动以推动组织更好地发展，形成良好的形象，这就需要寻找开展塑造企业形象的由头。组织在正常的态势下，可以寻找或确定这样的时机为企业形象策划的由头。

（1）各种节假日。在组织内部利用节假日开展企业活动，可以丰富员工的文化生活、加强内部的情感沟通、形成组织的凝聚力与向心力、调动员工的工作积极性。如果开展组织外部的企业活动，可能会使社会公众有时间参与，形成参与的积极性，同时也可以丰富人们的社会生活。尤其是有益于社会、有益于环境、有益于健康的活动，更会得到社会各界的支持。

（2）重大社会活动时期。有些重大社会活动，如体育盛会、赞助希望工程、救助失学儿童、支持各种文化活动等，均是可供组织开展塑造企业形象活动的由头，组织可根据环境态势和自身发展的需要进行选择。参与一些重大的社会活动，从而使组织得到更多社会公众的关注，形成良好的组织形象。

（3）组织有重要新闻发布的时期。在组织运行及各项活动中，经常有一些有企业形象传播价值的活动，如新技术的发现与发明，新产品的研制与开发，新工艺的试验与投入，新成就、新荣誉的取得与发展，新的社会活动的关注与参与，等等。将这些活动信息通过新闻发布的形式传播出去，对组织形象会形成良好的影响。

（4）企业准备拓展市场的时期。在既定市场占有率的基础上，企业要想扩大市场或开拓新的目标市场，采取促销的方式其效果远比采取其他方式要好得多。因为促销方式可以有针对性地选择目标公众，以目标公众愿意接受的方式开展企业活动，如邀请顾客公众参与企业的新产品使用竞赛，让顾客公众使用新产品并作出真实的评价等。

二、确定目标

确定目标是企业形象科学策划工作的重要一步，目标定错则一错百错。这里的目标是指在一定的环境和条件下，通过企业形象方案的策划并付诸实施所能达成的结果。因此，对企业形象策划者的要求是：所确定的企业目标要具体明确，它可以是定量的，也可以是定性的；可以规定时间，也可以确定责任。在企业形象策划的工作步骤中，需要使用"调查研究"和"预测技术"两种方法，以了解现状、分析未来。

了解现状就是通过调查研究的方法来掌握组织自身的基本情况、组织目标市场的状况、竞争者的优势与劣势、组织所处的外部环境等，以此作为预测未来的依据。运用预测技术主要是为了分析未来，即依据现实的状况，分析未来环境可能发生的变化，确定一定时期内的发展目标，并在环境的变化中争取一定的主动地位和有力组织开展企业活动的时机。

三、价值准则

价值准则是落实目标的标准，它可以作为以后评价和选择方案的基本依据。价值准则包括三个方面的内容：

(一)确定的价值指标

价值指标是指将此前确定的目标进行分解，形成具体有价值的指标。价值指标的实现程度就是衡量策划目标是否得到实现的标准。价值指标一般可以从三个角度进行分析：一是社会价值；二是学术价值；三是经济价值。从企业的角度分析，社会价值是至关重要的，它主要表现为企业或组织对社会的贡献以及社会公众对企业或组织的总体评价，实际上，社会价值的实现要求企业或组织在人、财、物上或其中某一个具体方面做出支付，并由此得到社会公众的良好评价，形成良好的企业形象；学术价值表现为策划方案本身是否坚持了企业的基本原理和基本原则，在学术上有无贡献，对于其他组织或企业有无借鉴意义；经济价值表现为企业策划方案的实施，其投入和产出的状况如何，能否创造出更大的经济效益。

(二)规定价值指标的主次

在大多数情况下，要同时达到整个价值系统的指标标准是极其困难的。这是因为，作为"满意方案"，必须将价值指标进行排序，规定其主次，在相互发生矛盾或客观条件发生变化时，以选取或保留主要指标为原则，从而舍弃次要指标，以保证总体目标的实现。如从经济指标的角度分析，市场占有率和利润水平的提升可能就会发生矛盾，对这两项指标的排序，企业常常会将市场占有率排在前列，由此，企业的各项活动就要以市场占有率指标的扩大为经济目标而进行思考。当然，我们希望的是指标之间相互促进，这样会使企业形象策划的目标达到理想化的程度。

(三)指明价值指标的约束条件

任何企业方案都是在一定环境和条件下生成的，因此受到环境与条件的制约。在企业的形象活动方案中，主要的约束条件是公众的态度、公众的范围、时间与权利的限制等。因此，企业形象方案出台之前要充分把握这些条件，掌握目标公众的各种资料。如果是危机事件的解决，则更应该搞清楚问题的来龙去脉、同类问题的历史与现状、问题影响的程度(深度与广度)，在此基础上把握正确的指导思想，拿出让社会公众愿意接受、愿意参与并能感到满意的企业形象策划方案。

四、拟订方案

拟订方案是将企业活动的运行程序及运行手段进行选择与确定的过程，也是寻找企业目标得以实现的过程。在这一过程中，策划者要进行创意、构思，根据可行性与现实性原则制定出多种可供选择的方案。

在拟订方案的过程中，要广泛运用智囊技术，采用多种有效的方法进行思考与创意，以保证提出的方案富有新意、具体可行，方案能够实施顺畅，达到预期的理想效果。这里的智囊技术事实上就是寻求价值准则，将最有价值的指标放在首位，并以此指挥着企业方案的拟订。智囊技术实际上就是企业形象策划者进行创造性思维的方法。

五、分析评估

具体方案拟订之后，由于有多种方案备选，所以要对参加备选的方案进行可行性分析。在分析中依赖于策划技术，估量方案成功或有效的概率及可能导致的后果。如果方案实施的可能性大或有效性突出，又能保证形象策划目标实现，其方案就可以获得通过或被选中。在实际的形象策划中，有些方案彼此之间是可以融合的，在分析评估中，可将这样的方案保留下来，将方案中的精华渗透或弥补到所选择的方案之中。而对有些不能与被选方案相融合的方案可作舍弃，但保留以后使用的可能性。在分析评估中，分析者可带有自己的观点，但在评价方案中要保持全面、公正、客观，不带有人情观念和个人情绪，就方案论方案。

六、方案选定

这是对选择方案的决策过程，即从各种可供选择的方案中，通过权衡利弊，选择其一或综合其一的过程。这是一项很复杂的工作。因为，作为最后选择的方案，并不一定对所确定的每一个特定指标都是最佳的，这里往往仅考虑主要的指标系列，并兼顾一些次要的指标系列。为此，决策者在运用决策理论和方法权衡与计算之后，可以对方案进行选择。

七、模拟试验

这是对所采纳的方案进行的验证，以分析方案运行的可靠性。在这一步骤中，对于能够在小范围内试验的方案，可进行实证试验；对于不能在小范围内试验的方案，可进行模拟试验。企业形象策划方案不同于企业新产品设计方案和新政策出台方案，前者进行模拟试验的可能性大，而后两者进行实证研究的可能性大。

通过模拟试验检验方案的可靠性，主要是看在既定条件下或预定条件下和预定时间内完成既定任务的可能性，一般用“概率”来表示，其中“失败率”是相当重要的指标。“失效”与“可靠”是作为一对矛盾而出现的，要保证方案的可靠性，就要控制方案的“失效性”，为此，必须要了解可能的失效原因与规律。

不同事物的失效原因可能千差万别，但其失效的规律却具有某种共性。根据可靠性原理，在方案实施的全过程中，其失效一般可分为三个阶段：早期失效、偶然失效和耗损失效。

这里我们以一项新产品的企业促销方案为例，在执行过程中，一开始遇到早期失效，其原因可能是人们对新产品需要有一个认识过程，也可能对新产品的质量持怀疑态度等。这里，尽管失效率较高，但不一定是方案不合理，决策者应该继续推动方案的实施，并进行追踪检查，也可以作出必要的修正。在推动方案实施的过程中也可能会发生失效，如有些公众对某些媒体接触得不多，有些公众尽管接触到了某些媒体，但对此不感兴趣从而出现了偶然失效的现象，这时方案的整体运作是正常的，而且产生了相当可观的效果。方案继续运作，很可能就会出现损耗失效，原因是人们的主客观条件都在发生着变化，希望有更好的新产品出台，因此企业负责策划的工作者和企业的决策者应该不断地酝酿和策划新的企业促销方案。

八、组织实施

通过模拟试验，如能把握住方案的可靠性，便可按照规定的时间、地点、范围以及所要求的具体条件对方案组织实施。在实施的过程中如果发生了目标偏离的情况，可加强反馈工作，进行追踪检查。反馈工作就是要求企业形象策划者进行追踪策划或进行方案修正。实际上这是对方案的补充，追踪检查是一种保护措施，在不需要进行反馈时，依据具体的条文规定来加以约束。

以上八个阶段，形成了一个完整的企业形象策划程序。值得注意的是，在实际策划中，不能教条地理解和对待这个程序，它只是一般的行动指南。在具体情况下，允许各阶段有所交叉，同时，在不同的形象策划项目中，也可能会省略某个或某几个阶段。

必须指出，这个科学策划程序中的各项工作，大量的是由智囊团的专家们去完成，领导者或组织者的责任是掌握策划程序和使专家发挥出更大的能量与作用。在掌握程序时，确定目标、价值准则和拟订方案则又是领导者或组织者需要亲自研究和处理的。

本章思考

1. 如何理解策划的含义？在三个不同的分析角度中，你更倾向于哪一个角度？

2. 在实际的企业形象策划中，如何才能体现策划的基本特征？

3. 企业开展策划工作的现实意义有哪些？

4.“菜百”在门票上做的文章给我们在策划中带来了哪些启迪？

5. 在现实的企业形象策划中，哪几种方法最具有实用性？请你根据本章所讲方法的实用性进行整理并排出顺序。

6. 企业形象策划程序的实施最关键要解决哪些问题？

第二章 营销与品牌策划

营销策划是企业形象策划的重要内容之一，企业的任何营销活动都希望得到市场即目标受众的认可，这其中形象的好坏是企业营销活动能否得到目标受众支持的重要依据。

第一节　营销策划的基本概念

在企业的市场营销实际运行中，营销策划一直伴随着企业营销工作的全过程，包括新产品上市、各项营销活动的开展、各项服务工作的跟进等。所有这些工作都需要从不断创新和个性化的角度进行思考、形成方案、付诸行动并指导营销工作的实施，这种思考就是营销策划。

案例拓展　　**王老吉：从1亿到100亿的飞跃**

2002年以前，从表面上看，红色罐装王老吉（以下简称“红罐王老吉”）是一个销得很不错的品牌，在广东、浙南地区销量稳定，盈利状况良好，有比较固定的消费群，红罐王老吉饮料的销售业绩连续几年维持在1亿多元。发展到这个规模后，加多宝的管理层发现，要把企业做大并走向全国，就必须克服一连串的问题。

现实难题表现一：广东、浙南消费者对红罐王老吉认知混乱。

在广东，一方面，在人们的潜意识中，凉茶下火功效显著，属于药物，因此无需也不能经常饮用。而在消费者心目中，王老吉更是与凉茶形成了一一对应的关系，自然就将王老吉也归属于药物类。红罐王老吉受品牌名称所累，并不能很顺利地让广东人接受它作为一种可以经常饮用的饮料，因此销量大大受限。另一方面，加多宝生产的“红罐王老吉”配方源自香港王氏后人，是经国家审核批准的食字号产品，其气味、颜色、包装都与广东消费者观念中的传统凉茶有很大区别，而且口感偏甜，按中国“良药苦口”的传统观念，消费者自然感觉其“降火”药力不足，当产生“下火”需求时，不如到凉茶铺购买或自家煎煮。所以对消费者来说，在最讲究“功效”的凉茶中，红罐王老吉也不是一个好的选择。在广东区域，红罐王老吉拥有凉茶始祖王老吉的品牌，却长着一副饮料化的面孔，让消费者觉得“它好像是凉茶，又好像是饮料”，陷入认知混乱之中。

在加多宝的另一个主要销售区域浙南，主要是温州、台州、丽水三地，消费者将“红罐王老吉”与康师傅茶、旺仔牛奶等饮料相提并论，没有任何自身的特色。企业担心，红罐王老吉可能会成为来去匆匆的时尚，如同当年在浙南红极一时的椰树椰汁，很快又被新的时髦产品替代，一夜之间在大街小巷上消失得干干净净。

面对消费者这些混乱的认知，企业急需通过广告提供一个强势的引导，明确“红罐王老吉”的核心价值，并与竞争对手区别开来。

现实难题表现二：红罐王老吉无法走出广东、浙南。

在两广以外，人们并没有凉茶的概念，甚至在调查中频频出现“凉茶就是凉白开水”和“我们不喝凉的茶水，泡热茶”这些看法。讲清凉茶概念显然费用惊人。而且，内地的消费者“降火”的需求已经被填补，他们大多是通过服用牛黄解毒片之类的药物来解决。

做凉茶困难重重，做饮料同样危机四伏。如果放眼整个饮料行业，以可口可乐、百事可乐为代表的碳酸饮料，以康师傅、统一为代表的茶饮料、果汁饮料，更是处在难以撼动的市场领先地位。

而且，红罐王老吉以“金银花、甘草、菊花等”草本植物熬制，有淡淡的中药味，对口味至上的饮料而言，的确存在不小的障碍，加之红罐王老吉 3.5 元的零售价，如果加多宝不能使红罐王老吉和竞争对手区分开来，它就永远走不出饮料行业“列强”的阴影。这就使红罐王老吉面临一个极为尴尬的境地：既不能固守两地，也无法在全国范围推广。

现实难题表现三：推广概念模糊。

如果用“凉茶”概念来推广，加多宝公司担心其销量将受到限制，但作为“饮料”推广又没有找到合适的区域，因此在广告宣传上不得不模棱两可。很多人都见过这样一条广告：一个非常可爱的小男孩为了打开冰箱拿一罐王老吉，用屁股不断蹭冰箱门。广告语是“健康家庭，永远相伴”。显然这个广告并不能体现红罐王老吉的独特价值。

在红罐王老吉前几年的推广中，消费者不知道为什么要买它，企业也不知道怎么去卖它。在这样的状态下，红罐王老吉居然还平平安安地度过了好几年。出现这种现象，外在的原因是中国市场还不成熟，存在着许多市场空白；内在的原因是这个产品本身具有一种不可替代性，刚好能够填补这个位置。在中国，允许这样一批中小企业糊里糊涂地赚得盆满钵满。但在发展到一定规模之后，企业要想做大，就必须搞清楚一个问题：消费者为什么买我的产品？

【重新定位】

2002 年，加多宝请成美营销顾问公司为其进行策划。几经周折，进行了大量的访谈、问卷调查以及各种二手数据的采集后，成美向加多宝提交了品牌定位研究报告，首先明确红罐王老吉是在“饮料”行业中竞争，竞争对手应是其他饮料；其品牌定位——“预防上火的饮料”，独特的价值在于——喝红罐王老吉能预防上火，让消费者无忧地尽情享受生活：吃煎炸、香辣美食，烧烤，通宵达旦看足球……

【品牌定位的推广】

1. 电视广告

明确了品牌要在消费者心智中占据什么位置，接下来的重要工作就是要推广品牌，让它真正地走入人心，让大家都知道品牌的定位，从而持久、有力地影响消费者的购买决策，成美为红罐王老吉确定了推广主题“怕上火，喝王老吉”，在传播上尽量凸显红罐王老吉作为饮料的性质。在第一阶段的广告宣传中，红罐王老吉都以轻松、欢快、健康的形象出现，避免出现对症下药式的负面诉求，从而把红罐王老吉和“传统凉茶”区分开来。

为了更好地唤起消费者的需求，电视广告选用了消费者认为日常生活中最易上火的五个场景：吃火锅、通宵看球、吃油炸食品薯条、烧烤和夏日阳光浴，画面中人们在开心享受上述活动的同时，纷纷畅饮红罐王老吉。结合时尚、动感十足的广告歌反复吟唱“不用害怕什么，尽情享受生活，怕上火，喝王老吉”，促使消费者在吃火锅、烧烤时，自然联想到红罐王老吉，从而促成购买。

红罐王老吉的电视媒体选择主要锁定在覆盖全国的中央电视台，并结合原有销售区域（广东、浙南）的强势地方媒体，在2003年短短几个月，一举投入4 000多万元广告费，销量立竿见影，得到迅速提升。同年11月，企业乘胜追击，再斥巨资购买了中央电视台2004年黄金广告时段。正是这种疾风暴雨式的投放方式保证了红罐王老吉在短期内迅速进入人们的视线，给人们一个深刻的印象，并迅速红遍全国大江南北。

2. 地面推广

在地面推广上，除了强调传统渠道的POP广告外，还配合餐饮新渠道的开拓，为餐饮渠道设计布置了大量终端情境，在餐饮娱乐场所用电子显示屏、灯笼等显著的载体传递“怕上火，喝王老吉”的信息，直接刺激消费者的视觉，触发消费者的购买动机，从而使得消费者对红罐王老吉“是什么”和“有什么用”有了更直观、更深刻的认识。餐饮渠道成为王老吉实施品牌推广战略的第二条战线。

在频频的消费者促销活动中，同样是围绕着“怕上火，喝王老吉”这一主题进行。如在一次促销活动中，加多宝公司举行了“炎夏消暑王老吉，绿水青山任我行”刮刮卡活动。消费者刮中“炎夏消暑王老吉”字样，可获得当地避暑胜地门票2张，并可在当地度假村免费住宿2天。这样的促销，既达到了即时促销的目的，又有力地支持巩固了红罐王老吉“预防上火的饮料”的品牌定位。

3. 与经销商的合作

在针对中间商的促销活动中，加多宝除了继续巩固传统渠道的“加多宝销售精英俱乐部”外，还充分考虑了如何加强餐饮渠道的开拓与控制，推行“火锅店铺市”与“合作酒店”的计划，选择主要的火锅店、酒楼作为“王老吉诚意合作店”，投入资金与他们共同进行节假日的促销活动。由于给商家提供了实惠的利益，因此，红罐王老吉迅速进入餐饮渠道，成为主要推荐饮品。

【推广效果】

红罐王老吉成功的品牌定位和传播，给这个拥有175年历史、带有浓郁岭南特色的产品带来了巨大的效益：2003年红罐王老吉的销售额比前一年同期增长了近4倍，由2002年的1亿多元猛增至6亿元，并以迅雷不及掩耳之势冲出广东，2004年，尽管企业不断扩大产能，但仍供不应求，订单如雪片般纷至沓来，全年销量突破10亿元，以后几年持续高速增长，2008年销量突破100亿元大关，2019年实现营业收入649.52亿元。

可见，营销策划对一种产品、一个品牌、一个企业的巨大作用。试想，如果王老吉仍然沿用此前的产品定位，继续此前的经营模式，那么它有可能仍然悠闲地抱着一年1亿元销售额的现金流舒舒服服地过日子，但更有可能随着市场的风云变幻而销声匿迹。成美对其进行的一整套营销策划（上到宏观的战略层面，下至微观的执行层面）使其发生了脱胎换骨的蜕变，销售收入100倍的增长用时尚不足10年。在生产运作方面，成功的营销策划为企业带来的发展是加速式的、跨越式的和裂变式的。仅仅依靠按部就班的生产经营，这种发展速度恐怕是难以达到的。这或许正是营销策划被广大企业所追捧的原因之一。

一、市场营销与营销策划

市场营销是经济组织——企业开展的与市场有关的一系列经济工作，包括产前工作、销售工作及售后一系列服务性工作。其目的在于将企业所生产的产品、所提供的服务推广到市场之中，并能够被市场所接纳，辅之形成良好的企业形象，为企业更大的发展奠定经济基础和社会基础。

营销策划是在企业营销运行过程中所产生的一项专门性的工作，它承担着对营销运行的规划与指导性职能，目的在于使营销工作能够运行得有序、规范，形成巨大的市场冲击力和影响力，以求市场的扩大和企业的发展。

随着营销策划工作的开展，现在越来越多的企业开始重视起了营销策划。有些企业将营销策划委托给专门从事营销策划的企业，以确保形成更好的营销思路，开展更有影响力的营销活动、拓展更广阔的市场、塑造更好的形象；对于没有专门委托营销策划公司从事营销策划的一些中小企业，在企业自身的营销活动中也要开展营销策划工作，以保证企业营销活动的有序、规范，并形成更好的营销效果。

二、营销策划的特性

对于营销策划的理解，不同的人可能会给出不同的答案，因而形成了不同的表述。

营销策划是一种运用智慧与策略的营销活动与理性行为，营销策划是为了改变企业现状、达成理想目标，借助科学方法与思维创新，分析研究营销新思路并制订营销方案的思维活动过程。

营销策划是根据企业的营销目标，设计和规划企业产品与服务、确立价格与渠道、创意促销方案，从而实现个人和组织的交换过程，实现组织目标并扩大企业发展的思维计划过程。

营销策划是为了改变企业现状、完成营销目标，借助科学方法与创新思维，立足于企业现有营销状况，对企业未来的营销发展做出战略性的决策和指导，带有前瞻性、全局性、创新性、系统性。

营销策划适合任何一个产品，包括无形的服务，它要求企业根据市场环境变化和自身资源状况做出相适应的规划，从而提高产品销售、获取利润。营销策划的内容包含市场细分、产品创新、营销战略设计、营销组合 4P 战术四个方面的内容。

上述四种对营销策划的描述，虽然不尽相同、各有侧重，但我们通过观察可以发现，有几点是共通的：

首先，营销策划要达到明确的营销目标，企业中的任何管理活动都必将指向预先设定好的目标。目标是企业行为的启明星，可以发挥两方面的作用：其一，指明前进的方向；其二，增强企业的凝聚力。营销策划一定是为实现营销目标服务的，若背离营销目标，再完美的营销策划也没有现实意义，甚至可能成为拖累企业进一步发展的诱因。

其次，营销策划的本质是要不断地创新和变革。在上述有关营销策划概念的描述中，大多提到了“改变企业现状”。现状是“此岸”，改变后的状况是“彼岸”，企业营销策划恰恰是连接此岸与彼岸的桥梁。因此，营销策划是将当时营销状况变革至理想营销状况的过程。甚至有些营销策划是对现状的彻底颠覆，是对现有流程的全面而激进的变革，这就要求从事企业营销策划的人员既要有创造性思维、多角度看问题，又要具备勇于打破现状的勇气。

再次，营销策划的关键是创新。一个营销策划案是否可以达到甚至超越预期效果的关键是该营销策划案是否具备足够的创新性。任何人对于信息都是进行有选择的识别、理解和记忆。当今信息化社会,大量的信息纷繁复杂,人们对于各种信息已经形成了自然的免疫,一个没有创意的策划活动无法引起受众的任何欲望。因此,营销策划必须强调创新,只有拥有了足够的新意和亮点,营销策划才有可能取得最后的成功。

最后,营销策划依托于市场营销。营销策划最终要策划的是各种营销要素,通过对各种营销要素的分别策划并加以组合而形成最终的营销策划方案。立足于市场营销要素,为市场营销目标服务,正是营销策划得名的原因。

此外,需要特别指出的是,营销策划还要具备战略管理的某些特征:营销策划是通过对企业外部环境与内部资源的综合分析,在明确了本企业自身所具备的核心竞争力后而制定的一个系统性的行动方案。可见,营销策划活动本身是全面系统的,其对企业的影响是长期、深入和持久的。因此,应把营销策划上升到战略的高度,而且营销策划原本就应属于企业战略的一个有机组成部分。

对上述营销策划的特征加以归纳总结,我们可以将营销策划活动概括为:组织为了改变营销现状,以营销目标为指引,综合分析外界环境与自身资源、能力后,对现有的营销组合进行变革性、创造性的再思考、再设计的活动过程。

第二节　营销策划的方法与工具

世界上没有两个完全相同的企业,所以营销策划的方法也不具有普遍意义上的一致性,不同的企业,所处环境的不同,营销策划的方法也会发生改变。

一、营销策划的方法

营销方法按照营销策划的步骤而展开,主要包括明确策划问题、调查并收集资料、环境分析、设立目标、(营销)战略策划、(营销)战术策划、编写策划方案、实施策划方案、评估与修正等。如图 2—1 所示。

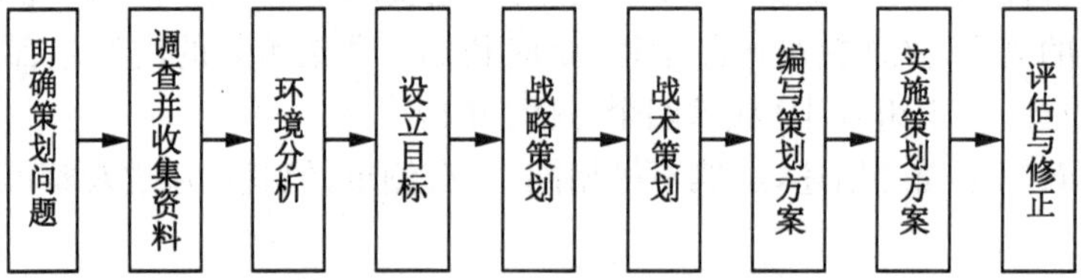

图 2—1　营销策划的一般程序

(一)明确策划问题

做营销策划首先必须明确一个题目,即企业营销策划人员首先要搞清楚策划所要解决的问题是什么。

要明确策划主题,先要了解企业的策划动机。策划动机不同会使同一项策划的策划重点、策划目标以及最终的策划效果都发生改变。比方说,一个产品策划,一种动机有可能是为了尽快占领市场、收回现金,那么具体的策划则可能会将策划重点放在广告以及促销活动上;另一种动机可能是要将该产品培育成为有品位并在消费者中享有很高美誉度的产品,那么具体的策划则可能会更加重视研发、改进产品质量,在此基础上开展公共关系活动。如果营销策划人员无法搞清楚策划委托人的动机，就很难提出切实可行的策划方案，最终的策划效果也势必难以令委托人满意。为了弄清楚委托人的策划动机，营销策划人员必须与营销策划相关的部门进行广泛和密切的接触，查阅其相关历史资料以掌握其过去的各种信息，与其内部人员座谈以了解他们的真实想法。

其次，明确重点。委托人委托营销策划人员进行营销策划可能具备不止一个动机。营销策划人员在弄清这些动机之后，对所有动机进行分析，找出当下最迫切、最需要解决的主要问题并以此作为策划重点。因此，营销策划人员必须依据自身的经验找出此次营销策划的主要矛盾。

最后，主题明确化。在开始具体的营销策划前，必须明确策划主题，使策划主题与委托人的策划动机相吻合。一般主题明确化要经过挖掘、过滤、选择和确定这四个阶段。

（二）调查并收集资料与环境分析

调查并收集资料往往同环境分析穿插进行。虽然环境分析以市场调查所取得的资料为依据，但环境分析又会指引营销策划人员，使其了解需要调查哪些方面的信息、收集哪些方面的资料。调查并收集资料与环境分析主要包括宏观及中观环境调查与分析、微观环境调查与分析和企业内部环境调查与分析等。

（1）宏观及中观环境调查与分析。宏观环境主要包括人口环境、经济环境、自然环境、技术环境、政治和法律环境以及社会和文化环境。这类环境最大的特征是企业对其具有不可控性，所以企业在进行营销策划时，必须充分调查和分析这类环境。

中观环境按照选取视角的大小可以继续分为行业环境和经营环境。行业环境的分析手段主要是依靠迈克尔·波特的"五力"模型，"五力"即新的进入者、替代者、供应者、购买者以及行业内部竞争者。这五个角色的力量决定了一个行业的竞争激烈程度及盈利能力。单一企业作为行业中的一员，其生存能力和盈利能力同样被这"五力"所决定。因此，企业在进行营销策划之前必须对这五种力量进行详尽的调查与恰当的分析。经营环境是指对企业营销活动具有直接影响的环境因素，有些因素与行业环境因素有重合，其区别是在进行行业环境因素分析时比较抽象，而在进行经营环境分析时则相对具体。经营环境包括供应链、竞争者、消费者、供应商、投资人及债权人等。因为经营环境对营销策划活动的影响最为直接，所以对于这类环境的调查与分析要透彻和深入。

（2）微观环境调查与分析。微观环境即企业内部环境，是指企业内部能够影响营销活动的全部因素，包括公司资源、公司能力、公司使命、目标以及总体战略、公司组织结构、营销部门在公司中的地位、公司文化以及各战略业务单元（SBU）的竞争战略等。企业营销策划如果想取得满意的效果，离不开其他各部门的支持与配合，因此，为了使最终的策划方案顺利实施，进行营销策划前必须对企业内部环境进行深入和细致的分析，平衡好各方利益关系以尽量减少方案实施的阻力。

（三）营销战略策划

企业营销战略策划主要包括市场竞争战略策划、STP策划以及市场开发策划三个部分。

（1）市场竞争战略策划。市场竞争战略策划主要解决的是对竞争者的分析。在当今日益激烈的市场竞争中，企业仅仅满足消费者的需求已难以维持自身的生存和发展。企业如想在白热化的市场竞争中脱颖而出，在了解并且满足消费者需求的同时，还必须了解竞争对手。竞争者分析主要包括以下几个方面：

①识别竞争者。竞争者是指那些与本企业提供相同或相似产品，服务于相同或相似目标

市场的其他企业。真实的竞争者并不像想象的那么容易被分辨出来，因为很多潜在竞争者并不与本企业发生直接的竞争冲突，但是市场条件一旦发生改变，潜在的竞争者就有可能变成为本企业的现实竞争者。为此，在识别竞争者时要树立两个观念：一是产业竞争观念。一个产业内的产品可以相互替代，替代品间就存在着潜在的竞争关系。比如，碳酸饮料价格下降，以前消费非碳酸软饮料的消费者如果不厌恶碳酸饮料或者对价格比较敏感，那么他们就会放弃继续购买非碳酸软饮料，转而消费碳酸饮料。可见，由于碳酸饮料的价格变化使得碳酸饮料蚕食了非碳酸软饮料的市场，形成了正面竞争的态势。二是市场竞争观念。满足同一市场需求的所有产品都可以视为相互竞争的。比如，铅笔可以提供书写功能，钢笔、自来水笔、打字机甚至是电子计算机同样可以为人们提供这种功能，那么这些产品之间都可以形成竞争关系。铅笔、钢笔与自来水笔之间的竞争关系，我们很轻松就可以分辨出来。可如果没有市场竞争概念，那么我们很难看出铅笔与计算机在提供书写功能方面的竞争。

②分析竞争对手。竞争者一经确定，接下来的工作则是要剖析竞争者。主要分析的内容包括如下三个方面：第一，竞争者的目标与战略；第二，竞争者的优势及劣势；第三，判断竞争者的市场反应。在此，仅解释第三点，所谓判断竞争者的市场反应指的是当其他企业采取某个行动时，竞争者的反应状况。比如，如果本企业下调产品价格，竞争企业会如何应对？是保持原来价格不变，抑或是跟着降价并且降价的幅度比本企业还要大，甚至有可能逆市提价。这些可能的反应，竞争者到底会选择哪一种，这是本企业为了在竞争中取得主动权所应该掌握的。按照市场反应的不同，可以将竞争者分为四类：一是从容不迫型竞争者，按照自己规则行事，不受环境的左右；二是选择性竞争者，即有选择地应对市场变化，具体问题具体分析；三是强劲型竞争者，即对于任何市场挑衅行为都会予以强烈反击；四是随机性竞争者，即对市场变化的反应飘忽不定。

③选择企业应采取的对策。对竞争者分析的重突自然是本企业最终要采取的竞争对策，以上所有的分析都是为最终所要采取的竞争对策而服务的，形成竞争对策是对竞争对手分析的逻辑延续。在选取竞争对策时可以根据以下几个方面做出决定：第一，竞争者与本企业的相似程度。一般情况下，主张对相似程度高的企业展开竞争，这样有利于巩固自身企业的地位。不过，相似企业的减少也使得企业在自身发展中缺少外部驱动力，从长远看不利于企业进步。第二，竞争者的强弱。选择实力较强的企业进行竞争还是选择实力较弱的企业进行竞争，各有利弊。选择前者，获利较大，可以迅速提升自身竞争力，但需要大量的资源以及强大的核心竞争力，并且成功的可能性小且风险很大；选择后者，节省资源和时间，事半功倍，相对容易成功，风险不大，但获利较小。第三，竞争者表现的好坏。市场中的企业在竞争中有表现好坏之分。表现好的企业通过依赖正当的竞争手段（依靠科技进步、管理改善、降低成本等）来确立竞争优势，这样的企业有利于整个行业的进步；反之，表现坏的企业通过不正当的手段（贿赂买方的采购人员、恶性价格竞争、寻租等）在市场中孤注一掷地冒险，这样的竞争扰乱了正常的市场秩序，不利于整个行业的进步。

（2）STP 策划。STP 是 Segmentation（细分）、Targeting（目标市场选择）、Position（定位）三个单词的首字母的简写。STP 策划，就是在调查分析的基础上，根据企业的实际情况，对市场进行细分，确定企业的目标市场和为企业进行市场定位。STP 是一个合乎逻辑、合乎理性的行为序列。

进行市场细分，是竞争日益激烈的环境下实行产品差异化的必然要求。即便不实行差异化营销，为了更好地为目标市场服务，有的放矢地提高企业自身经营水平，进行市场细分，明确可选择进入的目标市场也是十分必要的。合理的市场细分为企业选择目标市场奠定了坚实的基础。有效的市场细分应具备可测量性、可进入性以及可赢利性三个标志。

在进行市场细分之后，企业需要对目标市场进行选择。目标市场选择也称为目标市场涵盖战略，一般有三种选择：第一，无差异市场营销，即指企业在市场细分之后，不考虑各子市场的特性，只关注子市场的共性，仅仅推出单一产品，采用一套市场营销组合，以求满足更多顾客的需求；第二，差异市场营销，即指企业决定同时为几个子市场服务，设计不同的产品，运用不同的定价策略和促销手段，通过不同的渠道，以适应不同子市场的需求；第三，集中市场营销，即指企业集中所有力量，以一个或少数几个性质相似的子市场作为目标市场，力图在较少甚至是单一的子市场上实现较大的市场占有率。三种目标市场涵盖战略各有利弊，在具体选择哪一种战略时往往要考虑以下五个因素：企业资源、产品同质性、市场同质性、产品所处生命周期的阶段性和竞争对手的目标市场涵盖战略。

选择目标市场之后，紧接着是要取得目标市场的竞争优势，确定产品在顾客心目中的适当位置并留下深刻的印象，以便吸引更多的顾客，这便是市场定位。完整的市场定位过程大体分为三步，即确认本企业的竞争优势、准确地选择相对竞争优势和明确显示独特的竞争优势。

①确认本企业的竞争优势。在此，企业应该弄清楚三个问题：第一，竞争者的产品可以满足哪些消费者需求；第二，目标市场真正的需求究竟是什么；第三，为填补市场真正需求与竞争者可满足消费者需求之间的缺口，本企业能够做些什么。这样一来，企业就可以认清到底哪些需求是自己可以满足而竞争者所满足不了的，而这正是本企业的竞争优势。

②准确地选择相对竞争优势。有些竞争优势确实是本企业所拥有的，但并不是现有的，而是潜在的。有些潜在优势转化为显性优势的成本会很高，所以运用起来并不划算。因此，在认清了本企业的竞争优势后要有选择地加以运用。

③明确显示独特的竞争优势。该步骤的主要任务是通过一系列的宣传、促销等活动，将选定的竞争优势明确地彰显出来，并在顾客心中留下深刻的印象。企业为达到显示优势的目的，首先要使顾客了解本企业的市场定位及优势，其次要巩固和加深顾客意识中与本企业定位和优势相一致的部分，以稳定顾客态度，同时纠正对顾客意识中与本企业定位和优势不一致的偏差。

STP策划要做的工作就是菲利普·科特勒所说的战略4P，即探测（Probing）、划分（Partitioning）、优先（Prioritizing）和定位（Positioning）。

（3）市场开发策划。这里仅就产品按所处的不同生命周期进行归纳，介绍相应生命周期中一般采用的营销战略。产品生命周期理论认为，一种产品典型的生命周期可分为四个阶段，即导入期、成长期、成熟期和衰退期。导入期的起点是产品投入市场，这个时期的特点可以概括为：产销量少、生产成本高、销售增长慢、利润近乎为零甚至为负。成长期在导入期之后，产销量迅速增加，生产成本迅速下降，利润高速增长，直至达到峰值。此时竞争者开始纷纷进入该市场参与竞争，使得价格、利润有下降趋势。成熟期表现为市场趋于饱和，市场几乎被开发殆尽，销售额增长缓慢进而下降，利润出现零增长，进一步发展为负增长。衰退期，即产品销售额与利润迅速下降，最终退出市场。针对不同生命周期阶段的不同特点，对产品的市场开发策划也会有所侧重。

①导入期开发市场。主要包括三个方面：

● 快速撇脂。即指为达到迅速扩大销售量、取得高市场占有率的目的采用高价格、高促销费用的营销组合。实施这种战略的目的是为了迅速建立消费者对自己产品的偏好。快速撇脂战略适用于以下市场环境：短时期内，市场容量有限，多数消费者不认识该产品，少数认识该产品的潜在消费者急于购买，企业暂时没有现实的竞争对手，但潜在的竞争对手随时可能转化为现实的竞争对手。

● 缓慢撇脂。即指以高价格、低促销费用进行市场开发以求取得更多的利润。该战略适用于市场规模较小、市场中多数消费者了解该产品并愿意高价购买、潜在竞争威胁不大的市场环境。

● 快速渗透。即指以低价格、高促销费用，以迅雷不及掩耳之势进入市场，以便尽快取得高市场占有率。该战略适用的环境是市场容量很大，消费者对产品尚没有清楚的认识，但需求的价格弹性很高，存在着众多潜在的竞争对手；本企业存在着规模经济，规模的扩大可以降低单位产品的生产成本。

②成长期迅速拓展市场。针对成长期的特点，企业要做的是维持其市场增长率，延长赚取高额利润的时间。一般会采取如下战略：改善产品品质，以应对即将进入的竞争者；未雨绸缪，寻找新的子市场；改变营销沟通的重点，把广告公关的重点由介绍产品转移到建立产品和品牌形象上；可以适当降价以激发价格敏感的潜在消费者进行购买。

③成熟期维持市场。成熟期，销售量的增长会逐渐趋缓，利润开始缓慢下降。针对这些特点，企业迫切要做的是主动出击，使成熟期延长，或者使产生生命周期能够再循环。一般采用以下战略：第一，调整市场。这个战略是指发现产品的新用途或改变促销方式等，使得产品销售量再次扩大，出现第二波成长。历史上，最为经典的案例是杜邦公司的尼龙产品由军用扩展至民用。第二，调整产品。对产品不同规格和型号进行规划吸引有不同需求的顾客。第三，调整营销组合。通过对产品、定价、渠道和促销四个市场营销组合因素加以综合调整，刺激销售量的回升。

④衰退期全身而退。产品进入衰退期后，产品最终退出市场的命运不可避免，企业不应该继续对该产品增加投入，而是应有计划地，以最小的成本退出该市场。通常情况下，可采取以下战略：第一，继续战略，即延续以前的营销组合直至这种产品完全退出市场为止。第二，集中战略，即将企业的资源及自身能力集中于最有利的子市场上，以获得利润。这样可以缩短产品退市时间，同时又为企业创造利润。第三，收缩战略，即大幅度降低营销费用以增加目前利润。这样会加速该产品的衰退，从忠诚消费者身上赚取最后的利润。第四，放弃战略。类似于三十六计中的走为上计。对于衰退迅速的产品，当机立断，将占用的资源全部转移出去，寻找新的市场机会。

(四)营销战术策划

战略侧重的是理念，具有全局性和指导性，而战术侧重于执行，具有具体性和执行性。企业营销战术策划，指企业根据已完成的环境分析和制定出的战略，对自身可以运用各种营销手段进行综合考虑和整体优化，以求达到理想效果的活动。具体包括产品策划、价格策划、分销渠道策划以及促销策划四个方面。具体的策划技术在有关市场营销学或市场营销策划的书籍中有细致介绍，在此不加以赘述。但需要强调几点：

(1)营销战略必须战术化。因为形成具体战术是执行的基础。营销策划的最终目的是为了执行、为了最终的效果。战略是无法执行的，战略只能指引企业的行为。只有将战略转化为战术后才能执行，才能最终评估策划的效果。

(2)营销策划的控制因素主要是 4 个 P，但不局限于 4 个 P。因为现实中的企业千差万别，不乏各种特例，而不管是营销学还是营销策划学所介绍的战术策划方法只是对典型企业的一般概括，所以不能教条地运用策划知识，要具体问题具体分析，在抓住一般方法共性的同时也要掌握具体企业的特性。

(3)营销战略策划也好，战术策划也罢，既可以是面对整个企业的，也可以是面对某一项目或某一品牌的；既可以是对营销活动进行全面策划，也可以是仅就某一营销因素进行策划。不同层面的营销策划虽然有诸多不同，但策划的大致过程、基本思路以及所需考虑的问题却万变不离其宗。

(五)编写策划方案

上述的各种调查研究、综合分析以及营销战略和战术的策划，最终要反映到营销策划方案上。营销策划方案作为营销策划内容的载体，既是营销策划活动的阶段性成果，又是指导下一步营销活动的具体计划。它的作用是：帮助营销策划人员整理信息，全面系统地思考企业面临的各种营销问题；帮助策划人员根据企业内外部环境和企业营销问题，为企业提出解决方法和依据；帮助营销策划人员与企业决策者进行沟通；帮助企业决策者做出正确决策；帮助企业营销管理人员更有效地实施营销管理活动。

(六)实施策划方案

营销策划完成后，企业营销管理部门要组织实施营销策划方案。实施营销策划方案就是对实施过程进行组织、协调和控制，也是将营销策划方案转化为具体行动的过程。虽然营销管理部门是实施方案的主角，但是营销策划方案的顺利实施离不开高层领导者的大力支持和其他相关部门的有力配合。因此，营销管理部门必须要根据策划的要求，分配企业的各种资源，与高层领导保持顺畅的沟通，处理好企业内各部门之间的关系，提高执行力，把营销策划的内容落到实处。

实施营销策划方案大体分为两个阶段：模拟布局阶段和分工实施阶段。

(1)模拟布局阶段。在正式实施营销策划方案之前需要进行推演，即模拟布局。此时，营销策划者必须根据已经拟好的预算表和进度表，运用“图像思考法”，模拟出营销策划实施的布局与进度。所谓“图像思考法”，就是将未来可能的发展一幕一幕仔细地在脑海中呈现出来，事先在脑子里进行预演。模拟布局可以预测营销策划方案的实施过程及进度，进而对预算表与进度表进行修正，同时可以预测出营销策划方案实施后的效果。

(2)分工实施阶段。进入分工实施阶段，营销策划才真正从“思想”转为“行动”。在这一阶段，营销管理者一方面要把各部门的任务详加分配、分头实施，另一方面要根据修正后的预算表与进度表来严密控制营销策划方案的预算与进度。营销管理者要运用组织力量，组织、指挥与协调企业的各种力量，尽最大的努力达到和完成策划书规定的营销目标和营销任务。

(七)评估与修正

营销策划的评估与修正源于管理学中的控制理论，主要包括分步考评、阶段考评、最终考评和反馈改进等内容。

(1)分步考评。实施营销策划一般是分步骤进行的。为了使最终的实施结果与策划方案的差异最小化，对每一步实施后的结果都应加以考评，及时发现问题和偏差并加以解决和纠正。倘若一个步骤的完成情况与预想出入较大，营销策划人员和营销管理人员应暂停进一步实施活动，待问题解决后再进行下一步活动。必要时，要对整个营销策划方案做出调整。

(2)阶段考核。阶段考核是以时间序列为依据，对实施情况进行考核。阶段考核类似于步骤考核，目的是为了防止最终的实施结果偏离预想的结果太多。一个阶段可能包括一个步骤，也有可能包括若干个步骤，在一个阶段终结后，对该阶段的实施状况进行综合评价即为阶段考核。如果发现偏差,可以及时纠正或调整营销策划方案。

(3)最终考评。最终考评就是分析营销策划实施的结果,以发现营销策划的期望与实际结果的差异。若差异较大,必须做差异研究,分析差异产生的原因,找出实施过程中的问题以及策划方案的不妥之处,总结出对下次营销策划立案及实施的经验、教训和启示。一般而言,营销策划者应将营销策划实施结果的研究、分析做成营销策划结案报告书,提供给企业管理层或委托方。

(4)反馈改进。营销策划方案实施结束并不意味着营销策划的终结。营销策划方案实施结束之后,营销策划人员还必须对最终的结果和实施的过程进行深入研究和分析,从中总结出经验和教训,并将其有效地反映在下一次营销策划中。

二、营销策划的常用工具

营销策划是一项实用性很强的工作,为完成最终的营销策划任务,必须掌握一些常用的工具和方法,这里简单介绍几种十分常用而且运用起来相对容易的方法。

(一)SWOT 分析

SWOT 分析主要分析企业的优势(Strength)、劣势(Weakness)、机会(Opportunity)和威胁(Threats)。优劣势分析着眼于企业自身的实力及与竞争对手的比较,而机会与威胁分析将注意力放在外部环境的变化及对企业的可能影响上。

(1)优势与劣势分析(SW)。当两个企业处在同一市场或者它们都有能力向同一顾客群体提供产品和服务时,如果其中一个企业有更高的赢利率或赢利潜力,那么,我们就认为这个企业比另外一个企业更具有竞争优势。换句话说,企业的竞争优势就是指一个企业超越其竞争对手的能力,这种能力有助于实现企业的主要目标——赢利。但值得注意的是:竞争优势并不一定完全体现在较高的赢利率上,因为有时企业更希望增加市场份额,为未来市场创造更大的发展空间。

竞争优势可以指消费者眼中一个企业或它的产品有别于其竞争对手的任何特类,它可以是产品线的宽度、产品的大小、质量、可靠性、适用性、风格和形象以及服务的及时、态度的热情等。虽然竞争优势实际上指的是一个企业比其竞争对手有较强的综合优势,但是明确企业究竟在哪一个方面具有优势更有意义,因为只有这样,才可以扬长避短或者以实击虚。

由于企业是一个整体,而且竞争优势的来源十分广泛,所以,在做优劣势分析时必须从整个价值链的每个环节上,将企业与竞争对手做详细的对比,如产品是否新颖、制造工艺是否复杂、销售渠道是否畅通以及价格是否具有竞争性等。如果一个企业在某一方面或几个方面的优势正是该行业企业应具备的关键的成功要素,那么,该企业的综合竞争优势也许就强一些。需要指出的是,衡量一个企业及其产品是否具有竞争优势,只能站在现有潜在用户的角度,而不是站在企业的角度。

(2)机会与威胁分析(OT)。随着经济、社会、科技等诸多方面的迅速发展,特别是世界经济全球化、区域经济一体化过程的加快,全球信息网络的建立和消费需求的多样化,企业所处的环境更为开放和动荡。这种变化几乎对所有企业都产生了深刻的影响。正因为如此,环境分析成为一种日益重要的企业职能。

环境发展趋势分为两大类:一类是环境威胁;另一类是环境机会。环境威胁指的是环境中一些不利的发展趋势对企业所形成的挑战,如果不采取果断措施,这种不利趋势将导致企业的市场竞争地位受到削弱。环境机会就是指环境变化给企业带来的机会,它可能会吸引企业进入富有吸引力的领域，并在这一领域中发挥更大的优势，也可能是为企业现有资源的利用产生积极的影响。

对环境的分析也可以有不同的角度。比如，一种简明扼要的方法就是PEST分析，另外一种比较常见的方法就是波特的五力分析。

(二)木桶理论

木桶原理又称短板理论，其核心内容为：一只木桶盛水的多少，并不取决于桶壁上最高的那块木板，而恰恰取决于桶壁上最短的那块木板。根据这一核心内容，"木桶理论"还有两个推论：其一，只有桶壁上的所有木板都足够高时，木桶才能盛满水。其二，只要这个木桶里有一块板不够高度，木桶里的水就不可能是满的。

"木桶理论"对于营销策划具有很大的现实意义。一项营销策划会由许多部分来构成，决定营销策划最终结果的并不是很强的部分，反而是相对弱的部分，因此在策划时，要有意识地将资源向弱的部分转移，最大限度地缩小差距。只有让弱小的部分强大起来，才有可能使营销策划发挥应有的作用，以达成最终的营销目标。

(三)核心竞争力

"核心竞争力"这一术语首次出现是在1990年。这一年，著名管理专家普拉哈拉德(C. K. Prahalad)和哈默(Gary Hamel)在他们所著的《企业核心竞争力》(*The Core Competence of the Corporation*)一书中指出："核心竞争力是在一组织内部经过整合了的知识和技能，尤其是关于怎样协调多种生产技能和整合不同技术的知识和技能。"形象地说，一家多元化经营的企业好比一棵大树，其核心产品(即核心零部件)是树干，各个业务单位则是树枝、树叶、花朵和果实等，而后者所表现的这些才是顾客所需要的最终产品。为将顾客所需要的最终产品做好，必须依赖于企业内部各个能力的不同组合。核心竞争力实际上是隐含在核心产品(核心零部件)里面的知识和技能或者它们的集合。

竞争力是企业持续竞争优势的源泉，然而它本身不会自动转化成竞争优势。如果没有相应的机制和条件加以支持，核心竞争力将毫无价值。也正是基于这一点，如今人们又把核心竞争力的外延拓展到了企业的方方面面，包括各个职能系统，而不是像过去那样主要局限在研究开发和产品生产上。

在普拉哈拉德和哈默看来，核心竞争力首先应该能为企业提供进入不同市场的潜力。其次，核心竞争力对最终产品的顾客价值贡献巨大。最后，一个企业的核心竞争力应该是难以被竞争对手所模仿和复制的。

除了以上主要特征以外，核心竞争力还具有一些其他特征。首先，核心竞争力是一种集合能力。一般情况下，它是企业内部不同能力的集成组合，很少有企业的单一能力能够成为该企业的核心竞争力。它是企业跨部门人员不断学习、获得知识、共享知识和运用知识而形成的整合知识和技能。这也是为什么一家企业的核心竞争力不容易被其竞争对手模仿或复制的原因。单项能力比较容易模仿和复制，但是要仿制经过整合了的核心竞争力就困难得多，因为核心竞争力的整合机制和相关环境条件是难以模仿和复制的。核心竞争力还是看不见、摸不着的东西，必须经过它的载体即核心产品才能体现出来。因此，核心竞争力也是无法(因为是集合的、无形的)或者不易(因为成本太高)购买到的。

在进行营销策划时，策划者应该首先识别本企业是否已经形成了自身的核心竞争力。如果本企业拥有自己的核心竞争力，在未来的营销活动中就应该尽全力运用该能力，贡献出其全部力量，从而保证在激烈的市场竞争中立于不败之地；反之，如果本企业由于种种原因尚未形成本企业独特的核心竞争力，营销策划应有意识地添加培植企业核心竞争力的步骤，早日培育出核心竞争力。只有拥有核心竞争力并且善于利用核心竞争力的企业，才会在激烈的市场竞争中脱颖而出、基业长青。

(四)二八定律

二八定律也叫巴莱多或巴雷特定律，它是19世纪20年代初意大利经济学家巴莱多发明的。巴莱多认为，在任何一组事物中，最重要的只占其中的小部分，约20%，其余80%尽管是多数，却是次要的，因此又称二八法则或二八原理。在此后的100多年时间里，该定律不断地被证明是正确的。

二八定律被推广至许多学科。管理学范畴：通常一个企业80%的利润来自它20%的项目；经济学范畴：20%的人手里掌握着社会80%的财富；心理学范畴：20%的人身上集中了人类80%的智慧。

在营销学界通常认为80%的销售收入来源于20%的顾客。正是由于这种认识深入人心，因此绝大多数企业对重点顾客格外重视，这样做符合抓主要矛盾的主要方面的原则。但是随着互联网及物流业的高速发展，广告及渠道成本被大大降低，使得当企业的销量达到一定水平后，进一步增加销售，产品的边际成本近乎为零。企业发现，80%的次要顾客同样可以为企业带来可观的利润。最近流行的“长尾理论”正是对这种趋势的科学解释。在营销策划中，要改变原有的营销观念，将营销重点向次要顾客转移，使企业既重视关键的少数，又重视普通的多数，使企业的发展具备坚实的基础。

(五)7-S模型

20世纪七八十年代，美国经济不景气，失业率居高不下，理论界和实践界都在努力寻找着适合于本国企业发展和振兴经济的途径。两位来自麦肯锡管理顾问公司的学者，托马斯·J.彼得斯(Thomas J. Peters)和小罗伯特·H.沃特曼(Robert H. Waterman)，访问了美国历史悠久、最为优秀的62家大公司，又以获利能力和成长速度为准则，挑出了43家杰出的模范公司，其中包括IBM、德州仪器、惠普、麦当劳、柯达、杜邦等各行业中的翘楚。他们对这些企业进行了深入调查，并与商学院的教授进行讨论，以麦肯锡顾问公司研究中心设计的“企业组织七要素”(简称7-S模型)为研究的框架，总结了这些成功企业的一些共同特点，写出了对美国管理界具有深远意义的《追求卓越——美国企业成功的秘诀》一书。

7-S模型指出了企业在发展过程中必须全面地考虑各方面的情况，包括结构(Structure)、制度(Systems)、风格(Style)、人员(Staff)、技能(Skills)、战略(Strategy)、共同价值观(Shared Values)等(见图2—2)。也就是说，企业仅具有明确的战略和深思熟虑的行动计划是远远不够的，因为企业还可能会在战略执行过程中失误。因此，战略只是其中的一个要素。在模型中，战略、结构和制度被认为是企业成功的“硬件”，风格、人员、技能和共同价值观被认为是企业成功经营的“软件”。7-S模型认为软件和硬件同样重要。

7-S模型为我们从事营销策划工作提供了一个全新的策划和分析框架。我们可以将企业中这七种要素分别进行分析，从而判断企业现实的经营状况。策划作业时，为了使工作更有条理，则可以先分别对这七个方面进行策划，然后进行综合策划，最终形成一整套系统的策划方案。

(六)PDCA循环

PDCA循环又叫戴明环，是美国质量管理专家戴明博士首先提出的，它是全面质量管理所应遵循的科学程序。全面质量管理活动的全部过程就是质量计划的制订和组织实现的过程，

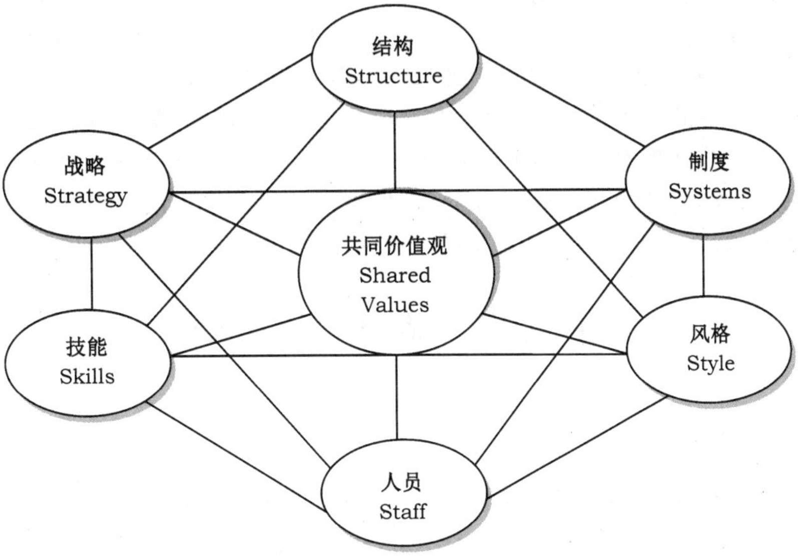

图 2—2 企业发展的 7-S 模型

这个过程是按照 PDCA 四个步骤不停地、周而复始地运转的。PDCA 是由英语单词 Plan(计划)、Do(执行)、Check(检查)和 Action(行动)的第一个字母构成的(见图 2—3)。

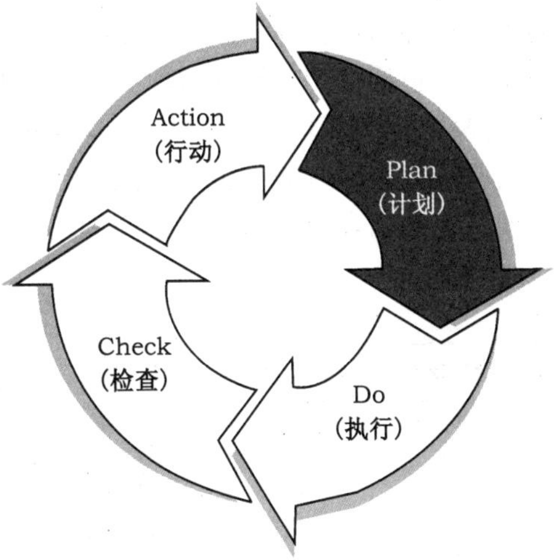

图 2—3 PDCA 循环

PDCA 循环就是按照这样的顺序开展着企业的质量管理工作的，并且循环往复，由此保证企业质量水准的稳定和提升。全面质量管理活动的运转，离不开管理循环的转动，这就是说，改进与解决质量问题，赶超先进水平的各项工作，都要运用 PDCA 循环的科学程序。不论是提高产品质量还是减少不合格品，都要先提出目标，即质量提高到什么程度、不合格品率降低多少均要靠计划；这个计划不仅包括目标，而且也包括实现这个目标需要采取的措施；计划制定之后，就要严格按照计划要求具体实施，这就是执行；执行完毕，要对照计划检查最终的执行结果是否实现了预期目标，通过检查找出问题和产生问题的原因；最后一步就要对问题进行处理，将经验和教训制定成标准，形成制度，并以此作为指导下一阶段工作的依据。

营销策划工作同样可以借鉴 PDCA 循环的思路进行管理。先确定营销策划的任务及所要达成的目标，然后确定通过什么方法和步骤来达到目标，这样，根据所确定的任务和目标以及为达到目标所选择的方法和所确定的工作步骤形成营销策划方案（形成文案）；营销策划方案制订后就需要在营销管理部门的领导下，通过整个企业各部门的配合来实施营销策划方案；实施阶段完成后，要对具体的实施结果进行评估，找出最终结果与策划目标的偏差；最后要分析偏差产生的原因，总结策划方案实施中的经验和教训，并以此来指导今后的营销策划工作。

第三节　品牌运行策划

一、品牌战略策划

“战略”一词，最早源于战争和军事活动。中国春秋时代的《孙子兵法》虽未用“战略”命名，但其精辟的战略思想一直流传至今。从军事角度讲，战略不是一场战役的胜利，而是赢得整个战争的胜利，它强调全局性、长远性、纲领性。

品牌战略是企业推动品牌发展的思想，是企业赢得更大品牌市场效应的规划。具体来讲，品牌战略是企业对自身品牌所规定的目标以及实现目标的手段，即企业希望自己的品牌在未来的市场与社会环境中所期望达到的一种状态。品牌战略也是一种品牌理想，企业的品牌发展如果不着眼于未来，而只是盯住眼前的利益，则企业品牌在运行中可能会偏离正确的轨道。

在市场环境千变万化的当今世界，企业的品牌战略不仅仅是一种理性计划的产物（理性计划是企业为之奋斗的期望），还必须包括将期望转变为现实的一系列或一整套的决策与行动方式。在企业的实际运行中，品牌战略更多表现为预定的计划、行动规则与不断修正的行为方式的结合。企业所能规定的并具有统领性的行动纲领，主要表现为品牌的使命和目标、品牌的理念系统等。而品牌战略的管理与运行则表现为品牌战略管理过程中的具体方法和手段（见图2—4）。

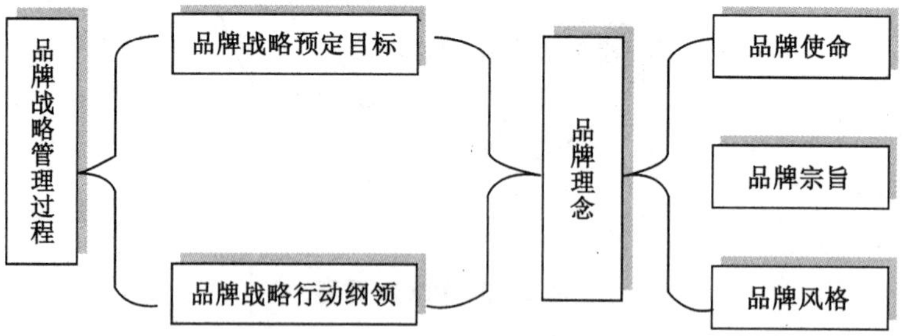

图 2—4　品牌战略管理过程与内容

IBM 为品牌发展所设定的成为客户的战略服务伙伴这一目标，并不是仅仅以各种产品所能够实现的目标为内容，而是将 IBM 的统领思路、技术能力及运行路径等作为整体组合，并由此追求能够给用户带来个性化服务并使用户得到他们所希望得到的帮助。

(一)品牌目标

设立品牌目标旨在帮助企业了解品牌运行的方向，使企业在品牌运行中做任何事情都能有的放矢、系统一致。设定一系列品牌目标具有下列益处：

（1）品牌目标有利于企业集中思路、激发想象力，形成更适合企业的品牌运行规划。

（2）品牌目标可用来衡量企业的绩效、效果、效率及经营质量，奠定品牌的运行基础。

（3）品牌目标显示长期和短期内企业应取得的成果，使企业能够对品牌运行效果进行分析。

品牌目标是品牌运行所要实现的一个战略结果，是企业对品牌的一种在未来某个时刻能够得以实现的期望，也是企业品牌运行的一种理想。

没有理想的企业不会形成伟大的企业，也不会创造出具有持久影响力的品牌。

案例拓展　　**联想的成长道路**

大约十几年前，当人们提起国产电脑时，长城的名字是排在联想前面的。然而如今，联想已发展成为中国企业的一面旗帜，长城却被联想远远地抛在了后面。单从量上讲，联想已经夺得了亚太区电脑销售的冠军，而长城电脑自有品牌销量已经下滑到了十几万台，排名也从前列中消失。是什么原因导致了中关村这两家公司形成了如此巨大的差距呢？

我们将视线往前推进十多年，人们会发现联想在中关村只是一个跨国公司的代理商，在联想周围有着至少 20 家大大小小的同类公司，它们的主营业务不过就是通过组装计算机或代理 IBM、HP、康柏等跨国巨头的计算机来获利。

与联想生长在同一年的，除了长城外还有四通、科海、京海等公司。可是为什么在同样条件和同样水平下，经过几十年的运行后，一些公司会得到长足发展，而另一些公司却逐渐衰落呢？这其中最基本的一点就是联想不甘于仅仅做 IBM、HP 等跨国公司的附庸，联想想做的是著名的品牌和伟大的公司！柳传志的“九字真言”“建班子，定战略，带队伍”无非是告诉联想人，联想的目标是为了实现一种对未来的追求（定战略），这其中与企业如何确定未来的发展战略至关重要。

品牌目标的设定可根据时间的长短分为品牌的长期战略目标、中期战略目标和近期战略目标三种。长期战略目标一般设定时间为 5～15 年的远景规划；中期战略目标为 3～5 年的中期规划；短期战略目标为 1～3 年的具体战略目标。

品牌目标的设定不是一件很容易的事情，这里关键的问题在于如何使品牌目标更符合企业实际，如何能保证品牌目标的实现。这其中与品牌目标关系最为密切和保证品牌目标得以实现的工作是制定品牌纲领和设定品牌理念，并使其对品牌目标的实现发挥积极的促进作用。

（二）品牌纲领

事业的成功有三个重要因素：一有正确的行动纲领；二有能实现行动纲领的人；三有企业的品牌形象。而正确的行动纲领是由人制定的，品牌形象是由人建立的，这三点的重心就是聚集有用的人才资源（柳传志的建班子、带队伍）。而当一个企业有了保证事业成功的人才队伍之后，首要的问题就是制定品牌纲领，这是企业品牌目标得以实现的保障。

品牌纲领是品牌的总体指导思想，是品牌运行所遵循的总体规则，即企业在品牌运行中始终坚持的一种理念大纲。企业在品牌运行中一般要经历这样一些过程：刚开始运行品牌时，品牌纲领并不是很清楚，有些企业可能认定品牌的关键是品质，有些企业认定的是技术，更有些企业认定的是服务，无论如何认定，这些都是品牌纲领的初始感受；当品牌运行初见成效之时，头脑清晰的企业就意识到了品牌纲领的重要性，进而提出了品牌运行的总体思路和所遵循的规则、轨迹与方法等。另有些企业可能还是凭着感觉做，走一步看一步；品牌运行再往前发展，就会出现品牌分化的现象，有些企业的品牌运行走向了辉煌，有些企业的品牌运行表现平平，还有些企业的品牌运行走向了衰败。这种分化大多数原因都与品牌纲领的正确与否有关，正确的品牌纲领会引导品牌走向光明的未来，没有品牌纲领或品牌纲领不清晰的企业会导致品牌运行平平，错误的品牌纲领会拖累品牌走向滑坡甚至衰败。

案例拓展 **松下的品牌纲领**

松下电器产业株式会社以提高全球市场竞争力和品牌价值为目标，把“Panasonic”定位为全球统一的品牌、“Panasonic ideas for life”作为统一的品牌口号向全世界推广。

“ideas for life”向大家传递的是：“全世界松下电器集团的每一位员工，通过开发、制造、销售、服务，为了人们富足的生活和社会的发展，不断地提供有价值的提案。”

通过商品和服务，松下电器集团把“从顾客角度出发的 ideas”“实用有益的 ideas”“带给人们惊喜和发现的 ideas”“让人感到高兴的 ideas”“崭新的 ideas”“有趣的 ideas”……贯穿顾客的一生(for customers’s life)，向每一位用户提供具有价值的、丰富多样的“ideas”。

1932 年，松下幸之助作为创业者体会到作为产业人的使命，制定了本公司的纲领。

其要点是：通过生产和销售符合顾客需求的高品质、高性能的优质产品，谋求社会生活的改善和提高，以期为世界文化的发展做出贡献。

贯彻产业人之本分、谋求社会生活的改善和提高，以期为世界文化的发展做贡献。

松下电器的使命，就是通过生产和销售活动，谋求社会生活的改善和提高，为世界文化的发展做出贡献。纲领简单明确地阐述了松下电器的事业目标和生存基础，是作为松下电器所有经营活动基础的“经营理念”。

自松下幸之助制定此纲领以来，松下电器一直以此为基础推进事业的发展。同时在开展海外事业时，也把为该国家的发展发挥作用、为该国家带来幸福作为首要条件。

资料来源：王敦婵. 松下的领导艺术[M]. 沈阳：辽宁人民出版社，1988.

品牌纲领的制定，尽管各企业的表述不尽一致，但所思考的路径一般都与环境相关、与自身期望达到的水准相关，即企业的品牌在社会环境、经济建设和产业发展中所能和所期望发挥的作用，把立足于“为社会发展做贡献”的经营理念贯彻于品牌的纲领中，以表现出企业的大气、高远、志在理想境界的实现以及企业的使命与价值水准等。

(三)品牌理念

品牌理念是品牌纲领的具体表述，是企业品牌使命与品牌宗旨的价值体现。一般来说，品牌理念包括品牌使命、品牌宗旨、品牌风格等品牌文化层面的内涵，还包括消费者通过购买和使用品牌所能获得的感受、认同等。品牌理念是企业品牌运行的一种精神寄托，也是消费者对品牌认同所追求和依据的一种线索。

1. 品牌使命

品牌使命(Brand Mission)是在一定的历史发展阶段中，企业最高决策层对品牌运行所规定的一种任务。这是一种责任要求，是由品牌目标和品牌任务所决定的一种责任。这种责任一旦确定下来，便有一个稳定的时期。

(1)品牌使命有其社会属性。规定企业运作品牌的任务必须符合社会发展的趋势与方向，必须有利于社会，有利于环境，满足社会对企业的要求。同时，它也体现了企业品牌对社会所能和所愿意承担的责任与义务，如海尔的品牌使命是为社会提供高标准、精细化、零缺陷的最好家电产品；提供24小时登门维修；提供24小时热线电话的特色星级服务体系。

(2)品牌使命有其历史特征。它表现为不同的历史发展阶段企业品牌所必须承担的不同的使命；不同规模与内涵的企业，其品牌也有着不同的使命。企业规模不大的初创时期与企业规模扩大的发展时期，显然其品牌使命会发生很大的变化，后者要承担的社会责任一定要重于前者。

(3)品牌使命有其区域范围的要求。不同的企业，由于行业限制、目标市场的选择、市场竞争激烈程度等约束条件，其品牌使命的确定必然会有一定的区域、范围，如机械制造业，其服务对象一定是需要机械的企业，而不是最终消费者，从而决定了其品牌使命必须是为其他企业提供产品与服务。有些企业所选择的目标市场具有区域性，因而品牌使命就必须确定成为区域市场提供服务。有些企业尽管其品牌使命不受行业、目标市场范围的限制，但由于市场竞争激烈程度的加剧，在目标市场结构分布上出现了一种自然的偏差，因而品牌使命又受到来自市场竞争方面的影响，如可口可乐在中国市场的占有份额，北方高于南方；百事可乐在中国市场的占有份额，南方高于北方。尽管两家企业多年来都在争取中国乃至全世界的市场占有率最高，但竞争的结果必然是一种市场的瓜分。

2. 品牌宗旨

宗旨指的是主要的目的和意图。企业的品牌宗旨(Brand Aim)是指企业品牌运行活动的主要目的和意图。从长期发展上看，表现为品牌目标；从短期的阶段性看，表现为一定时期企业通过品牌运行所欲达到的目的。它表明企业依据何种思想观念来确定企业的品牌运行行为、开展企业的各项生产经营活动。企业的品牌宗旨，本质上应反映企业的价值观念和思想水平，并表现为企业运行品牌的经营方针和经营指导思想。

在一定的历史发展阶段，企业可能在总体目标指导下为品牌发展确定许多方面的目的和意图，如为社会做贡献、求得自身的发展、获取经济效益等。这些都是在市场经济条件下企业品牌宗旨的共性。因为没有经济效益，企业就不能获得发展，也不能为社会的进步做出应有的贡献。在这种大的具有普遍意义的前提下，一个企业具体的品牌宗旨该怎样确定，才能使其具有特殊的意义。

企业品牌宗旨按其所形成的范围分析，可分为宏观、中观和微观的经营宗旨。

(1)宏观范围的品牌宗旨。是指企业站在整个社会宏观层面上希望自身品牌所能承担的社会任务，并由此所能达到的社会目标，如长虹电器的理念中有这样一句话："长虹以民族工业为己任"，意喻长虹品牌所追求的目标是"民族工业的振兴"，长虹应扛起这面大旗，开拓中国民族工业的新纪元。这是一种长期目标，它在企业的发展和品牌运行中具有不断延伸的内涵，没有终极时点。

(2)中观范围的品牌宗旨。指企业在自身所处的领域中希望承担的历史任务，并为所处行业的发展做出应有的贡献。在深圳市彩虹投资发展有限公司的理念创意中，其品牌宗旨是："彩虹就是为人类生活增添色彩"。其中的含义有两层：第一层含义是指彩虹在化工行业内，所生产的产品是自动喷漆，五颜六色的喷漆用于人类生活中，可以给人类生活增添美的色彩。这一层含义表现为企业品牌所追求的物质目标。第二层含义具有虚拟性，把色彩当作一种情调、一种文化、一种希望、一种辉煌、一种成就。公司的事业就是美化环境，这一层含义表现为企业品牌所追求的精神目标。这一品牌宗旨具有行业特征,企业所选择的事业领域不变,其品牌宗旨也不会发生变化。如果企业要进行跨行业经营,其经营宗旨则要随之发生变化。因此,中观层面的品牌宗旨同企业的事业领域紧密相连。

(3)微观范围的经营宗旨。是指企业为自己品牌事业的发展规定的具体目标,如海尔集团为自己的企业和品牌规定的宗旨是:

①质量宗旨:高标准、精细化、零缺陷。要求设计环节各项指标均高于国家标准,按国际一流质量组织生产。主要产品指标实测值均优于发达国家平均水平,要求产品质量让所有消费者放心。严格控制进货量,把物流中心作为企业正常生产所储备的零部件的货栈而不是库存。零配件绝不接受二等品(达到国家标准)。生产进程精细化、零缺陷,建立完善的检测体制,引进国际最先进的检验设备,完善自检、专检、抽检,并将检测线延伸到用户家。

②科研开发宗旨:立足创新、用户为师、永远改进、追求完美。技术创新目标国际化,要求技术创新目标在领域中达到国际水平。用户为师,市场导向,将用户的难题转化为开发的课题,不断创新市场,引导消费,满足用户的潜在需求,不断创造第一和唯一。

③服务宗旨:用户永远是对的。为达到目的,推出特色星级服务体系,24 小时登门维修、24 小时热线电话。认定用户是衣食父母,承诺对用户真诚到永远。做到售前服务要真实地介绍产品的特性和功能,通过耐心的讲解和演示为用户答疑解惑,尽量使用户心中有数,使用户在购买中进行比较与选择,同时为用户提供个性设计服务。售中服务是在有条件的地方实行无搬动服务,送货上门,安装到位,现场调试,示范指导,月内回访。海尔以移动通信和互联网平台与用户保持紧密联系,出现问题及时解决,以百分之百的热忱弥补工作中可能出现的百分之一的失误。

微观范围的品牌宗旨具有对工作的可指导性和可操作性,较宏观范围和中观范围的品牌宗旨更具体、更具有可实现价值。

3. 品牌风格

品牌风格(Brand Style)是企业在品牌运行的历史发展过程中形成的、具有特定品牌内涵并表现为企业性格和其思想特点的一种外在形态,它通过品牌品格或品牌作风得以表现和实现,如海尔的工作作风是迅速反应、马上行动,表现出对用户的真诚,目的在于赢得用户的信赖与满意,这是海尔经过数十年努力奋斗所形成的一种风格。

品牌风格具有两方面的主要特征:

(1)品牌风格具有个性化特征。任何一个企业都有它自身的品牌特点,这种特点的形成可能是源于企业经理人员的风格,如果企业经理人员对自己的要求与对属下的要求具有一致性,属下就要按照企业经理人员的工作作风要求自己;如果企业经理人员能够以身作则,影响和带动属下,属下就要模仿企业经理人员,按照企业经理人员的意志去规范自身的行为。由于每一位企业经理人员和每一位自然人一样都有自己的个性特征和行为特征,因而对属下的要求和影响自然也带有一种他自身所特有的个性特征和行为特征。这种特征影响着一个企业的风格,也影响到了企业的品牌风格。

(2)品牌风格具有历史性特征。品牌风格的形成主要依赖于企业自身的特点,但还可能受企业发展过程中发生过的事件的影响,并使企业能够在教训中崛起,扭转自己的工作作风,如万宝集团在历史上曾发生过万宝风波,这对万宝公司的品牌与产品在市场上的发展形成了阻力,对万宝的震动很大,由此万宝提出了"质量是企业的生命"的口号,并将事件发生日定为"万宝质量日",从而形成了公司上下一致的质量意识。由此,抓质量就成为 20 世纪 80 年代末、90

年代初期万宝人的品牌追求。

二、品牌组合

企业在确定品牌战略中还要确定品牌组合、品牌所满足的目标对象以及品牌所要达到的水准。

品牌组合是指在企业的品牌运行中所包含的所有品牌的有机组成方式，即企业品牌中含有多少个品牌。在品牌组合中包含有品牌宽度（品牌数量）、品牌深度（品牌长度或叫品牌层级）和品牌密度（品牌相关度）。

品牌所满足的目标对象就是企业的目标市场。关于企业选择的目标市场问题属于市场营销学的范围；品牌所要达到的水准可通过品牌的市场定位给予说明，市场定位的内容我们在市场营销策划一章中进行论述。因此，这里我们仅对品牌组合进行分析。

（一）衡量品牌的标准

品牌的衡量标准主要用品牌的宽度与长度来界定，由此来观察品牌的数量。

品牌的宽度是指一个企业培育和使用多少个品牌，使用品牌数量多就意味着品牌组合宽，使用品牌数量少就意味着品牌组合窄。使用多品牌战略的企业，品牌组合就有一定的宽度；使用单一品牌的企业，品牌组合是最窄的一种表现形态。

一个企业如何确定品牌宽度，由企业总体的品牌战略决策机构来决定，但它依据的却应该是市场，即需求者对品牌的接纳，对于生产家庭耐用消费品的企业，消费者可能愿意接纳单一品牌，但对以家庭日用品为主要产品的生产企业，走多品牌道路，则会使企业能够通过不同的品牌来区分不同档次和特征的商品，满足不同的市场需求，从而使消费者有了巨大的选择空间，这是企业追求不同细分市场所作出的决策，常常被消费者所接纳。

案例拓展　　**精工手表的不同品牌**

精工手表为了满足不同消费者的不同需求，推出了豪华品牌——Lassale 牌手表，价格昂贵；高档品牌——Gredor 牌和 Seiko 牌手表，价格高位；中档品牌——Seiko 牌和 Pulsar 牌手表，价格中等水平；大众品牌——Pulsar 牌和 Lorus 牌手表，价格为工薪阶层所愿意接受的；廉价手表，价格便宜、无品牌。

资料来源：凯文・莱恩・凯乐．战略品牌管理[M]．北京：中国人民大学出版社，2009：344.

对于单一品牌与多品牌、多品牌与少品牌之间的抉择，理论上只能描述品牌组合多与少、宽与窄各自的优缺点，不存在通过两者的对比而得出一个具有指导性的结论，更不能肯定一个而否定另一个。因为品牌组合的选择与决定不是品牌是否成功的依据，它只是企业走品牌化道路所必须做出的一个选择。历史已经证明，走宽品牌组合道路的企业有成功的也有失败的，宝洁公司就是成功的例子；走窄品牌组合道路的企业有成功的也有失败的，微软公司、IBM 品牌等就是成功的企业。

品牌的长度是指一个企业在所培育和使用的品牌中是否有子品牌或副品牌出现，如果使用子品牌或副品牌，使用多少个，使用得多则品牌组合的长度就长，使用得少或不使用则品牌组合的长度就短，如海尔选择的道路是统一品牌之路，这说明海尔选择的是窄品牌组合，但在

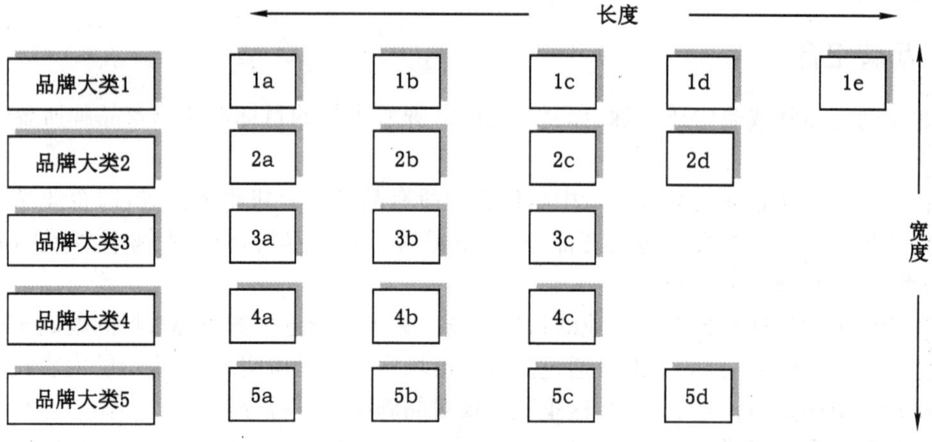

图 2—5　品牌组合的宽度和长度

海尔的品牌之下有海尔—王子冰箱、海尔—双王子冰箱、海尔—小小神童洗衣机、海尔—玛格利特洗衣机等子品牌，这样无形中就延长了品牌的手臂，使品牌覆盖市场的能力得到了延伸。

进入分众消费时代，消费的需求日趋多样化、差异化，企业面临着不同的目标市场，不同目标市场对某一品牌的偏好各不相同，这就决定了企业应该在深入进行科学市场调查研究的基础上发展多个品牌，而且每个品牌都要针对某一细分群体进行产品设计、价格定位、分销规划和广告传播活动等，以保证品牌的个性和产品的利益点能够照顾到自己所针对的那部分消费者群的特殊需要，从而建立起这一群体对品牌的信赖和忠诚。这也反映了多品牌战略的本质——凸显个性、锁定目标消费群。宝洁和欧莱雅同作为世界知名品牌，在品牌战略上最终都殊途同归地采取了多品牌的战略。

案例拓展　　**宝洁公司的多品牌战略**

宝洁公司是一家美国的企业。它的经营特点一是种类多，从香皂、牙膏、漱口水、洗发精、护发素、柔软剂、洗涤剂，到咖啡、橙汁、烘焙油、蛋糕粉、土豆片，直至卫生纸、化妆纸、卫生棉、感冒药、胃药，横跨了清洁用品、食品、纸制品、药品等多种行业。二是许多产品大多是一种产品多个牌子。以洗衣粉为例，他们推出的牌子就有汰渍、洗好、欧喜朵、波特、世纪等近十种品牌。在中国市场上，香皂用的是舒肤佳，牙膏用的是佳洁士，卫生巾用的是护舒宝，仅洗发精就有“飘柔”“潘婷”“海飞丝”三种品牌。要问世界上哪个公司的牌子最多，恐怕是非宝洁莫属了。

在分析品牌组合时一定要注意，品牌的宽度不等同于一个企业产品组合下的宽度(产品大类的多少)；品牌的长度也不等同于产品线的长度(一个产品大类中所包含的产品项目的多少)。如果把两者混为一谈，对于品牌战略的选择来讲没有任何意义，事实上也低估了品牌的价值与品牌所能发挥的社会功效。这里我们并不是说分析产品组合无意义，在一个企业的经济运行中，产品组合的决策乃至衡量产品组合的标准等都是市场营销中的重要内容，它需要在产品策略中进行决策。研究品牌组合的意义在于我们要进行的是品牌决策而不是产品决策，因此不能把两者放在一个层面上来理解，品牌决策层面要高于产品决策层面并统领着产品决策，即在进行品牌决策的过程中要考虑品牌旗下的产品应如何选择与确定，但更要考虑品牌的多少（品牌的横向延伸）以及母品牌与子品牌之间的关系（品牌的纵向延伸），见图 2—5。

（二）表现品牌的层级与特征

品牌的层级与特征我们在品牌定位中都已经涉及，这里我们只是从品牌组合的角度进行阐述。

一般情况下，一个企业的品牌定位应该表现出统一的层级与特征，这样有利于人们对品牌的理解和记忆，以达到良好的品牌影响力。但有些企业将品牌组合中的不同品牌定位在不同的层级，使企业的品牌组合表现出了在更宽泛的领域中适应市场的要求，如丰田汽车在原来高中档定位的基础上，又推出了雷克萨斯豪华车品牌，从而加宽了丰田车品牌组合。企业要选择不同层级和特征的目标市场，就应该通过不同的品牌来实现目标，进而形成新的品牌组合。此外，形成品牌组合的原因还有：①吸引追求多样化的消费者；②增强经销商对制造商的依赖；③增强企业的竞争力和市场占有率；④节省营销运行经费，达到市场投入的规模效应。

如果一家企业拥有众多品牌，那就应该对整体品牌组合战略进行定义——每一个独立品牌应该如何被定位、各个独立品牌之间如何关联以及如何定义一个母品牌，并且能够使每个子品牌在母品牌的支持下统一起来。这就是在品牌组合内各品牌的层级与特征的确定问题。品牌组合内各品牌的层级与特征如何确定，具有不确定性，它依据市场的需求状况、消费者的追求和企业决策人士对市场状况的理解。不同行业对市场需求的理解以及所依据的内涵不尽相同，因此品牌组合内各品牌的层级与特征也不能用一个标准来衡量（见图 2—6）。

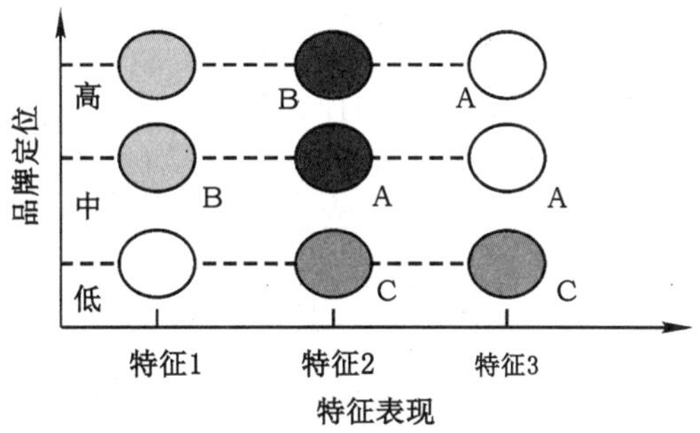

图 2—6　品牌对市场特征的选择

案例拓展　　　　**欧莱雅的品牌战略**

化妆品是一个以情感性利益和自我表现性利益为产品主要诉求的行业，品牌与品牌之间的最大区隔不是功能，而是品牌所代表的不同的身份、不同的品位、不同的生活方式、不同的审美风格。欧莱雅选择了一条以"价格、档次"为区分的多品牌战略。产品所标榜的审美情趣与品位以及由此决定的价格是品牌区隔的主要准绳。出于这样一个品牌架构的考虑，欧莱雅以目标客户选择销售渠道的策略，目的在于使目标客户通过选择欧莱雅的品牌来表现自身的品位与生活方式。

丰田公司在汽车市场中占有中端品牌优势，丰田旗下的所有品牌都给人以性能优越、品质上乘的感觉。丰田之所以成功，除了它独特的生产方式之外，很重要的一点归结于神谷正太郎所倡导的"顾客第一、销售第二、生产第三"的企业经营哲学,充分体现了以满足顾客需求为导向的经营思想和对顾客的关注。正是这种经营哲学的影响,不仅为丰田品牌赢得了高品质的认可,还将信任、可亲和关怀的企业联想与丰田品牌联系在了一起。

案例拓展 **丰田车延伸高端品牌**

很多人很早就认识日本的丰田汽车。三十多年前,丰田做出大胆的决定,进入高端汽车市场。尽管那时丰田已是全球知名品牌,但几乎所有人都认定它只能算是中低端产品的龙头。如果要说是高端车,恐怕没有人愿意相信。

丰田进入高端车市场,表面上看起来有些传奇,但从宏观角度推测,可以断定日本车打进高级车行列是迟早的事。对20世纪八九十年代有些概念的人很清楚,丰田、日产、本田等日系车横扫全球与北美市场时,美国不得不保护自己的汽车业,不是提出反倾销案就是搞一个"自动设限(或配额)"制度。逼得日系车厂只有两条路可走:一是在美国设厂;二是在限额内提高经济价值,也就是提高每辆车的售价,走高端品牌的路线。丰田雷克萨斯(Lexus)品牌就是在这种情况下诞生的,使丰田汽车跨进了高端品牌行列,使其成为日系高级车的代表作。

消费者对某个品牌的认同总是以认同它的文化为背景的。比如,人们对日本和德国的车存在普遍的信任和好感,并不是完全来自对车本身的深刻了解,而是源自对日本、德国严谨务实的风格、品质、先进科技和企业实力的认同。

由于轿车价值昂贵、外形彰显、个性十足,其人格化的"牌格"被视为区别于其他品牌吸引消费者的安身立命之本。然而,正如品牌需要时间的沉淀,轿车"牌格"的形成更需要一个相对持久的历史人文沉淀过程,通过对产品设计和品牌的不断演绎创新,使得品牌不但具有年龄、性别特征,而且还有着职业、性格、地位和爱好等因素特征。例如,劳斯莱斯是身份显赫的贵族,奔驰是出入上流社会的成功人士,福特则是中规中矩的中产白领,这也就是轿车消费的圈层感。

当汽车品牌和消费者的属性成为一种社会认同,并通过传播推广根深蒂固地留存在消费者脑海中时,这种认同也成了轿车品牌特有的"牌格"。这种"牌格"一旦形成,就会沉淀为深厚的品牌资产。越是历史悠久的品牌,其深厚的底蕴就越发魅力无穷,这也是众多轿车品牌百余年来生生不息的原因之一。

随着更多汽车品牌的涌现,产品外形和技术日益同质化,单一的大文化背景已经不能成为区分品牌的标志。比如,同属日本文化背景下的丰田、本田和日产,如果要形成差异,除了产品本身风格略有差异以外,更多的是依靠各自品牌鲜明的个性和独特主张。

其他行业的品牌发展及个性与风格的确定,应更多地借鉴汽车品牌的发展状况,将民族文化、企业风格、品牌个性通过品牌的创造与传播显示出来。

三、品牌管理

一个品牌要体现出它实实在在的特质,表现出来的决不能只有广告形象那样直白的平画。一个丰盈的品牌,至少应该在以下三个方面来形成自己的三维立体形象。

(一)建立CIS系统

CIS识别,实际上解决的是品牌对外的视觉、行为、理念上的平面感官问题,让顾客了解自己的企业理念、行为标志和市场观念，使顾客从视觉、听觉和心理感受等方面对企业及其品牌产生认可。例如，白沙集团在其品牌建设初期，视觉上的展现是飞舞的白鹤、缥缈的湖水、奔跑人飞翔的手势，听觉上是白鹤富有穿透力的叫声，给人带来的感觉是一种梦境般的升腾……所有这些，都符合人们抽烟时的心理特质——现实受困、思想无疆。所以，一个好的创意，可以将CIS识别的效果发挥到极致，再配合适当的媒体宣传，一个品牌的平面形象就展现出来了。一个品牌是一个复杂的有机体，表面上看它是一个平面，深层次挖掘，它是一个立体结构。因此，要创造一个真正有生命力的品牌，必须注重品牌管理。

品牌策划与管理的工作纷繁复杂，从大的方面来说，它应包括确定品牌理念、把握品牌行为、树立品牌形象。品牌形象中又包含有品牌的社会责任、品牌的道德水准等；从具体策划执行的角度来说，它应包括对企业日常运行中的各项工作进行管理以及内部管理运行和外部传播运行等。这里，我们从企业内部系统和外部系统两个方面进行思考。

（二）内部管理系统

1. 组织结构

组织结构就是要求企业必须成立专门机构对品牌建设的全过程进行管理，仅有一个形式上的机构是不行的，一定要在品牌整体的建设过程中给这个机构赋予足够的监督管理职权，要有明确的高级管理人员负责进行专职管理，否则，一旦组织结构分散，许多力量就会凸显出来并抵抗企业的品牌变革和品牌发展。

2. 制定工作流程

要明确制定出一套品牌管理的工作流程，保证管理工作的切实可操作性，包括每一步工作计划的时间约定和内容约定。如果不这样做，企业会逐步走向关注短期利益，最终导致减少或放弃对品牌建设提供必要的物力资源和心理支持。

3. 完善内部沟通机制

从进行品牌建设之初，就应该在企业内部着手构建品牌文化氛围，保证所有员工都能够明确地说出有关自身品牌的关键信息，对管理层和基层员工进行不同层次的品牌知识培训，并共同探讨制定内部品牌介绍手册；同时，在企业全员的范围内构建共享的信息平台，共享不同方面传达的信息和品牌运作中的市场反馈。有些企业在品牌进入市场运作之后，忽略了内部沟通，甚至有的广告媒体信息都播出去了，内部许多员工还都不清楚投放的情况，内部人在基本问题上还没有形成共识，又怎能做到同心同德，共同关注品牌发展的共同事业呢？

因此，我们认为，在企业内部形成合理的管理系统，是保障品牌建设的一个坚实基础，缺少它，企业对外的品牌形象也将是苍白无力而单薄无援的。

（三）外部表达系统

建设一个品牌的根本目的就是要获取更多顾客的认可，巩固和深化自己的市场地位。这就要求企业建立良好的人脉，即建立良好的外部公共关系。企业生存于一个复杂的社会系统中，最重要的就是处理好与自己关系最近的人脉，企业要真正有效地解决这个问题，就必须建立一个合理有效的外部表达系统来落实这一工作环节。

1. 对于顾客

进行品牌建设的企业最重要的是给予顾客和企业对话交流的机会。很多企业在进行品牌建设的过程中有点高处不胜寒，害怕顾客指出问题，给企业造成麻烦和损失，不给顾客交流的合适平台，结果反而断送了顾客心目中的基本亲和力，一旦顾客心里的积怨在某一点淤积之后迸发出来，后果是极其严重的。

无论是什么样的品牌、什么样的产品都是有缺陷的，顾客并不是不能容忍缺陷，他们最不能容忍的是企业忽视他们的感受和不满。在企业的品牌运行中，建立与顾客交流的方式和方法很多，问题在于企业愿不愿意认真地去做。

2. 对于供应商和合作者

应该做适当的关系加固，一方面，与他们一起协商畅想合作的美好愿景，表达出实现共赢的宗旨；另一方面，采取适当方式让他们看到实实在在的眼前利益；在感情氛围上，让他们参与到品牌策略有关问题点的协商讨论中来，使其能够体会企业期望共赢的诚意和决心。

3. 对于媒体、行业协会和行政司法机关等相关部门

最重要的是建立完整的工作流程和交流渠道，即要建立与他们打交道的对外工作程序和相关应变预案，这样，即使在品牌运作过程中遇到各类不同的突发问题，也能忙而不乱，保证有序地应对。

(四)品牌运行

在企业的品牌运行中，市场在变，消费者在变，企业自身也在变，变化是企业面临的永恒主题。随着企业外部环境和企业内部资源的变化，企业的品牌运行手段也要随之做出调整和变更，这必然要通过新品牌策略的制定并提出新的品牌运行方法来保证其品牌运行的成功。

企业的品牌运行因何而变、如何应变，大体上要从三个层面上来分析。首先，从行业层面上来看，行业所处的生命周期是否发生变化，如果是成熟产业，随着技术的成熟，企业之间竞争的重点就会发生转移；其次，从竞争者的层面上来看，竞争品牌是否会有新的举措来打乱原有的品牌竞争格局，对此，企业应该随时保持高度的警惕；第三，也是最关键的一点，目标群体的消费层次、消费偏好是否发生变化，品牌策略应该如何调整以应对这种变化，目标消费人群的规模是否能支撑品牌的发展策略，企业对目标市场的定位是否相应地做出了调整和变革。

从现阶段品牌运行的市场表现来看，企业可以从品牌重新定位、品牌形象更新和品牌延伸三个维度来进行品牌策略的选择。

1. 品牌重新定位

品牌定位是企业最重要的战略手段。企业品牌战略的改变和品牌策略的实施，首先体现在品牌的重新定位上。品牌重新定位就是对品牌进行再次定位，旨在摆脱困境、使品牌获得新的增长与活力。品牌重新定位是企业经过市场的洗礼，在对自己、对企业、对环境有了更清楚的认识之后对品牌定位所进行的调整。

促使品牌进行重新定位，既有企业本身的原因，也有外部环境的原因。其原因可以归纳为四个方面：第一，原有定位是错误的，它使企业的品牌运行不能有效地针对目标市场；第二，原有定位阻碍了企业开拓新市场，如当企业准备进军中高端市场时，原有的低端品牌定位显然是不合适的；如果企业要满足新的消费群体的市场时，对原有满足对象所确定的市场风格显然不符合新的消费群体的要求；第三，原有定位削弱了品牌的竞争力，使企业在市场竞争中感觉投入多但效果差；第四，消费者的偏好和需求发生了变化或转移，这也是促使很多企业进行品牌重新定位的重要原因。

企业围绕着品牌重新定位所实施的工作，也主要表现在以下四个方面：

(1)重新定位品牌内涵。品牌内涵需要重新定位的原因是多方面的。从行业来看，一个具体行业的发展总是从不成熟到成熟，在成熟的行业里，技术、渠道等要素逐渐不能成为单个企业的核心竞争力，企业原有的优势不再明显；从竞争者来看，竞争品牌越来越多，品牌要想有效地将自己区隔开来，则需要做出新的努力；从消费者来看，消费者的需求层次和偏好也发生着

改变,消费者的需求更加感性,品牌的内涵要能跟上这种趋势。消费者现在拥有更多的选择,要想在众多品牌中脱颖而出,企业就需要策划出新的形象来表现自己的与众不同。

以3C行业为例,随着技术的升级换代和整个行业逐步走向成熟,消费者对3C产品的需求也渐渐从功能化利益的追求向个性化、情感性的利益转变,3C企业的定位也应逐渐从最初的围绕技术的自我定位开始转向真正的客户定位。

大多数使用高科技产品的消费者都希望能轻轻松松地享受到高科技带来的感受,科技以人为本由此成为更多企业品牌追求的目标,因此,企业从消费者的感受和体验出发来赋予高科技品牌新的内涵,就是大势所趋。

案例拓展　　荷兰飞利浦的品牌诉求

欧洲消费类电子巨头荷兰皇家飞利浦公司,它的核心目标群体是为它带来80%消费额的20%的消费者。他们是典型的购买决策者,收入较高,在中国,这群人的年龄在25岁到45岁之间。他们容易接受新的事物和观念,但不喜欢技术带来的复杂操作。为迎合消费者的这种对操作提出的简单需求,飞利浦赋予了其品牌新的内涵,并通过"Sense and Simplicity"(精于心,简于形)的品牌诉求来加以体现。飞利浦调整后的品牌定位,就是希望确保消费者能轻松便捷地使用这种技术或享受这样的生活方式。

(2)重新定位目标客户。目标客户定位错误,不仅会混淆人们对品牌的认知、破坏长期积累起来的品牌形象,还会直接影响到产品的销量。宝马,作为汽车行业的一个国际重量级品牌,在中国市场的销售状况一直都不容乐观。"开宝马,坐奔驰"的这种品牌印象已经成为中国人的口头禅,但人们并没有等同地去对待"奔驰"与"宝马"的品牌。在国际市场上,它的主要竞争对手是奔驰,但在中国市场上,它的管理层不得不承认,他们的重点竞争对手是奥迪。

在中国,更多人认为宝马是专门销售给少数"有钱人"的豪华奢侈品,是那些可以大把大把烧钱的公子哥,而全然不顾在国际上宝马"享受驾驶乐趣"这样一种品牌定位。市场上的实际表现是,一方面是一些"暴发户"用宝马车来彰显财富;另一方面是一些人害怕摊上"有钱人"的名声,而不去购买宝马轿车。"西安宝马彩票案""黑龙江宝马撞人案"等这些与宝马有关的大案,也对宝马品牌的形象产生了不小的负面影响。

在市场数据面前,宝马高层不得不承认他们在中国区的市场定位运行策略是失误的,进而不得不通过大幅降价和媒体公关等手段来纠正宝马的定位,将它的目标客户群重新定义为成功的专业人士以及有知识、有品位的成功人士,而不是"暴发户"。为此,国产宝马进行了最高10万元的价格下调,并希望在价格大幅度下调后,走出"有钱人"的奢侈品甚至是炫耀性的奢侈品的定位,从而扩大其市场份额。

案例拓展　　华为的品牌定位

华为品牌的初步定位是全球领先的信息与通讯(ICT)解决方案提供商(1987—2008年)。伴随着电信行业的发展,华为的品牌定位发生了变化,从全球领先通信解决方案提供商转变为:3G环境下的"方案提供商"和"系统服务商"(3G时代)。

自2009年起华为着手5G研究，十几年来，投入20亿美元用于5G技术和产品研发，现已具备从芯片、产品到系统组网全面领先的5G能力，也是全球唯一能够提供端到端5G商用解决方案的通信企业，品牌定供已经转向为5G环境下的“方案提供商”和“系统服务商”。

(3)重新定位品牌个性。从消费行为的角度分析，人们总是倾向于购买或使用与自己具有相似个性的品牌。当某个品牌目标消费群体的个性特征发生变化时，品牌个性也应随之进行调整。

如今的年轻一代越来越多地掌握了消费的话语权，他们更加时尚、更加崇尚自我。当某个品牌将自己的目标消费群体锁定在这样的年轻一代人身上时，企业就需要为此做出一系列的努力，让这个人群感知品牌的个性是时尚的，是彰显自我的，是能与消费者的个性相匹配的。在手机渠道战中丧失主导权之后的摩托罗拉，将目光瞄准了这个消费群体。为了取得这个消费群体的认同，他们更换了品牌名称，围绕新的品牌定位开展了一系列的形象传播。这一系列措施让摩托罗拉确实比以前更时尚、更酷、更个性、更前卫了。这些也导致了它从一个大众化品牌转向了个性化品牌，这种战略性的市场定位转变也预示了手机品牌新格局的形成。

(4)品牌定位升级。一些定位于中低端市场的品牌，在取得良好经营业绩的情况下，为了更好地利用资源，争取更大的品牌利益，主动开始了品牌升级策略的选择。一些中低端的品牌在强势品牌的冲击下，利润空间被压缩、市场份额被挤占，迫于生计，不得不在中高端市场上寻找出路。

在20世纪90年代初，康师傅、统一等大型方便面厂家都将目标市场锁定在中国的城市市场。而广大的农村市场，则仅仅存在零零星星的一些质量不稳定甚至无品牌可言的地方性小企业。华龙面业，一方面看到了中国农村方便面市场蕴藏的巨大潜力；另一方面也自知没有实力与几个大品牌在高端市场上正面厮杀，因此华龙选择了做中低端的农村市场，做具有竞争优势的区域品牌。经过十多年的市场沉淀，华龙在中国农村市场的老大地位已经确定。然而在城市市场，华龙方便面仍然是一片空白。不甘现状的华龙，为了进一步巩固自己的市场地位，为了在接下来的竞争中占据主动，就开始从地域性中低端品牌向全国品牌进行战略转型和品牌升级。

品牌的战略升级要有一系列品牌运行手段来保证其升级的成功，为此，企业要制定出一整套品牌推广策略。当做出品牌的升级决策之后，与之相配合的手段主要是各项传播性工作和各种类型的公关活动。

2. 品牌形象更新

品牌个性是消费者感知的，品牌形象是品牌主观上想要传达的，是企业通过一系列主观努力所能实现的。当品牌的定位调整之后，企业必须随之做出一系列的品牌形象更新，以向目标受众清楚地传达品牌的新定位。当品牌的战略重心转移之后，企业也需要做出一系列努力来传达这一信息。可行的品牌形象更新举措，大致是从以下几方面着手的：

(1)更换品牌名称。当品牌的战略中心发生转移，对品牌的定位重新调整之后，最直接传达这些种种变化的方式就是更换品牌名称。摩托罗拉将名字改为MOTO。MOTO这一称谓，据说来自台湾地区年轻消费者之间流传的对摩托罗拉的昵称。将目标消费人群重点锁定在这群年轻人身上的摩托罗拉，将名字改为MOTO，一方面是顺乎民意，另一方面，这种简洁明快的称谓同以前的形象有了很明显的差异，这种差异被目标消费群体所接受。

2003年，准备走国际化之路的联想，也告别使用了19年的英文标志Legend，全面启用新的英文标志 Lenovo。夏新电子，用更简洁的 Amoi 替代了 Amoisonic。

(2)更换品牌主张。品牌主张，由于在各种广告传播中曝光的次数最高，同时也更加简洁、更加明快，因而成为目标受众了解品牌的一扇窗户。品牌的定位、品牌的经营重心发生改变后，人们也习惯于通过变换了的品牌主张来传达这一改变。

2004 年 7 月 1 日起，全球联合利华所有的子公司将同时启用全新的公司标志。“有家，就有联合利华”的理念将被“让您的生活更具活力”的新理念取而代之。飞利浦以前的口号是“让我们做得更好”，虽然是为了给消费者提供更好的产品服务，但这种产品究竟好在哪里，消费者并不清楚。将品牌主张改为“精于心，简于形”，同样也是为了给消费者提供更好的产品，但在品牌主张上就比之前的口号清晰了很多，这样更方便消费者选择。

随着数码科技产品逐渐进入寻常百姓家，LG 的品牌主张也从“Digitally Yours”(数码创导)变成了“Life is Good”(生活是美好的)。麦当劳将它的重点目标群体从家庭转向新一代时，它的“常常欢笑，尝尝麦当劳”的品牌主张也相应地改为“我就喜欢”(I′m lovin′ it)。

(3)更换品牌的 Logo。品牌 Logo，作为品牌识别的一部分，在传递品牌形象的过程中发挥着非常重要的作用。它是品牌视觉传播的第一信号，它是让人们形成记忆的形态表现，它是进行法律注册登记的凭证，它是将品牌形象与品牌内涵相互衔接的纽带。企业更换标志往往与品牌定位发生变化紧密相连。因为随着公司的发展，原有的品牌定位通常会发生变化，而新的定位需要与新的标志相对应。为了以新的形象来表现自己的潮流和时尚，可口可乐通过更换品牌 Logo、品牌包装在内的一切手段，以期引起媒体的关注和消费者的注意。对此，可口可乐(中国)饮料有限公司总裁包逸秋的说法是，“我们改变的不仅是标志，也是我们与消费者的一种新的沟通方式”。

还有的企业更换品牌 Logo，只是为了激发消费者的热情。现在的新新人类更缺乏耐心、忠诚度减弱、容易被新产品吸引，这就给定位于以年轻、时尚性消费者为主的品牌带来了巨大的挑战，他们必须不断调整自己，与消费者心理变化统一节奏，以在年轻人心目中保持年轻有活力的形象。但品牌资产的累积是一个长期的过程，企业不会冒险去经常改变品牌的定位和品牌形象，但是它们可以从更换品牌 Logo 这些表面功夫着手来给这些新新人类一点新的气息。

随着全球经济竞争的加剧，企业因固守原有市场定位而丧失竞争优势的危险变得格外严重，为了分散风险，许多企业实施了多元化战略，业务领域拓宽，在这种情况下，企业必须进行重新定位。企业改变发展战略，新 Logo 是企业重新定位的风向标。UPS 董事长兼首席执行官迈克尔·埃斯丘说：“今天的 UPS 已截然不同于大多数人想象中的形象，我们要采用新的形象标志来体现我们所拥有的实际能力。”UPS 新 Logo 上取消了盾牌上方带蝴蝶结的包裹图案，增加了标志的空间感，以表示 UPS 当今的业务除了运送包裹之外，还会提供货运服务、国际贸易管理、客户代理和金融服务等多项服务。

(4)更换品牌传播方式。品牌定位和品牌的战略重点发生转移之后，品牌传播所选择的媒体和广告播放所采取的形式也需要做出相应的调整和变更。

五粮液是中国白酒行业重量级的品牌，但在竞争日益激烈的白酒行业，它能否守住第一的位置，关键还在于它能否持续打动消费者的心。在消费者的消费心态逐渐变化的情况下，以往那些着重于品牌利益、产品利益的理性诉求方式，就明显不合时宜了。要激起消费者的情感共鸣，品牌传播方式变革势在必行。品牌传播要更加注重感性诉求。当然，在白酒以外的很多行业也都存在着这种现象，消费者更加注重产品的情感利益，消费更加感性。

五粮液品牌传播变革的另一个侧重点将是加重对顾客的“教育娱乐”，例如，在中央人民广播电台1套晚间播放的五粮液系列片，讲授酿酒工艺、酒品甄别等知识，配之以五粮液的企业文化，如此一来，在教授顾客知识的同时，让顾客牢牢记住五粮液品牌。这样既避免了硬性广告的硬伤，又有利于品牌美誉度的建立。

深谙事件营销之道的蒙牛，也随着“超级女声”的飙红而赚得盆满钵满。

案例拓展 **蒙牛酸酸乳与“超级女声”**

蒙牛乳业集团与湖南卫视联合打造的青春女孩秀——“超级女声”，无论前期造势还是活动的举办，其亮点都比比再现，其中最实在的利益获得者——蒙牛乳业的整合传播，让人们嗅出了其中的闪光之处。

1. 形象代言人的选择

“酸酸乳”相比蒙牛其他乳品来说，口感清新爽滑，酸甜中又不失牛奶特有的浓香，产品附加值较高，属中高档奶产品系列。所以，该产品的主力消费群体定位为15～25岁的女孩子。这个消费群体的特点是：追求个性、前卫，喜欢彰显个人的魅力与自信。机缘巧合，蒙牛酸酸乳也是一样，其品牌内核同样是鼓励少女们勇敢地秀出独特的一面，用真实、勇气、自信、激情，用自己的魅力给这个世界增添更多味道。张含韵作为2004年“超级女声”的季军，其形象浪漫、天真又不乏自信与激情。而正是这种自信及激情，使她在2004年的比赛中取得了不菲的成绩。同时，张含韵作为2004年及2005年的参赛选手，本身也是对“超级女声”宣传的一种最大化效应。

2. 高空媒体的使用

作为央视标王的蒙牛素以高空轰炸见长，这次蒙牛更是不惜血本，在央视各套节目中全面开花，同时辅以各地卫星电视进行宣传，将宣传的效应进行积累以求效应最大化。本次宣传蒙牛主打15秒的TVC，在夜晚黄金时段进行滚动播出，同时辅以强势栏目进行插播，使广告能尽可能地与受众贴近。同时，湖南卫视、安徽卫视等强档媒体也变成了蒙牛宣传的主战场，其宣传攻势较央视丝毫不弱。通过各高空媒体的使用，不仅可以迅速树立品牌形象，同时也为新品上市做好了铺垫。

3. 平面媒体的宣传及应用

在平面媒体宣传方面，蒙牛更是做到了有的放矢。“超级女声”活动分为几大赛区：广州赛区、郑州赛区、成都赛区、杭州赛区、长沙赛区。所以，在以上几大赛区的宣传就必不可少。为此，蒙牛在《南方都市报》《潇湘晨报》《东方今报》《成都商报》《都市快报》等平面媒体对活动及产品进行了大范围的双料宣传。从赛事的举办与内涵、报名与比赛资格介绍、比赛全程报道，到蒙牛酸酸乳的“酸甜”新口味、代言人张含韵的介绍及产品核心定位都做了系列的报道，有效地聚集了广大青春少女的目光，普及了“蒙牛酸酸乳”在消费群体心中的认识。同时，蒙牛乳业集团与湖南卫视还在《国际广告》等各大广告、财经类杂志上进行了一定力度的宣传，使广告界的传媒都兴奋起来，使其主动关注本次赛事活动，扩大了宣传的效应。

4. 网络媒体的宣传及应用

通过“新浪网影音娱乐世界”“中国湖南卫视”“超级女声站”等各大网络媒体，“超级女声”及蒙牛的整版宣传报道，使网民们每天都能接收到关于“超级女声”的信息。在宣传手法方面，蒙牛更是翻出了花样：除了既有的报名及参赛规则、全程报道、赛事图片及流媒体宣传外，蒙牛更是在百度中专门创立了“张含韵吧”，使众多网友都能将自己品尝蒙牛酸酸乳后的感想、对张含韵的关注以及对超级女声比赛的看法都集中地发表在这里，将“势”巧妙地造到了最大。同时，由张含韵演唱的“酸酸甜甜就是我”更是受到了广大网友的好评。在宣传创新方面，蒙牛在此次推广活动中的互动游戏“蒙牛连连看”与“超级 FANS”极具亮点。这两款小游戏在蒙牛乳业网站及相关活动网站中都可免费下载。而更值得一提的是，这两款小游戏还提供了分数上传，当玩家在打出超高分数的时候可以将游戏结果进行上传，最终由蒙牛评选出数位优秀玩家并派发礼品。这一活动不仅使玩家在娱乐中感受到了休闲的滋味，同时还加深了对蒙牛酸酸乳的好感，化解了宣传的生硬性，使品牌效应能更深刻地植根于消费者心中。

5. 终端的促销及公关造势活动

通路造势：蒙牛集团利用自身的通路优势，在 20 亿包蒙牛酸酸乳的外包装上都印上了“超级女声”的比赛信息。同时，蒙牛加大了产品铺市率。在具体促销方面，蒙牛一是统一了堆头的外观，所有堆头全部采用四方及环形的包装，张含韵的形象鲜明而立。同时，大量的 POP 贴于超市入口及生鲜卖场奶品角落，使消费者能很容易看到，加大了随机购买概率。二是推出了买六送一的促销活动。消费者最关心的毕竟还是价格，在这个大好的促销时段，顾客们抓住这个机会大批量购买，甚至还有人一下买两三箱的。据调查，在举办“超级女声”的时间内蒙牛酸酸乳的销量明显优于伊利优酸乳和君乐宝系列，并且蒙牛其他产品的销量也有一定上浮，起到了以点带面的良好效果。

公关义演造势：据媒体报道，在“超级女声”的主赛区长沙等地，蒙牛适时地推出了许多大型义演活动。尤其在大型广场及卖场的门口附近，蒙牛推出了“青春女生大比拼”和“品蒙牛酸酸乳，看超级女声”等活动，热辣的歌舞加上新品的品尝，使现场的气氛热闹非凡，有效地锻造了品牌的高端形象，使蒙牛酸酸乳在人们的心中烙下了印记。

资料来源：行销网，根据马超“一次经典的整合传播——‘蒙牛酸酸乳超级女声’全记录”改写。

3. 品牌延伸

品牌延伸是指利用现有的品牌资源，进行相关产品线的扩展和向其他品类延伸。品牌延伸分为品牌水平延伸与品牌垂直延伸两种方式。品牌水平延伸是指在不同的品牌范围内进行品牌线或产品线的使用，母品牌或企业跨越不同的行业，覆盖不同的品类延展。品牌的垂直延伸是指品牌在既有品牌范围内扩充品牌线，是在本行业间的上下延伸，如增加子品牌、增加同品牌的产品项目。

品牌垂直延伸的目的主要有：第一，是要扩大市场占有率，占领更多的细分市场；第二，锁住顾客的购买行为，防止顾客流失，变品牌间转移为品牌内转移；第三，应付主要竞争对手的攻击性行为，特别是低价进攻行为；第四，壮大品牌实力，提升品牌整体形象。

(1)向上延伸。品牌向上延伸是品牌垂直延伸的一种形式。很多企业现在的品牌策略是，产品线尽量拉长，高端品牌创声誉，中端品牌创利润，低端品牌锁定市场，抢占市场份额。当定位于中低端的品牌占据了一定的市场份额并拥有一定的实力之后，为了提升企业的形象，或者为了着眼于企业将来的发展，就会试图向高端市场延伸。

乐百氏脉动是这两年饮料市场的最大赢家。脉动的成功有很多因素，最主要的就是脉动很好地保持了其价格的稳定，同时成功地推出了脉动 360 度，向上延伸了脉动的产品线，保证了厂商双方利润的最大化。

(2)向下延伸。品牌向下延伸是品牌垂直延伸的又一种形式。为了扩大市场份额,为了抵御竞争者的进攻,有时也是为了为本企业定位于中高端的其他品牌构建起侧翼防御工事,一些在中高端市场经营得比较成功的品牌,也会向下延伸。

宝洁进入中国市场以来,一直采取的是市场撇脂的价格策略,也就是高价策略,这对宝洁迅速实现在中国的盈利以及十多年的高速发展是功不可没的。但在进入20世纪90年代中后期以后,产品稀缺逐渐变成产品供过于求,其高价策略就给市场留下了一个巨大的漏洞,日化中低端市场也成了众多本土企业成长的空间。舒蕾的终端拦截策略曾给宝洁的洗发水系列以不小的冲击。在经历了自己引发的包围战后,痛定思痛的宝洁欲以低价冲出重围,挽回自己所丢失的领地。飘柔占据了洗发水40%的市场份额,是洗发水领域最强势的品牌。宝洁就利用飘柔品牌的市场影响力来进行向下延伸,推出了零售价9.9元的200ml瓶装飘柔洗发水,一方面是扩充产品线,开发自己一直所忽视的低端市场;另一方面也是借势打压本土的日化品牌。

(3)品牌水平延伸。利用品牌已有的声誉和影响力等资产,结合企业资金、技术、渠道等资源,进行其他相关或不相关品类的拓展,以实现更大的销售额和利润。如海尔冰箱、海尔彩电,到后来的海尔手机,甚至海尔制药等;长虹彩电、长虹手机等。

品牌的水平延伸事实上是借助于原有品牌的影响力,使企业选择新的产业领域进入,沿用原有的品牌,使新产品能很快地占领市场。采取这一策略,使企业在进入新领域、开发新产品时不需要经历一个盲目的市场导入期,消费者也无须对新产品进行审视与甄别,只需凭借着对原有熟悉品牌的信任,就可以顺势选择原有品牌所延伸下来的新产品。这对于厂家、商家及消费者均是一种快捷、有力并有效的运行方式和选择方式。如遵循"新飘柔主义"的思路,飘柔又推出飘柔香皂、飘柔沐浴露。消费者在选择中,只要信任原来的飘柔产品,就会顺势信任飘柔的新产品。

(4)品牌瘦身。品牌延伸理论认为,每一个延伸品牌,都必须选择自己的细分市场,形成独特的市场区隔,塑造独特的品牌个性,形成独特的市场价值,吸引独特的消费群体。当延伸品牌没有区隔而起不到协同竞争的效果,或者延伸的品牌过多,不但没有收到预期的成效,甚至还会挤占企业的资源、损坏母品牌的形象时,企业就要采取措施,对品牌线进行瘦身。

五粮液从1994年开始进行品牌延伸,慢慢延伸出了五粮春、五粮醇、五福液、金六福、六和醇、蜀粮春、铁哥们、干一杯、四海春、京酒、浏阳河、老作坊、东方龙、岁岁乐、宜寿酒、亚洲液、川酒王、国玉春、送福液、六百岁等100多个品牌。在这100多个品牌中,绝大多数都处于成长期,都需要"五粮液"这个母品牌的形象支持,五粮液已经不胜其累,品牌资产被严重透支。近两年内,五粮液不得不采取措施对品牌线进行瘦身。为了竞争和生存,五粮液一口气先后将百余个子品牌砍掉了40多个。

告别了井喷时代的白酒行业,很多品牌都面临着瘦身的问题。反观自照,我们的行业,我们的企业,是否延伸过度,是否需要瘦身,是否也存在白酒行业五粮液的问题,则是一个耐人寻味的问题。企业品牌策略的正确选择是"适度的品牌组合",这种"适度"包括品牌的宽度、品牌的长度以及品牌的密度等。

(五)品牌叙事

一个在社会公众中具有良好声誉、在行业市场中拥有良好表现的品牌,必然是一个品牌要素齐全、给人留下美好印象和回味的完美品牌。如集服装、香水、化妆品于一身的香奈尔,通过品牌风格、产品包装和产品内质透射出来的品位与品质,总能让人感觉到香奈尔女士那一股法国上流社会的优雅气质。又如国际著名化妆品品牌玫琳凯，通过玫琳凯·艾施（玛丽凯·阿什）女士发奋自强故事的完美演绎，激励着千百万妇女摆脱家庭的羁绊和世俗的歧视，实现自身价值的“一个比化妆更美丽的改变”。人们对海尔品牌的熟知是通过一个一个的海尔故事：为保证产品品质而砸掉76台冰箱；为丢失海尔空调的老人送上空调并安装、调试到位后，提出了“无搬动服务的”服务主张；海尔小伙儿毛宗良背着“海尔玛格利特”洗衣机在炎热的夏日行走4里路，用约2小时为潮州的用户送货；海尔生产一线工人唐光北为德国进口设备安装并更换老旧设备，三天三夜工作在生产线旁，在德国专家认为没有专门训练的技术专家指导是不可能完成任务的情况下，唐光北用自己的实际行动按时、保质地完成了设备更换任务，最后他晕倒在了生产线旁……当德国专家前来验收时称赞这是个奇迹……这一系列感人的故事，无形中激起了人们对故事中所叙述的品牌的厚爱。

从品牌的价值理念、背景文化、产品利益诉求点（USP）和目标消费群关联度等方面出发，寻求和构筑品牌与社会公众、目标消费群体近距离接触、沟通、交流的平台，是实现品牌价值提升的基础。而品牌叙事就是达成这一目标实现的有效途径。

1. 品牌叙事应具备的要素

狭义的品牌叙事是指通过提供给目标受众的与品牌相关的宣传资料而表现的品牌背景文化、品牌价值理念及产品利益诉求等方面的内容；而广义的品牌叙事则是指通过品牌的相关宣传介绍资料、媒体发布的广告和新闻公关活动以及品牌与相关社会文化现象相融合的文化传播活动中透射出来的品牌内涵，它是品牌背景文化、价值理念以及产品利益诉求点的形象化生动体现。这里我们讨论的是广义的品牌叙事。用美国品牌战略专家劳伦斯·维森特的话来说，品牌神话利用品牌叙事传达一种世界观，一系列超越商品使用功能和认知产品特征的神圣理念。品牌叙事以存在主义的纽带形式把消费者和品牌联系起来，它是品牌力量的基础和源泉。品牌神话以自我循环的方式运行，这种自我循环能够带动消费者的积极参与。由此可见，一个品牌提供给目标受众的品牌叙事，对于深化消费者对品牌的理解与认知起着至关重要的作用。

案例拓展　　**玫琳凯品牌的叙事**

玫琳凯·艾施（也叫玛丽凯·阿什）的事业开始于一般人认为应该结束的时候。退休之前，玫琳凯是美国一家全国性世界礼品公司的训练主管。20世纪五六十年代，美国社会对妇女很歧视，玫琳凯能做到这个职位实在是因为她太优秀了。当时女性和男性同样工作，薪金往往只能拿到男性的一半，这令玫琳凯很愤怒。更令玫琳凯气愤的是，无论她工作怎样努力、表现多么优异，她却始终被男性主宰的世界拒之门外，1963年当她出差回来时，发现自己手下的男助理居然被提升到比她更高的职位上，她愤而辞职。在从做了25年的直销岗位上退休后，她决定写下25年来工作中的种种经历，想以此帮助其他女性在男性主导的商业社会里获得成功。在退休后的一个月里，她坐在厨房的餐桌旁列出了两份清单，一份记述了以往在公司里发生的美好的事情，一份则列举过去数年来所遭遇的问题。在完成这些工作之后，她突然发现在不知不觉中已经规划了一套构成自己梦想公司的市场计划。于是她决心发挥自己的最佳潜力与男性们一争高下。仅凭着上半生不多的积蓄5 000美元和她二十多岁的儿子理查德·罗杰斯的支持，玫琳凯女士在1963年9月13日，一个黑色星期五，在达拉斯的一个只有500平方英尺（约46平方米）的店面里正式成立了自己的玫琳凯化妆品公司。

玫琳凯的目标是为广大妇女提供无限的个人发展机会，帮助她们实现梦想。她信奉“你要别人怎样对待你，你也要怎样对待别人”的黄金法则，倡导“信仰第一、家庭第二、事业第三”的生活优先次序。凭着她坚定的决心、努力的工作以及无私的奉献精神，将公司从一家小型的直销公司发展成为全美最大的美容保养品直销企业，玫琳凯品牌也成为美国面部保养品以及彩妆销售得最好的品牌。玫琳凯公司三度被评为全美100家最值得工作的公司，同时也被列为最适宜妇女工作的10家企业之一。

在这篇品牌叙事中，首先，设置了一个情境：在男性主宰的现代商业社会，女性受到晋级和提升等多方面的歧视，要实现女性自己的事业和梦想，必须依靠自身的发奋努力。其次，推出了玫琳凯的女性人生价值观，也即品牌的核心价值理念：“你要别人怎样对待你，你也要怎样对待别人”的黄金法则和“信仰第一、家庭第二、事业第三”的生活优先次序。再次，通过玫琳凯·艾施女士取得的成就，直接对女性施加影响。如此环环相扣的叙述，对渴望在事业、财富上与男性一决高低的女性来说怎能不心动？

通过玫琳凯这篇颇具鼓动性的品牌叙事，我们对一篇要素齐全的品牌叙事有了一个基本的把握：

(1)具有结构缜密的故事情节。品牌叙事要达到吸引人、让人产生美感和认同，如同一出令人荡气回肠的戏剧，结构缜密而又具有摄人心魄的力量。劳伦斯·维森特在其著作《传奇品牌》一书中指出：“一个好的情节可以使叙事中发生的每件事情之间都有着很强的逻辑性，前因后果之间的关系非常清晰。从一个精心构建的情节中移去任何一个事情都会使整个故事崩溃。……传奇品牌通过赋予品牌经历一个有序的、紧凑的、稳固的故事结构，从而对个性化叙事情节的展开起到了催化的作用。”

在品牌发展过程中，只有那些精心构筑、自然流露的品牌叙事，才能吸引目标受众的眼球、撞击目标受众的心灵，并产生精神意识上的共鸣，焕发出无穷的生命力。而那些粗制滥造、毫无情节和内容可言的品牌叙事，则往往如过眼云烟、昙花一现。

(2)塑造令目标受众认可和共鸣的人物。品牌叙事中无论是真实的还是虚拟的人物，其往往都是品牌价值取向和发展方向的反映。可以设想，如果香奈尔、玫琳凯等经典品牌缺乏对品牌创始人传奇般的故事描述，恐怕不会像今天这样放射出经久不衰的耀眼光芒。美国迪士尼乐园的标志物米老鼠、餐饮业“大亨”肯德基的山姆大叔，则更多的是从行业特点出发，带给人“美国式”文化的温馨的感官视觉体验，达到令人过目不忘的效果。因此，我们在设计品牌叙事中的人物时，不仅要从品牌背景和产品类别方面进行考量，更要与品牌的价值取向和发展方向紧密结合起来，努力使之融为一体、互为表里。

(3)体现以品牌核心价值理念为中心的主题。主题是影视、戏剧、小说的灵魂，同样也是品牌叙事的灵魂。如玫琳凯品牌叙事的主题是“你要别人怎样对待你，你也要怎样对待别人”，雅诗兰黛品牌叙事主题是“美丽是一种态度”。正因为这些主题反映了品牌的核心价值理念，恰到好处地迎合了女性心理，所以俘获了众多爱美女性的心，使品牌历久弥新，成为畅行全球的经典品牌。主题缺失或者主题游离的品牌叙事，犹如缺乏灵魂的行尸走肉，难以给人清晰、明了的品牌思想和理念，因此，也就难以给人留下深刻的现象，更难以用奢谈给人美感，刺激人们的消费欲望了。

(4)给人心灵愉悦的感官享受。美的东西总能给人留下难以忘怀的深刻印象。就如劳伦斯·维森特所说：“仅仅靠文字和图像并不能激活个性化叙事，而那些对感官最敏锐的刺激则可以做到这一点：正在盛开的花朵所散发出的许久不散的芬芳，杯中葡萄酒的美味，午夜低音歌手弹奏的爵士乐，还有在微风中飘动的白色亚麻布窗帘，让人感到仿佛有幽灵出没，诸如此类。”当我们看到香奈尔、雅诗兰黛、玫琳凯这些经典品牌时，就会自然联想到那些充满传奇色彩、给人以美的愉悦的优美故事；看见摆放于商场专柜五彩缤纷的美宝莲产品，总能感觉到她紧随时尚、诱惑人的美的力量；看见大红色的 SK-II，总能让人联想到她那美容护肤专家般的精心呵护。

一部完美的品牌叙事，总是将情节、人物、主题和美感完美地融为一体。纵观世界品牌发展的历史进程，只有那些从字里行间飘溢着如行云流水般充满灵动、神韵之美的品牌叙事，才能拨动目标受众那情感的心弦，并让人久久回味其中的甘醇。

2. 品牌叙事在品牌塑造中的作用

对一个品牌来说，品牌产品架构是否符合消费者需求以及品牌形象、包装和产品品质是否达到消费者的期望值，是品牌的内在要素和品牌得以发展的基础；品牌叙事作为品牌的外在表现形式，它如同一根红丝线，巧妙地将品牌所要表达的品牌背景、品牌核心价值理念和品牌情感串联起来，用一种美的形式传递给目标受众，以此达到与目标受众的心灵沟通并得到他们的认可，令消费者感受到一种物超所值的心灵愉悦与美的享受。打造品牌的最终目的是要讲求经营效益，我们可以将品牌叙事在品牌塑造中的作用归结如下：

(1)完美地体现品牌的核心价值理念。品牌核心价值理念是品牌带给消费者利益的根本所在。品牌叙事就是通过形象化、通俗化的语言和形式，将之传递给目标受众。不同行业甚而同行业中的不同品牌，由于其经营方式、追求目标的不同，它的核心价值理念也是迥然不同的。例如，雅诗兰黛的“没有丑陋的女人，只有不关心或者不相信自己魅力的女人”、玫琳凯的“你要别人怎样对待你，你也要怎样对待别人”和创美时的“创造至美，蝶变人生”，都是这些品牌核心价值理念的精炼与完美体现。

(2)增进与消费者的情感交流与心灵共鸣。品牌叙事通过娓娓道来、形象生动的故事讲述，消除目标受众对品牌的陌生感和隔阂感，达到增进与密切目标受众的情感交流，进而实现品牌与目标受众的心灵共鸣。中外许多知名度和美誉度高的品牌，它们为什么受到消费者的喜爱，除了产品自身的品质因素之外，在很大程度上是由于它们重视品牌的广告宣传和文化传播，通过媒体广告、参与社会赞助与公益事业以及新闻公关等一系列活动，增加品牌与社会和目标受众的近距离接触，久而久之，在人们心目中形成了良好的品牌形象，并形成了令消费者以使用该品牌产品为荣的品牌效应。从经典品牌雅诗兰黛、兰蔻、迪奥，到近年来迅速在中国市场崛起的欧莱雅、美宝莲、SK-II、玉兰油等，都莫不如此。

(3)形象巧妙地传递品牌信息。品牌叙事的另一个明显的作用，就是通过传播渠道传递品牌的相关信息。现代社会科技飞速发展，人们接收信息的渠道与方式非常广泛，从传统媒体报纸、电台、电视、杂志到现代信息工具——互联网，纯广告信息的狂轰滥炸，逐渐造成人们的抵触心理。而品牌叙事更多的是以一种经过精美包装的形象化形式，将所要传递的品牌背景、品牌价值理念和产品利益诉求点(USP)等品牌信息诉诸人们的视觉感官和听觉感官，使人们在欣赏玩味、潜移默化中接受品牌提供的信息，增进目标受众对品牌的识别和认可。

3. 品牌叙事的表现形式

品牌因其背景、行业类别以及品牌持有人经营理念和策略的差异，品牌叙事的表现形式也是千姿百态、异彩纷呈。但归结到一点，无论采取何种表现形式，关键是要完美地传递品牌所要表述的内容，给人以美感和心灵愉悦。大体说来，品牌叙事主要有以下几种表现形式：

(1)以品牌创始人为叙述主题的品牌叙事。在世界经济进入品牌经济时代的100多年来，涌现出许多不仅在品牌经营决策上远见卓识，而且在个人人格魅力上具有深远影响的传奇式人物，他们的品牌就是依托这些传奇式人物而进入人们的心扉，给人启迪、催人奋进，并因对这些传奇式人物的偏爱，爱屋及乌，对其所创立和拥有的品牌产品情有独钟的。如微软的比尔·盖茨、IBM的托马斯·沃森(Thomas J. Watson)父子、香奈尔、雅诗兰黛、玫琳凯、皮尔·卡丹以及中国运动服装品牌李宁、中国海尔的张瑞敏、中国华为的任正非等，就是此类品牌的典范。

(2)以虚拟人物或神话传说为叙述主题的品牌叙事。通过虚拟人物或神话传说来阐述品牌叙事，以此扩展丰富奇妙的想象空间，带给目标受众美的愉悦和心灵共鸣，是品牌创造者们所善用的秘密武器。此类品牌叙事的好处在于品牌伸展空间大，而且给人雄奇诡秘的神秘感，容易引起人们的好奇与注意。如美国的万宝路，原来定位为女士烟，销路并不顺畅。20世纪50年代通过对品牌背景和相关资源进行整合后，以美国西部空旷的草原为背景，塑造了一位脚跨骏马、嘴叼烟卷、头戴草帽、神情冷峻的西部牛仔“硬汉”形象。这一新的形象确立后，很快赢得了千万烟民的好感，万宝路也由此跃上了世界烟草业的头把交椅。国际化妆品牌密丝佛陀则通过密丝佛陀先生为好莱坞演员研制化妆用品的故事演绎，塑造出其专业、时尚、经典的品牌形象。

(3)以地域环境差异为叙述主题的品牌叙事。在美容化妆品界，产品原料产地以及使用水质、制作工艺的不同，带来迥然不同的使用效果和品位感受，是众多美容消费者深信不疑的消费心理。许多品牌经营者抓住这一消费心理，通过对优美的自然风貌、地理环境、自然水源以及人文景观的描述，带给目标受众纯净自然、品质卓越的温馨感受。如欧莱雅旗下的碧欧泉就是通过生物学家们在法国南部山中的矿泉中发现矿泉活性萃取精华(PETP)这一独特的活性成分，经过研究、申请生物制造过程的绘形绘色的描述，为产品独特的功能、功效进行注解，并给产品罩上了一层神秘的光环。

(4)以产品功能特点为叙述主题的品牌叙事。以产品功能特点为叙述主题的品牌叙事，旨在重点突显品牌独特的产品优势，以引起目标受众的兴趣和注意，达到广为传播、带动市场销售的目的。如欧莱雅旗下以药店为销售渠道的薇姿品牌，通过着意对起源于法国中部的千年历史小城VICHY的温泉水对肠胃科、皮肤科及风湿科疾病有显著疗效，长期使用能增强皮肤天然防御功能等方面的渲染，凸显出薇姿产品的独特功效和神秘色彩。再如国内美容品牌雅丽思属下的“本草美颜”，通过启动颇具声势的“醋疗文化工程”，使产品主要卖点“醋疗”这一独具深厚民族文化内涵的产品卖点得到了淋漓尽致的张扬，为目标受众认知和接受产品起到了良好的造势和铺垫作用，因此而扩大了品牌的知名度和市场影响力。

当然，其他的还有如耐克以时尚文化为主题的系列广告活动，百事可乐举办的街头演唱、娱乐活动，表现了他们与时尚同步的品牌意识；法国服饰品牌贝纳通关注社会道德、种族歧视、贫穷等为主题的品牌叙事，引起了社会和目标受众更为广泛的关注。

品牌策划属于营销策划的范畴，此外渠道策划、服务策划、广告策划等也属于营销策划的范畴，限于篇幅和主题的孤立性而另分章论述。

本章思考

1. 王老吉的营销策划给我们带来哪些启迪？
2. 如何理解STP策划的基本内容？

3. 本章所讲的各类策划工具该如何使用？请以一种策划工具为例予以说明。
4. 在企业的品牌运行中，什么原因会使企业选择重新定位的策略？
5. 企业在进行品牌重新定位时，会从哪些方面入手进行思考？
6. 如何理解品牌形象？如何进行品牌形象的更换？更换品牌形象时，企业应注意什么？
7. 品牌延伸与品牌瘦身两种策略都各自在什么情况下选择？
8. 企业该如何利用品牌叙事的手段进行品牌传播的准备与实施品牌叙事性工作？

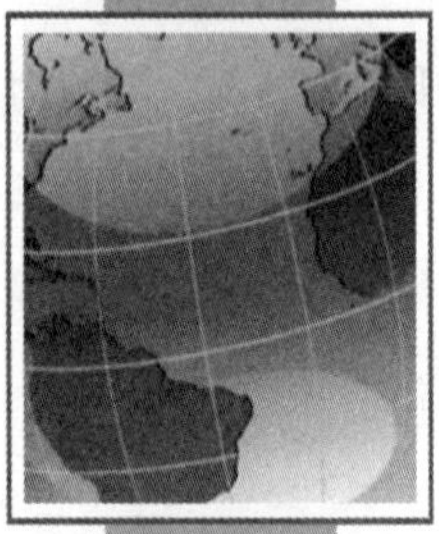

第三章 企业 CIS 系统策划

一个优秀的 CIS 设计及其系统性实施，会使社会公众一接触到企业信息就立即识别该信息中所代表的企业及企业的一切内涵，并在心理上产生良好的反应，甚至产生美好的联想。

准确地把握 CIS 的基本内涵，是正确认识与运用 CIS，真正发挥 CIS 在企业中的导向功能并指导企业发展的重要前提。在我国引入 CI 并发展 CI 和 CIS 的过程中，人们对它的解释呈现出了多样化的态势：有的进行放大解释，有的进行缩小解释，导致企业在导入 CIS 的过程中无所适从。这里，我们先从理论上准确地把握，然后确立其实践上的意义。

第一节　CIS 的基本含义

一、CI 与 CIS

CI 有两种解释：一种解释源于英文“Corporate Image”，译为“组织机构（企业）的形象”，其内容主要指组织机构的外在表象和表现，社会公众对组织机构这种外在表现的印象、评价等；另一种解释源于英文“Corporate Identity”，可译为“团体的一致性”，也可译为“组织机构（企业）的识别”，如图 3－1 所示。

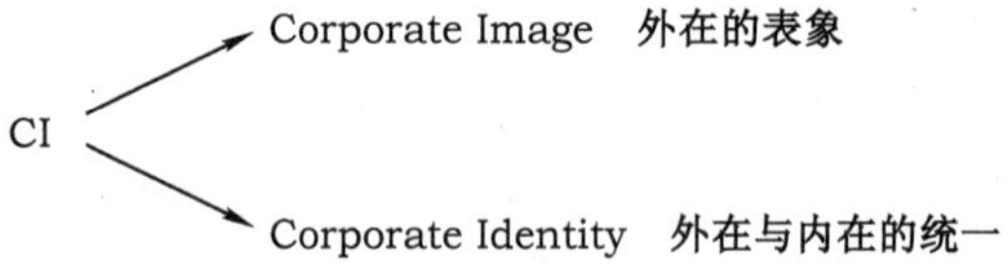

图 3－1　CI 的两种含义

这里，Corporate 的意思是社团、机构、组织、企业等。Identity 在英语中有两种含义：一种是“同一性、一致性”；另一种是“特性、身份、识别”。一般译为“企业或组织的识别”更为准确。后者的主要内容是指组织（企业）通过自己特性的创造、发展、传播，使社会公众对企业或组织有一个全面而深刻的了解，进而认识、认同并接纳。

关于 CI 的两种解释，前者（Corporate Image）表现为社会公众对社会组织的客观识别，形成的是一种外在性；后者（Corporate Identity）表现为社会组织去创造特性让人识别，是一种由外而内的统一性，即先认识表象，再认识深层内涵，这是一种主观能动性的反映。

在 CI 的发展中，一方面，为了使其内涵更清晰可辨，不至于造成误解或多种解释；另一方面，也是在发展中使其内涵得以不断丰富，使 CI 从人们对它最初的认识逐渐转变为人们对它的系统性识别，故而提出了 CIS 理论和 CIS 战略。

CIS 的提出，是在原来 CI 的基础之上加了一个 S，这个 S 是指系统(System)。系统的介入，使 CIS 具有了固定的内涵，那就是“组织机构的统一性、可识别性”，因为在 Corporate 和 System 中间只能使用 Identity，不能使用 Image，从而使企业或组织摒弃了从表象上让社会公众认识自己的模式，而进入从更全面、更深层次化、更系统的角度来识别、认识、理解和接纳企业或组织的过程。

二、CIS 的内涵

CIS 是英文“Corporate Identity System”的缩写，可以译为“企业或组织的识别系统”。其主要思想是将企业的经营理念、行为规范和视觉识别三位一体进行系统性分类，从战略的角度来研究企业内涵，丰富企业文化，塑造企业形象，使企业走上规范化、系统化、完善化的轨道。CIS 的基本结构涵盖了企业内部各成员、各环节、各方面的综合要素，也涵盖了企业与外界进行联络与沟通的各个方面。从其基本内涵的角度分析，可将 CIS 的定义表述为：将企业、机构的经营理念、精神宗旨等文化系统和哲学思想，通过全员的行为表现和整体的识别系统传达给社会公众，促使社会公众对企业、机构产生一致的理解、认同和接纳，从而为企业、机构树立良好的形象，并支撑企业、机构更好地发展。

CIS 战略的关键是以企业的经营理念为核心，对内，统一企业所有员工的价值观，建立统一的行为标准，形成员工对企业的认同感和归属感，在企业内部形成凝聚力、向心力，以统一的行为表现和视觉识别对外进行传播与沟通；对外，以公共关系、广告、媒介传播以及其他各类视觉性传播手段开展各项协调、沟通、传播性工作，形成企业对外的统一标志、统一造型、统一色调，力求企业在以上所有的对外传播中均以统一的形象在社会公众面前展示自身，从而赋予企业形象一种统一且具有个性化的信息特征，以提高企业信息的传递能力和形象诉求。CIS 的机能与结构如图 3－2 所示。

一个优秀的 CIS 设计及其系统性实施，会使社会公众一接触到企业信息就立即会识别该信息中所代表的企业及企业的一切内涵，并在心理上产生良好的反应，甚至产生美好的联想。CIS 运作的一个重要目的就是“塑造良好的企业形象”，使社会公众对企业产生认同感与信任感，进而推动企业的进步与发展。

三、对 CIS 的不同理解

迄今为止，理论界对 CIS 的解释甚多，有从文化战略的角度解释的，有从个体行为的角度解释的，有从形象传播的角度解释的，更有从视觉识别的角度解释的。对于以上解释，大体可以从微观、中观和宏观的角度将其进行分类。

(一)微观层面的 CIS

微观层面的 CIS(Micro-CIS)，是指从一个角度或一个方面乃至更小的环节对 CIS 进行解释。

从文化战略的角度解释 CIS：CIS 是企业文化的外在表现，是企业之间差别性的根本所在。这里强调的是企业 CIS 战略中的指导思想和精神风貌。

从个体行为的角度解释 CIS：CIS 是一种企业个性的标志，这种标志主要表现在企业对外

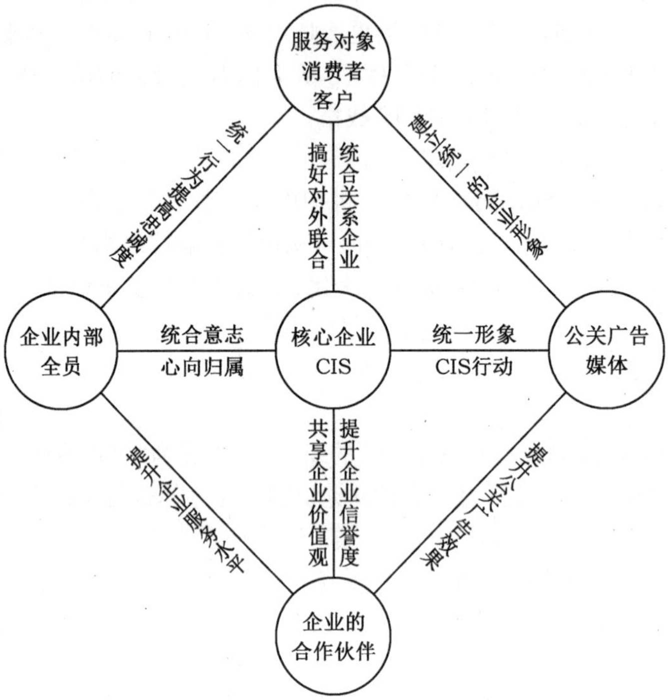

图 3—2　CIS 的机能结构图

传播方面和企业所有员工自身的行为方面，其表现形式代表着企业的个性和历史发展过程中所形成的企业风格，反映着深层的企业文化。

从形象传播的角度解释 CIS：CIS 是一种形象力，这种形象力在企业对外进行传播中得以表现，并通过社会公众的识别与认同创造一种环境氛围。这种解释实质上是对"企业形象"(Corporate Image)的一种认同，是一种对 CI 的认识与解释。

从视觉识别的角度解释 CIS：CIS 是企业标志、标准字、标准色的设计问题，旨在对外传播中统一企业的视觉形象，其间不包含企业的理念系统和行为系统。

案例拓展　　**小企业也需要 CIS**

一个小规模的制鞋企业刚开始运行的时候，没有品牌、没有厂房、没有机器设备，企业老板想走 OEM 的道路，委托其他企业加工产品。他想把产品卖到国际市场上去，这时该怎么办？老板首先给自己的产品起了一个品牌名称，这一品牌名称与企业名称相同；其次他聘请了平面设计公司给企业的产品进行了一个包装设计，在这个包装设计中含品牌名称(企业名称)、品牌标志、标准字、标准色，进而形成了一双鞋的整体包装盒；第三，他到国家商标局进行了品牌商标注册。当注册商标批准可以使用后，这家企业便开始了国际市场的运作。这说明小企业也需要 CIS，只不过它需要的是微观层面的 CIS。

以上对 CIS 的解释，均从某一个角度、某一个环节或某一个方面对其进行认识。就其认识的角度、环节、方面来说无疑是正确的，但各自均缺乏对 CIS 全貌的理解。企业发展初期，在没有达到规模效应之前，或某一特定的历史时期，选择以上某个角度来运作企业应该说具有可操作性并可解决燃眉之急的问题，但这些并不等于 CIS 的整体导入和战略实施，我们认为这只能是 CIS 的一些基础性工作，它可以为将来 CIS 的总体运作提供一些可资借鉴的思路和素材。在整体 CIS 运作时，这些思路可能会得到修正、延续和认同，也可能会得到改变、部分改变或抛弃。

（二）中观层面的 CIS

中观层面的 CIS(Middle-CIS)，是指从准确的角度来把握 CIS，既不从某个角度、某个方面对 CIS 进行解释，也不扩大 CIS 的基本功效。准确地把握 CIS，应从三个方面来认识 CIS 的基本内涵：一是理念识别系统；二是行为识别系统；三是视觉识别系统。与微观层面相比较，它远远超越了微观层面所涉及的范围与层次，它认同对企业的改良、革命和创新。无论是何种企业，选择适当的时机导入和运作 CIS，设定 CIS 战略，其目的不外乎完善现有企业的文化、行为与形象；改变企业的现状，使之达到有序运作，实现理想目标；对现有企业状况实行彻底转变，以新的、完整的形象展示自身；创造新的利润和市场增长点，寻求企业的更大发展和更高目标的实现。

案例拓展　　**国际著名公司均实施 CIS**

意大利最大的国营电力公司 Edison 与代表化学、人造纤维的权威公司 Montenctini 合并为 Montedi Son 之后，聚集了近百家各类企业，实力和规模足可以称为世界级企业集团。然而，由于目标、行为诸方面的不一致带来的混乱，又使它陷入了严重的危机。经过聘请专家实施 CIS 系统数年之后，情况有了明显的好转。日本著名跨国企业 KENWOOD 的前身曾是一家濒临倒闭的企业，也同样得益于 CIS 系统的运作，才免除了灭顶之灾。[①] 而在世界上享有盛誉的麦当劳、可口可乐、柯达、富士等企业也都曾得益于 CIS 系统的实施。

（三）宏观层面的 CIS

宏观层面的 CIS(Macro-CIS)，是指从放大的角度来把握 CIS，它认定，CIS 所涵盖的内容包括了企业运作过程中的一切，即不仅仅含有企业理念、文化、行为、视觉等，还应将管理、营销、公关、广告、投资、经营战略等多方面内容纳入 CIS 的运作范畴之中。台湾著名设计师林磐耸认为，企业以本身过去、现在及未来所实践的职责和将要达成的职责为基础，对于经济、产业、社会全体、地域社会中被期待或将被期待的事物，能尽量明确化，然后以此方针创造企业独特的个性为首要；在这种情况中，广义的 CI 问题即正式登场。从这样一个角度来认识 CIS，CIS 对企业是一种全方位的革命和创新，是对企业的换血强身。我们称这种 CIS 运作为大 CIS 观（见图 3－3）。

大 CIS 观对于在诸多方面均无可保留价值的企业无疑是一种从根本上改变经营方针、建立全新企业理念、全面调整员工行为、推出全新 CIS 系统的好办法；对于步履维艰、濒临倒闭，在产业方向、市场前景、投资能力等方面一筹莫展的企业也不失为一种选择策略。这是企业放弃原来所拥有的一切软件，在一个新的起点上开创全新企业战略的始点，表现为企业中的骨骼、框架等，通过 CIS 给予全面的调整与加强，以给企业换血、充气。

我们对以上任何一种 CIS 的观念均不做否定，它们各有其存在的价值。企业在不同的历史发展阶段可能需要不同的 CIS 观，但更能准确把握 CIS 精髓的，笔者认为当属中观。

---

① 资料来源：北京德辰管理研究中心. 成功企业经营企划典范[M]. 北京：企业管理出版社，1996.

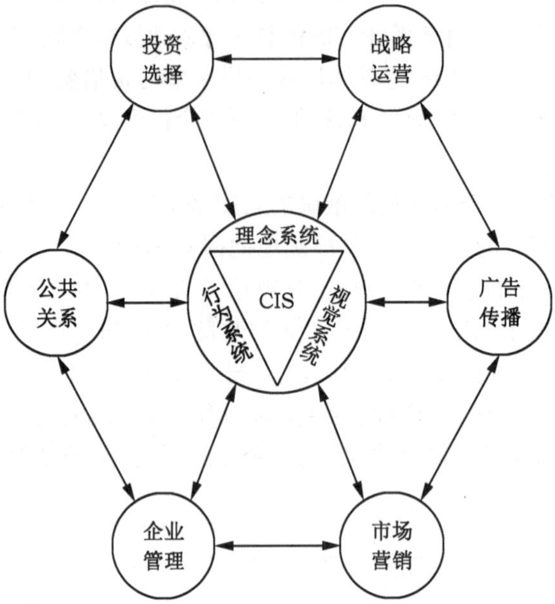

图 3—3 大 CIS 观基本内容及相互关系

第二节 CIS 的导入时机

把握 CIS 导入的时机，对于企业是否取得 CIS 战略的成功关系极大。一方面，它关系到企业导入 CIS 的质量。合适的时机，可以保证 CIS 导入运作的质量有利于 CIS 目标的实现，达到良好的导入效果；另一方面，它又关系到 CIS 导入的投资成本，合适的时机，可以减少 CIS 导入的成本投入，减少企业在导入 CIS 时的震荡错位，保证 CIS 运作的顺畅进行。

CIS 战略是企业长期的经营战略，企业应从战略的角度来把握 CIS 的导入时机，以取得理想的导入与运作效果。

企业导入 CIS 的时机可以从内部时机的把握和外部时机的把握两个方面来考虑。

一、企业导入 CIS 的内部时机

(一)企业进行资产重组，成立企业集团之时

任何一个企业在运作过程中都有一个从小到大、从弱到强的过程。企业发展到一定规模时进行资产重组是一种必然趋势。目前，我国很多企业在由内部管理型战略向外部交易型战略转变，实行企业资产重组，成立企业集团，通过收购、兼并等途径增加规模经济效益，以实现资本的低成本扩张。在这个过程中，更多的企业往往重视的是企业重组后财务的融合、人员的搭配和安置、生产经验和技术设备的共享等问题，对企业文化的融合、观念的统一等则考虑甚少。

美国著名管理学家彼得·德鲁克认为：要想通过兼并来成功开展多种经营，需要有一个共同的团结核心，就是 CIS 理念系统。没有这样的团结核心通过兼并来开展多种经营，绝不会有好的结果，单是财务上的联结是远远不够的。用社会科学的行话说，必须具有一种“共同的文化”或有一种“文化上的姻缘”。可见，企业购并后进行企业文化方面的整合至关重要。企业在收购和兼并后，企业的外延扩展了，企业形象的内容增加了，很可能会影响社会公众对企业

新形象的认同。因为购并与被购并的企业购并前都有各自的企业文化、管理风格、经营理念等，各企业的标志、服饰也各不相同。组建新的企业集团后，如何在较短的时间内融合、重建新的企业文化、管理风格、经营理念等，是集团能否迅速发展的关键问题之一。

一个企业如果能利用企业资产重组、成立企业集团的时机导入CIS，可以激励企业员工的士气、改变企业作风、重建理念系统，这样有利于购并后企业经营重组的运作，使企业在一致的经营理念、管理思想和企业风格等理念识别的基础上重新建立"共识"；在共同的经营作风、礼仪交往、员工规范、福利待遇等行为识别的基础上建立"共识"；在统一的标志、办公用品、服饰、广告等视觉识别的基础上建立"共识"，这将使被购并的企业较易融入购并企业新规定的氛围中，避免一方完全服从于另一方而出现的"两层皮"现象。而且社会公众也较容易重新识别组建后的集团，甚至会产生耳目一新的感受。

(二)原有企业改组、发行股票、公开上市之时

原有企业改组有两种表现形式：一种是企业制度改组，表现为对旧有的组织机构进行大幅度的调整，如成立董事会、实行新的领导制度和新的管理思路等。这是因为，企业旧有的制度体系已经不符合新的经营方向和市场发展变化的要求，旧有的制度体系有很多陈腐的顽症和人为的障碍，不利于企业的运作与发展，这时，企业内在的一种自然的、奋发向上的精神力量压迫着企业要创立新文化，使企业重获生机。此时，企业导入CIS，是辅助企业转换机制、改变旧有制度的最佳途径。另一种是企业人事改组，表现为企业面临着重大人事变动，可能是主要领导人(如总经理)的变动，也可能是决策一班人的变动，这时企业内部组织结构、人事制度都要随之发生重大的变动。新的领导人上任，新的领导班子的组建，总会有新的思想和观念、新的规章制度、新的经营模式、新的战略目标的出台。在这种"弃旧图新"之际，为了使企业全体员工能在新的领导乃至新的领导班子的带动下，形成一种新的机制，表现出一种新的生机与活力，并能使企业上下统一认识、统一行动，企业可通过CIS的运作去创新企业的作风，使企业能够尽快地发展。

在我国，目前经营状况良好的企业，都希望自身能够通过向股份制的方向发展而寻求新的契机和新的利润增长点。实行股份制改造，是企业进行改组、改制，建立现代企业制度的最佳途径之一。一般来说，对企业进行股份制改造后都希望自身能够争取到上市的资格，这是股份制改造的目标。但企业要争取上市需要分两步走：第一步，实行股份制改造，走股份有限公司的道路，但暂时没有上市的资格。在这一阶段，企业一方面要积累实力，向上市公司所要求的方向发展；另一方面还要扩大企业知名度，形成良好的企业形象氛围，得到社会公众的认可与支持。第二步，争取上市资格，走上市公司道路。上市公司一般要求实力雄厚，经营组织管理完善，同时符合上市公司管理条例的规定，经过一定的审批程序，获准后方可在证券交易所挂牌，发行和买卖公司股票。从上市公司两个发展阶段看，企业选择第一个阶段进行CIS导入则最有利于企业的发展。因为这一阶段，企业进行内部股份制改造，正是积累实力、表现能力、形成动力、增强战斗力的时期，也是企业脱胎换骨、改进企业形象的时期。这一时期企业导入CIS，不仅有利于强化企业内部凝聚力，转变企业作风，而且可以提升企业形象和信誉，争取社会公众的认可与接纳，为股票上市、赢得金融市场的更大回报打下坚实的基础。

(三)企业文化重整，企业经营理念的改变之时

企业文化一旦形成，会在一个相对比较稳定的发展时期内形成特定的企业文化氛围。它有个性化风格和历史的延续性，同时它也有过程的发展性和可调整性。企业文化不是一成不变的事物，随着企业机制、企业经营体制、企业人事制度以及企业外部环境的变化，企业文化也需要进行重整。而在企业文化重整之时，必定要带来企业经营理念的改变，如市场营销观念从旧观念（以生产为中心）向新观念（以市场为中心）转变时，企业经营理念要随之发生变化；企业的管理制度从以事为中心的管理向以人为中心的管理过渡之时，企业的经营理念也要随之发生变化。当企业理念老化、观念陈旧时，为了适应时代的发展需要，也必须将企业的理念和精神重新加以调整，使之脱胎换骨、再创新机。

一般来说，企业文化的重建、企业理念的改变可能会以两种表现形式得以实现：第一种表现形式是不断充实、不断完善的渐变过程，这是一种改良，是在企业文化和经营理念大的指导方针不发生变化的情况下进行的调整，如企业理念从口号发展到理念系统，从理念系统再发展到理念工程等；第二种表现形式是革新、重建，以全新的面貌形成全新的企业文化与企业理念，这是一场革命，是在企业文化和经营理念总体指导方针的变化下而形成的新的形态，如彻底放弃不利于企业发展的理念系统，形成新的、适应环境变化并能推动企业进步的理念系统等。

无论是对企业文化与企业理念的调整、改良，还是对其进行重建、革命，都是企业导入 CIS 的合适时机。企业文化与理念系统的变革，会使企业更富有生机和活力。

（四）企业创立周年纪念之时

创立周年纪念是企业对自身成长的一种肯定，也是社会对企业接纳和信任的结果。尤其是企业五周年纪念、十周年纪念，第三个五年计划、第四个五年计划等时机，更是最有利和最合适的时机。因为，每一个五年对于企业来说都是一个总结、整顿、提高、发展的过程，都是一个新的设想、新的战略目标形成的时期。在企业某个五年计划开始之际发布 CIS 计划和实施 CIS 战略，可以刷新企业的原有形象，赋予原有企业的理念以新的内涵，清晰企业下一个发展时期的目标与运作过程，把握企业的发展方向。

一般来说，在前一个五年计划实现之时、后一个五年计划开始之际，企业上下所有工作人员的心情是非常激动的。因为，这时他们看到的是过去走过的道路、洒下的汗水和创造的业绩，同时他们也感触未来的设想、目标与希望。借此时机，如果企业再通过 CIS 战略的运作，更会增强企业员工的凝聚力与向心力，鼓舞斗志，同时还可以通过企业所设定的大型公关活动，将企业 CIS 的信息、未来规划的信息、未来目标的信息传播出去，引起新闻媒介和社会公众的关注，从而扩大企业的社会影响，提高企业的知名度和美誉度，从而取得“随风潜入夜，润物细无声”的功效。

国外许多企业，特别是日本的企业，都非常重视企业的周年纪念，并特别选择在创业周年纪念时实施 CIS 战略，或作为实施 CIS 战略的始点，如菱备公司 1977 年 9 月创业 240 周年时实施 CIS 计划，伊势丹公司 1975 年 9 月创业 110 周年时实施 CIS 计划，富士胶卷 1979 年 12 月创业五周年时实施 CIS 计划，美能达公司 1981 年 12 月创业 50 周年时实施 CIS 计划，日产汽车公司 1983 年 12 月创业 50 周年时实施 CIS 计划。

中国企业也有利用创业周年纪念日导入 CIS 的，如深圳市彩虹集团投资发展有限公司，1997 年 6 月导入 CIS，恰逢企业五周年纪念；上海永正集团蓝旗服饰发展有限公司，1991 年由加拿大独资起步，到 1996 年正好五周年，由此，公司将 1996 年作为 CIS 导入年。

二、企业导入 CIS 的外部时机

（一）企业新产品开发、上市之时

一个企业要想在市场上立于不败之地，就要不断地创新，这种创新主要表现在对新产品的创造和产品的更新换代上。产品的创新是市场创新的基础，它可以满足日益变化的消费者需求,可以引导新的潮流和新的需求导向,可以使市场丰富多彩并形成新的更大的市场,还可以为企业带来现有市场的扩大和效益的提升。

每当企业新产品开发成功上市之时,也正是企业传播产品信息、树立良好形象的时机。因为,新产品代表着企业经营工作不断创新的具体成果,它会使消费者对企业乃至对企业新产品基本内涵与功效产生浓厚兴趣,愿意投入时间和精力接受其信息并关注其市场发展,它也可以使消费者转变消费观念,并由此形成对企业的全新看法。配合新产品上市导入 CIS,可以使企业取得新产品促销和新形象塑造的双重效果,而且也可以使效果的内涵饱满与丰富。

(二)市场定位不准,产品个性不明显之时

企业将产品推向市场以前,总要考虑给产品规定一个合适的市场地位。企业在主观上给自己的产品规定一个市场地位以后,总要使产品的定位接受市场的检验。有些企业常常面临着自己给产品规定的市场地位与实际市场的需要错位的现象,从而使产品销路受阻。面对这种情况,企业必须改变产品定位。

在经济发展领域中,由于现代科技的进步与普及,各竞争企业的产品质量、性能、功效、价格均趋于雷同,不同企业生产的冰箱、彩电、洗衣机、平板、手机等各类产品,在以上各方面的差异性日趋缩小,摘下品牌的商品,消费者很难辨认哪个厂家的产品最好、哪个最差,就连内行者也很难从产品的外形中找出其质量的差异性。这种情况会使消费者产生极大的疑虑,不知选择哪个厂家生产的产品更好。

以上两种情况,都使企业面临市场的窘境,具体表现为产品的无个性、无特色,不被消费者所识别,没有更好的市场前景。改变这两种状况的方法最好依赖于企业的 CIS 导入,以造成企业产品的个性形象和独特风格,加深消费者对本企业产品的印象,以保证消费者对产品的认可与接纳,并形成对特定品牌的认同与忠诚。

(三)企业规模扩大,向多元化经营方向发展之时

决定企业向多元化经营方向发展的原因有两个:一个是内部原因,企业的成长与变化,企业规模的不断扩大,使其有能力进入新的领域、新的行业;另一个是外部原因,消费者需求的多样化和购买力水平的提高,使得企业向新的领域进军可以有巨大的市场潜力和利润空间。前者是企业发展的推动作用,后者是市场需求的拉动作用。二力之合,给企业带来一种强大的动力,使企业可能做出向多元化发展的决策。

当企业向多元化方向发展时,企业的产品组合和经营结构均要发生很大的变化。一方面,产品组合的调整使原有主导地位的产品比重下降,主导产品的企业地位也要根据市场的变化情况加以调整或重新确立;另一方面,企业市场经营结构也要进行重新考虑,新的主导产品和原来的主导产品会有不同的目标市场、不同的渠道表现以及不同的促销方式,即使在这些方面不发生变化,也会使其得以扩大和加强。所有这些变化,均要求在企业各项活动中,在对外传播以及在企业名称、标志、商品品牌、商标等诸多方面要给予全面考虑。考虑的原则是要符合企业的发展规模和经营内容。为此,企业有必要重新做定位思考,策划新的活动,设计或改变视觉识别系统,树立全新的企业形象,并通过新形象来传递企业已扩大经营范围和调整经营结构的信息。

(四)企业危机事件产生之后,需要重新树立或扭转企业形象之时

危机事件是指企业在自身运作中所发生的具有破坏性影响,进而造成企业形象受到损伤的事件。危机事件发生后,企业必须对事件进行调查并进行及时的处理。对危机事件的处理称为危机管理。在这种情况下,企业为了扭转不利局面,需要开展公关活动以重新树立企业形象，这类公关活动称为危机公关。

企业危机事件的特点是具有突发性、不可预测性、严重危害性、舆论关注性、处理过程的艰难性等。企业危机事件的后果是社会公众对企业及其产品的不信任、不欢迎，甚至产生抵制的心理和行为，进而影响到企业的形象和市场的发展，甚至会使企业难以支撑。因此，任何一个企业面对危机事件时都必须通过公关手段进行很好的处理。

危机事件对于企业来讲是一种灾难，灾难过后怎么办？这时企业有两条途径可供选择：一条是萎靡不振、自暴自弃，从而使企业走上自掘坟墓的道路，很多名震一时的企业最后的衰落均与这种心态有着直接的关系；另一条是振奋精神、重整旗鼓，通过 CIS 的运作，重新树立企业形象。CIS 运作，可以使社会公众改变对企业原有的看法，因为企业以全新的理念、全新的活动、全新的视觉识别展示企业的新形象，使社会公众能够重新认识企业，唤起他们对企业的好感，并形成良好的印象。

(五)企业进军国际市场，接受全新市场的考验之时

一个企业在经营历史的发展中，一般都要经历从小区域市场向大区域市场发展，再从大区域市场向全国市场发展的过程。企业经营达到相当规模时，便会考虑进军国际市场的问题。从我国目前的经济发展趋势来看，经济全球化和加入“世贸组织”必然会使我国的企业面临国际市场的竞争，而中国市场也必然成为国际大市场中的一个重要的组成部分。不管企业愿意不愿意参与国际市场的竞争，有没有能力参与国际市场的竞争，都必须迎接国际市场的挑战。

企业走向国际，原有的企业名称、包装、标志等有可能不适应国际化经营的需要，甚至与有些国家的风俗习惯、文化特点相悖，同时还要考虑中外消费观念和消费行为上的差异，使企业行为与各种表现形态适于国际市场的需要。因此，企业建立新的活动识别与视觉识别系统是企业走向国际市场的重要对策之一。其内容不仅包括修正和设计新的企业标志、标准字等视觉识别系统，在国际领域中进行商标注册，更重要的是必须树立立足于开发并满足国际市场的新的企业理念，并建立新的活动识别系统。

第三节　CIS 的运行方法

企业 CIS 运行方式包括 CIS 导入方式和 CIS 运行方式。导入方式是指企业或机构选择何种方式进行 CIS 导入，是由内部自己人进行导入，还是外聘其他机构帮助企业做 CIS 导入。运行方式是指 CIS 导入和运行中确立怎样的组织机构、做好哪些具体的工作等。

一、企业 CIS 导入方式

(一)自我启动型导入

自我启动型导入是指企业根据自身发展状况，由企业内部各方面人员开展 CIS 导入工作。其基本程序是：确定企业 CIS 导入的时机；在企业内部各部门确定合适的人选，组成 CIS 导入领导小组或 CIS 导入委员会；对企业内部实态进行调查、分析；进行 CIS 的创意、策划设计、执行等工作。

企业 CIS 导入机构的成员构成，一般要求由组织最高决策层确定，由总经理挂帅，需要由策划部、广告部、市场销售部、公关部、品牌管理部、企业文化部、产品设计部等各方面主要领导和业务骨干参加。

自我启动型导入的优点是：由企业内部成员进行 CIS 调查、创意、策划、设计、执行等，他们对企业情况了解，可以深入、细致、准确地把握企业的历史与文化特征、决策者的风格等，能够提出符合企业特征与要求的思路和见解；内部成员能够就企业存在的问题抓住主要矛盾，能够把握关键性人物与关键性环节，对症下药，并实实在在地解决问题；能够为企业节省CIS导入的投资，保证其运作的经济性与实用性；能够亲自督促CIS导入成果的贯彻、落实，并保证其导入的保密性和传播目标的实现。

自我启动型导入的缺点是：人才结构很难达到理想的水平。尽管有些大企业积聚了大量的人才，但企业内部人才结构不一定能满足CIS导入的要求，其专业水平也不一定最好，创新能力会受到一定的限制；由于企业内部的上下级等级制非常明确，创意、策划者由于某种原因很难畅快淋漓地表述自己的想法，这样会使得CIS导入的突破性受到一定的限制；企业内部成员对整个社会发展状况、信息含量的广度与深度都不如专业公司掌握得好；企业内部成员还可能缺乏对CIS导入的深入理解和经验总结，使导入的结果不尽理想。

我国一些国有企业习惯于走自我启动型CIS建设之路，而一些三资企业、民营企业则愿意委托“外脑”来做CIS的导入工作。

(二)专家创意型导入

专家创意型CIS导入是指企业为导入CIS，专门聘请专家作为企业的“外脑”，由富有经验的专家主持，组成专家小组或专家团，专门对企业CIS导入进行调查、分析、创意、策划、设计、论证并监督实施。

一般来说，企业外聘专家形成专家小组或专家团，其成员结构要能达到满足企业所要求CIS导入的标准。如果是专家团，则其中应包括管理专家组、理念文化专家组、广告公关专家组、营销专家组、投资财务专家组、媒介传播专家组、视觉设计专家组；如果是专家小组，则其中应包括以上各类专家。专家来源一般为富有经验的大学教师、研究机构的研究人员及富有专业特长的各类机构的成员。

专家创意型导入的优点是：专家们往往富有CIS导入经验，从而可以保证CIS导入起点高、CIS运作思路系统而完整；所聘专家各有其专业特长，知识水平高，知识结构完备；专家们所掌握的信息量大，对各类企业的特色有更多的了解，因此对CIS的趋势判断准确；专家们作为企业的“外脑”，不介入企业内部是是非非的问题之中，敢于客观、公正地提出问题并解决问题。

专家创意型导入的缺点是：专家身居于企业之外，对企业的各类情况不能深入、细致地了解，即使能在企业调查中更多地掌握信息，但比起企业内部人员对情况的了解程度还有相当大的距离。为弥补这一不足，专家们应深入企业基层，系统并全面地了解情况，与企业内部各类工作人员打交道、座谈等，充分了解他们的内心世界及思想感受，以保证CIS创意的结果符合企业实际，并真正能以CIS导入成果推动企业的发展。

(三)咨询公司推进型导入

咨询公司推进型导入是指需要导入CIS的企业委托专门做CIS导入的策划咨询公司来承担CIS导入的创意、策划工作，协助企业做好CIS导入。

随着市场经济的发展，我国专门从事企业咨询策划的公司如雨后春笋，层出不穷，仅北京就有近千家。据不完全统计，现在全国从事咨询策划工作的公司不少于8 000家，从业者达数万人。其中，有外国独资的咨询策划公司，有外资与内资合作的合资合营咨询策划公司，也有专门由国内专家组成的咨询策划公司等。有大到几百人的公司，也有小到十几人乃至几个人的公司。

咨询公司中有各类专家，从知识结构、专业水平、工作经验及敬业精神上看，其优势与专家创意型导入在很多方面是一致的。同时，一个好的咨询策划公司，其内部成员合作紧密、配合默契，有着协调的运作方式和系统的操作规则，可以保证 CIS 导入的各项工作达到最佳状态。

由于不同的咨询策划公司有着不同的工作风格、业务特长，企业在因导入 CIS 而委托咨询策划公司时，一定要事先调查好咨询策划公司的业务专长、资信能力、业绩水平、信誉形象等，以确保合作顺利。

委托咨询策划公司操作 CIS 导入不属于最经济型的方式。同时，有些国外独资的策划公司，由于对中国国情不甚了解，对中国的文化接受度不高，又由于存在着思维方式和工作风格等方面的差异，可能会导致一些具体问题的产生，诸如策划、创意思路不能体现企业自身的要求、运作方案的可操作性不强或有一定的障碍等。因此，中国企业在委托这样的咨询公司做 CIS 导入时，一定要事先多沟通，多掌握一些信息，以避免发生投入大而出现不尽如人意以及令人不愉快的后果。

二、企业 CIS 导入机构

CIS 导入的组织机构，是对企业 CIS 导入进行系统性运作的组织保障，是协调 CIS 导入与运作过程中各方面关系的执行机构。CIS 导入的组织机构分为内部机构和外部机构两种。内部机构指由企业内部成员组成的 CIS 管理委员会，外部机构指由外聘成员组成的 CIS 专家执行委员会。

(一)CIS 管理委员会

CIS 管理委员会是指在企业 CIS 导入与运作过程中进行组织、协调、沟通工作的管理机构，是企业进行 CIS 策划、实施和推进的权威性监督机构。

1. CIS 管理委员会的基本职能

CIS 管理委员会属于企业的非常设机构，它是 CIS 导入企业为执行 CIS 运作程序而成立的临时性组织机构。CIS 管理委员会由企业内部成员组成，委员会主席一般由总经理或主管业务、经营等项工作的一把手担任。委员会联络人员一般由总经理助理、文化部长、公关部长、广告部长等人员中选择一人担任。委员会成员的组成，一般要求有企业文化工作负责人、企业公关工作负责人及其成员、企业广告部门负责人及其成员、企业营销部门负责人、企业其他相关管理部门负责人等成员组成。

CIS 管理委员会的基本职能如下：

(1)组织协调职能。CIS 管理委员会负责对企业 CIS 策划和实施过程中的各项具体工作进行协调。其中包括：对企业决策层的 CIS 决议进行贯彻落实中的协调，这是一种决策性协调工作；CIS 管理委员会与外聘专家之间就 CIS 创意、策划乃至执行中的协调，这是一种关系性协调工作；CIS 导入、运作过程中出现问题，需要对上、对外进行汇报与说明中的协调，这是问题性协调工作。组织协调工作是 CIS 管理委员会最基本的工作职能，没有这项职能，企业 CIS 导入运作将无法进行，因为企业所有 CIS 工作中的问题均由 CIS 管理委员会进行处理。

(2)管理培训职能。按照正规的 CIS 运作程序，企业 CIS 导入之前，需要对企业相关人员进行导入前的动员与培训工作。企业 CIS 导入之后，需要对企业全体员工就企业理念识别系统、企业行为识别系统和企业视觉识别系统的内涵及要求进行培训。所有这些培训的组织与管理工作，包括培训时机与时间的确定、培训对象的确定、培训内容的确定、培训讲授人员的确定以及培训的实施工作等，均应由企业 CIS 管理委员会负责。

(3)传播沟通职能。传播沟通职能是指企业在导入运作 CIS 的过程中所发挥的上情下达、下情上达、内情外达、外情内达的职能。企业在导入 CIS 的过程中，需要将企业决策部门的旨意传达给员工，以指导员工对 CIS 导入决策的执行；同时，需要将员工对企业的一些看法、观念反馈给企业决策部门。这是企业内部信息的传播与沟通工作。企业在导入 CIS 时，要对外部环境、市场状况进行了解与把握，以保证 CIS 运作有的放矢；CIS 导入之后，企业要将 CIS 导入信息传达给社会公众，以争取社会公众对企业的认同与接纳，建立良好的品牌信誉，树立良好的企业形象。所有这些工作，均由企业 CIS 管理委员会负责实施和运作。

(4)咨询建议职能。一般来说，企业 CIS 管理委员会成员对 CIS 的基本内涵、工作要求、运作程序等均有着深刻的理解和独到的见解。尤其是其组成人员均为企业内部相关岗位的负责人，他们对企业的历史、现状、未来发展方向均了如指掌，有着与企业文化、企业风格相吻合的内在素养与气质。他们知道企业导入 CIS 的最佳时机、导入 CIS 的准则与要求等，因此，常常要对企业的 CIS 决策发挥出咨询建议的作用，提出一些可资借鉴的意见与看法，影响或服务着企业的 CIS 决策。这样，可以使企业的 CIS 导入与运作工作逐步渗透到企业经营管理的决策过程之中，发挥出 CIS 服务于经营决策的作用。

(5)监督执行职能。按照 CIS 导入的原则和运作指导思想，企业 CIS 导入后的实施工作至关重要。一个好的 CIS 导入表现为符合企业特征的理念系统的形成，完备的行为识别系统的建立和具有影响力和冲击力的视觉识别系统的推广。然而，只有好的导入而没有好的实施，照样可能使 CIS 导入工作失败。要保证 CIS 导入工作的成功，必须在好的导入系统形成之后，进行系统而认真的推广实施工作。为了保证推广实施工作的质量必须做到：第一，要有系统、完备的实施计划；第二，要有高质量、高水准的推广、实施队伍，认真地、有计划地做具体的推广实施工作；第三，要有一套科学、完备的监督系统，执行具体的监督执行工作。这第三步工作，要由 CIS 管理委员会成员负责。其具体工作是：监督实施 CIS 工作的质量，看其是否达到了计划要求的质量；把握 CIS 运作过程的质量，看其是否实现了 CIS 导入所确定的目标与要求；通过调查、信息反馈，观察分析 CIS 运作的结果(这里既要观察分析有形指标，如市场占有率、销售额等指标的变化，又要观察无形指标，如社会公众对企业 CIS 的认同、对企业的评价、对企业及其品牌的态度等)，观察企业形象的好转状况。

2. CIS 管理委员会的主要任务

CIS 管理委员会的主要任务如下：

(1)接受企业最高决策层的旨意，确定 CIS 导入的时间与日程。其中包括在 CIS 导入的不同阶段中需要做哪些工作、具体的工作内容如何、需要哪些部门和哪些人做配合工作等。

(2)确立 CIS 导入方针与政策。CIS 导入方针应该体现出企业的行业特征和企业特征，应该适应时代发展的要求，应该具有前瞻性。如果是大企业或者在行业中居于领导者地位的企业，还要充分体现出民族气节和创造世界品牌的气魄。

(3)提供 CIS 创意、设计、策划所需要的全部企业资料。CIS 管理委员会要将企业的发展历史、发展现状及未来目标等资料整理成册，并将这些资料提供给创意、设计、策划的专家们。这样做一方面可使其全面理解企业的方针、政策，另一方面专家们可以通过资料了解企业的过去、现状与未来，使企业 CIS 导入的创意、策划有的放矢，并能充分挖掘出企业的风格与特征，保证 CIS 导入的高质量、准确度和适用性效果。

(4)协助 CIS 专家开展各项工作。CIS 专家在策划过程中需要与企业进行紧密型的合作，同时需要企业做全面的配合性工作。如果企业配合工作做得好，双方的合作愉快，会使 CIS 的创意、策划顺畅而理想。所有的这些配合工作，包括思想的交流、信息的传递、后勤的保障、具体工作的安排等，都需要 CIS 管理委员会负责。CIS 管理委员会是 CIS 导入中专家与企业之间联络和接洽的桥梁与纽带。

（5）初步审定 CIS 设计的各种方案。CIS 专家创意、策划、论证以后，会将策划的各种方案（含 CIS 总报告、策划方案等）呈交给企业 CIS 管理委员会。CIS 管理委员会接到各种方案和报告以后，应进行初步审查。然后，将初步审查议案和各类报告原文呈交给企业最高决策机构，并与企业各部门的领导者共同讨论方案的内容、适宜度、是否需要修正与修改，作出通过、修改、部分修改或不通过等决议，传达给 CIS 策划专家，以此决定下一步工作计划。

（6）组织全体员工参加 CIS 导入、运作及培训工作。如前所述，企业 CIS 导入前的战前动员与培训，企业 CIS 创意、策划、论证后对企业员工进行 CIS 理念、行为、视觉识别系统的培训工作，均由 CIS 管理委员会负责。此外，全体员工对 CIS 导入的参与、运作等组织与管理工作也由 CIS 管理委员会负责，以保证 CIS 导入后的实施工作渗透到企业各个部门、各个环节、各个方面，使全员都能参与到企业的 CIS 运作之中。

（7）将 CIS 创意、设计的全部内容在企业内部做全面推广工作，以征求全体员工的意见；同时，将推广过程中出现的问题、产生的想法、提出的各种意见与建议整理成书面材料，经过讨论统一意见之后，将推广工作情况及其书面材料等所有信息反馈给 CIS 专家中的相关创意、策划、设计人员，以作出调整或进行下一步实施的工作安排。

（二）CIS 专家执行委员会

CIS 专家执行委员会是指企业为导入 CIS，外聘 CIS 专家，组成专家团或专家小组，对企业整体 CIS 导入进行创意、设计、策划、论证的 CIS 执行机构。凡是不采取自我启动型导入方式的企业，均应有 CIS 专家执行委员会承接和承担 CIS 导入创意、设计、策划的任务。

1. CIS 专家执行委员会的优势

与企业内部自我启动型导入方式相比，企业外聘专家成立专家执行委员会的优势表现在以下几个方面：

（1）信息情报灵通全面。CIS 专家是指有 CIS 全面知识，对 CIS 有深入研究，并在实践中运作 CIS，有着丰富 CIS 经验的知识型人才。他们一般都存储着大量的信息和情报资料，由此，CIS 专家掌握着信息、情报与资料。专家们在帮助企业做 CIS 导入时，可更快、更好、更准确、更全面地把这些信息、情报、资料提供给企业，帮助企业了解社会，掌握未来的行业发展趋势，把握自身的社会、行业及市场地位。

（2）趋势判断准确可行。企业所处的产业状况、行业发展趋势是企业 CIS 导入工作必须掌握和把握的。CIS 专家执行委员会由于其成员结构合理、知识全面，再依据丰富的信息、情报、资料，结合 CIS 务实性的操作，通过对未来形势进行全面的分析，会对企业的未来发展状况进行环境预测、战略预测和企业发展预测等。这种预测会比企业自身的预测更具权威性、准确性，这是因为 CIS 专家所站的高度要比企业人员所站的高度高出一个或几个层次。

（3）知识结构合理，文化底蕴丰厚。CIS 专家执行委员会成员有着多方面的专业知识，如社会学、管理学、营销学、企业文化学、公共关系学、广告学、组织行为学、新闻学、产业经济与部门经济学、文学、工艺美术学等。在创意企业 CIS 理念系统时，拥有不同专业知识的专家，在全面深刻地了解企业历史与企业风格的基础上，会从各自专业的角度找到进入企业理念系统的切入点。例如，石家庄北国商城开业在即之时，其理念系统形成就是从商业特征以及企业名称的界定角度切入的，从而提出了“消融自我化作北国情，温暖人间奉献商城爱”的理念口号。而企业整体的理念系统就是在这一杠杆的支撑下展开的。如果没有完整全面的知识结构和丰厚的文化底蕴,企业理念系统的创意不会令人惊喜与振奋。

(4)处理问题公正客观。由于CIS专家执行委员会身居于企业之外,是作为企业的“外脑”参与企业的CIS导入策划的,站在第三者的角度去调查、分析、处理问题,这种“局外人”的身份,会使其成员在面对事实、诉说真情、提出建议方面能够摆脱错综复杂的企业内部人事关系和或隐或现的权势压力等因素的影响,他们比企业内部人员更能踏入“禁区”。尤其是在企业建规建制、行为识别系统的约束条件方面,他们更会有的放矢地针对“现象”提出苛刻的要求和严格的制度,由此去约束企业人员的行为。这种严格的要求,有利于企业CIS导入的运作与企业的发展。

(5)敬业爱岗,目标专一。一般来说,CIS专家在社会上都有一定的影响力,他们用自己的业绩谱写着自己的人生经历,每一篇章都要求有所创新、有所突破、有所发展。自身业绩的积累是他们影响力的来源,因此他们在自身力所能及的控制范围内绝不会给自己的业绩涂上不光彩的阴影。作为CIS专家,如果有一个项目没有做好,毁坏的不仅仅是他的影响力和形象力,更重要的是将会毁坏他一生的奋斗、追求和梦想。因此,CIS专家绝不允许自己有败笔出现,他们会敬业爱岗,对于企业的委托会全身心投入,为自己的光辉业绩再添新曲。

2. CIS专家执行委员会的基本职能

与CIS管理委员会一样,CIS专家执行委员会也属于企业的非常设机构,甚至它的执行时间就一个企业而言比CIS管理委员会的时间更短。CIS专家执行委员会由企业外聘的CIS专家组成,其成员构成有社会学专家、管理学专家、教育学专家、市场调查预测专家、市场营销学专家、企业文化学专家、公关专家、广告专家、新闻工作者、经济学专家、文学学者、工艺美术设计专家等。

CIS专家执行委员会的基本职能如下:

(1)信息情报提供职能。CIS专家执行委员会在进入实质性策划之前,要全面了解与企业有关的各方面信息情报。采用的主要手段和需要掌握的内容有:通过对企业内部调查,掌握企业的历史特征、经营与发展状况、人员结构与素质、人员心态、企业氛围等;通过对消费者的调查,掌握企业产品市场定位状况,产品品牌的社会影响与消费者认同情况,同类产品与本企业产品的对比情况,消费者对本企业产品、营销、公关、广告、服务等各项工作的态度与意见、建议等,以及企业产品的销售状况、市场排序、品牌排序等;通过对国家信息机构的调查,了解行业发展趋势及状况、国家的产业政策及相关规定、宏观市场的发展状况及发展态势等;通过对文献资料的整理,了解社会各界对行业、对企业的反映。以上这些情报信息,CIS专家执行委员会要全面掌握,并将信息情报通过企业CIS管理委员会呈报给企业最高决策机构,同时,这些情报资料又是企业CIS导入策划的依据。

(2)创意、策划职能。CIS专家执行委员会的核心性工作,就是为企业进行创意、策划工作。其工作内容包括:首先是理念系统的创意、策划。企业理念系统是企业CIS设计的灵魂,它决定着CIS导入的成败。企业理念系统的表现形式,不仅要反映企业的行业特征、个性特点,还要被社会公众所认同与接纳。在创意、策划阶段,CIS专家们的主要精力应放在理念系统的建立上。企业理念系统创意、策划完毕以后,必须经过企业CIS管理委员会呈报给企业最高决策层认可,经认可后,才能进行下一步的工作。其次是管理模式的建立、营销运作思路的策划、广告思路的策划、公关方案的制订等。所有这些工作都在创意、策划阶段完成。

(3)设计、论证职能。在创意、策划的基础之上,依据创意、策划的内涵与要求,平面设计专家要设计出具有企业特征与风格的企业标志、标准色、标准字等视觉识别系统中的最基础、最核心的部分。如果企业商标需要改进,也要对商标进行重新设计。一般而言,在企业 CIS 专家执行委员会中会有几名设计师,同时设计出几套企业的标志、标准字、标准色、商标等,以保证企业的平面设计显示出不同的形态与特征;然后经过专家评价、筛选,才能展示在企业领导者面前。当设计工作结束以后,CIS 专家执行委员会应将企业 CIS 创意、策划、设计出的全部内容经过论证后向企业做全面的汇报。所有这些成果,CIS 专家执行委员会成员均应以书面形式呈给企业,由企业进行审查,作出同意、修改等结论。

(4)咨询建议职能。CIS 专家执行委员会所应承担的咨询建议职能与 CIS 管理委员会所承担的咨询建议职能不同,其差异性表现为:第一,咨询建议的角度不同。CIS 专家执行委员会的咨询建议是站在专家这一客观公正的角度提出的,具有一定的方向洞察力和专业权威性,可信度和参考价值均大于其他任何一种形式。第二,咨询建议的内容不同。CIS 专家执行委员会的咨询建议是就企业的 CIS 运作中所涉及的实质性问题提出的,如对管理模式的看法与建议,对营销运作程序的修正与建议,对广告与公关活动方式的提出,对企业投资战略方向的把握,等等。而 CIS 管理委员会的咨询建议是 CIS 运作过程中有关工作进展的一些内容,非企业 CIS 运作中的实质性内容。事实上,CIS 专家执行委员会的咨询建议相当于帮助企业决策部门号脉、把握方向,提出解决问题的思路与方法,起到的是企业的"外脑"作用和决策参谋作用。

(5)监控推广职能。企业 CIS 导入以后的实施工作,主要是进行传播推广工作。而传播推广工作的质量、传播推广中问题的解决以及推广方案的调整等,均需要 CIS 专家进行监控和指导。企业在 CIS 专家执行委员会完成创意、策划、设计、论证,并使其内容得到企业最高决策层认可后,就应在专家执行委员会中确定为企业做 CIS 推广工作执行监控任务的专家小组成员。其成员构成应主要包括管理专家、营销专家、公关专家、广告专家、媒介专家等。在监控的过程中,还要承担调整推广方案和推广思路,协助处理意外事件和所出现的问题等任务,以保证企业 CIS 推广工作的顺利实施。

第四节　CIS 导入的基本程序

确定 CIS 导入的组织机构以后,就应考虑 CIS 导入的基本运作程序了。尽管各企业在 CIS 导入的基本内涵上差异性很大,但其运作程序具有规范的要求和完整的体系。企业制定出 CIS 导入的基本操作程序、清晰地建立起 CIS 导入作业流程等,是保证 CIS 良好导入效果的基本条件。

CIS 导入是一个循序渐进的计划性作业,整个计划的进行与推展,应该严格按照原定的方法、时段,按部就班地运作,只有这样,才能达到预期的效果。为此,必须依照企业特性、产品性质、经营内容、导入 CIS 的动机等方面的不同来制定 CIS 导入流程,并拟订出具体计划。

在 CIS 发展的过程中,各国的 CIS 运作都有符合自己特点的作业流程体系。这里我们先简单介绍日本和美国 CIS 导入的作业流程体系,并在借鉴与消化的基础上形成我国操作 CIS 导入的流程体系。

一、外国 CIS 导入作业流程

(一)日本式 CIS 导入作业流程

日本专门研究 CIS 的知名学者加藤邦宏所著的《CIS 推进手册》一书中,将 CIS 导入计划划分为三大阶段：

1. 调查阶段

把握所设计企业的现状和特质，观测客观事实，分析企业实态的优缺点，以作为CIS设计的依据。

2. 企划阶段

以调查结果为依据，配合企业的经营理念、决策方式与表现重点，研拟具体可行的形象塑造方案。

3. 实施阶段

根据企划内容进行设计作业，形成新的识别系统，建立企业新的形象。

(二)美国式CIS导入作业流程

世界知名的CIS专业顾问公司——兰德公司在CIS设计规划的程序上，将这一过程规定为以下四个阶段：

1. 需求评估阶段

评估重点包括经营者访谈，印刷、传播媒体的审视，竞争同业的分析，主要消费群访谈，现存事务的审视等。通过这样一个评估，从中可以找到企业识别的问题及其缺陷，供作分析与企划参考。

2. 企划设计阶段

这一阶段主要进行策划定位、状况分析，针对机会点进行策略选择，对冒险性的事物进行评估，并从中选择活动时机。为此，企业必须作一个完整的企划说明与报告。

3. 创意发展阶段

这是为整个形象概念的全面展现而展开的设计作业阶段。根据各项应用设计项目和基本设计要素，经过精心制作和测试调查，确立完整的、符合企业期望目标的识别系统。

4. 导入推行阶段

将上述设计规划完成，识别系统制成标准化、规格化的手册或文件，作为统一企业形象的工具，并对企业的制作物进行审视、监督，以确立完整的、令人满意的作业系统。

二、中国企业CIS导入作业流程

根据国外企业CIS导入的运作经验，综合分析中国企业所处的环境和企业自身的特点，比较可行的CIS导入作业流程可以考虑从以下五个方面进行把握。

(一)企业实态调查阶段

企业实态调查是指对企业内部环境与外部环境所做的调查，据以把握企业的发展历史、企业的经营状况、外部环境对企业的认知情况等，以此作为企业CIS导入创意、策划的依据。

1. 企业内部环境调查

包括对企业的发展历史及特征进行调查，对企业现实的生产、经营及各项工作进行调查，对企业内部工作人员关于企业的认同态度进行调查，对企业的经营方针、组织机构、制度规范、员工状况进行调查等。主要调查方法是问卷、访问、座谈、个别谈心等。

2. 企业外部环境调查

包括对宏观政策环境、行业发展特征进行把握，调查企业所处的市场状况，如消费者状况、经营者状况、竞争者状况等，同时也要对相关媒体、国家级主要信息机构进行调查。主要调查方法有问卷、走访、座谈和检索等。

通过对企业实态的调查来把握企业的全貌，从而确定企业的经营状况与企业在外界的形象。对具体的调查分析内容要形成调查总报告。

(二)形象概念确立阶段

形象概念确立是指以前一阶段调查的内容为依据，分析企业的内部情况、外在形象、市场环境与各个设计系统的表现形式，以确定未来企业的CIS概念、企业形象定位与战略总目标，以此作为后续作业的策略与原则。

企业的CIS概念是企业的形象特征、形象定位和形象内容的综合表现。CIS概念主要以企业的理念系统为核心，并围绕着企业理念系统而展开行为识别与视觉识别系统，综合表现企业的个性特征与企业风格。

企业的CIS概念是指导企业运作CIS的指导思想。CIS概念如果设定得准确，就可以保证CIS导入取得理想的效果；CIS概念如果与企业实态调查的内涵相背离，不能真实地反映企业的概况和真实形象，则必然会把企业CIS导入引入歧途。

(三)设计作业展开阶段

这是根据对企业的实态调查和所确定的CIS概念，把握企业的特征与内涵，所进行的实战性创意、策划、设计、论证工作。其主要的设计作业内容包括企业理念系统的创意、企业发展战略目标及其依据的确立、企业管理模式的确立、企业营销运作体系与营销管理的策划与实施、企业公关与广告思路及方案的建立、企业品牌战略与形象战略的确定、企业视觉基本要素的设计等。

在设计作业阶段，无论采取什么样的导入方法，在设计中，创意者都要充分理解CIS概念的基本内涵，并在设计作业的成果上将其体现出来。这里需要说明的是，CIS概念是设计作业的基础，不是设计作业本身。CIS概念与企业的经营理念、经营方针不同，它是从传播情报的角度创立的经营理念，以塑造成功的企业形象为目的，它要求企业所有的设计作业成果均围绕着实现这一目标而展开。

(四)实施与传播阶段

企业创新理念，确认新的战略思路与战略目标，必然对企业的组织结构及其运行提出新的要求，因此，实施的内容首先是要对企业内部结构进行分析，不当之处要进行改组与调整，以提升企业的素质；其次是要建立企业新的运行机制，调整企业的整体行为，按照CIS的要求，对企业成员进行基本行为模式的训练；再次是要进行CIS的内外传播，将企业的统一行为、统一形象展示给社会公众，以期在社会公众心目中产生良好的影响。

CIS的实施与传播过程是企业的一项长期性任务，导入后的大型公关、广告等传播活动固然非常重要，但没有长期的传播力度支撑，很难保证企业的生命周期会延长。因此，企业在CIS导入后，必须要制定3～5年的企业运作规划，并于每年年终进行总结，下年年初进行新的计划安排。

当企业在运行中，发现原来CIS导入的规划和企业的运行规模、环境发展变化的需要产生了新的距离的时候，就应该考虑CIS的调整与重新导入工作了。

(五)监督与评估阶段

CIS导入设计规划是前置性计划，要使这一计划真正得到落实，还必须对CIS的实施与传播进行监督与评估，以确保其符合CIS导入设计企业形象的概念，借以使社会公众达成识别、认同的效果。在监督、评估中，如果发现原有的设计规划有缺陷，应该及早提出修正。

对CIS导入的效果评价，离不开CIS导入前调查研究工作的开展，特别是导入前对企业实态调查的种种资料与数据必然成为 CIS 导入后效果测试的参照前提。

对企业 CIS 效果的评价主要从三个方面进行：

1. 企业内部测试

内部测试主要考察员工对企业 CIS 导入的认同态度；CIS 导入对企业的体制、机构有多大的影响；CIS 导入对企业的面貌，尤其是企业员工的精神面貌有多大改观，员工工作积极性和工作态度是否得到了转变和提高；企业的凝聚力与向心力是否得到了增强；企业各方面的工作效率是否得到了一定幅度的提高；等等。

2. 外部环境测试

其主要内容为两个方面：一方面是视觉项目的传播效果测试，针对认知度与识别功能、视觉印象、设计品位而展开进行；另一方面是对企业总体形象的评价度、认知度的测试，测试的主要方法有采访、问卷、座谈等。

3. CIS 效果测定

CIS 导入的实施与传播，应提高企业的知名度，建立统一的形象识别系统，其最终目的在于提高企业的效益。所以有关 CIS 效果测定，主要是利用统计方法考察企业的销售状况和利润增长状况，并将其与 CIS 导入投资总额进行比较分析，考察企业的 CIS 投入—产出比率。图 3—4 为 CIS 导入作业程序示意图。

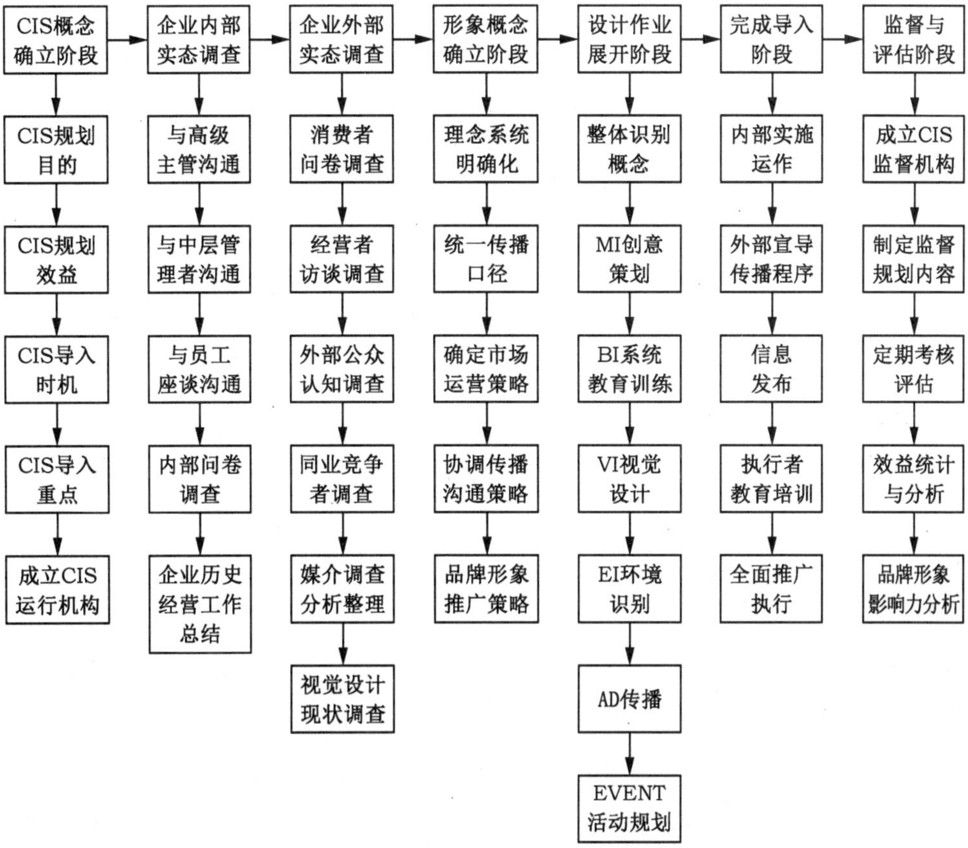

图 3—4　CIS 导入作业程序示意图

本章思考

1. CI 与 CIS 之间有什么异同？
2. 如何理解 CIS 的基本内涵？
3. 企业该如何把握 CIS 的导入时机？
4. 如果你是一个公司的负责人，你会如何选择 CIS 的导入方法？
5. 对比各种 CIS 导入的不同程序，它们之间有什么异同？

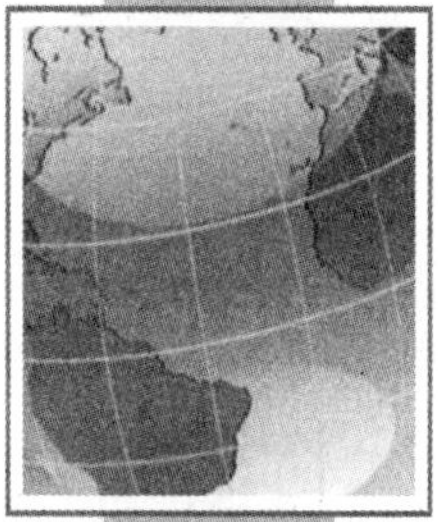

第四章 企业理念系统策划

在CIS理论的发展和企业CIS系统的运作中，关于CIS的三大基本要素理论已被广为认同并得到了广泛的传播，它们是理念识别系统（MIS）、行为识别系统（BIS）、视觉识别系统（VIS），即CIS＝MIS＋BIS＋VIS，这三部分合起来构成了CIS的战略系统。

第一节　对企业理念系统的认识

在组织机构CIS的三大系统中，理念识别系统是CIS的核心要素，它是CIS战略运作的原动力和实施基础，属于企业的最高决策层次，被称为企业之“心”、企业之“脑”，是CIS中的灵魂。完整的企业识别系统（CIS）的建立，需要由理念识别系统来指挥整个CIS系统的运行并约束着行为识别系统和视觉识别系统。因此，企业理念识别系统承担着总指挥的角色。

一、企业理念识别系统的产生

企业理念识别系统，英文全称为Mind Identity System，简称为MIS或MI。理念是一种思想意识；企业理念是指导企业行为的具有哲学内涵的思想意识；企业理念识别系统是企业通过阐述这些思想意识而达到的、以指导员工行为为目的的、让人们可感可识的完备系统。

（一）企业理念识别产生于企业文化之中

企业文化是企业所拥有的、与其他企业相区别的核心思想体系，表现着企业的个性和风格，承担着指导企业行为和约定企业方向的作用。企业文化从其内涵的角度分析表现在四个层面上，即物质层面、行为层面、制度层面、精神层面（见图4－1），进而形成了企业文化的一个完整的系统。

企业文化系统是企业内部所有员工所遵从的准则和体系，包括对员工思想的凝聚、对员工行为的约束、对员工表现的引导等。从这样的思路来理解，企业文化完全应该属于企业内部的事情。但任何企业都愿意将自己的文化展示出来、传播出去，让更多的社会公众了解和熟悉，进而对外界形成影响，这就是企业文化的对外传播。内在的事物要想外延，必须要有一套外延的形态与规则，从而形成了企业的理念识别系统，即企业的文化要旨凝集成理念系统，通过理念的传达让社会公众所认识。

理念识别首先是理念，即企业内部人所认同的、约束内部人思想与行为的一整套企业文化

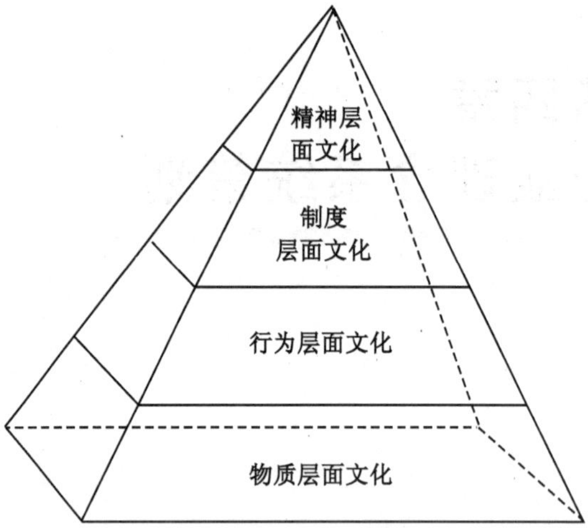

图 4—1　企业文化体系

体系；其次是识别，即让外部人来认识企业，就先从理念这套系统来了解企业。由于理念源于企业文化，因此将这套理念传达给企业的外部人时，人们就会感觉到这个企业有着健全的制度、系统的管理、规范的行为、高超的水准，进而对企业形成良好的印象。良好的印象可以上升到对企业整体形象的认识。

通过分析我们可以看到，企业文化是企业内在的系统，企业理念是企业文化对内凝聚人心、对外传达形象的一种表现，因此，可以说企业理念兼具对内、对外沟通的职能，对内它发挥着企业文化凝聚人心的作用，对外它是企业内在规制的表现和传达，由此形成连接企业内外的纽带。

（二）企业理念识别伴随着企业管理的发展

企业文化的生成是一种企业发展过程中的自然现象，当这种自然现象伴随着企业管理的发展时便逐渐形成了一种自觉的行为，即在企业管理活动中人们开始有意识、有目的地对企业文化进行系统的培育和建设，试图通过建设一种富有特色的、与本企业经济运营活动相适应的企业文化来影响人们在企业中的经济活动，从而达到管控与梳理的目的。这种意义上的企业文化显然比自然意义上的企业文化有了一种新的内涵，即形成了一种人工修饰与雕琢的痕迹，这就是企业内部人对企业文化在自然文化的基础上进行的再创造或再梳理。

随着企业文化作为一种企业管理的手段在企业运行中发挥着重要的作用，企业文化这种文化现象和管理手段开始为人们所重视，人们开始从理论上进行探讨。于是，企业文化的这种客观存在，经过梳理的最终结果，便形成了完备的现实文化和系统的理念内涵。

从企业管理的角度分析，企业文化是一种管理手段，是企业最高管理层为达到规制自身秩序的目的而应用的管理手段。正是在这一意义的背景下，人们把企业文化理解为企业管理的系列活动或企业管理理论的内在属性。

通过以上分析，企业理念识别不仅具有作为文化现象的内涵，还具有作为管理手段的内涵。

（三）消费者主权时代呼唤着系统的企业理念

消费者主权时代是以消费者为主导的时代，企业经济运行的核心就是围绕着消费者的需求而展开，消费者需求的满足就是企业经济运行的终极目标。在这样的时代，消费者在选择品牌时愿意通过了解企业来进行消费物品和消费指向的抉择，这种意愿常常通过企业怎么说、怎么做来得到展示与表达。这里的怎么说就表现为企业的经济运营理念，怎么做就表现为在企业经营理念的指导下而形成的企业行为。

在企业竞争十分激烈的市场态势下，企业经营理念内含着企业对待消费者的态度，消费者也由此来鉴别企业的精神和能力。在同行业的竞争中，谁的理念最能代表消费者的需求意愿，谁就能最先并最大限度上被消费者认同。在家电市场上，海尔的经营理念最早传达出了对消费者需求的关注，如海尔的“真诚到永远”“星级服务”“顾客永远是对的”等理念不仅支撑了海尔顺利地占领中国市场，还使其顽强地进入世界各地的市场。沃尔玛的理念最早传达出了消费者权利的思想，它的“天天低价、薄利多销”就是站在消费者的角度进行的思考。在很多沃尔玛店内都悬挂着这样的标语：“顾客永远是对的”和“顾客如有错误，请参看第一条”。这是沃尔玛顾客至上原则的一个生动写照。正是以消费者为核心的经营理念，使沃尔玛赢得了世界500强多次第一的位置。

(四)科学技术的进步促使着企业理念的完备

科学技术的发展尤其是通讯技术的进步，形成了消费者了解企业及品牌的更多途径，其中一些传统信息途径也许企业对其具有一定的可控性，如报纸、杂志、广播、电视。但其中一些新媒体途径企业对其不具有可控性，如网络、手机等，但这些不具有可控性的信息传达途径反而更具有影响力。由于任何人都可以成为信息发布者，尤其是消费者，因此通过这样的途径传达出的信息，应该具有客观性、真实性、公正性等。如果出现不实信息，自然会有监管部门来处理。

值得一提的是，即便是传统媒体，在消费者主权时代思想的约束下，由于科学技术的进步和网络平台的生活化，也会使其越来越具有多样性、互动性等特征。对此，拥有完备理念识别系统的企业，消费者会为其承担起进行扩大信息传播的“职责”，使企业在更广大的范围内被更多的消费者所传颂；而不规范的企业，在没有或拥有不完备理念识别系统的条件下，也可能被消费者所传播，但这种传播就难免会形成负面的影响。

在现代科学技术发展对企业制约的条件下，任何企业都不能忽略消费者对其品牌的评价，这种评价的最好依据就是企业制定完备的理念识别系统。

二、理念系统的发展阶段

在中国，由于CIS起步较晚，因而较早认识到CIS重要性的企业，一开始基本上都是在总结和参照更多的顶尖级中外企业的CIS理念。而参照本身就有一个由浅入深、由表及里的认识过程，这样就使得CIS理念在中国企业的运用与发展中形成了一个逐级上升的过程。由此，CIS理念在中国CIS的发展中经历了不同的发展阶段，不同的发展阶段包含着不同的内涵。

(一)初级阶段的企业理念系统——理念口号

初级阶段的理念，表现为具有传播意义的理念口号。这种理念口号表达的是企业的价值观或企业经营宗旨中最核心的思想，是企业最想对外传播、让社会公众知道的部分。

在世界的经济领域中，可参考的著名企业的理念有很多，我们列举其中的一些。

美国IBM公司：“IBM就是服务”。

美国电报电话公司：“普及的服务”。

美国百事可乐公司：“第一永远是最重要的”。

美国喜来登集团(曾经营管理中国的长城饭店等世界著名饭店):“在喜来登小事不小”。

波音公司:“我们每个人都代表公司”。

沃尔玛超市:“天天平价、始终如一”。

日本丰田汽车公司:“好产品、好主意”。

日本佳能公司:“忘了技术开发,就不能称为佳能”。

日本电信电话公司:“着眼于未来的人间企业”。

日本松下电器公司:“工业报国,光明正大,团结一致,奋发向上,礼节谦让,适应形势,感谢报恩”。

TDK 生产厂:“创造——为世界文化产业做贡献,为世界的 TDK 而奋斗”。

本田科研:“用眼、用心去创造”。

德国宝马汽车:“驾驶的乐趣和潇洒的生活方式”。

德国萨普(SAPU)集团公司:“以高技术引领国际品质,以高效率创造服务口碑,以高质量保证客户利益,以高信誉铸就萨普品牌”。

创建于 1926 年的四川民生实业公司:“对外,服务社会,便利人群,富强国家;对内,个人为事业服务,事业为社会服务,个人的工作是超报酬的,事业的任务是超经济的”。

创办于 1932 年的天津东亚公司:“你愿人怎么待你,你就先怎么待人”。

大庆油田的铁人精神:“一不怕苦,二不怕死”。

同仁堂药业:“同修仁德,济世养生”。

对国际大公司与中国历史上一些企业的 CIS 理念口号进行总结,可以让更多的企业萌生根据自己企业的文化和历史创意企业理念口号的念头,由此,一些思路比较超前的企业纷纷设计企业富有个性化的理念口号,这些理念口号的表现内涵也各有特色。

北京全聚德的理念:“全聚的时候,当然是在全聚德”,表现的是站在消费者的角度思考消费者对品牌的选择。

联想集团历史上的理念:“世界失去联想,人类将会怎样”,表现的是一种人类不可或缺的物品选择。

广东万宝电器历史上的理念:“质量是企业的生命”,表现的是对产品质量的追求和告知消费者万宝电器是值得信赖的。

海尔的理念口号:“真诚到永远”,表现的是企业对消费者或用户的承诺,其涵盖内容不仅包括产品品质,更包括服务品质。

从初级阶段理念口号的表现形态来看,基本上可以分为两大类:一类是站在企业的角度对企业自身的评价或所设定的追求目标;另一类是站在消费者或用户的角度期望自身能为消费者或用户所做的事情或者给消费者或用户所带来的感受、追求与达到的结果。而每一种类型的表现手法均多种多样。

如从企业自身角度出发所设定的理念口号,有从产品质量的角度进行的表述、有从服务的角度进行的表述、有从企业价值观的角度进行的表述、有从战略定位的角度进行的表述等。

又如,从消费者或用户角度出发所设定的理念口号,有从顾客价值满意的角度进行的表述、有从顾客利益获取的角度进行的表述、有从方便生活或使用的角度进行的表述、有从服务水准的角度进行的表述等。

(二)中级阶段的理念识别系统——理念系列

在企业的发展中,由于企业的内涵不断丰富,涉及的问题不断增多,用理念口号来表达企业意愿与企业精神，很难将其全部心愿表达出来。同时，仅用理念口号对外进行传播也显单薄，不具有形成巨大影响力的气魄。加之从企业文化的角度进行对应分析，也可将企业理念进行延伸并使其更加完善。于是，策划、创意者们便从多个方面、多个角度将其思想进行扩展，进而形成理念系统的系列内涵。无论是从国际企业来看还是从国内企业来分析，对企业理念系统中系列内容的设计都是一种必要的和必然的趋势。

德国欧姆公司的理念系列：

企业精神：永恒卓越，思维创新。

企业作风：步调一致，雷厉风行。

企业目标：创世界一流品牌。

企业定位：追求卓越，勇于创新，为广大消费者提供最优质、最时尚的卫浴产品。

发展战略：打好基础，创造研发，认真做市场，全力做服务，创顶尖品牌。

人才理念：学习力重于学历。

经营宗旨：质量是企业的生命，服务是企业制胜的法宝，信誉是企业宝贵的资源，先做人后做事。

经营方针：企业集团化，产品名牌化，管理科学化，技术现代化，行业专业化，经营国际化。

经营理念：客户至尊，诚信至上，尽善尽美，众志成城。

管理理念：制度第一，经理第二，一团和气，合理奉献。

营销理念：市场在变，适应市场，跟随市场，开拓市场。

研发理念：要做就做尖端的。

质量理念：产品零缺陷。

服务理念：用户至上，用心服务；提供称心如意的产品，让用户没有烦恼。

企业核心价值：人力资本，科技资本。

企业核心竞争力：拥有自主知识产权的核心技术。

德国公司做事情非常严谨，因此理念系列设定得也非常细致。

以下是中国一些公司的理念系列。

中国海尔集团的理念系列：

海尔文化观：有生于无。

海尔人才观：人人是人才，赛马不相马。

海尔战略观：先谋势，后谋利。

海尔模式：人单合一。

海尔管理法：企业如同斜坡上的球——海尔的日清日高 OEC。

海尔市场链：市场无处不在，人人都有市场。

海尔品牌营销：品牌是帆，用户为师。

海尔服务观：企业生存的土壤是用户。

海尔国际化：走出去、走进去、走上去。

海尔管理之道：管理的本质不在于"知"而在于"行"。

海尔形象：真诚到永远。

我们在为一些企业做策划时曾给他们提出了理念系列，这里截取其中的一小部分将它们展示出来。对所展示出的企业，这里也截取了每一企业理念系统的一部分内容，其中包括深圳市彩虹投资发展有限公司的理念系列（1996 年 12 月）、上海蓝旗服饰发展有限公司的理念系列(1996年6月)、河北新华物资总公司的理念系列(1997年12月)、北京蓝景丽家家居广场的理念系列(2006年12月)等。

深圳市彩虹投资发展有限公司的理念系列:

事业领域:以气雾剂为起点,以提高人类生存质量为核心,进而向多元化发展。

企业宗旨:彩虹——就是为人类生活增添色彩。

价值观:人与环境的和谐高于一切。

企业精神:追求卓越,从小事做起。

行为准则:一切比国家规定做得更好;一切比公司规定做得更好;制度面前人人平等;机遇面前人人平等。

上海蓝旗服饰发展有限公司的理念系列:

事业领域:开发男士系列精品,提供专业星级服务。

企业使命:提高中国男士着装品位,传播国际现代服饰文化。

价值观:在蓝旗,利润永远位于第二。

蓝旗精神:精益求精,缝制世界品质。

蓝旗人的品格:蓝旗人是要有一点精神的,只要有了这点精神,就可以成为一个勤奋好学的人、一个精益求精的人、一个忠诚守信的人、一个有益于人民的人。

河北新华物资总公司的理念系列:

理念口号:成功,起始于合作。

企业使命:创造需求,销售服务。

经营哲学:让我们所能获得的每一份资源,都流动到最佳位置。

行为规范:以十分清醒的头脑认识自己,以百川汇聚的态势精诚合作,以千倍努力的热情拼搏创新,以万众执着的追求激活物流。

企业的座右铭:生命的价值,在于事业的成功。

北京蓝景丽家家居广场的理念系列:

主打理念口号:蓝景丽家——专注顾客价值,创写家居文化!

企业精神:追求卓越,从小事做起。

共同愿景:让每个家居都充满温馨、环保、和谐与尊贵。

企业使命:传递品牌价值,托举生活品位。

事业领域:注入服务品质,演绎生活理想,创写家居文化,引领时代风尚。

经营宗旨:蓝景丽家郑重承诺——品质可靠、价格实惠、服务真诚、顾客满意。

价值观:蓝景丽家——服务千家品牌,装换万众心情。

人才观:蓝景丽家——是平台更是擂台,是店堂更是课堂。

行为准则:蓝景丽家的服务——笑容发自内心,精细握在手中。

(三)高级阶段的理论识别系统——理念工程

理念是一种指导行为的思想,仅仅停留在口号和系列的形态下,人们很难去挖掘其中的深层内涵。而在理念系统中,恰恰是这种深层次的思想内涵才能唤起人们对理念的理解与认同,真正把握住其间的哲学思想对人们的指导作用。在这种情况下,只有建设理念工程并延伸理念系列,才能承担得起解释理念系统的重任。

理念工程包含有理念口号阶段形成的理念口号以及理念系列阶段形成的理念菜单,延伸性的内容包括理念释义和理念手册。这两大内容涵盖了对理念系列内涵的解释,以及对理念系列中的每一个内容如何指导行为、如何使其贯彻落实提出具体的要求。理念释义是对理念系列的深层解释和理论剖析，理念手册是从理念系统的各板块中提炼出的指导企业行为的准则与思想。理念手册更能准确地告诉企业员工考虑问题的角度与方法、行为的依据与方式。

以下是北京蓝景丽家家居广场理念手册的部分内容。

(1)总经理寄语。

①寄语员工：把每一件小事做得更好，方能成就大业！

任何伟大的人物，都来自平常之人；任何伟大的事业，都源于做好每一件小事。不积跬步，难以至千里；不做小事，难以成大业。如果一个人只做大事而不做小事，他就永远也不会成事；如果一个人小事做不好，大事又不做，他注定要葬送自己的前程。正所谓千里之堤，溃于蚁穴。

在蓝景丽家，任何一项工作都是由若干小事组成，任何一项服务都是由若干细节构成。我希望我们的员工，每天都把每一件小事做得更好，细微之处见真功，平凡之事见真情。只有做好每一件小事，才能让顾客满意，也才能创造更大的市场。

一个企业没有远大的目标就不可能快速发展，也不可能校正和规范全体员工的行为；一个企业没有以正确的理念和价值观为核心的企业文化来指导经营，企业也不可能做到基业长青。

②寄语商户：诚信服务，我们共同创造！

蓝景丽家倡导对顾客提供诚信服务，这需要商户的共同配合。

诚信服务是我们对顾客的承诺，因为没有诚信服务，我们就不能创造市场，没有诚信服务，我们就不能赢得顾客的信赖和忠诚。

诚信服务是难能可贵的，因为它不是仅仅停留在口头上的口号，更应是落实在行动中的规则和规划，时时、事事均予以兑现。

诚信服务是容易被打折扣的，有些企业口口声声提倡诚信服务，然而当顾客提出要求时，他们会以诸多的理由推诿、扯皮，失信于顾客。

诚信服务是难以持之以恒的，一次诚信服务并不难兑现，难的是时时都诚信、事事都认真，真正能持之以恒做事的企业才能真正赢得顾客的信赖与忠诚，并形成良好的口碑。

诚信是金，我们要一诺千金。

为使我们的诚信服务能得以兑现，不打折扣并持之以恒，我们希望商户配合我们共同做到：

- 制定服务程序和服务规范。
- 不推诿、不敷衍，兑现承诺。
- 建立顾客档案，定期与顾客联系，以掌握顾客使用本企业产品的状况。
- 电话回访顾客，以把握顾客对我们的服务是否满意。
- 对顾客提出的要求，只要符合服务承诺的范畴，亦应予以解决，不拖延时间。
- 不浪费顾客的时间，接到顾客的服务请求后，应在尽可能短的时间内帮助顾客解决问题。

(2)蓝景丽家主打理念口号：蓝景丽家——专注顾客价值，创写家居文化！

蓝景丽家的顾客具有双重表现，一重为蓝景丽家的商户，二重为蓝景丽家的最终顾客。

①专注顾客价值的具体约定：

- 要使商户的利益得到满足，帮助商户扩展市场空间、获取更高的经济效益。
- 要使最终用户的利益得到保障，使用户投入较少的时间、精力、体力和费用，获取超值且满意的产品与服务。

②创写家居文化的具体约定：

● 提供给顾客绿色环保的产品、安全健康的环境，并以此为顾客创造美丽的家居环境奠定基础。

● 提供给顾客的服务要求质量水准高、品位档次高，蓝景丽家所做的一切工作均要从方便顾客的角度出发，保证顾客的满意。

● 规范企业的经营行为，严格按照企业所定的规章制度办，遇事不拖沓，责任不推诿，工作与服务过程环环相扣，及时接纳信息并即时反馈信息。

● 服务进行中要体现蓝景丽家的作风：工作雷厉风行，服务细致周到；待人宽宏大度，待己严谨慎行。

……

第二节　理念系统的构成要素

企业理念系统属于企业文化系统的范畴。企业文化系统是由企业精神文化、制度文化、行为文化和物质文化组成的，其中精神文化是这个系统中的一种核心文化，企业理念系统隶属于企业的精神文化，其主要内容应包含有企业的事业领域、价值观、人才观、服务观、企业精神、企业使命、经营宗旨（信条）、企业风格（品格）、行为准则、座右铭、公司歌曲等内容。

一、事业领域

事业领域（Field of Utilities），规定企业的经营范围，它是在企业所选择产业领域范围的基础上进行的具体确定。例如，电器产品分为家电产品、非家电产品。在家电产品中，又分为白色家电、黑色家电、米色家电和蓝色家电等。有些电器公司专门生产黑色家电，如电视机、摄像机、DVD 等；有些电器公司专门生产白色家电，如电冰箱、洗衣机；米色家电是白色家电的延伸，如微波炉、电饭锅、洗碗机；蓝色家电，主要是指未来家庭中电脑操作的自动化系统等。

事业领域的提高，不是对企业已经进入的领域进行描述，而是在对已经进入、正在进入和想要进入的领域进行领域定位和确定领域目标。领域定位是确定企业在所选择的领域中拥有或期望拥有的地位，表现为企业及其品牌在所选择领域中的档次和概念，如上海蓝旗服饰发展有限公司立志在男士衬衫和男士系列饰品的领域中建立一种高品位形象，所以它的领域定位是开发男士系列精品。其中，男士系列确定了蓝旗现在和将来的领域，精品体现出了蓝旗在男士系列用品中的地位，即精品地位。

领域目标是企业在其选择的领域中期望并在以后的努力中将要实现的目标，表现为定性目标和定量目标，如上海蓝旗服饰发展有限公司，在领域定位的基础上提出了“提供专业星级服务”的理念，从而确定了蓝旗的服务准则和实现目标是专业的，而且是星级服务。这里引用了饭店管理业的服务标准，旨在用以说明蓝旗男士系列精品水准的同时，更提供高品位的服务。有一些企业的领域目标用具体的数据标准给予说明，如第一品牌、优质服务等。海尔确定的服务投诉率小于 10PPM、服务遗漏率小于 10PPM 等，就属于优质服务的具体定量目标。

二、价值观

价值观（Concept of Value），一向被认为是企业文化中的核心。由于企业对自身所进入的领域、所追求的事业中各方面内涵的认识具有不同性，例如，所生产的产品、所追求的科研水平、所提供的服务、所要占领的市场、所期望获得的效益等，所以企业可对所有的方面进行排序，其中企业最看中的就是最有价值的事务。企业对最有价值事务的看法和所要追求的目标就形成了企业的价值观。它是企业在追求事业成功的过程中，个人推崇的基本信念及奉行的行为准则，亦即企业为获得成功而对企业行为所确定的价值取向。

其中，基本信念实际上是一种本位价值，是一种被企业员工所公认的最根本、最重要的价值。在一定的价值信念指导下，企业员工所奉行的行为目标是一致的，如上海蓝旗服饰发展有限公司的价值观是：在蓝旗，利润永远位于第二。这一价值观的确定给人们留下了一个巨大的想象空间，即企业除了利润为自己所有以外，其他方面的事务及其内容均应为他人所有，其中包含有技术的开发、品质的把握、式样的创新、服务的优质等。这一切既是企业的形象基础，又是满足公众需求的内容，这说明蓝旗人的基本信念是为消费者着想的。

正确地确立企业的价值观，对企业的生存和发展具有重要的作用，它是企业生存的思想基础，也是企业发展的精神指南。企业各项经营决策的做出、员工各项工作的进行，都以企业价值观为驱动力，企业的经营作风和产品形象均依据企业的价值观予以确立，如上海蓝旗服饰发展有限公司提出的“三小时，一件好衬衫送到手”“上门量体裁衣，特定制作”等服务承诺，均是在“利润永远位于第二”的价值观念指导下做出的具有体验经济内涵的承诺。与其他公司一样，蓝旗也追求利润，但前提是蓝旗更追求对消费者的产品满足、服务满足与精神满足，并由此塑造出良好的企业品牌形象。

三、人才观

人才观(Concept of Talent)，是重视人才并确立如何使用人才的一种思想观念，即树立爱才、聚才、育才和合理用才的观念；讲究选才之道，重视培养和使用，从精神与物质、制度与政策等方面采取措施，以发挥人才的积极性和创造性。

在激烈的市场竞争中，每个企业都有一套自己的特定用人之道，将这套用人之道通过理念的形式把它展示出来，可以将企业的用人原则、政策、机会与目标明确地告诉员工，让员工们感觉到在这样的企业里是凭借着能力和知识来获得晋升的机会，而不是凭借着关系，从而使员工感觉到公司用人制度的公平与机会的平等。

案例拓展　　**华为的人才机制**

任正非曾说：“人才不是华为的核心竞争力，对人才进行管理的能力才是企业的核心竞争力。”由此华为构建出了一套行之独特的人才机制。一是不拘一格降人才，2019 年 6 月华为出台了“少年天才”计划，这是华为发起的一个用世界级挑战课题和顶级薪酬吸引顶尖人才的招募计划，目的在于面向世界范围招入天才少年，以带领华为取得更大的成绩。二是有计划、有目标地培养人才，华为为了打破半导体芯片等领域的限制，开启了人才培养计划，与西北工业大学合作开设“鸿蒙生态菁英班”，旨在培养具有终端专业知识，热爱终端技术，掌握相关技术实践与研究方法，具有创新意识、创新能力、实践能力和国际视野的优秀人才，同时也是为了将自己培养的人才为“我”所用。

如今华为的 5G 技术的研发与应用已经走向了世界顶尖的位置，靠的就是人才与科技的力量。未来华为公司要拖着世界往前走，而不是世界拖着华为走。

进一步完善激励机制，广泛开展评选功勋员工、劳动模范、先进工作者、青年创新创效人才、学术技术带头人等活动。努力营造激励人才成长的文化环境，培育和弘扬"爱国、创业、求实、奉献"的企业精神和"诚信、创新、业绩、和谐、安全"的企业核心经营理念，这是企业赢得竞争优势的关键所在。

四、服务观

服务观(Concept of Service)，是企业选择什么样的服务规程、服务方法和服务内容为其目标顾客提供服务的一种思想。不同的行业其服务规程、服务方法和服务内容不同，同一行业中的不同企业其服务规程、服务方法和服务内容也有所不同，因为服务是一种企业文化，是一种经营哲学，不同的企业拥有不同的企业文化和经营哲学，因而也就拥有不同的服务观。

在市场竞争中除了表现为产品竞争外，服务竞争也越来越受到企业和顾客双方的关注，因为企业希望以服务换来市场，而顾客则以服务来评价企业和品牌，由此提出了顾客满意(CS：Customer Satisfaction)的概念。在顾客满意的内涵中，顾客对产品的评价是有实物依据的，而顾客对服务的评价则只能亲身感受。企业要通过服务而使顾客满意，就必须确立正确的服务观，并由此制定出系统的服务制度，这其中包括服务规程、服务细节、语言和行为模式、技术服务标准、信息沟通方式等。

好的服务确实可以给企业带来巨大的市场，如海尔提出的"向服务要市场""真诚到永远""星级服务""无搬动服务"等，使海尔的服务已经在更大范围内广为消费者所认可，有些顾客明确提出"选择海尔就是选择服务、选择放心"。

五、企业精神

企业精神(Enterprise Spirit)，是现代意识与企业个性相结合的一种群体意识。"现代意识"是市场意识、质量意识、服务意识、竞争意识、信息意识、效益意识、文明意识和道德意识等汇聚而成的一种综合性意识。"企业个性"是由企业长期积累并发展而来的，是经过确认的企业风格、价值观念、发展目标、服务方针和经营特性等各方面表现出来的企业基本性质。

企业精神一般均以简洁而富有哲理的语言形式加以概括，但其间的内涵与意义颇为丰富，如海尔的企业精神是："敬业报国，追求卓越。"这表现出海尔人为振兴中国民族工业而奋斗的决心和毅力，也表现出海尔人的远大胸怀，"要么不做，要做就要做第一"。

上海蓝旗服饰发展有限公司的企业精神是："精益求精，缝制世界品质"，表现出蓝旗人的工作作风——踏踏实实、认认真真、一丝不苟；同时也表现出蓝旗人追求的目标与境界：使自己的产品与服务达到世界级的水准。这不是一句空洞的口号，而是对企业自身的要求，是力所能及的目标。

美国国际商用机器公司(IBM)的创始人沃特森在他所著的《企业与精神》一书中指出，IBM之所以不断发展，就在于提倡和发扬了"最佳服务"的企业精神，这其中体现了顾客第一的基本原则。为了做到这一点，IBM要求每位员工都要不断思考，以便制造出来的产品能够百分之百地考虑到顾客的需求。设计人员经常了解市场的变化，销售人员时刻了解客户的改进意见，并及时反映给开发部门。这一切都是为了让顾客满意并据此为顾客提供最佳服务。

闻名遐迩的松下电器公司，早在其创业之初就提出了松下七精神：

(1)产业报国精神。作为员工，认识到这一精神，方能使自己更具使命感和责任感。

(2)光明正大精神。它为松下人处事之本，在松下，不论学识才能有无，如无此精神，即不足为训。

(3)友好一致精神。这是松下公司的信条,因为公司人才济济、各有所长,如不能友好一致地相处,就会成为一群乌合之众,从而无力量可言。

(4)奋斗向上精神。为了完成企业交给的历史使命,必须走彻底奋斗之路,和平繁荣要靠精神争取。

(5)礼节谦让精神。为人若无谦让,就无正常的社会秩序。礼节谦让的美德,能塑造情操高尚的人士。

(6)适应同化精神。如不适应社会大势,成功就无法获得。

(7)感激精神。对为我们带来无限喜悦与活力者应持感激报恩之观念,并铭记心中,便可成为克服种种困难、招来种种幸福的源泉。

与此同时,松下电器公司把自主经营,量力经营,专门化经营,靠人才、全员式经营,实事求是等哲学也列为"松下精神"之中,成为"松下精神"的一个有机组成部分。

六、企业使命

企业使命(Enterprise Mission),是在一定的历史发展阶段中,企业最高决策层对企业所有工作者规定的一种任务。这是一种责任要求,是由企业发展目标和历史任务所决定的责任。这种责任一旦确定下来,便有一个稳定的时期。

企业使命有其社会属性。规定企业的任务必须符合社会发展的趋势与方向,必须有利于社会、有利于环境,满足社会对企业的要求。同时,它也体现了企业对社会所能和所愿意承担的责任与义务,如海尔的企业使命是为社会提供高标准、精细化、零缺陷的最好家电产品,提供24小时登门维修、24小时热线电话的特色星级服务体系。

企业使命有其历史特征。它表现为不同的历史发展阶段中企业不同的使命,不同的规模与内涵下企业不同的使命。企业规模不大的初创时期与企业规模扩大的发展时期,显然其使命会发生很大的变化,后者要承担的社会责任一定要重于前者。

企业使命有其区域范围的要求。不同的企业,由于行业限制、目标市场的选择、市场竞争激烈程度等约束条件,其使命的确定必然会有一定的区域、范围,如机械制造业,其服务对象一定是需求机械的企业,而不是最终消费者,从而决定了其使命必须是为其他企业提供产品与服务。有些企业所选择的目标市场具有区域性,因而,企业使命就必须确定成为区域市场提供服务。有些企业尽管其历史使命不受行业、目标市场范围的限制,但由于市场竞争激烈程度的加剧,在目标市场结构分布上出现了一种自然的偏差,因而,企业使命又受到来自市场竞争方面的影响,如可口可乐在中国市场的占有份额,北方高于南方;百事可乐在中国市场的占有份额,南方高于北方。尽管两家企业多年来都在争取中国乃至全世界的市场占有率最高,但竞争的结果必然是一种市场的瓜分。

七、经营宗旨

经营宗旨(Management Aim),宗旨指的是主要的目的和意图,企业的经营宗旨是指企业经营活动的主要目的和意图。从长期发展上看,表现为企业目标;从短期的阶段性看,表现为一定时期企业所欲达到的目的。它表明企业依据何种思想观念来确定企业的行为、开展企业的各项生产经营活动。企业的经营宗旨,本质上应反映企业的价值观念和思想水平,并表现为企业的经营方针和经营指导思想。

在一定的历史发展阶段，企业可能在总体目标指导下有许多方面的目的和意图，如企业要为社会做贡献、要求得到自身的发展、要获得经济效益等。这些都是在市场经济条件下企业经营宗旨的共性。因为没有经济效益，企业就不能获得发展，也不能为社会的进步做出应有的贡献。在这种大的具有普遍意义的前提下，一个企业具体的经营宗旨该怎样确定，则具有其特定的意义。

企业经营宗旨按其所形成的范围分析，可分为宏观、中观和微观的经营宗旨。

(一)宏观范围的经营宗旨

宏观范围的经营宗旨是指企业站在整个社会宏观层面上希望自身所能承担的社会任务，并由此所能达到的社会目标，如长虹电器的理念中有这样一句话："长虹以民族工业为己任"，意喻长虹所追求的目标是"民族工业的振兴"，长虹应扛起这面大旗，开拓中国民族工业的新纪元。这是一种长期目标，它在企业的发展中具有不断延伸的内涵，没有终极时点。

(二)中观范围的经营宗旨

中观范围的经营宗旨是指企业在自身所处的领域中希望承担的历史任务，并为所处行业的发展做出应有的贡献。在深圳市彩虹投资发展有限公司的理念创意中，其经营宗旨是："彩虹就是为人类生活增添色彩"。其中的含意有两层：第一层含意是指彩虹在化工行业内，所生产的产品是自动喷漆，五颜六色的喷漆用于人类生活中，可以给人类生活增添美的色彩。这一层含意表现为企业所追求的物质目标。第二层含意具有虚拟性，把色彩当作一种情调、一种文化、一种希望、一种辉煌、一种成就。公司的事业就是美化环境，这一层含意表现为企业所追求的精神目标。这一经营宗旨具有行业特征，企业所选择的事业领域不变，其经营宗旨也不会发生变化。如果企业要进行跨行业经营，其经营宗旨则要随之发生变化。因此，中观层面的经营宗旨同事业领域紧密相连。

(三)微观范围的经营宗旨

微观范围的经营宗旨是指企业为自己事业的发展规定的具体目标，如海尔集团为自己的企业规定的宗旨是：

1. 质量宗旨——高标准、精细化、零缺陷

要求设计环节各项指标均高于国家标准，按国际一流质量组织生产。主要产品指标实测值均优于发达国家平均水平，要求产品质量让所有消费者放心。严格控制进货量，把物流中心作为企业正常生产储备零部件的环节。零配件绝不接受二等品，要求一定是最优质的一等品，并高于国家标准。生产进程精细化、零缺陷，建立完善的检测体制，引进国际最先进的检验设备，完善自检、专检、抽检，并将检测线延伸到用户家中。

2. 科研开发宗旨——立足创新、用户为师、永远改进、追求完美

技术创新目标国际化，要求技术创新目标在科技领域中达到国际水平。用户为师，市场导向，将用户的难题转化为开发的课题，不断创新市场，引导消费，满足用户的潜在需求，不断创造第一和唯一。

3. 服务宗旨——用户永远是对的

为达到目的，推出特色星级服务体系，24 小时登门维修、24 小时热线电话。认定用户是衣食父母，承诺对用户真诚到永远。做到售前服务要真实地介绍产品特性和功能，通过耐心地讲解和演示，为顾客答疑解惑，尽量使用户心中有数，使用户在购买中进行比较与选择，同时为用户提供个性设计服务。售中服务是在有条件的地方实行无搬动服务，送货上门，安装到位，现场调试，示范指导，月内回访。海尔以移动通信手段和互联网平台与用户保持紧密联系，出现

问题及时解决，以百分之百的热情弥补工作中可能出现的百分之一的失误。

微观范围的经营宗旨具有对工作的可指导性和可操作性，较宏观范围和中观范围的经营宗旨更具体、更具有可实现价值。

八、企业风格

企业风格（Enterprise Style），是企业在历史发展过程中形成的、具有特定企业内涵并表现为企业性格和其思想特点的一种外在形态，它通过企业品格或工作作风得以表现和实现，如海尔的工作作风是：迅速反应，马上行动，表现出对用户的真诚，目的在于赢得用户的信赖与满意。这是海尔经过几十年努力奋斗所形成的一种风格。

企业风格具有两方面的主要特征：

（一）个性化特征

任何一个企业都有它自身的特点，这种特点的形成可能是源于企业经理人员的风格，如果企业经理人员对自己的要求与对属下的要求具有一致性，属下就要按照企业经理人员的工作作风要求自己；如果企业经理人员能够以身作则，影响和带动属下，属下就要模仿企业经理人员，按照企业经理人员的意志去规范自身的行为。由于每一位企业经理人员和每一位自然人一样，都有自己的个性特征和行为特征，因此对属下的要求和影响自然也带有一种他自身所特有的个性特征和行为特征。这种特征影响着一个企业的风格。

（二）历史性特征

企业风格的形成主要依赖于企业自身的特点，但还可能受企业发展过程中发生过的事件的影响，并使企业能够在教训中崛起，扭转自己的工作作风，如万宝集团在历史上曾发生过万宝风波，这对万宝公司的产品在市场上的发展形成了阻力，对万宝的震动很大，为此万宝提出了“质量是企业的生命”的口号，并将事件发生日定为“万宝质量日”，从而形成了公司上下一致的质量意识。

九、行为准则

行为准则（Behavior Guidelines），是一种对企业及全体员工提出的最高行为规范，是一种在特定精神指导下形成的对行为的约束。这种约束具有高度的概括性，并可具体落实在每人、每日在做每件事情时的行为上，如深圳彩虹投资发展有限公司的行为准则是：

对外，一切比国家规定做得更好；

对内，一切比公司规定做得更好。

在彩虹，制度面前人人平等；

在彩虹，机遇面前人人平等。

之所以这样确定彩虹的行为准则，关键在于启发一种意识，一种自觉自律的精神，并使其深入人心，成为员工的自觉行为。这种行为准则是基于企业内部几年来所出现的一些问题和所产生的一些现象而提出的。从小到大、从弱到强的整个发展过程，是由一批企业的核心层人员艰苦奋斗、勤劳智慧、勇敢担当地创造出来的，他们饱尝创业的辛酸苦辣，也拥有较高的职业地位。而后加入彩虹队伍中的人员，有着文化和专业能力的优越感，从而使老彩虹人与新彩虹人之间形成了鲜明的对比。这种对比表现出的是差异和心灵上的隔阂。为使彩虹人消除这种隔阂并能够更好地发挥每一分子的作用，共同为彩虹大厦添砖加瓦，企业才提出了这样的行为准则。因此，这一行为准则有企业的规定性。

河北新华物资总公司的行为准则是：

以十分清醒的头脑认识自己，

以百川汇聚的态势精诚合作，

以千倍努力的热情拼搏创新，

以万众执着的追求激活物流。

新华公司之所以这样确定其行为准则，是因为其身处流通领域，没有自己的产品和品牌。而销售其他企业的产品，必须要保证高质量的货源。因此，认识自己，精诚合作至关重要。又由于新华物资总公司经营的产品是生产资料，用以满足生产者的需求，在当今市场竞争十分激烈而企业又不具备抓住市场的独特优越条件的情况下，不拼搏、不创新，企业就不能生存和发展。企业要想在市场上站得稳、站得牢，必须要执着追求、不断进取。因此，这一行为准则具有行业的规定性。

十、座右铭

座右铭(Motto)，是企业激励员工奋发向上的格言。在企业理念系统中，座右铭的重要程度远不及价值观、经营宗旨等内容，但座右铭可以引导企业员工的行为，在精神上激励员工的斗志，所以座右铭有它存在的价值。河北新华物资总公司的座右铭是：生命的价值，在于事业的成功。这一座右铭取之于总经理刘连仲的人生观。刘连仲于 1987 年贷款 17 万元，开办了一个拥有五间房子的废旧物资收购站，发展到现在，已经是拥有 11 个分公司、年销售 6 亿元的物资总公司。在公司创业和发展的过程中，他认定了“生命的价值，在于事业的成功”这一信条。公司现已初具规模，刘连仲仍然坚持这一信条，同时也希望公司所有员工都坚信这一信条。现在公司所有员工都认同这一信条，并视其为激励自己的座右铭，置于员工的工作台前。

十一、公司歌曲

公司歌曲(Company's Song)，是一个企业凝聚员工最好的方式之一，因为歌曲具有震撼力、感召力，能够使员工从歌曲美的感受中体会公司文化；歌曲还具有传播力和传承力，传播力可以使企业文化通过歌曲向社会传播，形成巨大的社会影响力，树立良好的企业和品牌形象。传承力可以使歌曲向新员工传达，使新员工通过歌曲了解企业、了解前辈、了解公司的文化。

公司歌曲的创作可以将其定位点选择在对企业文化的描述和企业目标的追求上，这其中个性的把握是至关重要的，个性把握的要求既要对企业文化深层挖掘，又要考虑避免同其他公司的歌曲雷同。现在雷同的公司歌曲很多，有时将歌词中公司的名称一改，作为哪一家公司的歌曲均可。这里包括形式的雷同和内容的雷同，如“口号式”“前进式”“团结式”“目标式”等就是公司歌曲形式与内容雷同的表现。为避免雷同，公司歌曲必须要对公司文化有了充分、深入的了解之后，再与公司高层进行磨合、创作，再磨合、修订，这样反反复复地加工，方可出产好的公司歌曲。

现在有些公司通过征集的方式来形成公司歌曲，这是一种不太足取的途径，原因在于，通过社会征集，歌词创作者很难深入了解公司的文化，这样创作出来的歌曲会导致两种结果：一种是雷同化而内涵接近公司的要求；另一种是美感化而内含与公司文化无关。

下面是北京蓝景丽家家居广场的公司歌曲的歌词，这一终稿是经过了多次创作并经专家与企业高层多次磨合后而最终形成的。

独树难挡风雨寒，
孤舟难避浪涛险。
蓝景丽家人，大家心相连，
不惧风险不怕难，团结一致永向前。
我们专注顾客价值，把事业来浇灌，
我们创写家居文化，把环境来改变。
顾客是主宰，商户是伙伴，
同舟共济，志存高远，力量大无边。

以上 11 个方面的企业理念内容并没有囊括企业理念的全部，企业在实际的策划中既可以扩展，也可以选择。同时，企业处在不同的发展阶段，也可以根据需要来确定企业理念的不同形式。

第三节　理念手册的制定

企业导入 CIS，最终以各类文字形式作为其成果，并以此成果作为指导企业各项工作的依据。CIS 导入的最终成果主要表现为企业的理念手册、员工手册、岗位手册、营销手册和 VI 手册等。

CIS 理念手册，是对企业 CIS 理念识别系统基本内涵的深层挖掘和解释，其基本功效在于通过对企业理念识别系统表述的解释，使企业内部员工理解理念系统的基本含义，接纳企业理念系统，形成对企业的热爱，达到对企业各项基本方针和企业文化思想的理解，从而最终认同企业的一切，愿意为企业的发展做出更大的贡献。

一、企业理念手册与企业理念系统报告的关系

在企业理念系统报告基础上建立的企业理念手册，在表现形式与内涵界定上，要与企业理念系统报告形成一个统一的体系。它们之间的关系具体表现为：

(一)指导和操作的关系

企业理念系统报告是设定、解释和推广企业理念系统的建设性文件，是企业理念系统得以落实的行动纲领，其作用在于指导企业理念系统的贯彻落实。企业理念手册作为企业理念系统报告的延续性文件，对企业理念系统的全面落实提出了具体的操作性规程，使企业员工从中可以找到落实企业理念系统的行为依据和行为约定。

(二)统领和深化的关系

企业理念系统报告是企业总体哲学思想的一种全面表述，它是站在企业发展战略的高度去审视企业已形成的思想和观念，解释企业为什么要建立理念系统、企业理念系统设计的基本宗旨和原则、企业理念系统的表述及表述依据。企业理念手册将企业理念系统的内涵进行深化、挖掘，解释其哲学体系的深层意义，将企业理念表述转变成企业理念系统的具体行动纲领。

二、建立企业理念手册的基本原则

建立企业理念手册需遵循以下原则：

(一)个性化原则

企业理念系统具有独特的风格，它能鲜明地从理念上把本企业与其他企业区别开来。在

此基础上所建立的企业理念手册，更应体现出企业的独特风格，表现其独特的生存方式、哲学思想、价值观念、行为准则等。如中国蓝通新技术产业集团在其理念手册中以责任作为主线，并将其贯穿整个企业理念手册约束条件的始终。蓝通人认定：

蓝通需要达成一个新的契约，即企业与员工之间、个人与集体之间、团队与社会之间的庄严协定。蓝通人所理解的这个协定就是员工对企业负责、企业对员工负责、企业与员工共同对社会负责的精神。

因此，蓝通人将"责任是我们生存的方式"作为企业的价值观及企业理念手册的核心。这种以责任为核心地位的表述，正是蓝通人本性的体现。

（二）整体性原则

企业 CIS 理念系统是一个整体，它是在理念系统完备性的约束条件下得以形成的，其内容之间需要互相照应、彼此协调，如上海蓝旗服饰发展有限公司作为加拿大独资企业，其 CIS 理念系统的内涵与主线突出了中加之间所特有的历史纽带——白求恩的故事以及白求恩的精神。蓝旗理念手册一开始就将这一主线提了出来：

"蓝旗"张开风帆，从加拿大漂洋过海，追寻 60 年前白求恩走过的足迹，把自己融入振兴中国经济改革和走向世界的大潮之中。

在此基础上，蓝旗公司在对企业精神、企业价值观、蓝旗人品格等各方面内涵的挖掘中，始终都是按照这一整体思路进行的。

（三）战略性原则

理念手册是作为企业理念系统得以贯彻落实的指导性文件而形成的，它需要细化，需要深层次分析。但从出发点的角度看，企业理念手册又必须站在一个全新的高度去解释企业理念系统的战略意义。这就犹如一个人设定了自己的理想，而理想的落实需要做好每一件小事。正所谓"不积跬步，难以至千里""千里之行，始于足下"。这里首先要设定的是千里，有了千里的目标，才有脚下这上千个半步的累积。

我们在为一个企业做的理念手册中曾这样写道：

我们必须为社会和消费者提供更高品位的产品和更优质的服务，否则，我们便无法确立在竞争中的优势地位。而高品位的产品和更优质的服务必然内含着更多的要素、更复杂的工艺、更高超的技能、更科学的管理和更强烈的责任感。产品构成要素的多元化和生产过程的复杂化，同时也增加着可能导致失误的概率。任何细小的疏忽和懈怠，都会对品质、品牌造成影响。其结果必然导致我们与客户失之交臂。

这里竞争优势是企业追求的目标，高品位的产品和更优质的服务是实现这一战略目标的手段。其间对员工要求的一切，均是为保证其战略目标的实现而进行的具体性工作。

（四）鼓动性原则

企业理念手册必须要发挥出调动员工积极性及增强企业凝聚力的作用，因此，好的企业理念手册要具有号召力、鼓动性。这一原则要求企业理念手册在对企业理念系统进行深层挖掘与剖析的时候，要从正反两个方面进行对比分析。

例如，在一本企业理念手册中曾这样分析：

在残酷的市场竞争中，每天都有数以百计的企业破产倒闭，每天都有数以万计的劳动者下岗失业。在这些企业中，不乏曾经辉煌一时的明星；在这些职工中，也不乏曾经被奉为楷模的劳动者。经过分析我们发现，造成这些残酷现实的原因正是由于这些企业或劳动者曾经轻视了对社会和客户需要的满足。

市场每一天都证明着这样的真理：客户的利益必须得到满足，这绝不是企业取悦消费者和社会的口号，而是市场逻辑发展的必然。任何对客户不负责任的意识和行为，最终都将受到这一铁律的惩罚。

这里表述的核心思想是要求企业员工珍惜顾客，在工作中对顾客负责，把企业的一切都做得更好。这是一种号召，更是一种对员工士气的鼓动。

三、企业理念手册的基本内涵

不同企业在导入CIS的过程中，由于其历史条件、现实状况等的差异性，必然会建立不同的有个性的企业理念系统。在不同企业理念系统的基础上所形成的企业理念手册，又必然在基本内涵上存在巨大的差异。这里我们就一些例证做一些分析。

(一)对事业领域的分析

我们认定事业领域是对企业所选择的产业领域的具体界定，是对企业所进入的产业进行的领域定位。企业在制定理念手册时，应对企业的事业领域进行领域分析，并对领域定位和领域目标的确定进行具体的描述。我们在为深圳彩虹投资发展有限公司制定的理念手册中，对事业领域的描绘是这样的：

以气雾剂为起点，以提高人类生存质量为核心，进而向多元化发展。

彩虹作为化工产品庞大家族中的一员(注：这是企业现实的领域)，深知自己的责任是为人类创造美、养护美、培育美。从哲学意义上说，彩虹宏伟事业的价值在于提高人类的生存质量。因为，彩虹的产品和服务与人类的高品质生活息息相关(注：这是在为事业领域所确定的地位)。

进而，彩虹将向更高、更广阔的领域迈进，以自己的实力争取更多的为人类造福的机遇。人类生存质量的提高永无止境，消费者的需求变化日新月异，市场对产品的要求日益广泛，来自竞争对手的威胁与日俱增，这一切都要求彩虹一定要不断上新台阶，不断向多元化方向发展(注：事业领域目标之一)。

我们首先力求稳定气雾剂行业的盟主王座，在精细化工领域中拓展新思路，并在此基础上向我们具有条件和优势的其他领域渗透(注：近期目标乃至目标的延伸)。

此外，在理念手册中对事业领域的分析，还应包括对企业所提供的现实产品和服务内涵及内涵扩展的界定，现实产品、服务风格及给社会带来的意义进行的分析等。

(二)对企业价值观的分析

企业的价值观统领着企业的理念系统，它分为本位价值和他位价值。本位价值是利己价值，即企业所追求的最终目标；他位价值是利他价值，这是企业生存的基础，只有通过利他价值的实现，利己价值的实现才能得到保障。这种利他价值表现为有利于社会、有利于合作者、有利于消费者等。企业在理念识别系统中所确定的价值观，应以利他价值作为指导思想，并在理念手册中将这种利他价值的内涵和意义及其对企业的影响阐述清楚。例如，深圳彩虹公司的价值观是：

人与环境的和谐高于一切。

其理念手册中对其价值观的分析是：

我们发现，悖逆于环境的企业和个人，很少有成功者。这是因为，成功感和幸福感的重要来源之一，便是我们与环境的和谐相处(注：价值观的基本内涵)。

我们进而意识到，能否与环境和谐相处，取决于我们是否有信心和能力履行我们对环境应尽的职责。这些职责包括企业对员工、员工对企业、员工对员工的职责等。当企业和所有员工都履行了相互之间的承诺,我们才真正具备了共同对社会、对环境、对客户尽责的基础(注:价值观对内的意义)。

……

我们必须珍惜顾客,将其视为衣食父母,因为他们能否垂顾,取决于我们的尽责和努力。我们必须感谢顾客,因为,我们的同业者很多,并且每天都有加入竞争行列的后来者。在众多同类产品和服务的竞相媲美中,他们选择了我们,我们工作业绩的优劣最终要由他们来评判。如果不被他们承认,我们所做的一切都将变得毫无意义。

和我们一样,顾客需要尊重、需要安全感、需要合作愉快。我们必须抓住一切机会来表达我们的忠诚、守信和愿为他们服务的心意(注:对顾客的意义)。

我们必须对社会历史和后代负责,努力成为遵纪守法的典范。我们的发展,我们任何利益的获得,将绝不会给社会带来一丝一毫的损害,也不给后代留下诸如环境污染之类的隐患(注:对社会的意义)。

(三)对企业使命的分析

企业使命是企业的一种责任要求。在企业理念手册中,企业使命所应强调的是企业的追求、企业的社会责任等。

例如,上海蓝旗服饰公司的使命是:

提升中国男士着装品位,传播现代国际服饰文化。

理念手册对其使命的分析是:

服饰承载着现代社会文明。

摒弃沉淀在中国男士着装习惯上的传统弊端,传播现代国际服饰文明,是时代赋予蓝旗人的神圣使命(注:历史使命)。

我们始终不渝地追求一种境界,穿蓝旗服装,您与朋友握手相会,将使朋友沉浸在一种艺术享受的美感之中;佩蓝旗服饰,将使您的朋友在现代文明的烛光晚宴中分享您的成功与自豪。

把当今世界服饰文明与现代观念带入中国,把中国服饰中的文化精神传达给世界,这是蓝旗人义不容辞的历史责任(注:社会使命)。

(四)对企业精神的分析

企业精神是现代意识与企业个性相结合的一种群体意识。

在企业理念手册中,应将企业精神的价值意义和深层内涵表述出来,如深圳彩虹的企业精神是:

追求卓越,从小事做起。

这样的企业精神在彩虹公司中具有双重含义:一是从企业生产工艺的角度分析。在企业生产工艺中,其喷漆研磨测定的标准以“微米”来计算,它要求生产一线的工作人员必须将成百上千种颜色调制到精确无误的程度,只有这样,才能保证产品的质量,保证产品品牌的形象和竞争力。二是从企业成就事业的角度分析。企业必须将每一件小事都做好了,企业的理想目标才能得以实现,彩虹大厦才能稳固。彩虹在其理念手册中对此的分析是:

卓越的事物不仅是因为其整体构想的宏伟奇妙,更在于它在细枝末节上的精雕细琢。成功的人对繁杂小事的意义,必然有着比常人更深刻的理解。

任何部门、任何工序上的员工的任何一点小小的疏忽,都可能会使我们奉献给客户的产品成为废品。为此，我们提倡从小事做起。上至领导，下至普通员工，对做普通小事的态度和能力，将成为企业评价他们责任心和成熟度的重要标准。尽职尽责，将手头上每一件小事都做得完美无瑕的员工，将被视为支撑彩虹大厦的栋梁而得到信任、尊重与鼓励。

企业理念手册的制定，没有任何规律可循，只有依据企业已经确定的理念系统进行展开分析，才能发现其间的真谛；只有以投入的精神去理解理念手册中的深层内涵，才能发挥出其对企业员工和企业各项工作的重大指导意义。

第四节　理念系统的贯彻

CIS理念系统的贯彻分成企业内部贯彻和企业外部推广两部分，其中又以企业内部贯彻推广为主。因为，在企业外部进行理念系统的推广，应使推广的内容附加在其他各类形式的活动之中，如广告活动、公关活动、营销活动、新闻活动等。在这些活动中传播企业的理念系统，理念系统的内涵是作为辅佐主题的项目而存在的，理念系统在这里发挥的是烘托主题的作用，而非单独被推广。因此，关于企业理念系统的贯彻，我们仅就企业落实理念系统的专有形式进行分析，不做内、外的分割。

一、企业理念系统的表现形态

我们通过企业理念系统的确定、理念系统的报告、理念手册的制作、CIS发布等项工作，已将企业理念系统的完整形态展示在各方面的工作人员面前。然而，如何弘扬企业理念以及实施与贯彻企业理念，则是企业CIS战略实施过程中一项长期性任务。企业理念系统确立后，如果不进行贯彻实施，则等于一纸空文。因此，知行合一是企业理念系统实施的最佳途径选择。其中确立在知，推广在行；理解在知，贯彻在行；认同在知，弘扬在行。通过对企业理念系统的贯彻、落实，企业理念系统可在以下方面展示出其自身的形态。

(一)员工精神面貌的展示

“人总是要有一点精神的”，这点精神使人在不同的环境中表现出不同的精神状态。这是因为，人的精神受环境所感染。一个奋发向上的企业，员工的精神也会是奋发向上的；一个管理不善、没有生机的企业，员工的精神也会是萎靡不振的。一个有自己良好文化氛围和完整理念系统的企业，其员工队伍的心态会是非常健康的，员工的精神面貌会充分表现出企业理念系统的内涵，如海尔的工作作风——“迅速反应，马上行动”，在任何一个海尔的员工身上都可以得到展示。

(二)企业形象的表现

良好的理念系统，会对企业形象的塑造发挥出更大的促进作用。因为，企业对良好理念系统的贯彻必然在各种活动的开展上和员工工作行为的表现上得到展示。有利于企业发展的活动，就是为塑造企业形象而开展的活动；在良好理念系统支撑下的员工行为，也是塑造企业美好形象的行为。这说明，良好的理念系统是良好企业形象的基石。

(三)企业风格的展示

企业理念系统源于企业文化和企业历史，而由于企业历史和企业文化的特殊性，又必然使企业理念系统表现为独特的风格。这种独特的风格在企业的办事风格、行为风格中得以展示。一般来说，依据企业独特理念系统，企业要制定一些具体的规章制度，这些规章制度用以指导企业的行为。因此，企业在办事效率、办事风格上又体现了企业的行为准则。这一系列连锁效应均基于企业理念的约束。

(四)优化企业营销系统

企业营销系统表现为企业营销组织系统、企业营销指挥系统、企业营销操作系统等。所有这些系统本质上是由人的系统形成的。企业理念系统的建立,最重要的影响是对人的影响,表现在企业营销系统中,首先是营销队伍的精神面貌得到了巨大的改观,营销人员的行为能够统一到理念系统的要求上来;其次是营销人员的工作传播着企业的 CIS 信息,提高着企业的服务水准,完善着企业自身的行为,进而影响到企业经销商、消费者,使之愿意接受企业的信息和企业的产品与服务。优化企业营销系统的最后结果是,保证企业营销目标的实现。

(五)为社会尽心尽责

企业理念系统一部分是针对企业内部建立的,一部分是针对企业外部建立的。后者的基本内涵表现为有利于社会、有利于环境、有利于顾客等方面的内容与要求,如企业的价值观表明企业的存在与运作对社会的价值;企业的历史使命是社会赋予企业的任务和企业主动承担的社会责任;企业的经营宗旨是企业经营工作要实现的目的与意图,这种目的与意图只有指向社会、指向市场,才能保证企业的经营宗旨得以实现。这说明,企业理念系统必然要明确企业的社会属性,明确企业要从事的有益于社会发展的事业。企业的公共关系活动、社会公益活动会由此产生,进而在活动中表现企业的形象与风采。

(六)重视人才、尊重人才

企业理念系统是以人的精神系统来调动人的积极性、规定人的行为的。因此,理念系统的核心针对的是人,是人的精神、意志、观念与行为。具有健全理念系统的企业,必然要重视人才、尊重人才。只有充分发挥人的主观能动性、调动人的工作积极性,企业理念系统的作用才能充分得到发挥。正如张瑞敏所说的,“企业无不可用之人,企业人人是人才”,正是在这一理念指导下,海尔才能创造出一天创新一个新产品、三天申请一个专利的业绩来。

(七)创造和谐的内部环境

企业理念系统就像一条纽带把企业员工们的心系在一起,企业就像一个大家庭,其员工心往一处想、劲往一处使。企业理念系统就像一块磁石,牢牢地将企业员工的心吸引在一起,使企业形成一种巨大的凝聚力与向心力。你认同了企业的这套理念系统,就等于认同了这个企业,离开了它,你会感觉到心无寄托、若有所失;拥有了它,你会感觉到工作充实、心情舒畅。这就是企业理念系统对员工的感应作用。

(八)有序的管理,有序的运作

在企业理念系统的支持下,企业的管理运作会是一种有序的状态,这是企业理念系统的要求。因为,没有有序的管理,企业内部的和谐状态就很难实现,企业的理念系统就很难贯彻落实和发挥功效。有序的管理会导致企业的有序运作,表现为生产过程的有序、营销过程的有序、各支持系统的有序以及企业整体的协调和配合有序。这是企业完善的标志,是企业能够进一步发展的基础。

二、企业理念系统的贯彻形式

企业 CIS 成果发布中的一些方式对企业理念系统的贯彻仍有可用价值。这里值得一提的是,企业 CIS 成果发布是企业 CIS 导入后短时间内所必须完成的任务,而企业理念系统的贯彻则是企业的长期行为,它需要配合企业的各项工作长期地发挥功效。只有这样,企业理念系统所应有的效应才能真正地得以体现。

（一）专题研讨会（论坛）

专题研讨会（论坛）是以企业理念系统为核心，设立专题，企业就所设专题召开研讨会（论坛），对其进行深入研讨。专题研讨会（论坛）的范围可设定为企业内部，也可设定为内外结合。一般设定内外结合形式的较为理想。因为，企业在确定研讨会的范围时，其基本的指导思想在于通过研讨会的形式以达到对理念系统的传播效果。如果专题研讨会（论坛）仅在企业内部举行，虽然其理念系统号召力、凝聚力的功效会得以发挥，在企业内部也会形成一定的传播氛围和感染态势，但对企业外部的影响不会很大，也不会得到新闻媒体和各界相关社会公众的重视。

由内外结合而研讨企业理念，主要的发言者可以是企业高层领导、政府机关领导、外请专家学者、新闻媒体中对 CIS 导入的重视者和支持者。这样，第一，可以保证专项研讨内容的深入，因为外请的专家均是 CIS 理论的研究者，他们可就研讨会的主题进行深入思考，因此，他们的发言会将企业理念系统的思想内涵充分地挖掘出来。第二，由于与会者均为社会名流、学者、官员，他们会通过研讨会的机会认识企业，企业借助于他们在社会上的影响力实现一定的传播效果。第三，由于会议的声势浩大，具备了通过大众传播媒体进行对外传播的可能性，所以会引起大众媒体的重视与参与。这种状况必然可以保证专题研讨会对理念系统内涵的深入挖掘和对外传播双重功效的实现。

以内外结合的方式对企业理念系统进行专题研讨（论坛），还可以加大对企业内部的传播和感染功效，在企业内部形成一种研究理念、认同理念、接纳理念和执行理念的氛围，保证企业理念系统在企业内部的贯彻和执行。

（二）理念系统演讲会

理念系统演讲会是由企业举行的一种企业内部活动，属于企业内部的一种文化公关活动。它要求企业组织者要拟定相关的演讲主题，选择演讲人员，同时，要求演讲者在充分理解理念系统深刻内涵的基础上，形成演讲稿，经过认真准备之后方可参加演讲。

1. 演讲主题的确定

（1）我对企业价值观的理解；价值观对我的影响；我的价值观。

（2）怎样看待企业精神；企业精神给我的启迪；企业精神鼓舞着我。

（3）我的使命感；我们所承担的社会责任；我们的历史使命；从企业的使命感想到的。

（4）我们的经营宗旨；我们的服务方针；我们的行为准则。

（5）我们为什么要确定这样的事业领域；我们是事业的开创者；我们的事业前程。

（6）由我们的歌曲想到的；公司歌曲给我的启迪；令人振奋的歌。

2. 演讲会应注意的问题

（1）要做好准备工作，尤其是做好参加演讲的人员选拔工作，最好是层层选拔、层层试讲，最后确定。因为演讲会对演讲者的要求很高，演讲者要有较高的知识水准、很好的语言能力，要有自我表现的愿望，要有一定的号召性、号召力和鼓动力等。

（2）做好组织工作，演讲会的组织工作做得越细，演讲会的质量越会得到保证。演讲会的组织工作主要有人员选择的组织与落实；演讲会环境的布置，要体现企业 CIS 特色；演讲会规模的确定，除了企业内部人员参加外，最好能请一些企业外部的人员，如主管部门的领导、新闻界的朋友等；演讲会评委最好要外聘专家、学者，包括语言专家、哲学学者、CIS 专家等。

（3）做好后续工作，包括宣传报道工作、演讲会效果调查工作等。

(三)CIS 活动营

CIS 活动营也是企业内部的一项文化公关活动，可能较理念系统演讲会气氛更活跃一些，娱乐效果会更好一些。

(1)CIS 活动营的内容可以是全面的，除了以理念系统为核心外，企业的行为识别、视觉识别均可列入其中。同时，也可以将这些内容细化，以表现其深刻的内涵。还可以将 CIS 活动营分解为理念活动营、行为活动营和视觉活动营等。

(2)CIS 活动营的形式也可以是丰富多彩的，如旅游及利用旅游的机会举行一些文艺活动；确立企业 CIS 活动营之夜，在这里举行一些文体活动等。还可以举行故事会、诗歌朗诵会等。其具体的表现形式是，文艺活动可以是小品、相声、诗歌、讲故事、演唱歌曲、有奖竞猜等形式；体育活动可以是在野外找企业的标志、爬山升公司旗以及其他类型的体育活动等。

企业 CIS 活动营可定期举行，也可不定期举行。通过活动等可以使员工深入理解企业 CIS 系统，可以增强企业的凝聚力与向心力，可以形成一种良好的企业氛围，保证企业的各项工作得以顺畅进行。

通过以上活动形式实现对企业理念系统的贯彻，可以在企业内部形成一种理念氛围，做到人人讲理念、个个按理念的要求约束自己，为企业 CIS 战略目标的实现奠定内部人文基础。

本章思考

1. 如何理解理念识别系统在企业文化中的作用？
2. 理念识别系统是怎样产生并得到企业高度重视的？
3. 企业理念识别系统除以上所研究的这些方面，还可以挖掘出哪些内容？
4. 企业理念识别系统的贯彻需要具备哪些基本条件？以什么方式贯彻效果会更好？

第五章
企业行为识别系统策划

企业行为识别系统，英语全称为 Behavior Identity System，简称为 BIS 或 BI。它是在企业理念系统得以确立的基础上形成的，包含有用以规范企业内部行为，管理、教育企业员工，使其按照企业理念的要求展示企业文化与品牌形象的一切社会活动。企业行为识别系统通过所有工作者的行为活动得以表达，由此认定，企业行为识别系统是企业传播之手，视之可见、触之可感，它把企业理念通过对内、对外的活动全面地表达与再现出来。

企业理念识别系统是行为识别系统的内蕴动力，它在企业内部指导着企业的各项培训、教育、组织建设、管理实施与工作软环境的再创造等项活动；在企业外部指导着企业的市场调查、产品开发、公共关系、广告宣传和各项促销活动等，从而使企业的行为识别系统从对内与对外两个方面得以贯彻和实施。

第一节　企业行为识别系统的特征与内容

每一个企业的行为识别系统都是基于企业自身的文化和理念而制定并确立的，因此，每一个企业的行为识别系统的内涵和约定均具有企业的个性风格和不同内涵。总体上看，企业行为识别系统的特征是共性的，而内涵却是个性的。

一、企业行为识别系统的特征

（一）统一性

企业行为识别系统具有统一性，它要求企业的一切活动无论是对上还是对下、对内还是对外，均表现出一致性。

首先，它要求企业的全体员工和各个部门在开展各项活动时必须统一形态、统一目的，以在社会公众面前塑造出统一而良好的企业形象。

其次，它要求企业的各项活动表现必须与企业的理念系统相吻合，使其成为企业理念系统的一个动态延伸，从而保证企业的各项活动及其具体内容互相衔接，形成一个完整的有机整体。

再次，它要求企业所有工作人员在活动中的表现具有统一性，这里包括语言传播的统一性、行为表现的统一性，如一些规范的企业在顾客面前服装是一致的、口号是一致的、传达信息的内涵是一致的、见面与离别的语言是一致的等。只有这样，才利于企业整体形象的再现和社会公众对企业活动的识别与接纳。

(二)独立性

企业行为识别系统具有活动的独立性，即一切行为及活动的识别均应体现企业的精神、企业的个性，显示出与其他企业的不同风格。这种独立的表现形态，是社会公众对企业及其活动识别的基础，如英特尔奔腾处理器的对外传播总是以高科技、领先技术、特殊形象表现与音乐表现来再现一颗活灵活现的奔腾的“芯”，无论对外传播的内容(不同的产品或推出的新产品)发生怎样的变化，这一传播主调不会发生变化，同时，这一传播主调也将企业的风格、精神再现出来，表现出与众不同的基本内涵和目标追求。

通过理念系统所界定的体现企业风格的对外传播口号，在行为运行中具有先入为主的特征。这是一种心理占位，即口号一经大众传播媒介的传播和企业员工语言行为系统的传达，就一定会在社会公众的心里留下特定的记忆。这种记忆一般不会混淆，某一口号属于哪一品牌、哪一企业，公众十分清楚。如果后来者想向榜样的公司学习，决不能在口号上和行为特征上学习。因为如果形成这种仿效，其结果是帮助被仿效的品牌传达了企业信息，而仿效者由于没有自身的个性会淹没在公众无法识别的海洋之中。

(三)动态性

企业行为识别系统具有动态性，企业行为识别的统一性和独立性均经过活动的动态过程得以表现。企业的内部活动，包括干部教育与培训，员工教育与培训，组织建设，道德建设，管理实施，技术创新与改造，生产运作，产品开发，内部关系协调与沟通，工作软环境的再创造，各项方针、政策、制度的制定与实施等；企业的外部活动，包括市场调查、产品销售、公共关系、广告宣传、促销活动、营销政策实施、社会公益性活动、文化性活动各项对外协调、传播性工作等，所有这些活动都是一个动态的活动过程。

同时，企业行为识别系统还有一个不断完善的过程。在实际工作中，如果发现行为规范中有不妥之处，还可以通过修改或修正来落实。企业在长期的发展过程中如果有重大的变革，还要进行企业行为系统的再制定，随着企业重新导入 CIS 而使行为系统发生重大变革。

企业行为识别系统的动态性支撑着企业行为识别系统的统一性和独立性。其中，统一性是通过企业对内、对外的各项活动表现出来的；独立性即企业风格和个性表现，也是在企业对内、对外的各项活动中得以表现的，其目的是为了争取社会公众的识别、认可与接纳。

二、企业行为识别系统的内容

企业行为识别系统是通过企业所有工作人员的行为得以表现的，具体内容包括两部分：一部分为企业内部的行为识别系统；另一部分为企业对外的行为识别系统。其具体行为内容可以通过表 5—1 得以说明。

(一)企业内部的行为识别系统

1. 干部教育、培训

这是企业为提高管理人员的基本素质、工作能力，以适应时代发展的需要而实施的一项活动。对企业干部进行教育培训的主要内容有：由企业决策层向管理人员讲授本企业的文化，贯彻一种系统性的企业理念，推动企业文化与理念系统的贯彻、执行；由外请专家研究企业的各项战略，为企业设定战略目标与远景规划，并为战略规划的推进向管理者进行说明；由技术专家进行企业技术培训，使管理者既懂技术又懂管理，以更好地适应市场。延伸培训的内容可包括组织行为学、公共关系学等。

2. 员工教育、培训

首先是进行文化传达与解析，使员工认同企业文化，表现为对理念系统的讲解及企业各项制度的说明；其次是进行技能、操作培训等。其具体内容包括工作态度与精神，服务水准、能力与技巧，各项礼仪、礼貌用语及约束条件，各项岗位操作等。

表 5—1 企业行为活动识别系统的内容(BIs)

对内企业行为活动内容	对外企业行为活动内容
(1)干部教育、培训	(1)市场调查
(2)员工教育、培训：工作态度与精神，服务水准、能力与技巧	(2)产品销售
(3)组织建设：人员调动；人才任用与提升	(3)公共关系
(4)道德建设	(4)广告宣传
(5)管理实施	(5)销售运行
(6)技术创新与改造	(6)促销活动
(7)生产运作	(7)服务工作
(8)产品开发	(8)社会公益性、文化性活动
(9)内部关系协调与沟通	(9)各项对外协调、传播性工作
(10)工作软环境的再创造	
(11)各项方针、政策、制度的制定与实施	

3. 组织建设

指组织结构的建设，人员职位与岗位的安排，人才的吸纳、任用与提升等。组织建设的目的在于保证组织机构的完善与稳定，调动内部所有人员的积极性，使企业内部团结一致，共同为企业的发展做出更大的贡献。

4. 道德建设

指规定企业的道德标准，提出企业的道德目标，要求企业所有工作人员遵守道德规范等一系列工作。企业道德建设是提高员工个人道德素质的主要途径。这其中要从两个方面进行思考：一是制定企业道德规则；二是向员工灌输道德规则，并要求员工在实际工作中严格遵守。企业道德建设的主要目的是营造严格的道德氛围，提高员工的道德认知能力，让员工正确认识道德对社会、对企业以及对员工个人发展的作用，形成企业上下左右一致的共识，使员工自觉地履行企业道德规范，把企业道德规范转化为自觉行动，增强员工的自律性，从而提高员工的个人道德素质。企业道德建设具有导向、凝聚和激励的作用，它可以激发和调动员工的积极性、智慧和创新能力，为企业的可持续发展提供强大的精神动力。

5. 管理实施

这是为贯彻企业管理思想、落实企业管理决策而进行的企业各项管理工作。同时，这也是落实企业理念系统、形成企业内部凝聚力与向心力的系统性工作。企业管理工作做得如何，是保证企业能否有序、稳妥而正常运作的重要手段。

6. 技术创新与改造

摩尔定律告诉我们：微芯片的处理能力平均每 18 个月扩大 1 倍，而芯片的价格却以每年

25%的速度下降。其实这是一种企业技术环境的变化，这种环境变化约束着每一个企业的行为，使之在特定的条件下进行技术改造与创新。这样的技术创新和改造，可以使企业保持着长期的竞争优势。而市场应该更多地归属那些不断进行技术创新和改造的企业。因为这些企业适应了市场的需求变化，推动了市场的发展，同时也为企业的产品开发奠定了技术基础。

7. 生产运作

好的产品是制造出来的，而不是检验出来的。企业的生产运作情况可以表现出企业管理水平的高低、生产能力的大小、生产人员的工作态度和生产目标是否能实现等多方面的内容。生产运作得好，又是保证满足市场需求、推动企业发展的基础性工作之一。所以，企业的生产运作在企业内部活动中作为企业运作的始点和市场运作的后盾，永远是企业各项活动的重要内容。

8. 产品开发

在当今市场竞争中，企业只有了解市场、适应市场、满足市场的需求，才能真正地赢得市场。市场的需求千变万化，企业要适应这种不断变化的需求，就必须不断地进行产品的开发、研制与创新，保持行业内的先进水平，利用先进的科技手段，不断进行产品的改良、改进、革新与创新。只有这样，企业才能适应市场、发展市场。

9. 内部关系的协调与沟通

这属于内部公共关系范围的工作。这种协调与沟通主要表现为企业上下级之间的纵向协调与沟通，部门与部门、员工与员工之间的横向协调与沟通以及立体交叉式的协调与沟通等。企业内部的协调与沟通目的在于提高企业内部各部门和各环节的透明度，彼此更多地了解与理解，更多地协调与关照，团结一致，奋发向上，共同为企业发展而努力。

10. 工作软环境的再创造

在企业内部，硬环境的内容包括厂区、厂房、机器设备、办公环境等，这些内容一旦形成，在一定的时间内很难有大的变化。而企业内部软环境的内容则包括企业内部的气氛与氛围，上下级之间、部门之间及员工之间的各类关系，企业文化、企业理念系统对内部工作人员的影响以及由此形成的人们的精神状态、工作状态和目标追求等。但这并不意味着它可以一成不变。和企业内部硬环境相比的不同之处在于，企业内部的软环境时时可以调整、处处可以创新。只要它符合企业理念系统的要求，符合企业的发展方向和目标价值，有利于企业的运作就可以沿着主导方向进行修正与调整。如果认定软环境能够被认可，对企业发展有促进作用，也可以稳定下来。

11. 各项方针、政策、制度的制定与实施

每个企业都有自己的规章制度、方针政策等，它是规定企业正常运作、约束员工行为的具体规则，是企业管理工作正常进行的依据。这里的要求首先是制定的企业方针、政策、制度等必须符合企业一定发展阶段的水平与特征，制定的目的是为了贯彻、落实，过高的目标与过低的要求对企业的运作与发展均不会产生积极的影响。其次，符合企业发展的方针、政策、制度一旦确定下来，就必须严格地贯彻、执行，并建立健全监督机构，将其落到实处，这样才有利于企业内部各项工作的开展、人员积极性的调动和企业目标的实现。

(二)企业对外的行为识别系统

1. 市场调查

这是企业了解市场、把握市场动向的一项具体性工作。市场调查分为日常调查和专项调查。日常调查依赖于企业内部的所有与市场有关的人员，主要是指市场营销人员。市场营销

人员每天居于市场之中，对市场的了解可以更细腻、更准确、更可信赖。专项调查是依靠社会上的专项调查机构进行的，确定调查主题和范围的调查。通过市场调查，一方面可以掌握大量的有价值的市场信息，把握市场的未来发展方向，知己知彼，充分认识到企业的市场地位；另一方面企业还可以通过市场调查向被调查者传输必要的信息，在一定的范围内让人们了解与认知企业及其产品和品牌。

2. 产品销售

这是企业市场营销工作中的重要环节，它是在产品研制开发、产品价格制定、销售渠道选择的基础之上所进行的工作。企业产品销售工作包括企业产品离开生产领域之后、进入消费领域之前在流通领域中的一系列工作，如营销队伍的建立、目标市场的选择、营销政策的实施以及具体的销售工作等。企业的销售工作检验着企业的产品质量与性能，检验着企业各项工作水平，企业销售工作的好坏将直接影响着企业销售目标的实现和企业的发展。

3. 公共关系

表现为企业与社会公众之间所建立的全部关系的总和。在企业的形象战略中，企业的公共关系不仅要为企业对外进行信息传递，以沟通与协调各种关系，更重要的在于为企业在社会上树立良好的信誉与形象，赢得社会公众的认可、信赖与接纳。为此，企业必须协调好与消费者、供应商、经销商、上级政府、社区社团、金融机构、新闻媒介等各种关系，让社会公众更多地了解与理解企业，并在社会上和市场上形成良好的公共关系氛围。

4. 广告宣传

现代市场经济的发展，为广告事业的发展提供了一个巨大的市场空间，任何一个企业都必须要看到广告的作用，利用广告宣传好自己的产品和企业的形象。广告是企业对外传播的一个窗口，良好的广告宣传不仅会起到推销产品、扩大市场的作用，它还会传递必要的企业信息，让更多的公众认识企业的内涵与产品的品牌。企业在运用广告进行对外传播时，一定要量入为出，确定合理的广告预算，选择好合适的媒体，精心进行广告策划与创意，认真地设计与制作，以期使广告的效果更理想。

5. 销售运行

任何企业都需要销售，无论是制造业、流通业还是服务业。制造业和流通业销售的是产品，服务业销售的是服务，还有的智力产业销售的是思想，等等。销售运行是企业直接与顾客沟通的渠道，也是对外传播企业个性形象的最好途径。因为这种方式的传播是以企业的实力作为传播的内涵，是一种最有说服力的传播。企业在销售运行中可以展示公司理念，以规范的行为准则约束公司所有销售工作者的行为，展示企业良好的制度文化和行为文化，从而保证销售工作的顺畅进行。

6. 促销活动

这是在产品销售活动中所做的营销推广工作，目的在于使企业产品的市场能在一定的期限内得以扩大。现代市场经济的发展使各企业的促销活动花样百出。好的促销活动能够在短期内引起人们的关注，使人们产生购买的欲望，这种购买欲望有时可能不在于产品本身的吸引力，而在于活动对人们的影响。传统的促销活动，如赠品销售、有奖销售、打折销售等已经是人们司空见惯的事情。在竞争激烈的市场中，各企业会不断策划出更能引起人们关注的促销活动并付诸实施。

7. 服务工作

在现代人的消费需求中，产品本身的使用价值固然重要，但产品所能体现出的审美价值和附加价值有时更为重要。顾客购买产品是期望获得一系列的利益和满足。这种利益和满足主要表现为企业为顾客提供的各项服务工作，包括购买前的服务、购买过程中的服务以及购买以后的系列服务。服务工作是让顾客产生满意感的最有效途径。因为服务是由人来提供的，服务人员的语言沟通与行为方式是一种活跃的动态过程。好的服务工作可以使顾客产生即时的满意和情感，并使其念念不忘。事后顾客会将这种满意和情感100%地传递给他人，产生10的3次方(10^{3})①的有效传播效果。相反，如果顾客对服务工作不满意，也会产生同样的有效传播层次，从而对企业造成不良的影响。因此，服务是窗口，好的服务可以使企业赢得更大的市场。

8. 社会公益性、文化性工作

企业对外开展公益性、文化性活动，属于大型的公共关系活动，这种活动的特点是：影响大，传播效果好，易产生轰动效果，可以扩大企业的知名度，塑造企业的良好形象。其活动的主要表现形式是参与社会公益性、福利性的赞助活动。主要的赞助对象是体育事业、文化事业、教育事业、社会福利和慈善事业、社会灾难性救助事业等。这里需要注意的是，企业在开展公益性、文化性活动之前，一要把握好主题，选择好机会；二要进行系统的策划工作；三要根据策划的思路认真地实施。只有这样才能使活动本身产生理想的社会效果。

9. 各项对外协调、传播性工作

除了大型公共关系活动以外，企业在日常的工作中也要不断地开展与社会各界公众进行协调、沟通的工作，向社会公众传播企业的信息，以让人们更多地了解企业、认同企业、接纳企业。这种协调、传播性工作主要表现为：日常的人际沟通，如企业人士与外界各界朋友的接触；会议沟通，如新闻发布会、产品订货会、经验交流会和各种其他类型的会议等；公众沟通，如企业主要领导者向社会公众中相关人员，通过确定的方式，如报告、讲座、经验介绍等机会传播有关企业的信息。企业对外的这些协调、传播性工作可以归纳为正式的传播与非正式的传播，正式的传播是有确定的组织方式的传播，如以会议形式和公众进行沟通。非正式的传播是无确定的组织方式的传播，如日常的人际沟通。无论是正式传播还是非正式传播，企业各类传播者均要以企业精神为统率，以企业统一要求的表现形式为行为准则，通过传播为企业在社会上树立良好的形象而努力。

案例拓展　　**扬州辛普森公司员工基本行为准则**

员工讲职业道德：热爱公司、热爱岗位、遵章守纪、敬业尽职、维护公司利益、保守公司秘密。

工作讲效率效果：精诚团结，通力合作，严格务实，追求精益，“一次做好”，注重实效。

素质讲不断提高：努力学习，刻苦钻研，提高业务，提高技能，尊重知识，尊重人才。

行为讲规范得体：文明生产，文明办公，语言规范，行为得体，仪表端庄，服饰整洁。

资料来源：http://yzxps.com/html/n_2008112419341566.html。

---

① 经验证明，一个人如果遇到一件自己非常满意的事或非常不满意的事，都会在一定时期内向至少10个人传播，这10个人受原始信息发出者的影响，又会向下一道的10个人传播形成对100个人的影响；这100个人再向下一道的各自10个人传播，形成对1 000个人的影响。有效的传播层次至少三层，即10变成1 000。

第二节　企业员工手册

员工手册是企业对员工行为所设定的规范，是指导企业员工行为的准则，是员工在企业内部从事各项工作、享受各种待遇的依据，它是企业员工所必须遵守的基本法则。员工手册要求员工在职业活动过程中，为了实现企业目标、维护企业利益、履行企业职责、严守职业道德，从思想认识到日常行为中所应遵守的职业纪律。它规定员工的一言一行、一举一动，以此来体现企业的形象。

一、制定企业员工手册的基本依据

不同的企业对员工有着不同的要求，因此员工手册的基本内容也不尽一致。企业在制定员工手册时，一般应考虑以下依据：

(一)企业的基本特征

企业的基本特征表现为行业特征和企业自身的特征两个方面。行业特征一般提出对行业内企业的基本要求，如食品工业要求企业在生产加工中，产品的质量指标和卫生指标达到所要求的水准。每一个行业其内部都有行业标准，企业的生产环境和生产条件等方面随之按照这个标准设定。行业的一切要求和标准对行业内所属的企业均具有约束力和控制力。这样，企业在制定员工手册时，对员工的行为约束(如着装约束、员工工作秩序约束、员工卫生条件约束等)都要相应提出具体的要求和措施。

企业特征是企业的个性风格，它对制定企业员工手册也会产生一定的影响。有些企业可能依据企业自身的理念(如决策者的理念、性格等)，对员工提出一些有利于企业发展的基本要求和基本规则。例如，有些企业对员工提出：员工在任何场合、任何条件下绝不能向客人(包括消费者、经销商等)说“不”。这类要求不是在行业的规定下提出的，更不是在国家法律的规定下提出的，而是在企业经营发展过程中逐渐总结出来的，并使其成为企业内部的约定。

(二)企业的管理制度

企业的管理制度包括企业对生产、人事、用工、后勤、财务、经营计划、市场、服务等多方面的管理制度。其中对企业员工手册影响最大的是企业的人事管理制度和用工管理制度等。因为企业的员工手册是企业员工管理制度的一种延续，是企业对员工管理规则的具体化。它是在企业人事管理制度和用工管理制度的基础上制定的，其规则必须要全面反映企业的人事管理和用工管理的基本思想与基本内涵。

(三)企业 CIS 战略目标

企业 CIS 战略目标规定着企业的形象战略。企业形象战略的内容主要有产品形象、员工形象、品牌形象、环境形象等。其中，员工形象由员工的各项表现得以形成，包括员工的着装、员工的精神风貌、员工的语言特征、员工的行为表现等。而这些内容又是企业员工手册中所必备的。这说明企业的 CIS 战略目标是企业制定员工手册的一个重要依据。而员工手册是企业战略目标具体分目标的一种表现，是实现战略目标的一种具体规则。

二、员工手册的基本内容

不同的企业在员工手册中所提出的一些规则是不同的，但其内容结构却有一定的共性。员工手册的基本内容结构如下：

(一)企业形象或员工形象

这是对企业员工整体形象表现所提出的规则,其具体内容包含:

1. 总述

说明为什么要对员工形象提出要求、员工形象的表现会对企业造成什么样的影响、员工形象对外传播的意义等。

2. 语言素养

从员工的语言方面提出具体的要求,如见面语言、客人来访语言、服务用语、询问用语、电话用语等。

3. 着装要求

提出工作中着装的具体要求、社交中的着装要求等。

4. 日常礼仪规范

见面与介绍礼仪、握手规则、电话接待规则、来访者接待规则等。

(二)员工管理规程

1. 总则

说明员工管理规程的总体要求。

2. 对员工的任免

含对员工任用、解职,如辞职、解雇、停薪留职、退休等方面提出的约定。

3. 考绩

含考绩的具体要求与规则、奖惩的具体要求与规则。

4. 工作时间

上班的时间要求、纪律要求与具体工作形式要求等。

5. 假期及请假

假期规定、请假规定。

6. 薪金供给

薪金规定、加班补助规定、津贴规定。

7. 安全卫生

安全要求、卫生要求。

(三)人事管理规则

1. 总则

提出人事管理的范围、从业人员的职务、从业人员的总体规则。

2. 任用

从业人员的任用条件、任用制度、任用规程等。

3. 服务

提出各项职务的说明及服务范围、服务规则、工作要求等。

4. 抚恤

提出抚恤的范围及规定。

5. 保险

提出保险规则及权利。

6. 出差

提出出差的基本规则。

7. 福利及建议制度

提出对企业从业人员的福利待遇及相关事项、向企业提供意见与建议采纳后的奖励规定等。

8. 其他规定

以上各项以外的其他规定。

(四)员工出勤管理办法

(略)

(五)员工教育培训规程

(略)

(六)新进员工考选办法

(略)

(七)员工建议提案规程

(略)

如果是服务企业，在员工手册中还应建立服务守则，包括服务规程、服务保证、作息时间等。

以上内容并不是一成不变的，这里除了应当依据我们前面提到的条件设定员工手册而使之内容得以确定之外，企业在自身发展过程中，为适应环境的变化，还应当对员工手册的内容加以调整，一方面使其更具有可行性，另一方面使其更有利于调动员工的积极性、有利于企业的运作和形象塑造。

第三节　企业岗位手册

一、制定企业岗位手册的基本依据

岗位手册又叫职位工作手册，它是不同岗位(或职位)工作人员履行职责的依据，是对具体岗位工作要求的描述。不同的企业对岗位的总体要求是不同的，同一企业对不同岗位的要求也各具特点。因此，在制定岗位手册时，必须要全面考虑企业不同岗位的特点以及企业各方面的状况。

(一)企业特征及岗位特征

我们在论述员工手册制定的依据时，曾提到了企业特征，即行业特征和自身特征。这里我们讲的企业特征及岗位特征是从微观的角度来考虑其细化特征。企业特征对岗位手册内容的影响表现为：企业的总体工作作风直接影响和制约着各岗位工作人员的作风；企业的经营理念和经营哲学影响着各岗位工作人员的行为。企业所有岗位上的工作人员在工作中都必须与企业拥有的各种表现形态融为一体，使企业在统一的理念指导下运作企业各项工作。

在管理工作中，在管理规则统一的情况下，企业对各工作岗位的要求不尽一致。各岗位的特征和性质决定了特定岗位的行为要求和对工作内涵的要求，如对生产管理者的要求是：生产计划的制订与实施；生产人员的配备，生产能力的安排与调整；生产预算与成本控制，建立成本控制体系；制造工艺方法的改善，实施标准生产作业方法，并对员工进行技术培训、指导与考核；生产现场环境卫生管理，材料及物品管理；生产物料调配计划的制订与实施；等等。而这些要求只适用于特定的企业，不具有普适性，因此不适用于其他各类企业。这就是岗位特征决定的结果。

(二)企业的管理制度

如前所述,企业的管理制度包括企业对生产、人事、用工、总务后勤、经营计划、市场、服务等方面的管理制度。企业所有的管理制度对企业岗位手册的制定均有重要的影响。生产管理制度直接约束生产岗位的工作人员;人事管理制度直接约束人事岗位的工作人员,并同时约束到企业的所有员工;总务、后勤管理制度直接约束总务、后勤岗位的工作人员;财务管理制度直接约束财会岗位的工作人员,并由他们执行对全体员工的财务管理;经营计划管理制度直接约束经营计划岗位的工作人员;市场管理制度直接约束市场岗位的工作人员,并由他们执行对市场的管理;服务管理制度直接约束服务岗位的工作人员,并由他们执行对服务工作的实施。这说明,企业的各项管理制度是企业建立岗位手册最重要的依据之一。

(三)企业CIS总体内涵

企业CIS总体内涵包括CIS的三大要素及其各项细化指标。企业理念系统对岗位手册建立的影响是:企业在各项工作岗位上必须要严格按照理念系统的要求约束每一个岗位的工作人员,使其表现出统一的企业精神、价值观、经营哲学和行为准则等。同时也要遵从理念手册的要求,将理念手册中对企业理念系统的定位与分析真正融入各岗位的工作之中,如企业使命对企业来说是一种追求、一个目标、一项任务,但所有这些必然要转化为各岗位的分解目标、各岗位的不同任务。只有将各岗位的任务全部得以确定和完成后,企业的使命才真正地变成现实可及的追求。这是企业在落实理念手册中所必须做到的。

企业行为识别系统对岗位手册的影响是:企业中各工作岗位上的各项工作,就是一套完整的行为活动系统表现。各岗位工作人员每天的工作,必须按照企业行为识别系统的要求进行。因为,企业行为识别系统的对内活动表现为:教育培训、礼仪规范、工作环境、服务水准与态度等内容,所有这些活动均需要通过企业内部各岗位工作人员的工作得以落实,没有各岗位工作人员对企业各项工作的落实,企业行为识别系统的建立就无从谈起。而岗位手册的建立,其本身的要求就是一种对企业行为识别系统的落实。此外,员工手册、营销手册的要求均是对企业行为识别系统的落实。应该说,这三大手册就是企业行为识别系统手册。

企业视觉识别系统对岗位手册的影响是:企业各岗位工作人员上岗上工时,必须表现出企业的统一标志,如工作服、工作证(岗位标牌)等。

二、企业岗位手册的基本内容

(一)组织规程

1. 基本概述

(1)企业各项组织规程的指导思想,制定组织规程的目的。

(2)企业的领导制度和主要领导者职位、职务及其主要责任、权力等。

(3)企业的领导体系和组织体系。

(4)企业各主要工作事项的管辖及运作程序。

(5)企业的工作分工、分派程序、信息反馈、汇报程序等。

2. 组织结构

按照企业的组织规程,决定企业的组织结构。例如,可设总经理办公室及其下属部门,生产部(或生产中心或各工厂)及其下属机构,销售部(或销售中心、营销公司)及其下属机构,财务部(或财会中心、投资中心)及其下属机构,等等。

企业的组织机构根据企业的规模、发展状况和工作重心进行设置与调整，它没有严格的固定模式，即使在一种模式的指导下，各企业具体部门的设定也可能不尽一致。企业的组织机构设置只要能保持它独特的风格，有利于企业各项工作的开展，做到各部门、各岗位满负荷或相对满负荷运转，各项工作均有部门、岗位管辖和负责即可。现代化的组织结构就犹如一台机器，需要各组成部分很好地协调与配合，发挥各自的功效，以形成最佳的有机组合与运作，共同实现企业的价值与目标。

3. 董事会事项

实行董事会制的企业，要规定董事会的职责、事项以及董事会存在的形式与任务。

(二)直属部门职能

企业的直属部门是指直接受总经理或决策机构管辖的部门，如总经理办公室、生产部门(中心、工厂)、销售部门(中心、公司)、投资部门(中心、公司)等。如果按这样的形式来设定，则企业直属部门的职能就要按其部门表现进行分配。

1. 总经理办公室职责

如总经理办公室下设行政管理部(人力管理部、人力资源开发部)、后勤总务部、工程指挥部等。总经理办公室要为各岗位划分岗位职责：行政管理部负责人力资源开发计划、人事制度的研究等工作；总务后勤部负责员工考勤、文书管理、保险联络、办公用品管理、厂区管理等各项工作；工程指挥部主要负责工程管理等工作。

2. 生产部门的职责

主要规定生产管理职责、技术开发职责、质量检验职责、仓储运输职责、生产过程监控职责等。

3. 销售部门的职责

主要规定公关信息工作职责、国内市场工作职责、国际市场贸易工作职责等。

4. 财务部门职责

主要规定财务会计职责、投资融资工作职责及各项目工作职责等。

(三)企业高级主管人员的职责权限

1. 总则

企业组织结构各层级与等级的划分，各层级与等级的责任、权力等。

2. 原则

提出业务执行原则、权限行使原则等。

3. 高级主管职务工作说明

以职务说明书的方式规定总经理工作职责，各副总(含销售副总、生产副总、财务副总等职务)的工作职责，及总经理助理、办公室负责人的工作职责等。

4. 企业总经理办公室各部门的主管职务工作说明

主要对行政管理部门经理、总务后勤部门经理等职务以职务说明书的方式进行职务岗位工作说明。

5. 生产中心各部门的主管职务工作说明

主要对生产管理部经理、技术开发部经理、质量检验部经理、仓储运输部经理、安全保卫部经理等职务以职务说明书的方式进行职务、岗位工作说明。

6. 销售中心各部门主管职务工作说明

主要对公关信息部经理、国际贸易部经理、国内市场部中各区域市场办事处经理、市场销售总监、国际市场部经理等职务以职务说明书的方式进行职务、岗位工作说明。

7. 财务中心各部门主管职务工作说明

主要对财务会计部经理、投资融资部经理及各项目经理等职务以职务说明书的方式进行职务、岗位工作说明。

此外，在岗位手册中，还有对其他一些相关事项的规定与说明，如有些企业规定有例会制度，其例会制度也应在岗位手册中将规则、规定明晰化。

8. 关于例会制度的规程

主要规定经营会议规程、生产工作会议规程、销售工作会议规程、财务投资与融资工作会议规程等。在各工作会议规程中，要规定会议的性质和目的、会议的组织工作、会议所讨论的事项。会议所讨论的事项应包括人事、财务、市场、新事业、新项目、法律、规章制度等各项内容。每次会议所讨论的内容不尽一致，它要根据企业运作过程中所出现的状况而定，一般应抓住一个时期的主要矛盾、核心性问题进行讨论。每次会议之前都应确定会议议题，并围绕会议议题展开讨论。

生产工作会议是有关企业生产决策、生产技术问题的解决、生产任务的研究与安排、新产品创新等工作的会议。

销售工作会议是有关企业促销方案的决策、重大公关活动的开展、广告计划的实施、CIS工作的落实、销售工作的总结、销售计划与策略的执行等项工作的会议。

财务工作会议是有关对企业财务预算、决策、投资、融资、债权、债务、利润计算与分配等项工作进行研讨、审议和实施的工作会议。

以上，我们只对企业中层以上主管人员各岗位、各职务工作的要求进行了说明。在企业的实际工作中，每个岗位都有其具体的工作职责，从而要求企业对各岗位、各职务都要规定并说明其工作职责与工作内容。实行层次管理的企业，要层层制定各岗位职务与各职务工作内容，做到层层下发、层层管理与安排，并层层进行监督和检查，从而形成一张有序的管理网络与管理系统。

第四节　企业营销手册

企业营销手册是针对企业营销人员和营销管理及运作工作而制定的手册。它用于指导企业营销人员的行为，管理与监控企业营销工作的运作，保证取得良好的营销效果，它也是企业营销人员在营销工作中所必须遵守的基本法则。

一、建立企业营销手册的基本依据

不同的企业有不同的营销战略思想，有不同的营销指导原则，从而也有不同的营销运作方法与营销运作规程。但关于营销手册的基本依据，各企业大致相同。

(一)企业经营战略目标

企业经营战略目标是企业在 CIS 总报告、企业发展战略报告中所规定的企业发展目标，它分为定性目标和定量目标两种。其中定性目标规定着企业的目标方向和目标状态，规定着企业的运作投资方向和企业的战略行为；定量目标规定着企业的发展目标值，表现为与市场有关的各种数值，如销售额(量)、利税指标、市场占有率等。企业经营战略目标中的定量目标直接规定着市场营销运作的方向和状态。这是因为，企业的总体销售目标、利税目标等必须要由市场营销工作来保证,由市场营销人员在营销运作过程中得以完成。市场营销计划的制订,营销活动的创意、安排与具体的操作,各项促销活动的开展,阶段性营销目标的实现,都必须在企业经营战略目标的指导下进行。企业经营战略目标是企业营销工作的总目标值,它对企业市场营销工作发挥着导向和约束的功能。

(二)企业的营销规则与营销制度

企业的营销规则与营销制度是企业各项规章制度中的一个重要组成部分,它表现为两个阶段:第一阶段是企业在导入 CIS 之前所确定的营销规则与营销制度,这些制度应具有一定的延续性,这种延续性又表现为两个方面:一方面它对企业营销运作的总体指导要发挥一定的延续效应,如在企业 CIS 总报告的营销工作报告中要考虑企业原有营销规则与营销制度对企业营销运作的影响;另一方面它对企业现实营销手册的制定也要发挥一定的延续效应,从而指导企业现行营销规则的制定。第二阶段是企业导入 CIS 后所确定的营销规则与营销制度,这些制度是企业现实营销运作的行动纲领,指导着企业现实的市场营销操作工作。

企业营销规则与营销制度的主要内容为销售管理制度、情报信息管理规则、客户开发与管理制度、销售服务规则及管理制度、退换货规则、客户申诉管理制度、销售人员行动指南、销售作业时间与方法等。企业所有这些营销规则与营销制度均对企业市场营销工作发挥着约束作用。因为,这些制度就是针对市场营销工作的运作而建立的,它是市场营销工作顺利进行的制度保障,是规范市场营销运作的约束条件。例如,销售管理制度规定着企业如何订货、如何计算销售额、如何收回货款、如何做销售促进工作、如何做市场广告和公关宣传工作等。客户开发与管理制度规定着对客户的约束条件、信誉度指标的掌握、开发新客户的判定标准、如何加强和进行对客户的管理工作等。所有这些要求,都是企业市场营销运作的行为依据和行为准则。

(三)企业 CIS 总体要求

企业 CIS 总体要求是对企业 CIS 三大要素及各项细化指标提出的总体规定。企业在 CIS 总报告中已经将 CIS 三大要素中的企业理念识别系统和企业行为识别系统两大要素指标及其具体运行思路进行了总体规划。同时对企业视觉识别系统最终规定以 VI 手册的形式加以确定,这样企业在制定营销手册时就找到了具体的依据。

企业 CIS 理念识别系统对企业全体员工提出的约束与要求是一致的,对企业营销人员的要求也不例外,而且在某种程度上对营销人员的要求会更严格。这是因为,企业的营销工作属于企业的对外工作,它在企业的对外传播系统中作为企业的窗口发挥着巨大的影响作用。企业营销人员的精神状态、价值观、语言与行为方式直接代表着企业形象和企业内涵。一个企业有没有文化,企业基本素质与素养如何,企业有没有完备的理念系统,理念系统的作用能不能充分发挥,通过企业营销人员的工作和行为均可以得到印证。因此,企业营销人员必须全面接受企业理念系统的培训。同时,企业在营销手册中也要对此做出相应的规范。

企业行为识别系统对营销手册的影响是:企业对外的营销工作直接由营销人员来完成,企业对外活动的开展也常常由营销人员承接,如市场调查工作,公共关系工作,销售促进工作,与经销商或消费者接洽和沟通、协调工作等,所有这些工作都承担着企业对外传播的职能。而这些工作正是企业行为识别系统对外活动的具体化。没有这些活动,企业的市场营销工作就无法开展,而没有这些工作,企业的行为识别系统的对外活动部分也就不复存在了。因此,企业营销手册的制定必须要充分考虑到企业行为识别系统对营销人员和营销工作的要求。

企业的视觉识别系统对企业营销工作的影响较之对企业其他工作的影响更为重要。这是因为，企业所有营销工作的开展必须要全面体现企业的风格、企业的形象，它通过企业标志、标准字、标准色以及这些基本要素在各应用系统中的表现得以完成。企业营销人员必须要以企业的形象来表现自己，如标志牌、工作证、企业介绍、产品目录、价格表、企业各项有效证件等，均要体现企业视觉识别系统的统一要求；企业的产品包装、品牌商标、销售展示、销售环境均要表现出企业风格和企业形象；企业的公共关系活动、企业的广告宣传均要告知企业的信息，从而表现出企业的形态；企业的各项促销活动、促销赠品、奖品、促销宣传工作、标语口号等也应要表现出企业的总体形象。如此等等，说明企业在各项营销活动中一刻也离不开通过视觉识别系统的约束来表现企业的形象及其统一性、独特性和一致性等特征。

二、营销手册的基本内容

(一)经营方针

企业的经营方针是企业营销工作的总体指导原则，用以表现企业的营销理念、营销原则和营销思路。它表明企业的营销发展方向、营销总体目标，还表明企业的事业领域、产品发展水平和科学技术水平等。

(二)销售计划

销售计划是对企业销售工作的思考与规划，是指导企业销售工作的文件。销售计划的制订主要包括销售计划的内容、销售计划的实施与管理。

1. 销售计划的内容

(1)销售计划的内容包括销售目标的界定、销售目标的分解、销售地域和目标市场的界定、销售工作的分配与注意事项等。

(2)注意销售计划与销售方针和销售政策的配合，注重部门与人员之间的分配与合作，要提出销售策略的创新思路等。

2. 销售计划的实施与管理

规定计划实施的主要负责人和实施主体，规定计划实施的检查与监督的制度，包括信息即时反馈、定期检查、营销网络管理制度等。

(三)销售业务处理规章

1. 通则

说明销售业务的范围、目的；销售活动开展的要求、销售人员须知、各项规则的遵守等。

2. 订货受理与交货

其主要事项有：

(1)事前调查：对大宗客户的资信条件、付款能力等进行调查。

(2)调查事项：预订购买者的概况；与本公司的业务关系；与其他公司的业务关系；预订购买者的交易能力、银行往来等情况。

(3)订货情报：掌握有关订货的资料。

(4)订货受理：含品名、规格、数量及契约金额，付款条件，运输条件，交货地点，运送方式、距离等。

(5)提出合同：将订购单、订货受理报告、合同书一并提交给主管领导。

(6)注明新客户：对新客户要格外注意，注明相关事项。

(7)付款条件：付款的时间界定、预付货款的时间与到货说明等。

(8)报告：每日营销活动情况、每周活动情况等。

3. 货款的处理

注明货款的回收、回收货款时的注意事项、无法收回货款的赔偿、不良债权的处理、回扣的范围、价格的确定等。

(四)市场办事处工作细则

1. 一般规定

市场办事处的设置、人员安排、行为要求、业务要求、市场部职责、市场部所管辖区域以及一系列相关的管理工作与业务工作规则。

2. 销售业务

主要说明营销人员的工作职责、销售工作程序、拜访客户规则、结款制度等。

3. 费用

规定市场办事处各项费用的支出及约束条件。

4. 营销人员职责

划分经理职责、仓库管理员职责、直接销售员职责、秘书职责等。

5. 附则

附加的一些管理规定、考核办法等。

(五)销售员业务守则

1. 工作态度

要求诚实,可信赖,业务效率高;重视市场调查、信息反馈工作;热情投入工作,不怕苦,善于解决问题并克服困难;注重企业的形象推广。同时,要求经常走访客户,熟悉商品知识,广泛听取各方面意见,积极参与企业各项活动。

2. 推销方法

制订计划、开展业务工作、开拓新市场等。

3. 推销活动

活动的程序、活动的要点、活动的注意事项等。

4. 推销语言

把推销语言看成是一种推销工具,推销语言要生动、丰富、有感染力和吸引力;要掌握语言规范,要能表现企业理念等。

5. 业务处理

订货、送货、客户意见、货物退还、价格变动、货款管理等各项工作的处理。

6. 货款回收

说明货款回收的原则以及回收程序和方法等。

7. 联系汇报

各市场部应与总部保持联系,不断沟通情况,以利于总部对市场情况的了解、掌握,目的在于实施有效的指挥与协调工作。

(六)营销人员工作技巧

1. 销售活动要领

主要制定营销方针、营销活动要点,提出市场营销中应注意的问题等。

2. 对新客户的销售技巧

留下良好的第一印象;如何打开僵局;如何对待不接受或拒绝的客户;销售员告别客户的要求等。

3. 推销业务要点

社交礼仪的要求，如介绍、打招呼、展开话题等；业务洽谈工作；销售中的问题处理等。

4. 推销员自检

自检内容包含仪表、动作、言辞、洽谈、工作目标、对待客户态度、各项事务处理等。

5. 市场调查业务

市场调查的目标、意义；调查项目要求；调查方法的确定；调查实施程序等。

6. 对外传播活动

对外传播宗旨；对外传播素材；对外传播方法与形式；对外传播程序；对外传播注意事项；费用预算；特殊情况下对外传播；营销人员参与对外传播的必备素质与工作要求等。

7. 广告宣传业务规定

广告宣传的目的、业务内容；广告宣传计划方案；广告宣传用品制作；广告媒体选择；CIS视觉识别系统的运用；广告宣传效果分析与测定等。

8. 营销人员推销能力测试

主要内容包含有关产品的知识、推销心态、应变能力、语言能力、吸引力、社交礼仪、自信心，以及特殊情况的处理、对推销业务与推销程序的把握、推销方法的选择等。

9. 营销活动管理表格的使用

（略）

本章思考

1. 企业内部行为识别系统的内容是否能够涵盖企业各项行为中的所有内涵？
2. 企业外部行为识别系统的内容是否能够涵盖企业对外行为中的所有内涵？
3. 员工手册在企业中主要解决什么问题？
4. 一般情况下，企业的岗位手册所针对的对象是企业中的哪一部分人？
5. 企业营销手册所针对的对象是企业中的哪一部分人？手册应发挥什么作用？

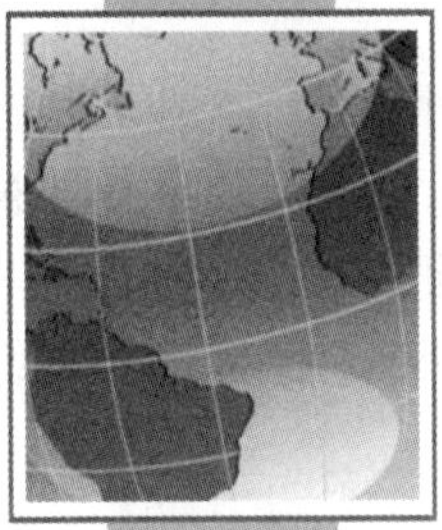

第六章
企业视觉识别系统策划

企业视觉识别系统，英语全称为 Visual Identity System，简称为 VIS 或 VI。这是企业形象的静态表现，也是具体化、视觉化的传达形式。它与社会公众的联系最为密切，影响面也最广，从而使其成为企业对外传播的一副清晰的面孔。这张面孔是否生动、感人，关键在于对其内容的设计。好的 VI 设计可以将企业精神、企业个性与风格充分地表达出来，并且让社会公众一目了然地掌握其中传达的信息内涵，达到识别、认知、接纳并永久记忆的目的。

第一节　企业视觉识别系统的特征与依据

一、企业视觉识别系统的特征

企业视觉识别系统作为 CIS 的一部分以及企业的一种战略手段，对市场发挥着潜移默化的影响和改变。作为具有独特风格和前瞻性、有效性以及系统性表现的企业视觉形象，企业视觉识别系统拥有其自身的基本特征。

(一)识别性

这是企业标志的基本功能。企业标志是代表企业的视觉符号，具有不可替代的价值，一个商标一旦经过了注册就具有了专属性，任何未经授权而使用其他企业的商标都是一种侵权的行为，要受到法律的制裁。同时，企业标志代表着企业独特的风貌，要求造型美观，字体和图案都要能体现出企业及其商品(或服务)的档次，具备强烈的视觉冲击力、传达力，能迅速被社会公众识别并与其他企业(特别是同类企业)相区分。

(二)同一性

企业标志代表着企业的理念、公司的规模、经营的内容、产品的特质，是企业的象征和符号。因此，它必须和企业理念、企业行为相吻合，公众对于企业标志的认同就是对企业的认同。企业标志一经确定，在一定时期内一般不做更大的更改，否则会引起企业形象识别上的混乱，削弱消费者的信心，给企业带来负面的影响。

(三)延展性

企业标志是使用最广泛、出现频率最高的视觉传达要素。在不违背企业标志同一性原则的前提下，各种由标志标准延伸开来的变体设计要适用于各种不同的传播媒体、大小场合、制作材料、加工技术等，以产生切实的表现效果。如企业标志的反白形、线框形、线条形、放大缩小的视觉矫正等均是从主题标志延伸而来。

（四）系统性

企业标志作为企业视觉传达的核心要素，需要同其他基本要素组合使用，如与企业名称标准字、企业象征图案、企业标准颜色等形成一个整体和体系。同时，企业标志还需要在企业视觉应用要素中展示出来，在企业可视的任何物品中都能体现出企业的视觉形象。这种企业基本要素的组合和应用要素的展示等规范，满足了企业标志应用的系统化、规格化、标准化等约束条件，强化了企业视觉形象传达的系统性。

（五）时代性

处在现实社会中的企业，面对迅猛发展的科学技术、急速改变的生活形态、快速前进的工商活动、日益更新的社会思想观念、不断变化的流行时尚，必须定期对企业标志进行检讨、改进，以符合时代的要求，体现时代精神，避免企业视觉形象的老大僵化、陈旧过时。如果感觉企业视觉系统不符合时代的脉搏，或当企业发展壮大之时需要更具有时代气息的视觉系统，则企业就要借机推出相应的公关举措，在改革企业视觉识别系统的同时推出全新的品牌形象。

（六）价值性

企业标志代表着企业的品牌，品牌是企业的无形资产，首先，这种无形资产在市场上表现为对消费者或用户的吸引与接纳，进而形成品牌的市场价值，即通过企业标志所形成的企业品牌代表的企业产品或服务在市场上表现为被消费者或用户接纳的属性；其次，这种品牌具有经济价值，即通过品牌评估可体现出企业的品牌价值，即企业无形资产的价值形态之一；再次，这种品牌具有社会价值，表现为企业品牌对社会的贡献，即通过参与社会活动将自己的能力贡献给社会，进而形成的在社会上的影响力和形象力。

（七）传承性

企业标志是有形的，但其内在的价值是无形的，这种无形的价值常常令人感慨、令人动容。企业老一辈工作者当回忆起企业历史故事时，讲述的一定是企业文化，这种文化一定先用标志将其表现出来。新员工刚刚进入企业时，首先接受的信息也是企业标志，他们会通过企业标志来感悟企业文化、了解企业历史，并肩负着将企业文化接受下来、传承下去的重任。在企业外部，当消费者购买企业产品与服务时，首先接触到的企业信息也是这一企业标志，消费者通过标志来认识产品与服务并对其进行品评，以此来界定所选择的对象，并将其内在的信息传达给他人。

二、企业视觉识别系统的依据

企业确立什么样的视觉识别系统，从什么角度建构企业的视觉识别系统，这是企业视觉识别系统建构的依据。一般情况下，企业或设计者会从以下几个方面进行思考。

（一）企业理念识别系统

企业理念识别系统是企业文化的延伸，因此从本质上讲，企业视觉识别系统所依据的是企业文化。企业文化是企业的灵魂。它需要企业根据自身的文化修养、价值观、经营理念和企业内外环境进行科学分析，逐步形成成熟的企业文化。成熟的企业文化通过理念系统得到表达和表现，在这个表达和表现的过程中，视觉的冲击力和人们对企业产品与服务的感应力就成为其中重要的形态。企业文化与企业理念通过视觉识别系统所表现出的鲜明个性，可以不断提升企业的综合实力，由此它成为企业文化和企业理念系统建设的重要途径以及企业文化与企业理念传播和扩散的有效手段。通过静态的、具体的传播方式，将企业的精神、思想等文化特质形成一个统一概念，以视觉形式加以外化并准确地传达给大众，使社会公众一目了然地掌握企业的信息，产生认同感，达到识别的目的。

企业视觉识别系统作为一种文化与理念传播的手段，具有文化与理念的导向性和辐射性，进而在市场上形成影响力和感召力。为什么有人只选择可口可乐而不喝其他牌子的饮料？为什么有人偏爱苹果手机？心理学家指出，人类90％以上的信息接收来源于视觉和听觉。因此，视觉识别在消费者心目中会增加产品的价值。这就是视觉识别在潜移默化中使参与者接受共有的价值观，引导价值取向和行为取向的作用。

视觉识别系统通过不同的渠道对社会产生着影响，为企业扩大知名度和美誉度，形成良好的社会形象，取得良好的社会效应。

案例拓展　　**宝马标识的内涵**

世界顶级豪华汽车品牌“BMW”，无论是从它音意俱佳的中文名字“宝马”，还是从它蓝白螺旋桨标志，无不蕴涵着“BMW”的品牌精神和汽车品位。“BMW”公司最早从生产飞机发动机起步，飞机螺旋桨高速旋转在蓝天和白云的背景上划出扇形弧线，概括出蓝白相间四片扇叶的“BMW”标志。译名“宝马”独具匠心，“马”乃载物工具，车的概念显见其中；一个“宝”字让人不禁对马产生了美好的想象。因为“宝马香车”在中国古代文化中早已有之，而“BMW”栩栩如生的视觉品牌形象又令人耳目一新。几十年来，“BMW”公司不断演进、变革，但蓝白螺旋桨的主题却始终如一，成为其企业精神不可分割的一部分，显示了其品牌文化的迷人魅力，在商业上获得了巨大的成功。

（二）企业行为识别系统

企业行为识别系统是企业形象的一种动态的视觉表现与传达，而企业视觉识别系统是企业形象的一种静态的视觉表现与传达，两者一动一静，构成了企业整体形象的完整形态，并互相配合、互相影响。

企业识别的首要问题是，企业必须从识别和发展的角度，从社会和竞争的角度，对自己进行定位，并以此为依据，认真整理、分析、审视和确认自己的经营理念、经营方针、企业使命、企业哲学、企业文化、运行机制、产业特点以及未来的发展方向，使之演绎为视觉的符码或符号系统。其次是将具有抽象的特征视觉符号或符号系统，设计成视觉传达的基本元素，统一地、有控制地应用在企业行为的方方面面，使其在具体的条件和背景下得到充实，使有限的内涵产生无限的外延，在观众的心目中，真正成为企业的同一物，而不是装饰品。

企业在行为识别系统中，无论是内部行为还是外部行为，一定会更多地使用视觉符号，如企业社会经济活动的开展，首先要打出企业的标志、标准色、标准字；企业的环境展示，一定要表现出可视、可让人记忆的标志、符号与色彩；企业在对外交往中，一定会使自己的形象通过视觉识别系统的表达得到延展，以让人们认识与记忆。因此，在设计视觉识别系统时，设计者就必须考虑企业的行为系统要求，根据行为系统对视觉符号使用的要求设计出完整的视觉识别系列。当企业的视觉识别系统设计出并确定应用于企业经济运营和社会活动之中时，企业的视觉符号这一静态的事务，就会通过动态的行为识别系统，使其具有了强大的生命力，展示出了栩栩如生的画卷。

从企业理念、行为识别到视觉识别的过程——整理分析、定位、形象概念、设计概念、视觉符号、传达系统，在以上传达的各阶段，从形象概念到设计概念是一个关键的阶段，从设计概念到视觉符号又是一个关键的阶段，这两个阶段把握好了，企业视觉传播的基础就具备了。

（三）企业愿景目标

愿景是一种更高层次的梦想与追求，它比目标更高远，比幻想更实际，比战略更伟大。愿景是自然人的追求，也是经济组织——企业的追求。当亨利·福特在 100 多年前说他的愿景是“使每一个人都拥有一辆汽车”时，人们不会相信亨利·福特会有能力将这种梦想变成现实。当苹果公司将“让每人拥有一台计算机”的愿景与追求成为现实时，人们确信了愿景力量的高远、实际而又伟大。当马云说“让天下没有难做的生意”时，人们或许还不是很相信，但后来的发展，人们享受到了购物的便捷与实惠。

企业愿景就是企业的梦想。任何企业都有自己的梦想，这种梦想常常与企业的未来使命相衔接，即企业在未来的社会中所希望承担的任务和扮演的角色以及所能达到的结果。这种任务和角色的不断追求就是实现愿景的过程，追求的结果就是愿景的真正实现。企业愿景也许离企业现实有一定的距离，但并不是遥不可及，通过努力是可以实现的，这种努力的过程是不断实现一个一个阶段目标的过程。因此，愿景不是目标，而是一个一个阶段目标不断集合的过程。

企业在设计视觉识别系统时一般都是要站在一个通向未来的视角来思考其中的内涵，这种内涵常常会融入企业的愿景，使企业成为一个有梦想并希望梦想变为现实的组织。很多人见了苹果公司的苹果标志都会问这样两个问题：“苹果公司为什么叫苹果？”“为什么苹果公司的苹果被咬了一口？”这或许恰恰正是当初设计苹果标志的人所希望达到的效果。

案例拓展　　对苹果公司两个问题的解析

从历史的角度分析，一个计算机公司叫苹果可能会令人不可思议。苹果是美国人生活中最常用的水果，孩子们每天上学时可能书包里就装着一个苹果，人们的生活餐桌可能每天就摆放着苹果。这说明苹果太普通、太普遍。而一个电脑公司叫苹果正是苹果公司的愿景——“让人们感觉电脑不陌生”“让电脑更贴近生活”“让每人都有一台自己的电脑”。

在此基础上确定苹果公司的标志时，创始者和设计者自然会使用苹果的形态。完整的苹果不会令人感到新奇，而被吃掉了一部分的苹果则会引起人们更多的关注，进而提出为什么的问题。这也许是苹果公司的创始人希望将自己的公司表现出不遵守习俗的自然特性的缘故，这也许是乔布斯本人的一种特点或一种追求。但无论史意如何，苹果公司的这一选择都证明了公司的价值观——拒绝将计算机神化，人们将不再崇拜或恐惧计算机，而是将之视为一种生活中不可或缺的物品，就像生活中的苹果。由此，我们看到了苹果的愿景——让每个人都拥有自己的计算机。

®

从苹果公司的标志中体现出的苹果公司所追求的愿景可以看到，一个企业的视觉识别系统一定会蕴含着企业的愿景规划，一定会从中读到企业对未来的追求。

第二节　企业视觉识别系统的内容

企业视觉识别系统的主要内容分为两大部分：一部分为基本要素；另一部分为应用要素。具体内容如表 6－1 所示。

表 6－1　视觉识别系统(VI)

基本要素(Basic Factors)	应用要素(Useful Factors)
(1)企业名称	(1)事务用品
(2)企业及品牌标志	(2)办公器具、设备
(3)企业及品牌标准字体	(3)招牌、旗帜、标志
(4)企业标准色	(4)建筑外观、橱窗
(5)企业标志造型、徽记图案	(5)衣着服饰
(6)企业宣传标语、口号	(6)交通工具
(7)市场营销报告书	(7)产品形状、商标
……	(8)包装用品
	(9)广告招贴、吊旗、宣传画画面
	(10)画展、陈列样品、传播规则、规划
	……

一、企业视觉识别系统的基本要素

企业视觉识别系统的基本要素是企业对外传达信息、诉求公众形象的核心部分，也是建立企业识别系统的基本元素组合。基础要素的规则性很强，它要求企业标志、标准字、标准色、标准符号、标准图形等必须按照统一的要求对外进行传达，宣传标语、口号等文字必须一致。

(一)企业标志要求

企业标志(Mark)要有表达性意义、指示性意义和表述性意义；标志标准制作图主要用于制作招牌、户外看板、指示牌、建筑外观等；标志色彩运用要求统一色调，并能反映企业形象、企业个性，体现企业的经营理念和思想情感。

其中，表达性意义是指企业通过视觉识别系统将企业的文化、特征、内在追求等相关内容向社会公众传达，以让社会公众对企业了解、认识；指示性意义是指通过企业的视觉传达吸引社会公众的视线，指导社会公众的行为，引导社会公众接纳企业的供给；表述性意义是指通过企业的视觉识别系统说明企业的内涵，将企业的内在追求讲述给社会公众。

(二)标准字要求

企业标准字(Standard Words)是将企业的标志性字体艺术化，形成一种具有独特风格的艺术表现形式。企业标准字的艺术造型要求与企业标志的造型特征相协调，以求得基本要素之间的和谐与统一。

(三)标准色要求

标准色彩(Standard Colour)是视觉传达系统中最有力的因素，特别是在远距离视觉传达的情况下，较其他视觉因素更有效。标准色借助于良好的标准图形，在企业对外传达中会对社会公众产生强有力的印象，从而达到对企业形象识别、认知的目的。

(四)基本组合要求

企业标志与中英文标准字的组合(Basic Combination)形成了完整的企业标志，它是企业VI系统中首要的视觉识别元素之一。其组合的形式可以变化多样，但标准色、标准字、组合尺寸规则不能发生变化。

(五)指定印刷字体要求

指定印刷字体(Printing Typeface)主要应用于企业文献的正文及事务用品中。所选定的字体用以体现企业的卓越精髓，传达企业的理念宗旨和企业的文化品位。所有企业信息传播媒体、广告宣传及平面印刷等所需文字，均统一采用指定的印刷字体，以求塑造一致的企业形象。

二、企业视觉识别系统的应用要素

企业视觉识别系统的应用要素部分是指企业依据视觉识别系统的各项要求，在企业视觉识别系统基本要素的应用规范与要求基础上所形成的，企业对外传播系统中对所有的可视物品统一规则、统一表现。

企业视觉识别系统应用设计要素部分可按以下几个方面分类。

(一)办公用品设计

办公用品是企业信息传达的基础单位，办公用品在企业的生产经营中用量极大，扩散频繁，而且档次、规格、式样变化多端。因此，办公用品是企业视觉识别的有力手段，具有极强的稳定性和时效性。

企业识别应用系统中的办公用品主要指纸制品和工具类用品。

办公用品的设计涉及纸品的规格标准的设计、纸品的形式和格式设计、运用于办公用品中的基本要素的选择及组合、办公用品的空间布局、色彩选择、办公用品的统一设计等。在设计中，应注重以下几个环节：

(1)引入的企业识别标志及变体、字体图形、色彩组合必须规范。

(2)所附加的企业地址、电话号码、邮政编码、广告语、宣传口号等，必须注意其字形、色彩与企业整体风格的协调一致。

(3)对于办公用品视觉基本要素的引入，以不影响办公用品的使用为原则，并在此基础上增加其美感。如纸张中的基本要素，应位于边缘一带，并根据心理学的视觉法则，一般应位于整个版面的上方和左方，以给其使用留出足够的空间。

(4)对于办公用品的选择，一般应选择质量较好的纸品，而不能由于成本原因而因小失大。

(二)企业建筑和环境规划设计

企业建筑不仅是企业生产、经营、管理的场所，而且是企业的象征。企业建筑物的风格代表了企业的经营风格。企业建筑的外观造型和内在功能共同决定了其对企业形象的传播程度。

办公场所的建筑物应突出其开放性的一面，还得突出庄重、自尊和克制的特点，充分体现企业与社会和人类环境的相辅相成、共存共容的特征。

生产型企业的建筑风格，直接体现了企业的经营目标，宏大的建筑体现出一种追求高远的志向，古朴典雅的楼房则体现了精巧细致的企业文化。

规模较大的商业和服务企业应采用连锁经营的模式，采用统一的外观形象，不仅有助于扩大市场规模，而且对于建立统一的企业形象具有重要的作用。

环境规划对鼓舞员工士气、增加凝聚力具有非常重要的作用。一般而言，各种商业及其他服务性的企业都比较重视环境规划。商业企业在进行环境规划时，一般遵循以下几个原则：

(1)应设置醒目、清楚的购物和服务信息。如商品摆放图、示意图、标牌等，以节省消费者的时间，同时还应有良好的灯光系统。

(2)对于环境的规划，应处处为消费者或用户着想。诸如在商场、银行、书店等地方设置一定的座位，以供消费者休息。同时，要进行一定的装饰美化，并能提供消费者生活需要的各种信息。

(三)员工制服设计

员工制服的设计要注意以下几点：

(1)注意适用性原则。首先要考虑员工的岗位，同时也要考虑季节因素，应设计多套服装。

(2)制服的设计要基于企业理念，体现企业特色，表现出企业是现代的还是传统的，是创新开拓的还是温和亲切的企业形象属性等。

(3)要基于行业特色，表现出医院、邮电、学校、宾馆、商业等已为大众认同的服装模式。

(4)要考虑视觉效果，通过色彩、标志、图案、领带、衣扣、帽子、鞋子、手套等表现出整体的视觉形象。

(5)可以与已设计好的视觉识别基本要素相搭配，在保持整体风格一致的前提下将企业的标准字做成工作牌或标徽或直接绣在制服上，并以标准色作为制服的主要色调，以其他不同的颜色区别不同的岗位性质。

(四)交通工具设计

企业的交通工具是塑造、渲染、传播企业形象特别是视觉识别形象的流动性媒介和渠道。交通工具外观的设计开发，重在企业识别标志及其变体的构成组合上，尤其是同车体、车窗、车门构成组合的协调。具体设计应注意以下两个方面的问题：

(1)车辆外观的设计应与企业名称设计、产品名称设计、标准字的运用、标准色的选取相一致。

(2)由于车辆形体、大小、车型的不同，在应用时还应注意与具体的交通工具相结合，使车辆发挥出准确宣传企业及品牌的效应。

(五)市场营销设计

企业的市场营销活动对企业视觉识别中基本要素的应用最广泛的体现路径有这四个方面：产品、包装、广告和公共关系。

(1)产品。产品的外观式样是指产品给予购买者的视觉效果和感觉。对此，企业应注重塑造产品外观式样的独特个性，赋予其有效的艺术风格，以鲜明的设计吸引消费者。这项工作需要由负责工业设计的人员来完成。

(2)包装。在进行包装的开发和设计时，企业应考虑诸多影响因素，以做出与企业理念、企业形象、产品特性等相协调的包装决策。

①目标市场特征。必须了解产品所面对的顾客群的特征，以使包装设计迎合其需求。

②竞争对手的状况。企业应了解竞争对手的产品包装特色，在此基础上确定具有竞争力的产品包装，并与竞争对手相区别。

③产品形体大小因素。企业应结合产品的特征，确定包装的大小规格和式样。

其实,包装设计要考虑的最主要的因素就是如何体现和树立企业整体形象。企业应将视觉识别的基本要素应用于包装之中,包装材料、包装色彩、包装文字、包装图案等因素应与企业的名称、标志、品牌、标准字、标准色、印刷体等基本要素相统一,而且,其整体视觉效果应与企业的整体形象相一致。

(3)广告。从CIS的角度来看,广告是实现视觉识别、树立企业形象的重要途径。企业在进行广告决策时,应使广告具备以下几个特点:

①广告应有极强的明确性和准确性。

②广告应切合企业的自身实际,真诚可信赖。

③广告应具有感人的特点。

④广告表达要与企业理念系统内涵相吻合。

(六)企业的旗帜、招牌设计

旗帜利用方式一般分为悬挂式和撑杆式两种:悬挂式则是为了渲染环境的气氛,撑杆式往往挂有企业的名称、企业的象征物、企业的徽标,通常企业将上述两种旗帜立于一起,以形成统一的识别组合。旗帜内容的设计往往与企业基本要素的设计同时进行,旗帜的大小则满足标准国旗、团旗的尺寸要求,颜色鲜艳,整体醒目。

企业招牌是指引性和标志性的企业符号,是大众首先识别到的企业形象。企业在进行招牌的设计中应注意以下几个问题:

(1)企业的招牌设计应与企业基本要素的设计协调一致,并将这些要素予以突出,同时,企业的招牌还应与企业建筑环境统一、协调,避免招牌的突兀之感。

(2)由于招牌终日被置于户外,因此,企业在进行招牌的制作时,不仅要考虑使用耐用、耐雨雪的坚固材料,还要注意安全性和环保性等。

第三节　企业视觉识别系统的设计

在企业CIS导入中,对CIS更多内容的解释均针对的是企业理念识别系统和企业行为识别系统,而对于企业视觉识别系统的说明则单独地将其独立出来。之所以这样安排,其原因是:第一,企业视觉识别系统相对于企业各项运作方案(与理念与行为相关的内容)来讲,有很强的独立性和特殊性,它需要设计师依据企业理念和企业行为进行单独创意、设计;它自身可自成体系;它表现的是设计师对企业理念和企业行为的理解以及对市场内涵的把握。第二,企业视觉识别系统由于表现出的是视觉形象,是画面,它很难以文字的形式将其报告或解释,以形象展示比用文字解释更具有直观性、可视性、可理解性和可传播性。

一、企业视觉识别系统设计要素

企业视觉识别系统的基本设计要素为企业名称、企业标志、企业标准字、标准色、企业造型和象征图案或卡通形象等。

(一)企业名称的设计

企业名称是用文字表现的识别要素,是一个企业的第一人称,好的企业名称要能表现出企业的本质。企业名称的功效在于能够影响企业活动、影响员工所处的环境,同时可成为企业品牌战略的基础工作之一。企业CIS导入的视觉设计,有很多企业是从更换或改变企业名称开始的。

1. 企业名称的更换

如果原企业名称没有特点，或不适应于信息传递或与实际经营状况不吻合，都会对企业的各项活动造成一定的影响，这时必须要改变企业的名称。改变企业名称要认真考虑以下因素：与品牌的整合性，与旧企业名称的连续性，与商品形象的一致性，在开拓国际市场时应具有一定的有效性和推动性等。企业名称应和企业主导商标，尤其是与其品牌相吻合或者一致，特别要注意与未来品牌相一致。

对更换企业名称另一种情况的说明：

这里有另一种情况必须说明，那就是当企业发生品牌危机，企业品牌轰然倒塌而不可救药时，企业要更换名称则不能遵守上述规则，而要使新的企业名称与原来的企业名称完全分离，不使其具有一致性和可衔接性。以前品牌的可衔接物只有产业领域可延续、有形资产可利用(包括机器、设备、厂房、原材料、员工等)时才可使用。因为，品牌危机造成了对原有品牌的破坏，这种遭受破坏了的品牌，在处理好危机之后，如果品牌系统尚处于健康状态，则可以不更改企业名称和品牌，以危机作为企业的一次契机；但如果企业名称和品牌遭到了巨大的打击而使身心无法恢复健康，则要使其休眠或死亡，将危机品牌带给企业的坏名称彻底抛弃，以全新的姿态重新开启企业的事业，从头开始积累无形资产。而新开启的事业就始于全新的企业名称的确立。这时企业一定要确立好理念系统和行为系统，并在此基础上开始全新的视觉系统。一切的规范行为均指向企业的愿景目标。

2. 企业名称的选择途径

企业名称的选择途径主要有：

(1)征询员工意见，发挥员工的创造才能，让员工为自己的公司定名。实际上这一途径还是一项企业内部的公关活动。企业可以通过这样的活动，使员工有对企业活动的参与意识，调动员工的工作积极性，使员工更加热爱企业，关心企业的成长，增强企业的凝聚力与向心力，并同时会更加认同企业的文化。

(2)通过大众传播媒介或通过网络向社会公众征集企业名称。这种方式会使参与的公众较多，实际上是企业的一种对外公关活动的类型。通过这种方式的操作，需要对参与者给予一定的承诺，如可对参与者的作品进行评选，评出一等奖、二等奖等。一般情况下一等奖应评出一名，并将其作为企业名称更换的唯一方案；二等奖可作为备选方案。同时对不同级别的奖项应给予数额不等的奖金或相应的奖励。通过这一途径开展的企业征名活动是向社会公众宣传企业的一项重大举措，而且征集工作结束后，确定了企业的新名称，仍可顺着原来的传播思路向社会公众宣传征集的结果、获奖者人选以及企业正式更名的时间，从而为企业未来的发展创造良好的条件。

(3)通过 CIS 专家设计企业名称。这是一种投入比较大的途径，但由于专家们站在一个相对较高的位置来创意企业的名称，考虑问题比较全面，因此，这条途径可确保企业的操作万无一失。这种方式常常用于企业扩大发展、经营运行要上一个新的高度时得到使用。

(4)通过起名公司确定企业名称。这是一种相对比较简单的操作方式，所投费用也不会太多。对于新建的企业，没有任何前期的基础，选择这种操作方式比较合适。但对于已经有了一定基础的公司，需要考虑前后名称和业务的衔接，这种方式则远不如前几种方式。

3. 企业名称的设计要求

企业名称要适于信息传达，富于新意并易于记忆。如 IBM 公司在第一次的 CIS 导入中，第一项工作就是将原来的 International Business Machines Corporation 缩写成了 IBM，既适于信息传达，又易读易记、简练精确。企业名称的设计要能表现出商标、品牌和域名的特征，有些企业将企业名称更换成商标名称，或将企业名称以商标和域名的形式注册登记，从而使企业名称与商标品牌及网络域名相一致，这样可以提高企业宣传和产品品牌宣传的效率，一笔投资，三重效果。这对企业知名度的扩大、品牌影响力的提高均有着巨大的促进作用。

4. 不改变企业名称也可重塑企业形象

企业原来的名称不变，对企业名称字体进行重新设计，并在企业传播工作中反复强调企业名称的标准字体，使之形成强烈的冲击性传播力，也会加深社会公众对企业新形象的认同与接纳。企业名称形态与色彩的改变，是企业寻求对外传播并开展公关活动的一个新的契机，借此契机，企业应将新设计的企业名称字体、形态、色彩大力度地传播出去，使新的企业名称、形态被社会公众所认同与接纳。

(二)企业标志的设计

标志(Logo)是以特定、明确的图形来表示和代表某事物的符号。标志代表约定的信息，其作用不仅在于单纯性指示事物的存在，它还表现了事物的目的、内容、性质等方面的内涵。可以说，标志是将事物抽象的精神内容，以具体可视的图形表达出来。

在企业的实际经济运行中，企业标志常常与企业核心性商标完全一致。这样确立的好处有以下几点：一是可以集中企业的有限经费用于企业标志的传播，扩大企业的影响力；二是企业传递的信息集中，不会引起社会公众的不解或误解；三是不会造成各种资源的浪费，包括人力资源(设计与使用)、传播渠道(各种传播媒介的利用)、市场资源(市场对信息的接纳和对需求满足度的提升)。

商标(Trade Mark or Brand)是指商品的标记，在经济社会中，商标是一个专门的法律术语，它通过名称、标记、符号、图案，或者这些因素的组合形成一个完整的视觉品牌基础要素，并通过注册而受到法律的保护。商标具有专属性，其使用与支配权归商标注册人即所有人。国际上许多著名商标，或者拟走向国际、希望成为著名商标的企业，都会将自己的商标在许多国家中注册，同时走《马德里条约》注册，以为自我保护，也为自己的品牌发展奠定基础、铺平道路。

将企业商标与企业标志合二为一之后，就使企业标志既具有了受到法律保护的效应，也具有了可传播效应。在此基础上将其与品牌的建构结合起来，将推动企业的规范与发展。

企业在 CIS 导入中对企业标志(商标)的设计和对企业名称的设计一样，要求能传达有效的信息、要具有市场传播的生命价值、要具备表现美感的艺术价值等。

(三)标准字、标准色的设计

1. 标准字是合成字的表述

企业在 CIS 视觉识别系统设计中，在各种应用要素上均有标准字(Logotype or Standard Character)的表现，所以企业标准字的种类很多。这里主要从基础要素的角度考虑企业的标准字。如企业名称标准字，企业商标、品牌标准字，产品标准字，标题标准字等。标准字的设计要有个性、易阅读，富于美感，具有延伸性和系统性，有一个统一的、一致性的表现形态。独特的风格和强烈的印象是设计标准字时所强调的重点。设计师在设计时要根据不同的企业理念来塑造不同的个性字体，以传达出企业的性质和商品及品牌的个性。

2. 标准色

标准色(Standard Colour 或 Reference Colour)是企业指定某一个或某一组色彩运用在企业所有视觉传达媒体上，通过色彩刺激和心理效应，显示出企业的经营哲学和商品特征。企业标准色确定的依据是：企业形象、企业经营战略、企业的技术特征。企业标准色的设定可根据表现企业完整性需要，决定单色或多色组合。单色易记忆，给人的印象强烈；复色，可追求色彩的组合对比效果，增加色彩的律动感和完整的企业特性。从美学的角度分析，如果使用复色，则色彩不宜过多，过多会感觉凌乱、没有主色调、不易令人记忆。因此，复色色彩的使用，以不超过三种色彩为宜。

可口可乐标志的色彩以红色和白色为主色调，主色调色彩为两种；百事可乐表示的色彩以蓝、白、红为主色调，主色调的色彩为三种；宝马表示的色彩以灰、白、蓝为主色调，主色调的色彩也是三种。

(四)企业造型、象征图案的设计

1. 企业造型

企业造型(Corporate Character)是指为了强化企业性格，诉求产品特质而选择适宜的人物、动物、植物等，绘制成具象化的图形，以引起人们的注意，产生强烈的印象，塑造企业识别的造型符号。这种造型一般均表现出企业的象征物和企业形象，如海尔小兄弟、古井贡的一棵树、米老鼠与唐老鸭、厨邦酱油基础原料——大豆等。

企业造型更多使用的是卡通形象。卡通形象的由来一般与企业历史相关联。如海尔小兄弟的确定是海尔在历史上曾与德国的琴岛利勃海尔合作，形成了东西方兄弟的亲密交流和对共同事业的追求，这种友谊沿袭下来，进而形成了海尔的这一卡通形象。迪斯尼公司的米老鼠和唐老鸭是迪斯尼公司的主导型产品——电视动画片的两个主人翁，由此延伸，形成了迪斯尼公司所特有的代表性形象。

企业造型的功能是通过具象化的图案，图解企业性格和产品特征。设计企业造型要谨慎地确定题材，理性地分析企业的实态、个性风格、品牌特征和产品特征，并以企业的理想形象为基准来进行思考与设计。

2. 象征图形

象征图形(Symbolic Graph)是修饰企业形象的附属要素，其功能在于加强平面设计的展开运用，强化企业的象征形象。一般情况下，企业标志、标准字等在应用要素的使用上采取单一、完整的形式出现，以保持企业形象的一致性、完整性并树立企业形象的权威性，形成社会公众对企业的信赖感。然而，企业应用设计的项目种类繁多、形式各异，常常需要富于弹性的造型、符号，有时还要随着媒体的不同、空间大小的不同而做一些适度的调整与修饰，这时就需要用到象征图案。

象征图案通过丰富多样的造型、符号，补充企业标志、标准字呆板僵化的不足，增加企业形象的诉求力，使其表现力更强、更完美。象征图案表现出的中性性格的造型符号，可以增加基本要素在应用要素或传播媒体中的柔软度与适应性。

关于CIS视觉系统中的各要素表现图案，在许多CIS的书籍中或企业的介绍中均有众多的刊载，可谓俯拾即是，这里不再赘述。

二、企业视觉识别系统设计要求

企业视觉识别系统的设计要求是从市场化效果、传播化效果、艺术化效果和现代化效果的角度提出的。

(一)字体标志

所谓字体标志，是指以特定的、明确的字体造型或字体所衍生出来的图案，表示企业的精神理念或象征企业的经营内涵。这里的字体标志不仅可以传递企业的一种识别性、事务性信息，而且还是企业经营目的和工作内容、工作性质的总体表现。在当今情报传达要求精简的条件下，字体标志备受重视，尤其是与企业名称相同的字体标志，虽然只有一个设计要素，却具有两种功能，通过它不仅可以传达企业名称的信息，而且又可以表现出图形的标志，达到视觉、听觉同步扩散的功效。

(二)形态的表现

形态的表现是指企业 CIS 视觉识别中基本要素的表现形态对信息传达的快捷效益和使社会公众形成认同度的感应效益。这里要求信息的内涵及其表现形式简单易辨。因此，简捷的图形、抽象化的图案便成为企业标志设计上的趋势之一。

(三)效果的主体化

在 CIS 的发展过程中，企业识别系统的最初表现形式为二元平面图形，表现形式比较单调，缺乏立体感。随着 CIS 的不断进步和内涵要求的不断丰富，企业识别系统的设计工作逐渐地复杂起来，从而要求 CIS 的表现形式从二元平面向三元立体效果方向发展，以使企业的视觉识别系统内涵更丰富、精神更饱满、效果更理想。

(四)从实体到虚体

在日常生活中，人们习惯于观察和接受实体图形，缺乏辨别背景虚体形态的能力。因而较早的 CIS 设计均在实体表现形式上下功夫。最近，北京国际企划公司为自己的企业设计了一套宣传资料，这套宣传资料均是采取以背景虚影做衬托而隐含其内涵的。这种表现形式阴阳相生，图与底互换，给人以深刻思考的余地，耐人寻味。应该说，在今后的 CIS 发展过程中，这是一种标志设计的选择方向。

(五)从理性图形到感性图形

从目前市场流行的消费趋势来看，大众传播、大众消费的时代已渐渐衰弱。这就需要企业针对某些特定的消费对象、消费习惯和行为特质等，提供某一具体族群所喜欢与认同的形式和形态，使消费者的个人意识从中得到充分的肯定和满足。表现在企业的标志设计上就是使其向着更富人性化的方向发展，更能适应感性消费时代的要求。

日本的消费市场是一个正在向着高度成熟化的趋势发展的市场，在这样的市场上，商品的价值判断已从“重、厚、宽、大”转为“轻、薄、短、小”，这不仅促使了企业界强调“产品力”的开发研究，同时对于“形象力”的塑造与诉求也有所改变。旧有企业标志烦琐复杂的图案，向单纯简洁的几何抽象造型发展，充分表达了制造业朝着理智、科技、现代，代表时代精神的方向奋进。如日本三菱集团的企业标志由清新、明亮的三个菱形组成；日本钢管企业集团的企业标志是以强烈的对角线发展而来的 N 字等。

日本服务业的 CIS 工作先于其他行业。在强调“个性化、多样化、差异化”的消费时代，服务业的企业形象塑造与表现，自然而然就朝着充满生机和自然活泼的方向发展，借以表达服务业温馨、热情的服务品质。如富士产经集团率性、童趣的大眼睛标志；大同生命保险公司自由、跳跃的人形标志；高知银行撕纸趣味的 K 字标志等。这些企业标志均表现出了日本服务业的经营者有感于“感情时代”的来临，满足“新世纪、新时代、新人类”的心理需求与价值取向。

三、企业视觉识别系统手册

视觉识别系统手册简称为 VI 手册或 VIS 手册，它是一种指导性文件，用于指导企业的 CIS 形象展示的各项活动。VI 手册的中心内容是 VIS 的基本要素与应用要素。在设计过程中，企业可以应用计算机辅助设计，使 VI 手册的制作更为精确迅速。同时，VI 手册也不是一成不变的，企业随市场及其自身的发展必然要不断吸收新的要素，因而VI手册的内容也在不断丰富之中。

（一）VI手册的功能

第一，VI手册是企业进行系统管理的理论依据，企业在运用视觉系统中的各项要素时对其使用的要求均有说明。

第二，VI手册是企业实施视觉系统的指导手册，对VIS基本要素的全面设计，是企业应用和实施的依据。

（二）VI手册的结构

VI手册的内容结构，不同企业各有不同，但一般来讲，VI手册的中心内容包括两部分：

基本设计系统，包括企业标志、标准字、标准色、组合标志、象征图形、指定字体、专用字体等。

应用设计系统，包括办公用品、标志招牌、交通工具、衣着服饰、产品造型、包装、建筑物、室内装潢、环境、陈列展示、公告等。基本要素项目一般较为固定，应用要素项目可以无限制地增加。从整体来看，VI手册的结构一般为以下五个层次：

1. 引言

（1）企业领导的致词。

（2）导入CI系统的动机和目的。

（3）企业理念、企业行为规范以及企业文化的概述。

（4）VI手册的使用说明。

2. 基本要素系统

（1）企业名称、标准字、标准体（中文简体、繁体，外文大写、小写）。

（2）企业标志（阴图、阳图）。

（3）企业商标标准图案、产品名称标准字体或图案。

（4）企业标准色彩系统（标准色和组合色）。

（5）企业精神标语或口号的标准字和标准体（中文简体、繁体，外文大写、小写等）。

（6）上述要素的禁例。

3. 基本要素的组合

（1）基本要素的组合规定。

（2）横向组合、纵向组合、特殊组合。

（3）制作图（九宫格法）。

（4）制作图（比例法）。

（5）色彩基准（单色或双色以上）。

（6）禁止组合的说明。

4. 应用项目要素

（1）企业证件：工作证、名片、徽章等。

（2）办公文具：信封、信笺、各种办公用笔等。

（3）业务账票：发票、支票、合同、货单等。

（4）推销用具：商品目录、说明书、海报等。

（5）交通工具：企业各种业务用车等。

（6）招牌、标志：公共设施或企业建筑物上的招牌装置、各种企业标示牌等。

(7)包装用品:各种商品的包装和企业礼品的包装等。

(8)广告:印刷媒介与电子媒介类的大众传媒广告、灯箱或户外其他类型的广告等。

(9)服装:企业员工的统一工装制服等。

(10)其他:不属于上述各项要素的对外标示物。

5. 一般准则

(1)内部员工行为规范的详细规定。

(2)与使用企业识别系统关系密切的部门人员,如公关部、广告部、总务管理部的人员,有关具体应用、操作时的详细规定。

(3)标志、标准字印刷的样本和标准色色标。

(三)VI 手册设计的程序

VI 手册的设计应依照以下程序进行:

(1)对目前企业所使用的形象传播手段进行市场调查和效果测试。调查的目的是为了确定目前的传播手段是否恰当,在进行结构化、规范化之前,是否应取舍一些项目,如果进行新项目的开发,其经费如何,在此基础上来确定适合企业的各种识别要素。

(2)在调查基础上,企业应确定各种基本要素及其禁例。通过反复的比较,企业应确定出符合企业经营理念的标准字、标准色以及图案造型,并根据当地的惯例和企业的规定,确定基本要素的禁用场合。

(3)根据各种不同功能的媒体需要以及企业自身的特点,确定视觉识别的应用要素、制作规范的指导、具体运用的原则与方法。

(4)做出对各种要素的必要解释,制定出基本要素的样本。

(5)提出对要素使用的具体规定。

第四节 企业视觉识别系统的推广

CIS 视觉识别系统的贯彻,分为企业内部贯彻和企业外部推广两部分。但与 CIS 理念系统的贯彻不同的是,CIS 视觉系统的贯彻是以企业外部推广为主,是在企业内部对其内容进行共同贯彻的基础上而进行的对外推广工作。因为,企业的视觉表现,当其全部内涵被企业全体员工认同、接纳之后,就要通过企业的各项活动在社会公众面前得到全面的展示,这是塑造企业形象的重要环节。

企业 CIS 导入后的对外成果发布,是在短期内将企业的 CIS 信息传播出去。但企业形象的塑造是一种长期行为,它需要通过企业行为识别系统和视觉识别系统对外的长期表现得以实现,这也是企业 CIS 运作的长期行为所要求的。企业理念系统的对外传播,需要通过企业行为识别系统的活动和视觉识别系统的展示得以实现。没有企业对外各项活动的开展和视觉识别系统的表现,企业理念对塑造企业形象的烘托作用也无处发挥。

企业行为识别系统和视觉识别系统的对外推广工作往往是结合在一起进行的,同时,它们也带动着企业理念系统的对外推广工作。因此,企业对外的 CIS 传播是一种整体传播,发挥的是整体传播效应。

一、企业对外传播系统的表现形态

企业对外传播系统的表现形态是企业行为识别系统与视觉识别系统在对外活动中的综合

表现。

(一)产品延伸类

产品延伸类表现形态指围绕着产品的延伸部分对外起到识别产品质量、功效、性能、品牌等各要素的系统。其主要内容有产品的内包装与外包装、产品的品牌、商标等。这里主要的内容是产品的商标、品牌。产品的包装也要通过品牌的识别加以区分。品牌不仅是产品识别的重要标志,还是企业识别的重要标志,它是企业对外传播、展示风格、塑造形象的基础和依据。

(二)形象文化类

形象文化类表现形态指企业在对外传播和各项活动中所表现出的企业风格和特征性要素系统。其主要内容有展示企业形象的所有标志,如公司旗、各种宣传用品、企业员工的服饰、标牌等。这些表现形态昭示着企业形象,表现出企业文化特征,是企业风格的一种再现。这些要素要通过企业的各项活动得以展示。

(三)事务用品类

事务用品类表现形态是指在企业各项对外传播中由所用到的各种用品系列而组成的系统,如名片、信封、信纸、文件纸、传真纸、介绍信、文件袋、资料袋、请柬等。在这些事务用品上均需要有企业的标志系统,并通过企业的各类对外传播活动得以使用,从而表现出其识别功能。

(四)辅助工具类

辅助工具类指企业在市场营销活动和其他各类活动中所使用的工具,如企业与产品介绍、产品目录、价目表、企业各类车辆等。这些在企业的市场营销活动中属于必备用品,也是企业对外传播活动中的主要用品。因为,通过这些工具可以让客户及社会公众更详细地了解企业的内涵、产品的特征及相关的各种情况,展示企业的风格。

(五)企业活动类

以上各类企业识别系统的表现形态只有通过企业的活动得以展示,才能保证功效的发挥。企业活动类就是通过企业开展各项活动来表现企业识别系统、传播企业信息、塑造企业形象的。企业对外传播中的各项活动主要有:纯传播类活动,如人际传播、组织传播、大众传播等;营销类活动,如市场营销运作过程中的各项活动;公关类活动,如具有公关性质、为塑造企业形象而开展的各类活动;广告类活动,如各类具有广告性质的活动等。企业活动类表现形态属于企业对外传播系统中的动态表现,这种表现形态具有整合性,它要求通过企业的各项活动表现出企业的内在精神,如企业的理念内涵;同时展示出企业的外观,如企业的视觉表现,从而表现出 CIS 三位一体的整体状态。企业的各项识别系统均是通过企业活动得以对外传达的。

二、企业对外传播系统的推广形式

仅仅通过新闻发布会、各种研讨报告会(论坛)等形式是很难支撑企业长期的对外识别系统的推广工作的。企业必须要经常考虑并举行一些有实质内容的推广活动,并以此带动 CIS 识别系统的信息经常不断地对外传播,由此对社会各界造成一种潜移默化的影响,形成一种渐进地接收和接受企业 CIS 信息的过程。

(一)区域市场招商会

区域市场招商会是指企业选择可进入、能进入、准备进入或已经进入的区域市场,通过广招经销商、代理商的活动传递企业 CIS 识别系统信息的会议形式。区域市场招商会以大区划分的方式进行较为合适,因为以大区划分(如几个省、市),从对外影响的角度分析,其会议规模庞大、影响力度强,会在市场上形成强大的吸引力和感召力,同时还不会或很少有市场漏洞的现象出现。从企业的角度考虑，一次活动涉及大面积市场，从总体上说是一种人力、物力、财力均比较经济的方式，同时还能保证活动的效果更理想。

区域市场招商会的目的有两个：第一，通过会议的形式确实能招到符合企业要求，有能力运作市场，同时又有积极性与企业合作的经销商；第二，通过会议的形式传递企业 CIS 信息，表现企业的理念系统、行为系统和视觉系统，让参与会议的经销商、代理商们更深层次地了解企业，产生愿意与企业长期合作的愿望。

出于以上目的，区域市场招商会的规模大一些比小一些好、参加的人数多一点比少一点好、形成的传播效应宽一点比窄一点好。因此，企业应做到：第一，所有能请到的经销商均请到，并可通过大众传播和网络平台的形式号召更多经销商参加；第二，将所有能请到的大众传播媒体和网络媒体都请到，借助于大众传播媒体和互联网平台，传播企业招商和 CIS 方面的信息。

区域市场招商会可每年举行一次，或者两年举行一次，这样可以通过大浪淘沙来选择更好的经销商作为合作者，并且不断地将企业的 CIS 信息灌输给经销商和相关媒体，使企业 CIS 信息常推常新。

（二）商品展示订货会

商品展示订货会是指企业对自己的产品以展示和订货的方式进行集中性推广的一种会议形式。与区域市场招商会不同的是，商品展示订货会是集中一次举行，采取的是请进来的办法，其主题是展示订货；区域市场招商会是分散多次举行，采取的是走出去的办法，其主题是招收经销商并与其去共同运作市场。另外，商品展示订货会可以企业的名义独立举办，也可以参与某机构举办的行业商品展示订货会；而区域市场招商会要求以企业名义独立举行，企业是会议的核心。

两种会议形式一般不宜在一个企业同时采取，因为，两种形式是在不同的经营思路指导下形成的。商品展示订货会的经营思路是广招天下客，无论经销商具备什么条件和拥有什么能量，只要订货便可销售企业的产品；而区域市场招商会的经营思路是有限选择经销商，不是任何一个经销商都可以经销本企业的产品，它需要凭条件、能力和愿望而定。商品展示订货会适合于生产日常生活用品、食品等与大众日常生活相关度比较大的产品的企业；区域市场招商会适合生产耐用品、专用品、单位产品价值量较高的特殊产品的企业。

商品展示订货会的目的有两个：第一，通过会议的举行能将企业的产品大面积、大幅度地推向市场；第二，通过会议的形式传递企业的 CIS 信息，表现企业的整体识别系统，以让参会者更深层次地了解企业，愿意接受或销售企业的产品。

商品展示订货会如果采取独立举办的方式，信息传播的途径分为企业主动邀请和通过第三方传播媒介的广告和新闻形式进行传播。这一点和企业区域市场招商会相同。如果是参与某些机构举行的商品展示订货会，则信息传播途径应是由主办方主导邀请的传播媒介，信息传播的主持者是会议的举办者而非会议的参与者。

商品展示订货会可以每半年或一年举行一次，目的在于通过会议的形式使产品走向更细分化、更广阔的市场。会议频率的增加可以保证企业产品在市场上份额的扩大，并由此扩大企业信息的传播，使企业在市场上形成更广的影响和更大的引力。

（三）营销总结表彰会

一般认为，营销总结表彰会是在企业内部举行的，对企业一年一度的市场营销工作进行总结的会议。这里我们应用超越常规的思维方式，将会议内容定为对经销商进行评比、表彰。

其操作的基本要点是：

(1)于每年年终，对一年之内各地经销商的销售业绩进行排序。

其依据是：经销商的销售额与销售量，每一经销商的回款额、回款率(回款额占销售额的比例)和回款速度(每一笔款项的回款速度快、慢的表现形态和周期)，在各地方市场本企业产品的市场占有率、品种知名度和企业形象等。

(2)根据以上指标将排序前10位或20位的经销商指定为表彰的对象，表彰可分为一等奖、二等奖、三等奖和纪念奖，如有特殊情况还可以确定出特别奖项等，这一奖项主要奖励对企业有突出贡献和特殊业绩的经销商。

(3)确定会议时间、地点，与会者范围及与会者的名单，以发请柬或总结表彰邀请函的方式发出会议通知。

与会者包括企业内部部分管理人员及所有营销人员(这些人可作为会议服务人员)、企业各地各市场上的主要经销商、企业所在地地方政府相关官员、新闻单位的代表等。

(4)会议自始至终(包括准备过程)都要体现CIS识别系统的全部内涵。包括会议通知书的形式、企业服务人员的服饰及举止言谈、会场环境、企业领导人发言内容、会议纪念品；单独就CIS信息进行传播的表现形态，如CIS情况介绍(理念口号、品牌、标志等)、CIS展示物品(商标、企业标志、企业旗帜等)及其相关的表现形态等。

(5)会议要通过企业内部媒介和企业外部的大众传播媒体进行有效的传播，旨在争取企业内部成员和企业外部公众对企业全方位地了解、理解、接纳，并支持企业的发展。这里更主要的传播内容为CIS识别系统的信息。

(6)会议应一年举行一次，并和区域市场招商会互相配合。即每年年初企业在启动市场时进行招商活动；每年年终对市场进行总结时进行营销工作总结表彰。这样做，一方面可以每年对市场进行一次整顿、梳理，在一个计划年度内有始有终地对市场工作进行计划、组织、协调与总结工作；另一方面还可以每年于年初和年终两次将企业CIS识别系统的信息传播出去，并以此去影响市场，推动市场的发展，影响社会公众，促使社会公众对企业的认同与接纳。有些企业将两会合一，也不失为一种良好的思路。

经济全球化和中国作为WTO成员，使各类企业均面临着世界市场的销售，而各类品牌渠道同时也面向世界市场采购，这样会有很多与渠道见面的会议形式和机会，企业参与这样的活动，一方面可以展示企业的CIS系统和形象，另一方面也是产品走向世界的重要途径。

(四)有奖销售公关活动

有奖销售公关活动是将销售工作、奖励工作和公关活动三者融为一体而确定的活动方式。前面我们所论述的三种对外进行企业识别系统的推广形式均针对的是经销商市场，这是市场的中间环节。这里有奖销售公关活动则针对的是消费者，是市场的终端——最终的购买者和使用者。

1. 有奖销售公关活动确立的原则

(1)企业可根据需要确定获奖销售对象的比例，可以是全部，也可以是其中的一部分。如果是全部，可分为一等奖、二等奖、三等奖和纪念奖，并确定其中的一等奖获得者为参加企业公关活动的对象；如果是其中的一部分获奖，则获奖者可全部参加企业的公关活动。

(2)以公关活动的方式奖励获奖者，同时配以一些纪念品。公关活动的方式根据企业的状况而定，其要求是：一定是获奖者感兴趣的活动；一定是在社会上会造成一定影响的活动；一定是新闻媒介关注并愿意报道的活动。

(3)公关活动一定要与 CIS 活动互相配合，即公关活动过程就是企业 CIS 信息传播的过程，公关活动所展示的企业风采就是企业 CIS 所应展示的特征与风格。整个活动过程可以全面再现企业 CIS 各要素内涵，如企业设定开展“登山寻宝大行动”，其中“宝”一定是有企业 CIS 内涵的“宝”，并以寻到“宝物者”为大奖获得者；如企业设定开展“登山大行动”，以将企业的旗帜第一个插上山顶者为大奖获得者，或将山峰上的企业旗第一个举起者为头奖获得者，等等。

(4)公关活动要与企业品牌传播和形象传播相配合，这样，在活动的过程中就使得参与者不断加深对产品品牌的印象和对企业形象的印象，使企业活动开展的过程成为企业进行品牌传播和形象传播的过程，使活动本身成为会后企业扩大市场的途径，使活动的参与者成为企业长期的忠诚消费者。

2. 有奖销售公关活动的形式

(1)智力公关活动。企业可对获奖销售对象开展智力竞赛活动，参加者可以家庭为单位，也可以家庭中的某一成员为对象，如家庭中的孩子、主妇等。通过智力竞赛确定二次获奖者(一次获奖者为获奖销售对象)。智力竞赛的内容可以在企业的 CIS 信息内容中确定。这样的公关活动可与电视台或网络平台合作进行传播，也可以独立举行并保留影像资料。

(2)旅游公关活动。通过旅游的形式来奖励获奖者，并在旅游过程中传递各种各样具有 CIS 内涵的各种信息。如广东今日集团于 1994 年举行的“坐飞机、看大海、游广东”儿童有奖销售活动，参加此项旅游活动的儿童达 2 000 名，同时，又牵动了 2 000 个家庭对此项活动的关注，又由于大众传播媒介的介入，使活动产生了巨大的传播效应。

(3)体育公关活动。通过开展体育活动的形式来奖励获奖者，如开展儿童乒乓球比赛活动、羽毛球比赛活动以及前面提到的登山活动等。在举行体育活动的过程中，可设定以企业名称或品牌命名的主题或以企业名称或品牌命名的比赛及奖杯等，并在其中表现企业视觉形象，传递企业 CIS 信息。

(4)文娱公关活动。通过开展文艺活动的形式来奖励获奖者。其具体形式可以是获奖者参与的文娱活动，如诗歌、小品等；也可以是获奖者享受的文娱活动，如奖励看大型演出，甚至可以将获得者带到国外去看国际著名文艺团体的演出，如维也纳新年音乐会、俄罗斯中央芭蕾舞团的演出等。这样将文娱活动与旅游活动融为一体，其活动本身吸引力和传播力均会达到理想的状态，但需要企业确实有实力，同时要有必要。

企业有奖销售公关活动的类型多种多样，选择什么样的形式，须根据企业的特点、要求、所追求的目标和所拥有的实力而定，需要经过精心策划、精心准备和精心组织，使其达到理想的效果。

本章思考

1. 举例说明企业设计视觉识别系统是否体现了我们所要求的特征？
2. 企业依据哪些基本条件来设计视觉识别系统？
3. 如果你负责企业视觉识别系统的设计工作，你会向设计者提出哪些要求？
4. 企业应如何制定视觉识别系统的推广计划？

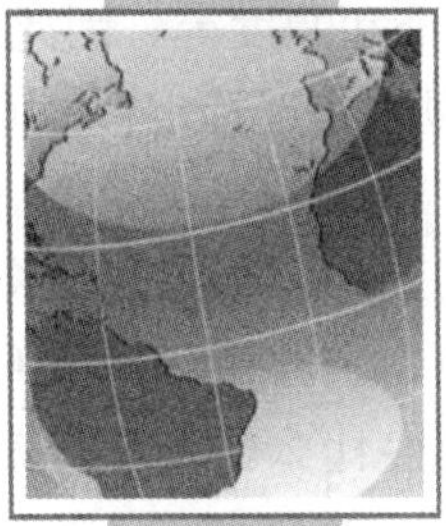

第七章 服务规程策划

在企业的经济运行中，服务是帮助企业实现价值的一项重要工作，没有服务，会造成顾客的不便；没有良好的服务，会造成顾客的不满。顾客的不便与不满都会使企业的顾客流失，使企业无力与竞争对手相抗衡，进而损失巨大的市场。因此，现代企业无一不重视服务，这是企业争夺顾客、参与市场竞争的重要手段，也是企业塑造形象不可或缺的重要内容。

第一节　服务规程策划概述

“服务”一词，国际著名营销学专家菲利普·科特勒有其独特的定义：服务是一方能够向另一方提供的，基本上是无形的任何功效或利益，并且不导致任何所有权的产生，它的生产可能与某种有形产品密切联系在一起，也可能毫无联系。企业对市场的供应实际上是服务与产品不同比例的组合：

A 类——企业向社会提供的是纯粹的产品，没有服务。

B 类——企业在向社会供应中，以产品为主，附带一定比例的服务，这些服务是支持产品的销售的，处于从属地位。

C 类——企业向社会供应中，服务与产品并重。

D 类——企业向社会供应中，以服务为主，附带一定比例的产品，所提供的产品是从属于服务的。

E 类——企业向社会提供的是纯粹的服务，没有任何形式的产品。

一、服务规程策划的概念

在当今竞争激烈的市场环境下，企业管理者树立服务为先的导向后，他们就会认真思索服务所特有的本质特征，就会在管理中导入新的营销服务理念和方式，建立适合于本企业内外部环境的服务规程。

为了把服务与产品区分开来，研究者们对各种服务的共同特性进行了大量的探索和深入的研究，从而形成了服务具有五种特征的共识。这五种特征是不可感知性、不可分离性、品质差异性、不可贮存性以及所有权的不可转让性。

正是由于服务的这些特征，使提供优质、规范化的服务很不容易，而这正为制定服务规程提供了现实需求。因此，为了能够使服务规范化、合理化和亲情化，制定适合企业自身的服务规程是必须要做的一件企业管理的基础工作。

规程，字面含义是“规则＋流程”。这里的规则是工作的要求、规定、标准和制度等。因此，规程可以定义为：将工作程序贯穿一定的标准、要求和规定。这里的流程即为实现特定目标而采取的一系列前后相继的行动组合，即多个活动组成的工作程序。

服务规程是指企业某一特定服务的操作过程及其所应达到的规格、程序和标准，其中服务过程还包括提供服务时所使用材料及设施设备使用时的规格、程序与标准。企业服务规程是企业提高服务质量的主要途径，它可使服务过程条理比、具体化，使员工懂得什么样的服务是企业需要的、什么样的行为是企业不需要的。

二、服务规程策划程序

服务规程是企业服务过程的基本依据与保证服务质量的基本“法规”，在策划服务规程时，不能凭经验主观地制订，而要有科学、客观的依据，使之既切实可行，又能保证服务质量的稳定与水平的提升。

服务规程的策划要依据三个方面的工作：一是了解顾客需求；二是了解服务要项的目的、内容和服务过程；三是了解本企业目标市场定位和所能够提供服务的特色。

因此，在策划企业服务规程时，应根据服务内容的不同，把全部服务工作分解成几个相应的服务程序，确定每个服务程序中所包含的具体内容与环节。一般而言，有几个服务过程就应有几套服务规程，每套服务规程再明确有几个环节。由此可以看出，服务规程策划的顺序首先是确定服务内容，再确定服务过程，选定服务规程，明确环节，要求员工在每个环节上都讲究规范与标准的动作、语言以及姿态，并按照标准实现操作；用具使用规范，办理手续、处理意外与临时要求或问题也同样要做到规范与标准。每套服务规程在开始与结束部分都应制订有与上一套规程结束部分、下一套规程开始部分相衔接与相联系的规定。

由于现实中服务种类千差万别，每种服务又因提供行业和具体企业的差异而不同，所以各个企业制定出的服务规程也不一样。本章就饭店行业、快速消费品行业、耐用消费品制造业、电商企业等领域中的企业服务规程策划做一重点介绍。其他行业中的企业可以参考这几个行业并结合本企业的特点，做出适合于本企业服务规程的策划。

第二节　饭店行业服务规程

一、饭店服务的含义

饭店服务是指饭店人员借助于饭店的有形设施，为满足宾客的各种需要而为他们所做的有益的事务，这种与宾客接触的活动及饭店内部各项工作的安排，统称为饭店服务。

正确理解饭店服务，要掌握以下要点：

（一）无形服务依托于有形设施

没有这些有形的设施，饭店服务就失去了物质基础。因此，设施、设备与实物产品质量对饭店服务质量有着直接的影响。

（二）了解宾客的需要是搞好饭店服务的前提

饭店必须在了解宾客需求的前提下，尽量通过为宾客做有益的事请来满足宾客的需求，这样才能赢得宾客的好感。否则，尽管饭店经营管理者非常卖力，但由于偏离了宾客的需求，仍然不能满足宾客的要求，从而使宾客对饭店服务不满意。

（三）服务之前的活动影响服务工作的质量

饭店服务不仅包括饭店与宾客接触的活动，而且包括饭店内部活动的结果。饭店通常以劳务活动的形式，在与宾客接触的过程中为宾客提供服务。同时，饭店的内部活动及其产生的结果也是饭店服务质量的影响因素。例如，饭店员工的服务质量意识、饭店服务培训、饭店服务质量标准的建立、服务质量的检查与控制、部门与员工相互之间的协作等，均对饭店服务质量产生深刻的影响。

（四）顾客购买服务包括对相关设施的使用

服务是饭店产品的核心，客人来到饭店，购买和使用饭店产品，却不是买走有形的饭店产品本身，只是购买其临时的使用权。事实上，客人所能购买到的主要是饭店服务，通过使用饭店产品和享受饭店服务，得到一种在其他场所得不到的利益。因此，客人在饭店所购买和消费的产品其核心是饭店服务。饭店服务质量的高低，对饭店产品的整体质量起着关键性的作用。

（五）饭店优质服务是一种特殊商品，具有使用价值和价值

其使用价值是通过提供劳务活动满足客人的某种需求，其价值是指优质服务，它是由人的劳动创造的，它需要得到报酬。饭店提供优质服务，必须以创造优良的使用价值为出发点，以获得价值即经济效益为归宿。

国际旅游业认为，服务这一概念可以用构成 service（服务）这一词的每个字母所代表的含义来理解。

第一个字母 S，即 smile（微笑），其含义是服务员要对每一位宾客提供微笑服务。

第二个字母 E，即 excellent（出色），其含义是服务员要将每一项微小的服务工作都做得很出色。

第三个字母 R，即 ready（准备好），其含义是服务员要随时准备好为宾客服务。

第四个字母 V，即 viewing（看待），其含义是服务员要把每一位顾客都看作需要提供特殊照顾的宾客。

第五个字母 I，即 inviting（邀请），其含义是服务员在每一次服务结束时，都要真诚地邀请宾客再次光临。

第六个字母 C，即 creating（创造），其含义是每一位服务员要精心创造出使宾客能享受其热情服务的气氛。

第七个字母 E，即 eye（眼光），其含义是每一位服务员始终要用热情好客的眼光关注宾客，预测宾客需求，并及时提供服务，使顾客时刻感受到服务员在关心自己。

只有以上这七个方面的工作都达到了标准，服务工作才能够达到良好的效果。

二、饭店宾客的需求

了解宾客的需求，是搞好饭店服务的前提。宾客的需求具有多样性和层次性，著名心理学家马斯洛的需求层次理论认为，宾客需求有五个层次，即生理需求、安全需求、社交需求、尊重需求和自我实现需求。但不同的饭店满足宾客的需求层次结构并不相同，宾客的需求自然有所不同；同一饭店不同的客人需求层次也不一致，而且宾客的需求会随着时间、收入甚至是心情等因素而改变。客人的需求就好像是一座海上漂浮的冰山，大约只有 1/10 是看得见的，这就是“外显需求”；另外的 9/10 是淹没在“水”下无法看到的部分，这就是“隐藏需求”。这样一种特殊的需求特征要求饭店工作人员要深入地调查和研究，了解宾客的需求（包括外显需求和隐藏需求）及其差异，加强满足宾客需求的工作，有针对性地提供相应的服务，这样才能在更大程度地满足宾客各种需求的基础上，创造优质的服务品牌。

宾客对饭店服务的需求可粗略地分为物质性需求和精神性需求两大类。物质性需求是指宾客期望饭店为他们提供能使他们感到安全、方便、温馨与生理满足的各种实物。饭店的建筑、装潢与陈设、客房设施、餐饮、商场、康乐等部门的设施与实物产品都是为满足客人物质性需求而提供的服务性产品。精神性需求是指客人希望饭店为他们提供温馨、舒适的环境和亲切、友好的服务，使他们的精神得到愉悦所表现出的各种非物质性需求。例如，饭店提供微笑服务、感情服务、对客人的礼貌与尊重、为客人安排的文化娱乐活动等，均是为满足客人精神性需求而提供的服务产品。

从饭店的服务特性分析，宾客的需求主要表现为以下方面：

（一）安全与卫生的需求

安全是客人最基本也是最重要的需求。“没有安全就没有旅游、休闲与度假”，也就没有饭店的质量与效益。不管饭店各方面的工作做得多好，安全出了问题将使所有的努力都前功尽弃。饭店应认真做好安全保卫工作，要培育全体员工的安全意识，加强消防与应对各种突发事件的培训，完善安全设施，健全安全管理制度，加强饭店安全管理，切实有效地做好防火、防盗、防意外事故工作，确保客人生命财产和饭店的安全。此外，由于客人外出旅行往往对安全格外敏感，饭店应在环境上营造一种安全的氛围，给宾客以心理上的安全感。创造安全氛围并不是要戒备森严，戒备森严会给宾客带来心理压力，会感到更不安全。

清洁卫生是客人的普遍需求，也是客人选择饭店的一个主要因素。卫生状况不仅直接关系到客人的身体健康，而且也关系到饭店的声誉和经济效益。饭店必须一丝不苟地做好清洁卫生工作，既要在外观上做到窗明几净、一尘不染，又要做好内在的卫生工作，按照卫生防疫部门的检测标准，严格消毒、规范操作，有效地防止饭店内的病菌滋生和病毒的传播，确保客人的身体健康。

（二）功能完善、方便舒适的需求

客人普遍希望得到功能完善、方便舒适的服务产品，这就需要饭店能够做到建筑结构布局合理、服务设施完善、服务项目齐全、服务水准高超，使客人足不出户就能得到食、住、行、游、购、娱、信息服务等方面的优质服务。饭店应该设身处地地为客人着想，为客人提供便利的设施、舒适的环境和细致的服务。既要能够满足大多数客人的普遍需求，又要能够满足少数人的特殊需求。服务人员应善于察言观色，发现客人的需求，不失时机地为客人提供恰到好处的服务，使客人时时处处感受到方便和舒适，从而不断提高客人感觉中的服务质量。

（三）时效的需求

服务必须及时并细致，不拖后。一般来说，身处异地的客人本身时间较紧张并容易产生焦躁情绪，尤其是延时、误点往往会使客人增加烦恼，因而饭店服务一定要讲究时效。饭店服务效率有三类：一是用工时定额表示的固定的服务效率，如打扫一间客房的工时、宴会摆台工时等；二是用时限表示服务效率，如总台登记入住每人不超过 3 分钟、电话铃响不超过 3 声接听电话等；三是有时间概念，但没有明确的时限规定，是靠宾客的感觉来衡量的效率，如在餐厅点菜后多长时间上菜、通知加床或提供某种服务后多少时间完成等。服务效率不仅是服务质量的组成部分，还直接影响饭店的效益。饭店应加强时间管理观念，提高内部工作的效率和对客人服务的效率，这也是提高饭店质量和效益的一项重要举措。

(四)文明的需求

客人要求入住的饭店提供一个文明的环境,它既包括员工的文明行为,也包括活动环境的整洁、明朗、舒畅。文明往往是给人一种总体印象的感觉,而这种印象又是由许多细小环节组成的,这就需要饭店的员工重视服务细节,讲究礼貌,文明待客。满足文明需求主要从两方面着手:一方面是通过管理制度和服务规范的严格制约,另一方面是努力提高服务人员自身的文化素养。在一定程度上,后者有时比前者更重要,因为前者只是被动的,而后者则是自觉的行动。

(五)理解与尊重的需求

客人希望员工充分理解他们,包括理解客人的语言、心理、脾气、性格和习惯。同时,客人普遍希望得到尊重,饭店员工礼貌规范的服务、对客人谦让的态度、文明端庄的仪表、整洁得体的着装等,均是尊重客人的表现。在企业中,应向员工灌输尊重每一位客人的理念,包括现有的客人、潜在的客人,甚至客人的亲戚朋友,不管国籍、种族、肤色、年龄、性别、职业、社会地位、经济状况如何,都应当受到饭店的尊重,不应该厚此薄彼,对客人的尊重还可以体现在每一个服务节点上,如一个眼神、一个动作、一个手势等,都使客人得到全方位的尊重。

(六)感情的需求

客人希望饭店向他们提供的优质服务,应该包括让他们感到亲切、温馨的感情。客人不仅仅喜爱听到员工殷勤的招呼,看到员工面部的微笑,而且希望在员工的脸上看到真诚的友情和亲人般的关怀,真正获得"宾至如归"的感觉。这就要求饭店员工在对客人服务过程中要有充分的情感投入,与客人进行感情交流,用"心"去为客人服务,为客人送去饭店的热忱和温馨。

(七)物有所值的需求

追求"物有所值"几乎可以看成是人的本能。客人普遍希望得到质价相符的产品和服务,甚至希望物超所值。满足客人"物有所值"需求须在两个方面着手:一是制定合适的价格,二是提供与价值相当或超过价值的产品质量。当然,客人的价值观念是各不相同的,饭店应在理解客人价值观念的基础上,为他们提供令其满足的产品和服务。既可以降低成本使产品价格保持在一个较低水准上来满足一部分低消费客人的需求,又可以通过提供优质优价的产品和服务满足一部分客人追求高消费,讲究气派和荣耀的需求,还可以提供多层次、多品种的服务产品,给客人以较大的选择余地,使其"物有所值"的需求得到满足。

(八)个性需求

上述需求是饭店客人们对优质服务的普遍需求。然而,不同的客人还经常会有一些个别的需求,尤其是在高档饭店,有个性需求的客人比例较大,他们理所当然地认为付了比普通饭店更多的钱,饭店就应该满足他们的特别需求。饭店应针对这些客人的个性需求,提供个性化服务,尽量使客人需求达到最大限度的满足。

宾客的需求是复杂多样的。饭店经营管理者应重视宾客需求的调查。美国饭店管理协会曾通过大量的宾客调查,得出客人最关心的10个方面的问题:

(1)迅速准确的预订;

(2)热情友好的迎接;

(3)整洁舒适的客房;

(4)始终如一的重视;

(5)亲切友好的服务;

(6)认真有效的沟通;

(7)方便宾客的设施；

(8)独具特色的餐饮；

(9)令人难忘的活动；

(10)训练有素的员工。

这10个方面，既然是客人所关心的，也就反映了客人的需求，自然是我们饭店必须竭尽全力去提供并做好的服务产品。

三、大力推行标准化服务

标准化是指在经济、技术、科学、管理等社会实践中，对重复性事物和概念，通过制定、发布和实施标准达到统一，以获得最佳秩序和社会效益。在饭店服务过程中，由于存在大量重复性的劳动，所以很有必要推行服务的标准化。饭店实施标准化服务有利于克服服务工作中的重复、交叉、错乱，建立最佳秩序，可以稳定和提高服务质量，提高员工素质，实现科学管理，提高管理效率，有利于保护消费者利益，控制饭店成本，提高经济效益和竞争能力。

饭店在推行标准化服务的过程中要注意以下方面：

(1)饭店服务标准化应具有科学性，即饭店的各项标准必须以科学、技术和实践经验的综合成果为基础，把标准的目标定在一个合理的水平上。既要有科学的定性标准，又要尽可能有科学的定量标准。

(2)饭店服务标准应具有严密性，即在饭店运转的每一个环节，哪怕是极小的环节，都要规定明确、详细的标准，否则会出现管理或服务的“真空地带”及相互扯皮的现象。例如，许多饭店对电话总机的服务都有明确的标准或规定，即铃响几声后必须接听，并且使用标准礼貌用语。一些饭店的电话接听员在总机把电话转走后就没有下文了，显然，对一个愿意提供周到服务的饭店来说，这样的服务是远远不能令人满意的。一个严密标准应该是，当总机把客人的电话转走后，在铃响几声没人接时，必须重新与客人通话，告诉客人他要的电话无人接，并询问是否愿意留言。如果客人愿意留言，那么要按留言服务的标准提供服务。

(3)饭店服务标准的协调一致性，即服务标准与各方面的标准和利益相协调。例如，客房内用旧了的毛巾可改作抹布，以重复利用、降低成本。但必须改成不同的规格或染成不同的颜色，以避免客人的误解，影响客房服务的效果。

(4)饭店服务标准应该实用，具有可操作性，标准要切合饭店的实际，简便可行，便于落实。

(5)饭店服务标准应符合经济性原则，不可超越标准的实施而大幅度增加成本、减少收益。

(6)要建立健全饭店服务标准体系，加强饭店服务标准化管理，确保饭店服务的规范、有序和质量水准。

四、坚持多样化与个性化服务

标准化服务能够满足大多数客人重复性的一般要求，却无法满足部分客人特殊的个别要求。现在服务业越来越重视个人意志，对饭店服务的需求也越来越趋向于个性化、多样化，这就需要饭店在大力推行标准化服务的同时，积极提供多样化、个性化服务，这对档次较高的饭店尤其重要。

(一)超常服务

超常服务，就是以超出常规的方式为满足宾客偶然的、个别的、特殊的需求而提供的例外服务，这种服务一般可超出客人的期望，给客人一份意想不到的惊奇，最容易给客人留下美好的印象,也最容易赢得客人对饭店的青睐。被誉为“世界最佳饭店状元”的曼谷东方酒店,一直都不遗余力地满足客人的需求。一次,美国纽约交响乐团访问曼谷,酒店得知该团的艺术大师朱宾·梅特酷爱芒果和蟋蟀,便派人遍访泰国乡村,为他找来早已落市的芒果。接着又不惜通过外交途径,弄到不久前刚刚举行的国外蟋蟀大赛的影像资料。这样一来,人们便不难理解,为什么梅特一行106人,竟会谢绝曼谷其他高级饭店免费住宿的美意,宁肯花钱也要下榻“东方”的原因了。著名的法国巴黎里兹饭店,为了让一位心血来潮、临时要求在不产海胆的季节吃到新鲜海胆的客人满意,专门雇请渔夫下海捕捞海胆并空运到巴黎,被人们传为佳话。

(二)整体服务与补位服务

饭店服务是一个整体,任何部门、环节或服务人员不良的服务行为都会影响饭店服务的整体质量。客人往往习惯于用最低质量评价原理(可简单地用公式表示为 $100-1\leqslant0$ 或 $100-1\neq99$)来评价饭店服务产品。因此,全体员工必须清楚地意识到,自己的服务绝不是个人行为,而是作为饭店的代表,不管在何种岗位碰到任何问题,都必须站在饭店的整体立场满足宾客的需求,要加强部门之间、员工之间的密切配合,通过共同的努力来确保服务质量在整体上达到最佳。

在服务过程中,往往不可避免地会出现服务疏漏,发生服务不及、不当或不周之处。服务人员应有很强的补位意识,重视服务恢复,及时弥补服务的不足。如果某服务员的服务有疏漏,其他员工应立即补位,使客人的需求得到满足。在这个时候,不是先追究是谁的责任、谁的工作,而是从饭店整体出发,赶快先解决客人的需求,决不应将问题暴露在客人面前。要做到补位服务,必须使饭店各部门和每一位员工都具有整体意识和主人翁精神,加强相互之间的理解、支持和协作,要加强交叉换位培训,以增强员工之间的理解和补位意识与补位能力。要培训员工善于发现客人需求和服务问题的能力,服务员应善于用发现的眼光去观察服务区域,寻找服务对象,及时发现服务需求和存在的服务问题,及时补位服务,从而使饭店服务质量得到进一步提高。

(三)微笑服务

微笑是一种特殊的“情绪语言”,对宾客笑脸迎送,并将微笑体现在接待服务的全过程,无疑会大大改善服务态度、提高服务质量。著名的旅馆家康纳·希尔顿在经营饭店时就大力推崇微笑服务。他曾经对员工说:“请你们想一想,如果饭店里有一流的设备而没有一流服务员的微笑,顾客会感到满意吗?如果缺乏服务员美好的微笑,就好比春天的花园里失去了阳光和春风。假如我是旅客,我宁愿住进那虽然只有残旧地毯,但处处能见到微笑的旅馆,也不愿走进只有一流设备而不见微笑的地方,因此,我请各位注意,万万不可把心里的愁云摆到脸上。无论旅馆本身的困难如何,希尔顿服务员脸上的微笑永远是属于客人的阳光。”正是微笑服务,造就了一个“希尔顿帝国”,使得希尔顿的财富,如三江之水滚滚而来。在大力提倡优质服务的今天,更要强化微笑服务。微笑具有永恒的魅力,微笑是信赖之本,微笑是友谊的桥梁,微笑是美好心灵的体现,微笑是通向世界的护照。饭店服务人员应该给宾客流露出发自内心的自然的、真诚的带有感情色彩的暖人的微笑,才能让客人在感受到热情、美好的服务的基础上,对饭店露出满意的微笑。

(四)微小服务(细节服务)

宾客到饭店消费,寻求的不仅仅是各种物质产品,更重要的是希望享受到轻松的氛围、惬意的回忆、体贴的照顾。这就要求饭店员工能从客人的角度出发考虑问题,根据他们的不同需求提供有针对性的细微服务。细微之处见精神,细微服务往往体现了饭店的文化,反映了饭店的服务水准。例如，饭店洗衣房为客人洗衣时帮助客人把要脱落的纽扣和脱线的衣裤缝好，客房服务员发现客人枕头太矮而在铺床时给客人多加两个枕头等细节服务，都会使客人满意度大大提高。又如，热恋中的情侣一般喜欢选择安静的角落，希望服务员站得远一些，尽量少打扰他们；而有些请客吃饭的“大款”往往挑选居中显眼的餐桌，并喜欢服务员靠近服务。对这两种不同的客人，就应该在保证他们舒适满意地用好餐的前提下，针对他们的不同身份和内在需求，细致入微地“投其所好”，这样才能体现饭店的服务水准。

（五）超前服务

超前服务是指，服务人员善于急客人所急、想客人所想，往往在宾客提出要求之前就满足了宾客的需要，正因为其所具有的超前性，能给宾客带来更强烈的欢悦，甚至终生难忘。例如，上海锦江饭店曾接待一携夫人来访的非洲国家总统。当总统夫人进入客房穿到非常合脚的特大型拖鞋时，竟欣喜若狂激动不已，盛赞锦江饭店的优质服务，并表示回国以后一定要大力宣传锦江饭店。由于锦江饭店事先发现总统夫人的脚特别大，超前做好了服务准备工作，使总统夫人得到满意的服务。毫无疑问，这是一种优质的超前服务。

（六）灵活性服务

饭店的星级标准、规章制度和服务规范，只是解决了服务的技术标准和大致的行为规范问题，而服务对象却是千差万别的活生生的人，服务人员所面对的是瞬息万变的事物。一流的服务不应仅仅把客人当成流水线上的半成品，一成不变地照搬规范，而应该是在规范的基础上创造性地、灵活地处置各种意外情况，从而在客人心目中留下永久的印象。一次，一个外国团队在一家餐厅用晚餐，突然停电了，客人一阵骚动，这时服务员处变不乱，一面点燃蜡烛，一面用幽默的口吻对客人说：“在烛光下品尝古老的中国宫廷膳食当然更有一番风味。”一句话就使宾客转忧为喜，报以热烈的掌声。

（七）感情服务

前已述及，感情服务是饭店服务的灵魂。饭店员工只有把自己的感情投入到一招一式、一人一事的服务中去，真正把客人当作有血有肉的人，真正从心里理解他们、关心他们，才能使自己的服务更具人情味，让客人倍感亲切，从中体会到饭店的服务水准。北京某饭店曾接待一位美国来的残疾人，饭店专门安排服务员为他提供特别的服务，如为客人提供送餐服务、用轮椅推着客人去客人想去的地方消费、推着客人参观北京市容等，使客人感受到了饭店无微不至的关怀。客人离店时激动地说：“在美国，虽然有礼让残疾人的习惯，也有残疾人专用的通道，但是，只有在社会主义的中国，我才真正感受到了人情的温暖。”可见，在服务中感情的投入不仅可以得到客人对服务的良好评价，而且可以赢得客人对饭店的一片真情。因而，感情服务所取得的效果是其他服务所无法替代的。

（八）家庭式服务

饭店是客人的“家外之家”，应创造一种家庭式的服务氛围，使客人感到身在饭店就如同在家里一样亲切、自然、温馨、舒适和方便。因而，创造一种家庭式的服务氛围，是客人的需求，也是优质服务的必然需要。以下案例足以说明提供家庭式服务是十分必要的。

案例拓展　　陈佩斯的额外惊喜

著名演员陈佩斯曾随中央电视台在福州拍摄外景，住进了海山宾馆，一天吃饭时陈佩斯偶尔说了一句“今天是我的生日”，饭后茶余时过境迁，他早就忘了自己说过的这句话。当他走出餐厅，门口的服务员微笑致意："生日好！"当他走向房间，开门的服务员小姐柔声细语："祝您生日快乐！"推门而入，桌上已摆放了一束鲜花、一只生日蛋糕，蛋糕上的生日蜡烛已经点燃。陈佩斯拿起电话，又是一句"生日快乐！"——总机小姐亲切问候。他一阵激动，拉开房门，门上插着一张生日贺卡："海山祝您生日愉快"。此情此景，七尺男儿难抑激情，陈佩斯流泪了，何时何地，既便在家里怕也没有如此关怀、温暖。临别之际，陈佩斯留下了发自肺腑的赠言："佩斯有何德何能，蒙此厚爱，生日鲜花虽已枯萎，然其代表的温情，仍在我心中开放。这一切刻骨铭心，使我终生难忘。海山、海山，愿我们的友情似海深、比山高。"在机场，陈佩斯接到了海山总机小姐打来的电话，说是听说北京天气不好，请多保重，握着电话，陈佩斯的眼泪又掉了下来……这样的"温暖如家"，甚至是"宾至胜家"的服务，怎能不给客人留下深刻而又美好的印象呢？

(九)癖好服务

这是比较有规范、有针对性的个性服务。饭店建立团体和个人的客史档案，记录储存旅游者的癖好需求，并传递到各接待部门、接待点和接待人，以确保服务过程中的"投其所好"。譬如，客人要住不吸烟客房、客人不吃辛辣食物、客人易晕车晕机、客人特别钟情华夏文化等。癖好事无巨细，涉及方方面面，规范化地建立客史档案，其目的就在于做到心中有数、事先准备，对于首次出现的癖好需要和尚无条件建立客史档案的饭店，则可以通过即时的灵活服务予以满足。

(十)超值服务

超值服务是饭店员工在按照岗位规范和程序进行操作的同时，为客人提供超出其所付费价值的服务。这种服务在许多时候是一种无形的、精神的但又是收效极好的感情投资，它倾注着员工对客人的尊敬、对客人利益的关心和对本职工作的自豪，常给客人以出乎意料的满足和愉快。在服务中，熟记客人生日、特殊生活习惯、特殊需求，并为之提供服务，如主动介绍服务项目、介绍本地及周边地区旅游资源、免费修理箱包和擦皮鞋、主动提醒客人采取措施防止意外等，都是"超值服务"的具体化。巴黎里兹饭店和南京金陵饭店的迎宾人员在迎接宾客的同时要记录出租车牌号，以便一旦客人将物品遗忘在出租车上能迅速帮助客人寻找，就是一种典型的超值服务。

第三节 消费品类企业服务规程

生产和经营消费品的企业主要是指为最终消费者提供产品和服务的企业。在人们的生活中，根据消费品的使用特征，消费品分为快速消费品和耐用消费品两大类。这里我们将这两大类企业所提供的服务工作分开来进行论述。

一、快速消费品服务规程策划

快速消费品，英文缩写为FMCG(Fast Moving Consumer Goods)，又称为消费性包装产品(CPG)，是指那些消费者高频次的、重复的使用和消耗，通过大规模的市场量来获得利润和实现价值的日常用品。虽然快速消费品的产品获取的绝对利润相对较小，但是它们一般销量很大，因此累积的利润额也会很大。快速消费品包括广泛的、经常购买的消费产品，如洗浴用品、化妆品、牙齿清洁用品、家庭清洁护理品、品牌包装食品饮料、烟酒品及非处方药(OTC)

等。例如，我们熟悉的跨国巨头宝洁、强生、联合利华、卡夫、可口可乐、欧莱雅，国内知名企业伊利、蒙牛、康师傅、娃哈哈、立白、达利园等就是快速消费品生产企业。

快速消费品最主要的特征是消费很快(Fast)、流转很快(Moving)，这就决定了快速消费品生产企业最主要的竞争优势应该是建立在保证产品的快速周转上，也就是要求有高质量的通路环节。

通路通常指促使产品或服务顺利地被使用或消费的一整套相互依存的组织，其最终目的在于让产品和服务以最有效的方式被消费。不论是虚拟的还是实体的，凡是能撮合生产者与消费者交易的组织都可以被称为通路。

随着市场竞争的剧化，越来越多的企业感觉到，在营销组合的诸因素中，依靠产品、价格和促销来获得竞争优势已经越来越难了，而分销渠道则提供了获取竞争优势的可能性，尤其是对于快速消费品来说。依靠产品区别于竞争对手来获取长期的竞争优势已经变得价格高昂和非常困难；经济全球化又使得企业想要通过价格来获得竞争优势变得更不可行；促销的不稳定性也使得通过促销来获取持续性竞争优势成为一种根本不可能的选择。

上述原因就决定了通路建设是消费品类企业服务规程策划的着眼点和核心。正是顺畅的通路业才能保证每天的消费品能源源不断地从生产者手中送到千千万万的消费者手中。

我们把快速消费品服务规程的核心着眼点放在通路建设上，现在通过快速消费品领域中主要通路模式为提纲介绍一下快速消费品中的服务规程策划。以快速消费品中的食品饮料为例，常见的有以下四种渠道模式的服务规程策划。

(一)厂商直控模式服务规程

这是一种由厂商直接提供给零售终端进行销售的通路模式。这种渠道模式的结构是：厂商—零售商—消费者。可口可乐就是采用这种模式的典型代表。这种模式的优点是：渠道短、厂商市场反应迅速及时、价格稳定、促销到位且容易控制。缺点是：受交通限制及物流成本的影响，仅限于在交通便利和消费集中的城市地区采用；在渠道建设过程中容易出现盲点；此种直供模式，投入大、人员成本及物流费用高、管理难度大。

这种模式下服务规程策划的关键是在激励和管理终端零售网点上下功夫，这就必须保证厂家的服务是及时的，对终端零售商进行保姆式的销售指导，保证终端网点的利润和积极性；必须严格监控价格执行情况，尽可能地保证市场终端价格的统一，及时处理零售商对价格不统一现象的投诉；服务过程中要加强对一线人员的素质培训，毕竟他们直接代表了厂商的水平和形象，直接代表着厂商与终端零售网点打交道，所以要严格区别于那些参差不齐的经销商业务人员，要给人一种专业的感觉，以增强终端对厂家和产品的信任度；要在配送线路设计等方面做到科学合理，尽可能地在达到配送目标的前提下节省行车路程，同时要通过对历史数据的分析进而对每家零售店的销售量有一个科学的预测，便于适量配送，在配送费用控制、保证不耽误产品销售和零售商的仓储能力之间寻求一个平衡。

(二)网络式渠道模式服务规程策划

这种渠道模式的结构是：厂商—经销商—批发商—零售商—消费者。娃哈哈和康师傅是这种渠道模式的代表。网络式的渠道模式适用于大众产品，适用于农村和中小城市市场。这种模式的优点是：市场渗透力强，各级渠道成员间的职责分明，通过共同利益构筑起庞大的渠道网络。其缺点是：容易造成价格混乱和区域之间的窜货，对市场的反应可能比较迟缓，要求渠道管理者有高超的管理技术。

这类渠道模式服务规程策划的关键是保证对经销商的激励和管理，进而保证市场销售的有序进行。经销商往往是很多产品的代理，因此很难确保对一厂家产品的集中关注，因此服务的重点是要在刺激经销商为本企业产品投入更多的人力、财力、物力上下功夫，在对本公司业务人员的控制上做到为经销商提供良好的服务，助其开发新的市场网点和市场盲点，这种设计的前提是争取让经销商赚更多的钱。要设立经销商保证金，保证不窜货到其他经销商所辖的区域，进而也能防止其他经销商窜货到本区域来；很多具体事务要通过直接派驻各层级的业务人员为经销商服务，以达到更好的执行效果；设立合理的动态淘汰制度，促使经销商有动力保持良好的销售业绩；除了阶梯奖励外，要尽量保证对经销商做到公平公正，以防止销售政策的不统一而带来的负面影响。

（三）平台式渠道模式服务规程

这种渠道模式的结构是：厂商—经销商—零售商—消费者。百事可乐是采用这种模式的代表。这种销售模式适合人口密度高的大城市。厂商通过经销商平台构筑起销售平台。每个经销商管理几条街、几百家店，送货上门，从而真正做到深度营销。这种渠道模式的优点是：责任区域明确而严格，服务半径小；送货及时、服务周到；渠道网络稳定、基础扎实；受低价窜货的影响小；精耕细作、深度营销。其缺点是：受区域市场的条件限制较多，必须由厂商直达送货，需要配备较多的人员。

厂家服务规程策划的重中之重也是健全对经销商的支援计划。不但在广告、公关、促销等市场推广层面上要有全盘的计划，还要在人力资源、市场督导等方面给予更多支持，以巩固良好的客户关系。

（四）专业市场渠道模式服务规程策划

这种渠道模式的结构是：厂商—专业市场—批零兼营终端—消费者。专业市场是我国改革开放后出现的一种独特的流通渠道。这种渠道所具有的灵活性使得它至今仍保持着一定的活力。这种渠道模式的优点是：无规则的自由流通；不受行政区域的限制，经营灵活、薄利多销、品种繁多、配货方便、辐射力强。其缺点是：交易关系松散，没有固定的网络和客户，由于以价格优势为主要手段来吸引顾客，容易导致相互压价和低价窜货，专业市场经营者往往缺乏深层的服务意识。

这种模式的服务规程关键在于提供质优价廉的商品，通过建立与终端的一种感情纽带来吸引终端，达到最好的销售效果，要通过专营市场的专业化建设带动本厂家产品给终端形成良好的专业形象，做好物流配送等辅助工作等。

二、耐用消费品服务规程策划

耐用消费品，主要是指那些使用寿命较长、经久耐用的产品，例如汽车、卡车、运输车、铁路机车等；一些技术精密度较高的产品，如电脑、摄录像设备、复印机等；此外还包括家庭耐用消费品，如冰箱、洗衣机、电视机、家居家具等。这些产品的顾客都是那些最终获得该产品的消费者，其间要经过许多转手过程。但无论怎样转手，供应商向客户提供整体解决方案都是最重要的，其中包括售前至售后的一系列服务。

（一）售前服务规程

耐用消费品生产商设计的产品服务必须能够符合其目标客户的期望。生产商不可能达到客户心目中的运转快、成本低、永不发生故障和可永久使用下去的理想要求。这些由买方提出的目标，生产商只能承诺一定的效能水平。这种默认的效能水平就成为生产商与竞争者相抗衡的定位策略。例如，美国卡特勒公司保证 48 小时内把各种零部件运交到世界任何地方——

否则便把零部件白送给客户，从而取得了超越许多竞争者的领先地位。因此，生产商必须对目标客户进行调查，以识别他们最重视的主要服务项目及其相对重要性。这是必不可少的步骤。例如，加拿大的工业设备购买者将 12 种服务因素按如下的重要性顺序排列：交货可靠；及时报价；技术咨询；折扣；售后服务；销售意见陈述；联系容易；保证更换；生产商的经营范围；模型设计；信贷；检验设备。

这些按重要性顺序的因素排列表明，销售者至少应在交货可靠、及时报价、技术咨询以及客户认为最重要的其他服务项目等方面能与竞争者匹敌或超越他们。

这些分析有助于企业确定能以最大限度增加其产品供应的服务组合。就医疗成像设备等价格昂贵的产品而论，生产商至少应提供：设计安置设备的特殊设施的建筑服务；设备安装服务；操作设备人员的培训服务；设备保养与修理服务；融通资金服务等。

竞争者的相互竞争，已经超出了以上这一最低限度的服务组合，变相提供辅助的附加服务项目。美国一家大型的办公室家具企业——赫尔曼·米勒公司——向购买者提出如下承诺：(1)产品保修五年；(2)设计安装后的质量检查；(3)保证搬入日期；(4)系列产品的换新折扣。于是，赫尔曼·米勒公司的竞争者们便不得不制订他们自己的服务规程和服务承诺。

企业必须按先后次序规划其产品设计和服务规程决策。设计经理和质量保证经理应从一开始便参加新产品小组。产品常可按减少需要维修工作量来设计。成功的服务策略关键是设计出极少发生故障的优质产品，即使发生故障，也可以最低的服务费用很快予以修复。

(二)售后服务规程

耐用消费品生产商必须决定如何向客户提供他们可提供的售后服务等。有三种可供选择的方法：(1)生产商本身可提供这些服务；(2)生产商可与配销商和经销商做出安排提供这些服务；(3)生产商可让给第三方公司提供这些服务，如维修服务、培训服务等。

现在我们来看“维修服务”的情况。生产商开始时通常采取第一种方法。他们希望跟踪设备的使用情况，并了解设备存在的问题。他们还知道训练其他人员的费用昂贵并且需要时间。他们还发现经营“供应零配件维修生产”获利颇丰。只要他们是所需零配件唯一的供应者，它们便能索取最高的价钱。事实上，许多产品生产商为了推销产品便将产品定价较低，而靠“零配件服务”赚取利润来补偿，这就是相关品定价策略。一些产品生产商在销售后服务中赚取的钱占其全部利润的一半以上，这也说明，为什么会出现竞争者制造同样或相似的零配件，以较低价格销售给顾客或中间商的情况。生产商们常向顾客提出警告，说使用非生产商制造的配件是很危险的，但是他们的警告并不总是令人信服的。

长期以来，生产商将较多的维修服务转交给配销商和经销商经营。这些中间商更接近顾客，经营网点较多，它们提供的服务质量虽不见得高，但较为快捷。生产商只销售零配件，除了把服务费用让给中间商之外仍能赚得利润。

最后，独立的第三方服务企业出现了。现在美国汽车服务工作的 40%以上是在汽车特许经销商点以外，由麦得斯·乌夫拉尔公司、西尔斯公司和潘尼公司等独立的修理厂和连锁修理部来完成。专门维修汽车底盘、电信设备和其他各种设备线的独立的服务机构也已出现，它们一般比生产商或授权中间商收费较低，而且提供比较快的服务。中国的这一现象也已崭露出来了，即核心产品定价较低，以配套的附加而又必需的零配件并配之以后续的服务为获取利润的主要路径，以争取企业的更大市场占有率。

第四节 电商企业服务规程

电商企业是伴随着信息经济的脚步，在20世纪90年代兴起于美国、欧洲等发达国家，进入21世纪在我国也迅速崛起的一种新兴企业。我国的电商企业发展迅速，已形成了淘宝、天猫、京东、苏宁、拼多多、美团、饿了么、滴滴、字节跳动、快手等更多的电子商务服务企业。

一、电商企业的特点与类型

电商企业是指在互联网(Internet)、内联网(Intranet)和增值网(VAN，Value Added Network)上以电子交易方式进行交易和提供相关服务活动的企业。它使传统商业活动各环节的工作形成了电子化、网络化的动态过程。电子商务活动包括电子货币交换、供应链管理、电子交易市场、网络营销、在线事务处理、电子数据处理(EDI)、存货管理和自动数据收集系统等。

电子商务(Electronic Commerce)是指人们利用电子化手段进行以商品交换为中心的各种商务活动。电子商务经历了起步期(1990—1993年)、雏形期(1993—1997年)、发展期(1998—2000年)、稳定期(2000—2009年)、成熟期，3G的蓬勃发展促使全网全程的电子商务V5时代成型。

(一)电子商务企业发展的特点

电子商务的运行与完善都需要依靠技术支撑，因此信息技术服务是电子商务完善强有力的支撑。在这样的基础条件具备的前提下，电子商务呈现出了独有的特点。

电子商务具有方便性、普遍性、安全性、整体性、协调性和集成性等特点。

(1)方便性：在电子商务环境中，人们不再受地域的限制，客户能以非常简洁的方式完成过去较为繁杂的商业活动。

(2)普遍性：电子商务作为一种新型的交易方式，将生产企业、流通企业以及消费者和政府带入一个网络经济、数字化运行的新的环境。

(3)安全性：在电子商务中，要求网络能提供一个端到端的安全解决方案，如加密机制、防火墙、防病毒保护等。这种安全性的要求与传统的商务活动完全不同。

(4)整体性：电子商务活动要求一个企业能够规范事务处理的工作流程，将人工操作和电子信息处理集成一个不可分割的整体，这样不仅能提高人力和物力的利用率，也可以提高系统运行的严密性。

(5)协调性：商务活动本身是一种协调过程，它需要客户与公司内部、生产商、批发商、零售商等之间的协调。在电子商务环境中，更要求银行、配送中心、通讯部门、技术服务等多个部门通力协作，电子商务的全过程需要一气呵成，中间不能断链。

(6)集成性：电子商务以计算机网络为主线，对商务活动的各种功能进行了高度集成，这一集成提高了电子商务运行的效率。

(二)电子商务企业的类型

电子商务按交易主体划分可分为：

(1)B2B(Business-to-Business)。这是企业对企业的服务，它将企业内部网和企业的产品与服务，通过B2B网站或移动客户端紧密结合起来，通过网络的快速反应，为客户提供更好的服务。

(2)B2C(Business-to-Consumer)。这是企业对消费者的服务，随着用户消费习惯的改变以及优秀企业示范效应的促进，网上购物的用户不断增加，使其发展迅速。

(3)C2C(Consumer-to-Consumer)。这是消费者对消费者的服务,也是个人对个人的服务。微商、网络直播带货、58二手物品、闲鱼等均属于C2C运营。

除以上三大主流模式以外,还有C2B(消费者对企业)、B2M(企业对市场)、M2C(生产厂家对消费者)、B2A或B2G(企业对行政机构)、C2A或C2G(消费者对行政机构)、O2O(线上线下运行)等各种类型的电商服务企业。

(三)电子商务的功能

电子商务提供网上交易和管理等全过程的服务,因此它具有广告宣传、咨询洽谈、网上订购、网上支付、电子账户、服务传递、意见咨询、交易管理等各项功能。

(1)广告宣传。电子商务可凭借企业的Web服务器和客户的浏览器,在Internet上发布各类商业信息。客户可以凭借网上的检索工具(Search)迅速收到所需商业或商品信息,而商家可以利用网上主页(Home Page)和电子邮件(E-mail)在全球范围内做广告宣传。与以往的各类广告相比,网上的广告成本最低,而给客户的信息量最为丰富。

(2)咨询洽谈。电子商务可以借助于非实时的电子邮件(E-mail)、新闻组(News Group)和实时的讨论组(Chat)来了解市场和商品信息、洽谈交易事务,如有进一步需求,还可用网上的白板会议(Whiteboard Conference)来交流即时的图形信息。

(3)网上订购。电子商务可以借助于Web中的交互实现网上订购,订购信息可以采取加密的方式,使客户和商家的商业信息不会泄露。

(4)网上支付。客户和商家之间可以采取信用卡账号或储蓄卡账号实施支付,在网上直接采取电子支付的手段可以省略交易中很多人员开销。现在的微信转账和支付宝转账都属于网上支付的延伸。

(5)电子账户。网上支付有电子金融的支持,即银行或信用卡公司及保险公司等金融单位为金融运行提供网上操作的服务,而电子账户的管理是其基本的组成部分。

(6)服务传递。对于已付款的客户应将其订购的货品尽快地传递到客户的手中。其中有些货物在本地,有些货物在异地,电子邮件和网上实时监控能在网络中进行物流调配和实时信息传递。

(7)意见征询。电子商务可以在网页中收集客户对销售服务的反馈意见和数据,使企业或商户的市场运营能形成一个闭环回路,尤其是通过客户评价系统,可以将客户意见展示出来,形成公开信息,以对后续购买者形成影响和购买依据。

(8)交易管理。电子商务的发展,提供了一个良好的交易管理的网络环境及多种多样的应用服务系统,能保障电子商务得到更广泛的应用。

二、电子商务企业的服务规程

电子商务企业作为现代服务业中的重要产业,在进行运营管理、品牌推广、形象策划等方面有与传统产业的要求相同之处,也有其不同之处。

(一)电子商务与传统产业

(1)从相同的角度进行思考,传统产业在面向市场时要进行4P营销组合的确立,电子商务企业同样也要进行4P营销组合的确立。这其中产品质量是赢得消费者信赖的最重要法宝,没有好的产品,再便宜的价格都会受到消费者的唾弃。在电子商务时代,很多网店将次品和仿品推向市场,因为价格极其便宜,导致市场需求旺盛。这种情况短时间内可能会有一些消费者购买,但长期支撑市场份额的仍然是产品品质。某宝上的假货次品、某多上的低价倾销均遭受到了消费者的反感甚至投诉。因此，产品品质不仅仅是传统经济市场运行的要求，也是互联网经济客户锁定的诉求。

价格是市场上最敏感的因素，传统产业由于市场运行中的中间环节不可避免，导致消费价格居高不下。电子商务企业更多的是厂家直销或从厂家到商家的直线营销，导致价格的下降，人们称之为“没有中间商赚差价”。因此，较之传统产业，电子商务企业的运行会更具有价格优势。

从渠道上看，电子商务由于互联网技术的支撑，在电子商务平台上渠道直接呈现，商品历历在目，这样的渠道属于最短的营销渠道，只不过在电子商务的渠道平台上商品可看不能碰。诚实的商家一定会承诺所见即所得，不诚实的商家可能会弄虚作假。直播平台的出现导致了产品在渠道中弄虚作假的现象被屏蔽，所以，未来的电子商务平台会有一个大浪淘沙的过程。

促销是企业的销售促进，以让消费者得到更多实惠和好处的方式形成更大规模的销售。电子商务企业的促销形式多种多样，主要有定价促销、附加值促销、回报促销、纪念式促销、奖励促销、借力促销、临界点促销、名义主题促销、时令促销、节日促销、购物节促销等。人们熟悉的“双十一”和不断再创造出来的“双十二”“618”等，就是电子商务企业策划出的购物节。

(2)从不同的角度进行思考，电子商务企业在服务上还要下更大的功夫。《电子商务公共服务中心管理与服务规范》是全国首个电子商务服务业领域的联盟标准。标准内容包括术语与定义、建设要求、服务内容和考核评分等。这一标准的发布实施，将规范各电商公共服务中心的发展，弥补各电商公共服务中心建设发展过程中的短板，促进电商公共服务平台进一步有序、高效和合理地运行与发展。

电商企业的服务分为两个层级：一个层级是电商公共服务中心（电商平台）对电商企业（包括商户）提供的服务，另一个层级是各电商企业对客户提供的服务。《电子商务公共服务中心管理与服务规范》所约定的是各电商公共服务中心（平台）的制度，而电子商务企业在运行中要提出自己的、独特的服务理念，运行自己的、独特的服务规程。这其中除了前面已经提到的好的产品、好的价格之外，还要规范系列服务。

(二)电子商务企业的服务体系

随着电商的发展、各大领域的涉足，长期以来，产品质量差、服务环节烦琐、服务承诺苛刻、服务质量低下等各种关于售后体验的评论甚嚣尘上。如曾经人们对某东的退货规则提出过质疑、对退货路径不顺畅产生不满等。所有这些都需要重新构建电子商务企业的服务体系。

电商企业要自我完善，可以从提出全新的服务理念、提高服务的创新能力、创建规范的服务流程和相应的绩效考核体系、完善物流配送和网络支付等第三方服务体系的构建等几个方面进行思考。但电子商务运营企业（包括商户）直接面对的是客户（用户和消费者），从客户的角度思考，电商企业完善的服务体系应尽在售前、售中和售后服务的完整系列之中。

1. 电商企业的售前服务

售前服务是企业在商品未出售之前所提供的各种服务。对于电商企业来说，售前服务是通过精心研究顾客购买心理，在顾客购买之前，为刺激其购买欲望而提供的各种服务工作。广泛、丰富、热诚、优良、精明的售前服务，对整个销售工作会产生事半功倍的效果。售前服务的内容十分丰富，其核心是迎合顾客的心理，激发购买欲望，方便顾客购买，达到扩大销售的目的。电商企业的售前服务一是准备好货源，一定不卖假货、差品和仿品，对商品做好检测，最好能将检测报告在商铺平台上展示出来并进行说明；二是做好信息传播性工作，以获取更多客户的关注，比如参加平台上举办的各种活动，包括促销活动、奖励活动、优惠活动等；三是接受客户的询问，包括对商品的介绍、对客户购买意向的把握、价格的优惠情况、快递的选择等。同时，客户还会查看已购客户的评价、商户得分情况、有没有差评（如果有差评，差评的原因）等。现在网络水军盛行，刷单大行其道，其各种行为都会搅乱网络销售的正常秩序，如果电商使用的不法手段被曝光，损失的将是整个市场，严重的会危及电商企业的生命。因此，电商企业要想赢得市场的青睐、保障企业的运营与发展，本本分分做生意、仔仔细细做服务是长久之道。

2. 电商企业的售中服务

（1）接待顾客，电商企业的接待顾客是通过网络文字、图片、语音等方式进行的，尽管不是面对面，但也是一门服务艺术。工作人员在接待顾客时，不仅要讲究服务态度，而且要十分讲究接待方法，把主动、热情、耐心、周到、及时的服务要求贯穿在整个接待过程中，让顾客感到与本电商企业的沟通是一种享受。要知道通过语言和反应速度，客户在购物平台上是可以感受到你的热情、你的微笑、你的专业和你的用心的。在近几年兴起的直播平台上做带货直播，接待好每一位进入者，更是可以让客户感受到犹如面对面服务的效果。

（2）展示商品。电商平台展示商品的路径就是图片和小视频，希望电商们不要用虚假的图片和用软件处理过的图片。真实再现真实货品是电商最好的营销手段，也是电商长寿的基因。在直播平台上展示商品可以 360 度旋转，同时不能造假也无法造假，这也是直播带货为什么受到消费者欢迎的原因。

（3）介绍商品。在电商平台上介绍商品要求做到“一懂、四会、八知道”，即懂商品；对所经营的商品会使用、会调试、会组装、会维修；知道商品的产地、价格、型号、质量、性能、特点、用途和使用保养方法等。介绍商品要针对不同商品的特点进行介绍，或侧重介绍商品的成分性能，或侧重介绍商品的造型、花色和式样，或侧重介绍商品的质量特点，或侧重介绍商品的独特风格、独特风味，或侧重介绍商品的多功能用途等等。如果是直播带货，介绍商品时要面带微笑，耐心细致，以理服人、以情感人，激发顾客的购买欲望。

客户在电商平台上购物，将商品装进购物车、结算货款等，都是由客户主动来完成的，这个过程能不能完成、会不会终止交易，商家是无法把控的。但商家应确信，好的产品、好的服务一定会赢得客户信赖的，也一定可以成交的。

3. 电商企业的售后服务

电商企业的售后服务包括发送快递、跟踪快递、确认收货、用户评价、信息反馈、退货处理等环节。其基本的要求是：

发送快递要按照对顾客发送快递所承诺的时间，只可提前不可拖后。如果有特殊原因没能及时发货，要实事求是地向顾客解释清楚，顾客同意延期发货则可，不同意则可退货。

跟踪快递，快递在运输过程中要实施跟踪，如有中途延误时间情况的发生，则可及时向顾客通报，如中途运输有包裹损毁的，则需要补发。

确认收货是顾客行为，电商可提醒，但不可强制。电商可以小小奖励的方式，使顾客愿意并主动确认收货。

用户评价也是顾客行为，好的商品一定会有好的评价。商家不可直接索要好评，好评是顾客发自内心的、不是强行施压形成的。如果确实出现了差评，先找自己的原因，如果不是自己的原因，可以把差评的出现看成是一种危机事件，借此开展一场危机事件的公共关系活动，也可能会把危机转化成契机。

信息反馈，电商企业时时都要关注信息的反馈，有利的信息可供企业做再传播使用，不利的信息可以顺之寻找自己的不足。

退货处理,电商企业不要设定很高的退货门槛,只要顾客不喜欢的都可以退,但要相信顾客不会无故退货,要找到退货的原因,如果是自己的原因,一定要避免事情的再次发生,如果是顾客的原因,也不要指责。好的服务理念会推动电商企业更好的发展。

电子商务作为一种新型的商业模式,正越来越多地改变着企业及个人。电子商务环境下的客户管理作为一种新兴的管理理念和方法,虽然在理论以及应用实施方面都还有待于提升,但随着电子商务应用的普及,加上理论研究的深入以及互联网、大数据等技术的不断发展与应用,它必然会在企业运行中大放异彩。未来商务领域中的竞争,将是以服务为重点的比拼,因此,只有尽快完善企业的服务系统,才能抓住市场竞争的先机,领先一步占领经营模式的制高点,从而保证企业在市场竞争中得以生存。售前、售中和售后的服务达到平衡的状态,便可以形成互动和良性的循环。

本章思考

1. 在现实企业的各项服务工作,企业是否能够对照服务的七个方面来设计服务项目?请以你所熟悉或接触过的企业为例予以说明。
2. 如果你是一个企业的负责人,从服务的角度你会怎样看待宾客的要求?
3. 多样化服务和标准化服务两者有矛盾吗?实际工作中应如何处理两者之间的关系?
4. 如何比较和理解服务细节这一问题?
5. 如果你是一个生产快速消费品的公司负责人,请你绘图并考虑确立企业的服务模式。
6. 请结合实际,谈谈商贸企业做好服务工作的重要性。
7. 电子商务企业应该怎样做好服务性工作?

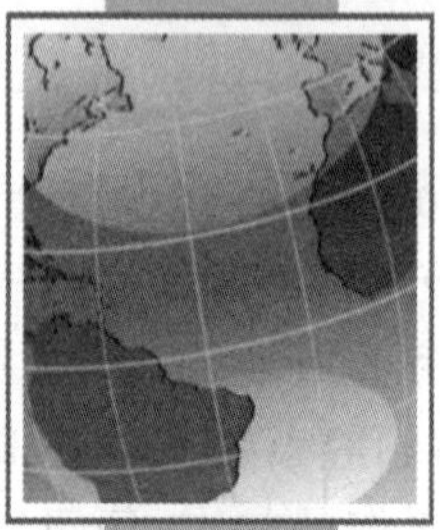

第八章 企业传播活动策划

企业传播活动主要指企业对外传播，可通过企业公关活动和新闻活动的实施对社会公众形成的影响得以实现。

企业公共关系活动分为三个层面：一是初级层面的迎来送往、交际应酬工作，这项工作以全员公关的形式推进；二是中级层面的信息传递、销售促进工作，这项工作由主管信息传播工作的人员（如营销人员、调研人员、服务人员、广告人员、IT 人员等）负责；三是高级层面的公共关系思维创意、策划管理工作，这项工作由经理人员组织高层管理者或相关专家承担其职责。对这些工作的操作既需要操作者认真负责，又要注重规则、技巧。新闻传播活动应属于高级层面的公关关系，需要专门的策划与实施。

第一节　企业公关活动策划

企业公关活动的开展，主要目的是形成对内的凝聚力和对外的吸引力。对内的凝聚力可通过企业的各项规制、企业文化、CIS 战略的实施等工作得以完成。对外的吸引力则需要通过策划并付诸实施得以实现。这样的策划工作主要通过企业的专项活动和各种类型的公关活动得以实现。

一、公共关系专项活动

公共关系专项活动是预先寻求由头和机会，进行整体而全面的策划，并按照策划程序付诸实施，从而形成良好的社会效果的大型公关活动。为了实施公关计划并参与社会活动，公关人员要根据组织不同时期的实际需要来策划并实施各种专项活动。

（一）举办记者招待会

记者招待会也叫新闻发布会，是社会组织或个人根据自身的某种需要，邀请有关新闻单位的记者、编辑、主持人，宣布某一消息，并接受参加者提问的一种特殊会议。

对于企业、团体或个人来说，新闻发布会的重要意义在于：协调和加强同新闻媒介进而同广大公众之间的关系和联系，沟通情况，传递信息；公布与解释本组织的重要决策和行动方针以及有关的规章制度，传达本组织负责人的施政意图、设想和规划；澄清事实，纠正谬误，检讨失职，回答质询；协助新闻单位及时了解本单位从事的各项工作与业务，为新闻单位的报道提供素材。

1. 确定举行会议的必要性

根据新闻发布会的特点，在开会之前必须对所发布的信息是否重要、是否具有进行广泛传播的新闻价值以及新闻发布的紧迫性和最佳时机等进行研究和分析，确认之后，才可决定是否要举行新闻发布会。企业中具有举行新闻发布会价值的事件一般有：紧急事件或公关危机事件等，如厂房起火或爆炸等严重事故、由问题产品引发的召回事件等；对社会产生重大影响的新技术、新产品的开发和投产等；企业对社会所做的重大益事、参与重大社会活动的投资等；企业开张或倒闭；企业合并或转产；企业重大庆祝日或纪念日的活动等。

2. 选择会议地点

在地点选择上，要考虑交通是否方便？会议地点环境是否安静不受干扰？会场的规模（面积与空间）是否够用？会场的桌椅是否适于记者记录？现场的录像、拍摄条件包括辅助灯光、视听工具、幻灯、电影的播放设备等是否达到要求？互联网设备是否可用？等等。

3. 确定主持人和发言人

由于记者的职业习惯，许多记者会在会上提出一些尖锐、深刻，甚至很棘手的问题，从而对主持人和发言人提出了很高的要求。主持人和发言人必须对问题比较敏感，思路敏捷、反应快，有较高的文化修养和专业水平，口齿要伶俐，否则难以胜任。会议发言人应是企业的高级领导，因为企业领导掌握企业的整体情况及方针、政策和计划，回答问题具有权威性。若企业领导不能胜任，需要在会前进行必要的训练，以保证在会上应付自如。

4. 准备发言和报道提纲

根据新闻发布会的主题，要组织熟悉情况的人成立专门的发言起草小组。全面收集有关资料、情报，写出准确、生动的发言稿供发言人参考。还可写出报道提纲，在会上发给记者作为采访报道的参考。这里特别注意会前应将会议主题、发言稿和报道提纲的内容在企业内部通报一下，以统一口径，防止会上口径不一，引起记者的猜疑和混乱。

5. 准备宣传辅助材料

宣传辅助材料要围绕主题准备，尽量做到全面、详细、具体。形式应多样，要有口头的、文字的、实物的，以及照片和模型等。这些材料要根据会议主题和内容的具体要求而定，在会议举行时现场摆放或分发，以增强发言人的讲话效果。

6. 做好记者参观的准备

会前或会后，可以配合会议主题组织记者进行参观，给记者创造实地采访、摄影、录像的机会，增加记者对会议主题的感性认识。这项活动应该在会前安排好，如参观的地点、参观的环节、参观过程中的接待人员安排和情况介绍等。

7. 确定时间

要选择好举行新闻发布会的时机，应尽量避开节假日和有重大社会活动的日子，以免记者不能到会。

8. 小型宴会的安排

如果认为有必要，且财力和时间许可，可以在发布会或参观活动后，邀请记者参加午餐或晚宴。这是一种相互沟通的机会，可以利用这种场合融洽与新闻界的关系。同时还可以在这种轻松愉快的气氛中，使记者在会上没有得到解答的问题，在这里得到满意的回答。

9. 选择邀请记者的范围

邀请的记者覆盖面要广，各方新闻机构都应照顾到。不仅要有报纸和杂志记者，还要有电台、电视台的记者和网络媒体的记者，抑或有网络直播平台进入；不仅要有文字记者，还应有摄影摄像记者。特别注意对记者要做到一视同仁，不能厚此薄彼。发邀请信(函)时，认识的记者可以发给本人，不认识的可发到新闻机构。邀请信(函)发出后，临近招待会举行时还应用电话联系落实记者出席情况。

(二)实施社会赞助活动

赞助是指企业和个人及其他社会组织对在社会上有重大影响的社会性活动给予的物力和财力上的支持，以保证社会性活动的顺畅开展。赞助活动对于企业来讲是一种搭车性的公共关系信息传播性活动，一般具有公益性特征或大众娱乐性特征，常会受到媒介的关注和追踪报道，因此，其传播效应要好于其他任何信息传播的形式。

赞助是企业为赢得政府、社区及相关公众的支持，创造企业生存和发展的良好环境，出资支持社会福利、社会公益和慈善事业等活动，并以此来证实企业的实力，表现企业积极承担社会责任的精神，同时这也会赢得社会公众的好感与信任。

企业实施赞助的目的是：

1. 扩大知名度

企业举办赞助活动并通过新闻媒介进行广泛传播，可以扩大企业的知名度。

2. 增强信任度

通过赞助的手段证明企业的经济实力，可以赢得社会公众的信任。

3. 提高美誉度

关心和支持社会公益事业，表明企业为社会做出了贡献，从而可以树立良好的企业形象。企业可以主动选择赞助对象，也可以按接受赞助者的请求来确定，但不管赞助谁、赞助形式如何，赞助之前都应做好深入细致的调查研究工作。调查企业的公共关系状况、经济状况、赞助活动的影响、被赞助者的公共关系状态等。在此基础上，研究赞助项目的必要性、可行性、有效性。特别需要强调的是调查研究应以经济和社会效益的同步增长为目标，量力而行，保证企业与被赞助对象及社会共同受益。

在调查研究的基础上确定赞助对象，而后就要制订具体翔实的赞助计划。赞助策划是对希望活动能达到良好结果而实施的创新性活动的谋划。赞助计划是保证赞助策划能付诸实施的基本工作程序和思路，一般应包括：赞助的目标、对象、形式；赞助的财政预算；为达到最佳赞助效果而选择的赞助主题和传播方式；赞助活动的具体实施方案等。

中国某企业赞助第某届奥运会中国体育代表团的计划内容包括：

赞助活动目标：第×××届奥运会。

赞助对象：中国体育代表团。

赞助形式：提供本企业产品、资金。

重点传播对象：中国消费者和经销商。

选定传播方式：电视媒体、广播媒体、报纸媒体、网络媒体、电影媒体、手机媒体、会议研讨等形式。

具体实施方案：首先征得国家体委和中国奥委会同意；其次征得新闻媒介的支持，并通过新闻媒介谋求社会公众的支持；再次做好物质上的准备，专门为中国体育代表团生产高质量的产品；最后做好奥运营销工作。

企业须委派专门的公共关系人员去实施赞助计划。在实施过程中，应充分利用有效的各种公关技巧，创造出企业内、外的良好气氛，尽可能扩大赞助活动的社会影响。另外，公共关系人员的形象在实施过程中要保持与企业一致的形象，尽可能形成一体化，从而赢得赞助的最大效益。

每次赞助活动完成以后，应对照其计划，测定其实际效果。对完成活动的经验加以总结，对活动不理想之处应找出原因。赞助活动的效果应由自我测评和专家测评共同完成，尽可能做到符合客观实际。对赞助效果的测评分为经济效益测评和社会效益测评两个部分。经济效益的测评主要是指通过赞助活动和产品销售给企业带来的经济效益，表现为产品的市场走势、市场占有率的扩大、销售量和销售额的增加；社会效益是通过赞助得到媒体关注所带来的社会影响度，表现为知名度、信誉度的扩大，品牌形象的提升等。每次测评都要形成报告，作为资料存档，为以后的赞助活动提供依据和参考。

案例拓展　　**携手奥运，燕京啤酒走向新时代**

2005 年 8 月 10 日，在记者云集的人民大会堂，人们看到的是两座 7 层高、由 360 听罐装啤酒“搭建”的燕京啤酒塔，无疑这是一次与燕京啤酒有关的公关活动。在闪光灯集聚的焦点时刻，北京燕京啤酒股份有限公司与北京 2008 年奥运会组委会签署了第二十九届奥林匹克运动会赞助协议，从而使燕京啤酒正式成为北京 2008 年奥运会国内啤酒赞助商。这是 2008 年北京奥运会的第二家赞助商，也是国内食品行业的第一家赞助商。

作为国内啤酒赞助商，北京燕京啤酒股份有限公司将为北京 2008 年奥运会和残奥会，为北京奥组委、中国奥委会以及为参加 2006 年冬奥会和 2008 年奥运会的中国体育代表团提供资金、啤酒产品以及相关服务。

（三）举办展览会

展览是通过实物、文字、图表等形式来展现成果、风貌、特征的一种宣传形式，是综合运用多种传播手段的专项公关活动。展览会是公共关系专题活动之一。利用公关工作加强展览的效果是非常重要的。展览活动中有大量的公关工作可做，绝不可认为仅仅写出一两篇新闻就完成了公共关系工作。从筹划展览开始，就必须渗透公关意识。

筹划展览的一般原则是：展览主题思想要明确，布局结构要合理，布置要美观大方、经济，解说要精练、流畅、动人，给人以深刻印象。

在举办展览会时，一般应注意下列问题：

(1)确定展览会的主题和目的。每一次展览会都应有明确的主题和目的。这将决定展览会中使用的沟通方式和接待形式。大部分公开举办的商业展览会是一种做广告的形式，在推销产品的同时，更要注意组织的形象。

(2)确定参展单位和参展项目，并明确该展览会的类型。举办大型展览会，通常采用广告或发邀请信给可能的参展单位等形式来吸引参加展出的单位。广告和邀请报名的信件应写清楚展览的宗旨、展出项目的类型，估计参观者的类型和人数，提出展览会的要求及费用等。总之，要给潜在的参展单位提供决策所需的资料。

(3)明确参观者类型。这次展览会针对的公众是谁？包括的范围有多大？这是展览会在策划阶段必须回答的问题。参观者的类型将影响到信息传播手段的复杂性和多样性。例如，对一般参观者应进行直观普及性的宣传；对有关学者、研究人员介绍资料要较为专业化和详细深入，展览会还可专门组织有关人士进行研讨、座谈、学术讲座。

(4)选择展览的时间、地点。有些展览要顾及时间性、季节性。选择地点要考虑到交通方便、环境适宜、辅助设施齐全等因素。

(5)培训展览会的工作人员。展览会的主编除规划构思整个展览的结构外,还应注意对各部分的编辑、设计、美术、制作等人员进行培训,对他们的工作提出具体的要求,以确保总体布局及各部分之间的合理安排与衔接。展览会工作人员素质的好坏、掌握展览技巧如何,对整个展览效果具有关键性的影响。因此,必须对展览会的工作人员和解说员、接待员、服务员进行良好的公关训练,并就展览内容进行专业知识训练,才能满足展览会的要求,使参观者得到满意的服务。

(6)准备展览会的辅助设备和相关服务。如果办一个国际性的展览会,应该设有处理对外贸易业务部门,附有产品订购、文字、邮政、检验、海关、海陆空运输、旅游和预订饭店等服务部门。

(7)成立一个专门对外发布新闻的机构,负责和新闻界进行联系的一切事宜。要制订新闻发布的计划,如确定发布的内容、发布的时机和发布的形式等。新闻记者需要质量高、语言简洁的新闻稿和有吸引力的图片,公关人员应发掘展览会中有新闻价值的事情和故事写成稿件,以扩大展览会的影响。

(8)设计展览会的徽志,准备好展览会的纪念品,并事先准备录音、录像带、各种小册子、展览会目录表等各种辅助宣传资料。

(9)布置展厅时,要考虑在入口处设立咨询台和签到处,贴出展览会平面图,要在出口处设置留言簿。

(10)确定展览会的费用预算。具体列出展览会的各种费用,进行核算,有计划地分配资金,做到心中有数。

(11)注意采用一些展览会的技巧,如邀请知名人士出席、为开幕式剪彩、为参观者签名留念等,把展览会办得有生气、有吸引力、有新闻价值。

(四)举行(开业)典礼仪式

举行一个气氛热烈、隆重大方的开幕(开业)典礼,是企业与社会沟通的极好机会,是企业在社会公众面前的“形象亮相”。通过这样的活动可以为企业创造良好的社会形象,并给公众留下深刻美好的记忆。好的开业典礼可以体现出企业领导人的组织能力、社交水平以及企业的文化素质,往往会成为社会公众取舍和亲疏的重要标准。通过邀请知名人士和记者参加,还可以扩大影响,增强知名度。公共关系人员应该重视并精心安排好这一活动。

开幕(开业)典礼的必备工作和注意事项:

(1)精心拟定出席典礼的宾客名单。邀请的宾客一般应包括政府有关部门负责人、社区负责人、知名人士、社团代表、同行业代表、供应商、经销商、新闻记者、员工代表以及公众代表等。对邀请出席典礼的宾客要提前将请柬送达其手中。

(2)拟定典礼程序。典礼程序一般为宣布典礼开始、宣读重要来宾名单、致贺词、致答词、剪彩。

(3)事先确定致贺词人名单,并为本单位负责人拟写答词。贺词和答词都应言简意赅,以达到沟通感情、增进友谊的目的。

(4)确定剪彩人员。可请来宾中地位较高、有一定声望的知名人士共同剪彩,也可请有代表性的人物如劳动模范、合作者、投资者剪彩。

(5)安排各项接待事宜。应事先确定签到、接待、剪彩、摄影、录音、扩音等有关服务人员,这些人员要在典礼前到达指定岗位。

(6)安排一些必要的余兴节目。为造成热烈欢快的喜庆气氛，在典礼进行过程中可以安排锣鼓、舞狮、耍龙等节目，还可以伴以民间歌舞，或直接以民间歌舞为表现形态，以突出地方特色。

(7)典礼仪式结束后，可以组织来宾参观本企业的生产设施、服务设施以及产品或商品陈列室。这是让上级、同行和社会公众了解自己、宣传产品或商品的好机会。

(8)通过座谈和留言的形式广泛征求意见，并尽快将意见和建议综合整理出来，以达到总结经验、鼓舞士气的目的。

开幕典礼的形式不宜太复杂，用时也不要太长，但要办得热烈隆重、丰富多彩，给人留下深刻而良好的印象。要使这项活动达到预期的目的，公共关系人员应做到准备充分、工作热情、头脑冷静、善于鼓动、指挥有序。如果在程序安排和具体接待中稍有不慎，不但会破坏典礼活动，还会影响企业的形象，其内含的损失是难以估算的。

(五)对外开放参观

企业为了让公众更好地了解自己，通常由公共关系部门负责组织一些对外开放参观活动。在这些开放参观活动中，企业的员工家属、新闻工作者、学校师生和其他对企业感兴趣的公众等可以到企业参观和考察。企业可以利用这些机会向公众进行宣传，表明自己的存在是有利于社会和公众的，以得到公众的理解和支持。企业组织的对外开放活动是一件繁杂的工作，但又是一项很好的公共关系活动，它可以使公众对企业产生兴趣和好感，增强企业的美誉度。

组织对外开放参观活动须做以下工作：

1. 确立主题

任何一次对外开放参观活动，都应确定一个明确的主题，即想通过这次活动给参观者留下怎样的印象、取得什么样的效果、达到何种目的。企业的对外开放参观活动最常见的主题是：产品的优质与社会价值；科技的创造与创新；企业文化的历史与发展；企业的优良工作环境；企业与社区的关系；企业给社区公众带来的幸福感；等等。

2. 安排时间

开放参观的时间最好安排在一些特殊的日子里，如周年纪念日、企业开业、逢年过节等。在喜庆的日子里进行参观，可以增添公众的兴趣，获得更强的开放效果。

要有足够时间准备对外开放参观活动。规模较大的开放参观活动须3～6个月的准备时间，如果还要准备大规模的展览、编印纪念册或其他特别节目，则需要更多的时间。

还要合理安排活动开放时间，尽量避开假期。考虑到气候原因，较理想的开放日一般以晚春和早秋季节为宜。

3. 成立专门机构

如欲将开放参观活动办得尽善尽美，就需要成立一个专门的活动筹备委员会。委员会成员应包括企业领导、公共关系人员、行政和人事部门人员等。如果主题是强调服务或产品，则还要有与市场有关的部门人员。

4. 准备宣传工作

要想使开放参观获得成功，最重要的是做好各种宣传工作。准备一份简单易懂的说明书，发给参观者。正式参观前放映电影、录像或幻灯进行介绍，可以帮助参观者了解企业的概况。之后由工作人员陪同参观者沿参观线路做进一步解说和回答问题。最好将参观者分成5～6人一个小组，这样即使场地嘈杂，也能让参观者听清讲解。如果设置较明显的路标为参观者导向，那么就可以安排专人在人们可能最感兴趣的地方作集中讲解。

要使参观活动产生持久效果，不妨赠送参观者一份有纪念意义的小册子。这些小册子通过参观者之手转送给未能亲自参观的人，还能成为十分有用的传播媒介。

5. 划分参观线路

提前划分参观线路，防止参观者越过参观所限范围，以免出现不必要的麻烦和事故。有些企业往往顾虑开放参观活动会使秘密技术或商业计划泄露，其实只要精心妥善安排是不会出现这种情况的。

6. 做好接待服务工作

对参观者应热情周到地做好接待工作，安排合适的休息场所和必备的茶水、饮料。

二、公共关系活动类型

社会组织在面临内部公众和外部公众的关系协调过程中，由于对象不同、环境不同、时间不同以及所遇到的问题不同、矛盾程度不同，因而在开展公共关系工作时，应根据具体情况与要求选择不同类型的公共关系工作方式，进行公共关系活动，以取得良好的工作效果。一般来说，公共关系工作类型有以下十种：

(一)宣传型公共关系

宣传型公共关系是通过宣传的途径，建立良好的公共关系网络来达到公共关系目的的。大众传播媒介是支配或控制社会舆论的一个重要途径，它的主导性和时效性强，传播面广，能比较有效地沟通与公众的关系，企业及各类社会组织均应很好地利用。

从目前社会情况看，大众传播有两种：一种是公关广告；另一种是新闻报道。一个企业可以把它的形象塑造作为广告的中心内容，着重宣传企业的管理经验、经济效益、社会效益和已经获得社会声誉的发展过程等；还可以采取新闻报道的形式，通过新闻、专题通讯、记者专访和经验介绍等来宣传自己。这种宣传权威性高，公正、客观，容易为公众接受，且不用花钱。但并不是每个企业都有这样的机会，且关注权与主动权不在企业。对组织或企业来说，可以巧借媒介来“制造新闻”。例如，北京长城饭店，在1985年美国总统里根来华访问期间，把里根的答谢宴会策划到长城饭店召开，当时来参加采访的中外记者有五百多位，长城饭店的信息随着里根总统的访华答谢宴会传遍了世界各地。1992年，李鹏总理巧借老布什夫妇访华，赠送两辆飞鸽牌自行车，使飞鸽品牌传遍五洲，并顺利地进入了国际市场。

宣传型公共关系关键在于选准由头，制造新闻。这里的由头一定是媒体追逐的热点；这里的制造一定是符合新闻规律和具有新闻价值的制造。

(二)交际型公共关系

交际型公共关系是指社会组织不借助于媒体，而是通过人际接触的手段，与公众进行协调沟通，为组织广结良缘而开展的公共关系工作。它的特点在于：(1)节奏快，且节省人力、物力；(2)灵活性，即利用面对面交流的有利时机，充分施展公关人员的交际才能，达到有效沟通和广结良缘的目的；(3)人情味强，以“感情输出”的方式，加强与沟通对象之间的情感交流，使难题变得不难，可以使沟通效果达到理想的境地。

在现实生活中，人们利用人际交往的方式，施展交际才能，可以取得良好的效果。在美国有一批职业游说人员和游说集团专门进行交际型公共关系活动。最典型的是美国前国务卿基辛格博士，他组织了一批在国际舞台上很有影响的各界人士，成立一个咨询机构，他们的工作主要是为世界各个国家政府及首脑间的交往疏通渠道，提供方便。由于基辛格与各国领导人和知名人士有着广泛的接触和私人情谊，由他出面代表一国现在的领导人同另一些国家领导人进行联系与接触，往往比这些领导人直接出面试探效果会更好。一宗贸易、一个合作项目、一个合作途径，由他们出面推荐或接洽，成功的可能性就会大得多。

一个企业通过交际型公共关系活动，可以传播各种信息、协调各种关系、解决各种矛盾，从而创造更好的公共关系氛围。

交际型公共关系活动的开展一般通过制度进行约束，通过行为表现得以实施，通过语言的沟通进行交流，通过全体员工的努力展示企业的风格。

交际型公共关系适用的范围有客户关系的建立与访问、谈判中僵持局面的打破、向合作者进行信息传递、向公众推广组织或企业的方针、向顾客提供各种服务等，均可以采取交际型公共关系方式进行交往与沟通。

(三)服务型公共关系

服务型公共关系是一种以提供优质服务为主要手段的公共关系活动方式。其目的是以实际行动来获取社会公众的了解与好评，塑造组织的美好形象。

任何一个组织都可以以自己的独特方式为公众提供必要的服务。如海尔的服务是"真诚服务到永远""24 小时热线服务""无搬动服务""上门设计、安装、维修及处理相关事宜"；伊莱克斯是"十年保修，终身维修"。

现代社会，随着经济的发展，市场竞争日益激烈，在同类企业之间的竞争更多地体现在服务上。哪个企业服务热情周到，哪个企业就能赢得更多的顺意公众，树立起企业的良好信誉。

从现代企业之间交易的成功率来说，建立在货真价实基础上的周到服务是至关重要的。海尔集团公司有一句理念口号，叫"向服务要市场"，由于海尔周到、细微、热情的服务，保证了其市场占有率的不断提高、市场面的不断扩大、企业形象的不断提升。

现在我国工业企业的售后服务、消费指导，商业企业的优质服务、送货上门，公用事业单位的完善服务、接受监督，宾馆开展的企业文化等所进行的工作，都是以服务型公共关系的形式出现的。

服务型公共关系活动可以表现为日常活动和专项活动两种类型。

日常的服务活动主要有日常的接待服务、面向消费者的咨询服务、销售工作中的过程服务、销售后的售后服务，包括维修、保养、问题解决等。日常的服务工作依据企业的服务规程和规章制度得以实施。

专项活动主要是指企业通过公关策划面向社会公众所开展的、具有一定社会影响力并受到媒体关注的服务性活动。如海尔的"星级服务万里行"所做的工作是，成立几个小分队，设计不同的服务方向与区域，设计服务对象与服务内容，并设定服务工作所延续的时间，然后各个小分队分别沿着事先所设计的服务区域和路线，开始了本小分队的安营扎寨工作和服务运行工作，其中也解决了很多消费者在平时想解决而不知怎样解决的问题。专项的服务工作依据的是创意和策划实施。

一个企业开展服务型公共关系活动至少要考虑三个问题：一是创造条件，具备服务设施；二是开动脑筋，确定服务方向和内容；三是要力所能及，说到做到。

(四)社会型公共关系

社会型公共关系是指社会组织举办或参与某些社会公益、社会福利、灾难救助、捐资助学等各类活动来扩大影响，取得公众的赞誉，以树立自身良好形象的公共关系活动。

社会型公共关系活动的基点是："企业成功之后对社会的回报"；原则是："有利于社会、有利于公众的事业”;手段是:“媒介和社会公众的关注与传播”;目的是:“追求良好的社会效益,形成企业在社会公众中的光环效应”。

实践证明,经过精心策划的社会型公共关系活动,往往可以在较长的时间内发挥作用,具有潜移默化地加深公众对组织美好印象的功能,取得比单纯的商业广告要好得多的社会效果。

社会型公共关系活动方式主要有两种:一种是搭车;另一种是驾车。

搭车是参与社会上有影响的、现成的活动,前提是提供赞助。如赞助奥运会,支持体育事业;向希望工程捐款;支持残疾人事业;赞助文艺事业;等等。其中赞助体育事业已经广为企业所认同,因为这项工作直接关系着企业产品的市场扩大和企业品牌形象的提升。在这样的活动中,组织或企业所负有的职责是出资、出名,其他各项工作均由主办方负责。主办方会通过协议向出资赞助方承诺一个回报的方式,如冠名、指定销售某品牌的产品、现场广告及其他宣传等。

驾车是组织自己策划公关活动并付诸实施,即以企业名义开展的公关活动。如白云山制药厂组织的足球邀请赛;某些企业策划的艺术节、服装节、啤酒节等;企业组织员工进行爱国主义教育,如重走长征路、红色旅游、绿色旅游等。在这样的活动中,组织自身既是活动的策划者、组织者,又是活动的主导者、执行者。媒介传播也是以本组织或本企业的名义为核心。

开展社会型公共关系活动,很重要的一条就是所举办或所参与的活动必须对社会有利,符合国家的政策法令,能引起社会的重视,特别是引起新闻媒介的重视。新闻媒介重视了,通过它们的传播扩大影响,就会取得更加良好的效果。有些组织与一些新闻媒介合作,不仅提高了组织机构的声望,也有助于扩展组织的公关网络。如中央电视台举办的“哈药六杯青年歌手大奖赛”“脑白金杯舞蹈大赛”以及“赞助体育事业”“捐助残疾人事业”“救助失学儿童”“支援灾区建设”等均是社会型公共关系活动的表现形式。

在社会型公共关系活动中,基本的指导思想应该是:“创造条件,抓住机遇,展示能力,提升价值,扩大影响,赢得信誉”。社会型公共关系活动的特点在于它的公益性和文化性,不拘泥于眼前的得失,而着眼于长远的效益和整体的形象。

(五)征询型公共关系

征询型公共关系是指社会组织为自我生存与发展而收集社会公众的舆情民意,掌握社会发展趋势,以为组织机构的经营管理决策提供依据的公共关系活动方式。其具体的实施过程是:当组织进行一项工作时,希望吸引社会公众的参与,吸纳公众的思考;当组织进行一项工作后,要了解社会公众对这项工作的反应,倾听公众的意见。经过征询,将了解到的公众意见进行分类、整理,加以分析研究,然后提出或确定改进工作的方案,直至满足公众的愿望为止。

征询型公共关系的前期工作要从两方面入手:一方面要站在公众的角度去设想对具体工作的要求;另一方面要做好市场预测与分析。

征询型公共关系的工作方式有开办各种咨询业务、建立来信来访制度和组织接待机构、设立意见箱和热线电话、接受和处理投诉等。如我国省、市、县各级人民政府设立的“信访办公室”“领导办公室的专线电话”“市长热线”等都是为了及时收集群众的意见与建议,帮助群众解决切身的问题,成为领导联系群众的纽带。群众的意见与建议又可以作为领导决定政策和措施的依据。这对于激发群众参政议政的积极性有很大好处。许多工业企业内部开展提“合理化意见”活动,设立“厂长信箱”或“意见箱”,在外部设立“信息站”,以征询公众对企业的意见,帮助改进业务。现在很多企业在市场中建立信息点,设专人征求消费者的意见,在全国乃至世界形成信息网络,把公众的意见及时反馈给企业相关部门,供决策时参考。采取了这种做法,信息灵通，可以使企业随时根据公众意见，不断改进产品，以更好地满足市场需求。

征询型公共关系所关注的关键点分为对过程的关注、对结果的关注以及对过程与结果的双重关注。

对过程的关注是指通过征询工作的开展，企业所关注的是过程本身，即过程的运行所形成的社会影响。如通过大众传播媒介或网络媒体所开展的对公众意见的征询，这一过程本身就具有一定的影响力，并能表现出对公众的关心与重视，至于征询有没有结果或有什么样的结果并不重要。如北京市于2008年奥运会之前拟推出一批新型的公交运营车，已经设计出了8款车型，由此征求市民的意见并进行投票，认定你最喜欢的车型。这项工作旨在公众的参与过程，让公众有一种参与感、自豪感，至于投票的结果并不重要，只要有结果就行。

对结果的关注是指通过征询工作期望获得一个满意的结果，如吉利集团通过广告的形式向社会征集汽车的标识，吉利集团所要的是有特色并符合企业风格的标识这一结果，至于过程会形成什么样的影响，可能并不在考虑之中。在最终的结果中，企业高层和专家共同评出一只神鸟的标识——全球鹰——为特等奖。有很多征询型工作，企业希望能有一个确切或理想的结果。

对过程与结果的双重关注是指企业希望通过征询工作，既保证过程对企业形成良好的影响，又希望能得到一个确切而理想的结果。如全聚德集团通过大众传播媒介向全社会征集企业的理念口号，全聚德所希望的是传播过程形成良好的社会影响，以吸引更多的社会公众对活动的参与，同时又希望得到一个非常好的理念口号。其征询的结果经过决策层及专家的评审，以“全聚德时候，当然是在全聚德”作为企业的主打理念口号。

（六）建设型公共关系

建设型公共关系是指社会组织为开创新的局面而在公共关系方面所作的努力，这是一个自我完善的追求过程。对一个企业来说，通过这种努力，使社会公众对自家的产品和工作产生新的兴趣，形成一种新的感受，从而为该企业的发展创造更好的条件和环境。

当下，企业一般把开展建设型公关活动放在开业前后的一段时间里，或者放在更换厂名、改变产品商标或包装的时机。例如，上海市“稳得福”烤鸭店是一家不起眼的小店。开张伊始，领导就雄心勃勃，决心创造一个上海的“全聚德”。他们分析了本店的有利条件，进行精心策划。首先，发动全店职工献计献策，为烤鸭店起个好听的名字；接着分析市场形势，制定了与众不同的经营目标和方式。同时，向全市没有烤鸭供应的饭店、酒家和工厂等单位发了一份“启事”，宣传该店的商品和服务宗旨，欢迎大家来批发或预约登记烤鸭，还分发优惠券给一些单位和个人，凭券购买烤鸭，可以享受八折优惠。开张以后，发挥了新闻媒介的作用，在上海广播电台《生活之友》节目中，由“稳得福”的师傅介绍烤鸭的做法。在一次春节联欢会上，魔术师变出了一只“稳得福”烤鸭。这样一来，“稳得福”的名声更大了。

建设型公共关系分为基础性建设和形象性建设两种。基础性建设主要是指为形象性建设奠定基础的各项工作，包括企业的文化建设、规章制度的建设、运行机制的建设、员工的培训等。尤其是企业文化的建设最为重要，因为它直接影响到企业的理念系统和形象传播。

形象性建设是指直接形成或影响到企业形象的各项工作，包括企业的日常接待性工作、对外传播性工作、CIS导入及再导入工作、各项赞助与参与的活动、自身所组织的公共关系活动等。这里需要指出的是，只要对外形成影响的各项工作都属于形象建设型公共关系工作。

建设型公共关系工作不是一时一事的工作，而是一个组织常抓不懈的工作，因为建设本身就是一个完善自身的工作。企业的发展阶段到哪一个水准和层级，企业都要不断地自我建设、自我完善，这是一个企业生命价值所在的根源。因此，企业不仅仅要在开业前奠定好开展建设型公共关系活动的基础，更要在开业后注意本身的不断建设、不断完善，以保证在公众心目中的形象、地位。同时建设型公共关系也是显示企业生命力的重要工作，开展新颖的公关活动，树立独特的公关形象，被社会公众广泛赞誉，是建设型公共关系的追求。

(七)维系型公共关系

维系型公共关系是指社会组织在稳定发展之际用来巩固良好形象的公共关系模式。其做法是通过各种渠道和采用各种方式持续不断地向社会公众传递组织的各种信息，使公众在不断接受组织的服务和友好情谊中，增强对组织的好感，把组织的美好形象深藏在心中，做组织的顺意公众。

维系型公共关系的主要功能就是设法在不知不觉中造成和维持一种融洽气氛，以维护组织的良好形象。它的活动方式有两种：一种是“硬维系”；另一种是“软维系”。

“硬维系”是指活动形式所表现的“维系目的”很明确，公众一目了然。例如，广州中国大酒店在重大节日之时，坚持给住过大酒店的顾客公众赠送贺卡和礼品，以联络感情。他们的元旦贺卡后面是全宾馆近三千名职工的集体“中”字照片，用以强化公众对宾馆的印象。硬维系的方法在表现形态上与营销运行中的营业推广有一些相似之处，即希望通过活动的开展吸引公众接纳本企业的产品和服务，在短期内发挥扩大市场的功效。但在本质上两者是完全不同的，公共关系活动中的硬维系形成的是吸引力，是一种自觉自愿的吸引力，只有良好的感觉，没有不良的后果；而市场营销中的营业推广，尽管也在不断地吸引公众的参与，但最后公众都有一种无奈的感觉，有些人还会产生后悔的感觉。

“软维系”是指活动本身没有任何商业色彩，像是一种公益性活动，表现为是一种纯粹的付出，并不从中有任何要求，但这是一种“醉翁之意不在酒”的活动，它的追求在于迂回性的效应，而且这种效应具有长期性、不可估量性。例如，北京长城饭店在1986年的圣诞节之际，把外国驻华使馆官员的小孩请去装饰圣诞树，除招待他们一天吃喝玩乐外，临走时经圣诞老人之手还赠送每人一份小礼品。这个活动从表面上看是组织孩子们参加一次符合西方习俗的活动，但其真正的用意在于：通过这批孩子来维系长城饭店与各使馆人员的联系。孩子们在那里玩了一天，回去把情况告诉给他们的父母，客观上充当了长城饭店的义务宣传员，维系了长城饭店在使馆人员心目中的良好形象。这种维系的效果比任何广告传播的效果都要具体、直接；比任何上门推广的效果都要让人感觉温馨、惬意；比任何其他类型的活动都要更透明、更令人关注。

(八)进攻型公共关系

进攻型公共关系是指社会组织采取主动出击的方式来树立和维护良好形象的公共关系活动。如主动送检产品的样品，以保证产品的品质；主动自查企业存在的问题，并解决问题，以保证企业运营的顺畅。当社会组织，特别是企业的预定目标与所处环境发生冲突时，要及时抓住时机，调整决策和行为，积极主动地去改造环境，逐渐减少直至消除冲突的因素，以保证预定目标的实现。在当前市场竞争十分激烈的时候，一个企业更需要运用进攻型公共关系来取胜公众。

案例拓展 **“钉钉”的品牌保卫战**

“钉钉”被教育部选中作为给小学生上网课的平台，一时间“天选之钉”成为被网课支配的孩子们的出气筒。当得知App的评分低于一星就会被下架时，小学生们更是集体出征，疯狂给“钉钉”打一星，使之评分从4.9一路跌到了1.6，大有将其喷下架的意图。面对新增长的年轻用户，"钉钉"很无奈，不得不采取了求饶的策略，以漫画的形式做出了"受委曲""很无辜"的表情，请求道："给我在阿里粑粑家留点面子吧""相识是一场缘，不爱请别伤害""我还是个5岁的孩子，求求手下留情""前世500次回眸，才换来你我今世相逢""我知道，你们只是不爱上课，但别伤害我，拜托拜托"这种用卖萌、可怜兮兮的形象来讨公众（小学生们）的同情，后续"钉钉"又乘势而追，推出了《甩钉歌》《你钉起来真好听》等一系列B站风格的视频，在视频里，"钉钉"用最软的态度唱出了最硬的事实，建构起了品牌与B站的强关联度，成为B站网红，同时也成功拉升了品牌在年轻人（包括小学生）心中的好感度，"钉钉"的评分由此回暖，又重新站到了4.9的高度。

进攻型公共关系有时对避免不良事件的发生可以起到预防的作用。如每年"3·15"，大众传播媒介都要关注一些企业的不良行为，从负面的角度给予曝光。如果企业能采取主动进攻型的战术，经过严格的自查，找毛病、定措施，修正自身的行为，改善各项工作，然后聘请相关专家或权力部门进行检查、挑刺儿，做到万无一失，就能做到心中有数。即使媒介对企业给予关注，也不会找出毛病，反而会从正向的角度对企业的各项工作和行为给予肯定。这说明积极主动的工作比消极等待的工作更能产生良好的公关效果。

采用进攻型公共关系手段要注意以下几点：

1. 要避免环境的消极影响

如避免参加过多的纵向关系活动和不必要的社会活动，避免过多地承担社会义务，以免受过多的规章制度和社会关系的牵制。这里不是要求企业不参加，而是要求企业适度地约束自身的行为。

2. 不断开创新局面

如建立分公司、研制新产品、开辟新市场、创造新环境。开创新局面可以使企业不断面临挑战，不断提升自身的能力，不断完善各项工作，从而可以不断迎接新的挑战。

3. 要协调各种社会关系

团结更多的支持者和协作者，避免任何矛盾的生成给企业带来的不利影响，即便是面对竞争者，也不要采取不正当的竞争手段去制造事端，而要减少与竞争者之间的矛盾和冲突。

（九）防御型公共关系

防御型公共关系是指社会组织为防止自身的公共关系失调而采取的一系列公共关系活动方式。如为防止产品问题的出现而要严格生产过程，并健全质检制度；为防止日常接待出现问题，在建立严格的接待规则的基础上，要做好系统的培训工作；为防止服务工作出现问题，在建立了系统的服务体系之后，要做好演练工作；等等。

防御型公共关系活动的特点是：

1. 洞察一切，见微知著

当组织机构与客观环境出现某些失调的征兆时，能及时发现，迅速采取对策，予以阻止事态的发展。

2. 居安思危，防患于未然

当组织处于稳定发展的状态时，及早制定出防范措施，以未雨绸缪的方式，促使组织的健康，把问题的解决提到问题出现之前。

3. 积极防御，加强疏导

利用不利的时机，创造出有利的局面。当然这需要通过公关策划，以借不利的时机，开展有利的活动，达到转机的目的。

案例拓展　　人民需要什么，五菱就造什么

2020 年最感人的一句话是“人民需要什么，五菱就造什么”。为了抗击疫情、大量生产口罩，五菱将广西德福特集团原有生产车间改建为 2 000 平方米无尘车间，共设置 14 条口罩生产线，其中 4 条生产 N95 口罩、10 条生产普通医用口罩。从想法提出到第一批口罩下线，仅用时 3 天，又一次刷新了五菱速度。五菱口罩让世界见证了中国速度，也见证了民族企业的担当。有付出就会有回报，上汽通用五菱为抗击疫情所做出的努力和贡献，也使其收获了满满的人气和口碑，五菱宏光也被喻为民族之光。

防御型公共关系最适用于企业发展过程中的战略决策，为具有战略眼光的领导者所重视和采用。

(十)矫正型公共关系

矫正型公共关系是指社会组织在遇到问题与危机、组织形象受到损害时，为了挽回影响而开展的公共关系活动。

社会组织遇到的形象危机一般有两种情况：一种是公众的误解、谣言或人为的破坏；另一种是由于本身存在的问题造成的，如产品质量欠佳、服务态度不好、污染环境等，或者是管理政策、经营方针有问题。这时候公关工作人员要能及时发现问题，采取紧急措施来平息风波，以保证顾客公众的利益不受损害。

案例拓展　　“海底捞”的致歉信

伴随着疫情的向好发展，网红“海底捞”恢复营业后餐品涨价，血旺半份从 16 元涨到了 23 元 8 小片；土豆片半份 13 元，合一片土豆 1.5 元；自助调料 10 元一位；米饭 7 元一碗；小酥肉 50 元一盘。这一系列涨价迅速将“海底捞”推向了舆论的风口浪尖，在公众的一片愤愤不平中，“海底捞”随后发布了致歉信，并恢复到了 2020 年 1 月 26 日门店停业前的标准。此后，这件事引起了人们的热议，后续的舆论产生了积极效应，公众们认为：“海底捞”果断采取行动，重新赢回了顾客们的信任。“海底捞”借机借势积极开展公关活动，变相为自提业务进行了广告传播，话题不仅冲上了微博热搜，而且还赢得了很多网友的好评。这是知错改错，以正冲错，自制舆论，形成了很好的品牌正象传播效应，应该是很好的公关策略。

矫正型公共关系活动就是危机公关和危机管理。这项工作我们将在第十章危机管理策划中介绍。

上面介绍的十种公共关系类型，在运用时要根据对象、环境、时机和需要选择最佳的方式，以便获得最好的效果。

第二节　新闻传播活动策划

企业新闻活动实际上就是伴随着公共关系的活动而进行的传播，其目的在于扩大企业的影响力，得到社会公众的认同、好感并接纳。这里的新闻活动策划主要包括新闻发现、新闻制造和新闻准备三项工作。

一、新闻发现

在企业公共关系工作中，有些新闻写作人员（包括公共关系人员、新闻发言人员、文化传播人员等）有时会觉得不知从何入手从事新闻写作和新闻传播工作。实际上，这是新闻写作人员新闻发现的嗅觉不够灵敏的表现。同样的社会环境，同样的客观条件，有的人能发现问题，有的人则发现不了问题。这里关键在于如何去寻求公共关系的新闻价值，如何去确定新闻写作的内容。

（一）新闻价值

新闻是对具有新闻价值的新近发生的事件进行的报道，但不是任何发生的事件都能成为新闻报道的对象。在企业的各项活动中，只有那些脚踏实地做好组织基础工作、赢得公众依赖的企业才是值得报道的；只有那些有利于社会公益事业的发展、有利于社会整体效益实现的事件才是值得报道的；只有那些符合社会时尚并在社会公众中产生共鸣、引起社会强大震撼的活动才是值得报道的。

衡量一个活动事实值不值得报道，这是一个新闻价值的问题。从新闻学的角度来分析，新闻价值是构成新闻的事实和材料本身所具有的能够满足社会对新闻需要的素质。从公共关系学的角度来分析，新闻价值是指构成公共关系新闻的事实和材料本身所具有的能够满足社会公众对公共关系新闻需要的素质。从策划学的角度分析，新闻价值是指企业所策划的活动具有传播的必要性，在社会上能引起社会公众关注的基本事件。所有这些内容在企业新闻传播时均可从日常活动和专项活动中寻找得到。

一般来说，日常活动的新闻价值是难以形成的，只有那些日常活动极为突出并能够显现与环境吻合的企业才有对其予以报道的必要性。这里，作为企业负责新闻传播的工作者（如公共关系人员），要善于发现新闻由头，即要有充分的理由和事实根据对某一类不同寻常的活动给予报道。同时，一些日常活动可通过企业网站予以报道。

专项活动的新闻价值是比较容易形成的，因为专项活动是经过专门策划的活动，它是在已经具备了新闻由头的基础上开展的活动。这种活动不但值得企业新闻工作者给予高度重视并予以撰文，有时也能吸引更多新闻媒介记者的关注。同时，专项活动在企业网站上需要通过重要的版块和醒目的标题，并分成不同的小标题予以报道。

满足社会公众对新闻的需要是使社会公众能够接受企业新闻的一个重要条件。如某家地处居民区的化工企业生产化工产品，化工产品的生产可能要影响周围地区的空气环境，造成周围居民对企业的不满。这时，如果企业花费较多的人力、物力和时间去做居民的思想工作，以求得公众的接纳，这样的工作不具备新闻价值，因为周围居民需要的不是做思想工作，而是实实在在地解决空气环境的污染问题。相反，如果企业通过某种科技手段真正解决了空气环境的污染问题，这种消息一经报道，必然会受到周围居民的欢迎。因此，企业活动的新闻价值要求其活动在社会道德层面上得到社会公众的广泛认可，满足社会公众的需要。新闻传播工作者必须要掌握新闻价值的标准，以便在工作中寻求到有价值的新闻事实及材料。

从策划学、新闻学和公共关系学相结合的角度来分析，新闻价值的标准主要有以下内容：

（1）新鲜性。它要求企业新闻具有较强的时效性和较新的内容。这是构成新闻价值的必备要素。一般来说，新闻的时效性越强，新闻价值越高。新闻事实中所包含的新闻信息量（即新闻事件的分量和程度)越多,新闻价值也就越大。

(2)重要性。即对企业活动中出现的那些为许多人所关注、对社会环境影响较大的事件予以报道。它要求新闻在社会公众中的影响程度较大,要具有显著特性。这里的显著特性包括人物的著名性(企业家或焦点人物的事迹)、事物的重要性和数量的显赫性。

(3)接近性。它包括时间的接近性(新近发生的)、空间的接近性(又叫地理位置上的接近性)、职业的接近性、性别的接近性、年龄的接近性和心理上的接近性等。

(4)趣味性。企业新闻的趣味性以社会公众是否感兴趣为衡量的标准。这里要求把趣味性同思想性联系起来,使趣味性融于知识性之中;把趣味性同人情味结合在一起,以吸引更多的社会公众,使他们重视新闻,并能够进行分析、理解乃至接受。

(5)需要性。这是指公共关系新闻一定是社会公众所关心、所需要的。这里要把需要性同接近性和趣味性联系起来,力争使特定的公共关系新闻更接近特定的社会公众,激起他们的兴趣,为他们所需要。

案例拓展　　抡车男受到媒体的广泛关注

2009 年 12 月 19 日清晨 6 点多,女青年小陈走到温州市东游路新南亚大酒店附近时遭遇飞车抢劫。路过此地的骑自行车男子(系河南籍在温州打工青年郭小亮),将自行车砸向飞驰而来的摩托车,两名歹徒应声倒地,一名歹徒被保安及周围群众合力擒下。事后,砸车勇士将包递给受害者后,提着变形的自行车默默离去,酒店监控拍下了全过程。

12 月 20 日,《温州商报》以《勇士抡自行车砸倒飞车歹徒》为题,对此事进行了报道。12 月 21 日,《温州商报》又将这段视频放在了温商网上,一时间,国内 57 家网站进行转播,天涯论坛在 17 个小时内点击率超过 17 万人次,跟帖 7 万多个,大家都在议论并且急切想知道这位坚定沉着、果断出手的勇士到底是谁。

他就是新南亚大酒店前厅部领班、来自河南焦作沁阳的 32 岁的小伙子郭小亮。

在媒体报道后,郭小亮也成了一个"网络红人",还现身网络春晚、北京卫视《真情耀中华》等各类媒体。

这一案例之所以引起媒体的广泛关注并引起社会公众的兴趣,就是因为它具有新闻价值,符合新闻价值的全部标准。但这一事件不是策划的结果,而是一件真实发生的事件。面对这一情景,企业策划所需要做的工作是,对真实发生的新闻事件进行系统的传播策划。

(二)新闻内容

新闻内容是指新闻写作的内容。它是一种信息,是新闻传播的主体。企业在策划传播的活动中,只有不断地向社会公众传播信息,让更多的社会公众了解,才能得到社会公众的接纳、理解与支持。

一个企业通过新闻媒介向社会公众传播的信息内容主要表现在以下几个方面:

(1)新技术的发现与发明;新产品的开发与研制;新工艺的投入与试验;新成就的取得与发展。

(2)企业的新建、改产或转产;企业新机器、新设备的引进与添置。

(3)产品质量的改进过程;新产品种类的增加;产品系列的加深;产品组合的拓宽;产品数量的变化。

(4)企业听取社会公众的意见，严格按社会公众的要求进行生产和经营而实施的各种方案、措施及所取得的效果。

(5)产品市场占有率的变化与发展；顾客对企业产品的评价；产值、销售额、利润等方面的重大突破。

(6)企业内部员工及技术人员的晋升与任免；企业领导班子的重大变化；企业实施的各项方针、政策。

(7)企业各类人员荣誉的取得；企业产品荣誉的取得；企业自身荣誉的取得；企业向社会提供的各种服务与劳务；企业在社会公众心目中的形象与地位。

(8)企业内部各种福利事业的状态；企业对外为社会事业的发展做出的贡献；企业如何参加社会公益事业等。

(9)企业改制、升级，兼并、重组，合资、合营，拓展市场和进入国际市场，转变经营方向，扩展投资领域等。

(10)企业为塑造形象或配合上述各项工作而开展的各项活动，如更换企业新的标志、确立企业新的理念系统、推出新的服务项目等。

以上新闻内容具有普遍意义。实际上，社会经济生活复杂多变，社会各行各业又各具新闻特点，故新闻内容也不尽相同。不同的企业或组织应该有不同的新闻内容。负责新闻传播策划的人员应该根据本组织的具体情况，结合社会环境的变化和社会公众的要求，挖掘本组织有价值的新闻内容，并及时、准确、真实地进行宣传报道。

二、新闻制造

对真实发生的事件进行有序的传播固然符合新闻策划的基本规则，但策划学和公共关系学更要求通过策划有新闻价值的活动来引起媒体的关注，并予以系统地传播。这就要求企业要做好新闻制造工作。

新闻制造是指企业相关人员如公共关系人员通过创造性地思考并认真筹划，人为地制造一些具有新闻价值的事件，以求为企业的发展塑造形象、传播信息、扩大影响。

从新闻学的角度分析，任何新闻的发生均不需要策划，而是根据实际发生的事件进行追踪、报道。新闻学强调的是客观事实，而不是人为主张。这里强调的是新闻的客观性和真实性。而从策划学和公共关系学的角度分析，新闻是可以通过策划而进行“制造”的。既然是策划，其中就融入了人为因素，即策划者的主观愿望。但这里的主观愿望必须符合新闻学所要求的各种条件，并遵守新闻学的规则。

(一)新闻制造的要求

在企业的策划工作中和公共关系活动中，不是任何时候、任何由头都可以制造新闻的。新闻制造有一定的基本要求：

(1)目的明确。在把策划活动和公共关系活动纳入目标管理的情况下，企业策划出的一切活动都要有明确的目的。新闻制造属于重大的专项公共关系活动，更要求目的明确。一个企业新闻制造的目的基本内容可表现为信息传播、推出新产品、树立产品形象和企业形象、使社会公众采取某种行为、调动企业内部公众的积极性和创造性、推动市场的拓展和国际市场的进入等。每一次新闻制造至少要明确一个目的。如果同时有几个目的需要实现，一定要明确一个主要目的，并将其他目的作为辅助目的。

(2)主题新颖。策划出的专项公共关系活动一定要根据活动的目的确定新颖别致的主题。

主题要有时代气息，能体现活动的特性，并使活动的参加者乐于接受。如中国大酒店曾以“款客之道新境界”和“宾至如归”分别作为重大公共关系活动的主题；海尔集团曾以“星级服务万里行”为主题组织了一次面向全国各个区域市场的“星级服务走四方”活动，在全国掀起了不小的波澜，体现了时代气息和活动特性，使海尔由此成为同行业乃至多行业开展服务活动的标杆。

(3)及时准确。策划出的专项公共关系活动是具有新闻价值的活动，一定要根据新闻价值的要求，及时、准确地予以确定和组织。比如说，某一企业研制出一种新产品，没有经过市场试验和可行性分析便投入批量生产，新产品也没有经过信息传播便投放市场，结果销路不佳。企业策划工作者为扭转局面，组织召开了有关人士参加的记者招待会。可同时，企业的竞争者也研制出了同类产品，并抢先进行了注册登记和信息传播，从而占领了市场。这时，尽管该企业在新闻制造上也下了一番功夫，然而，由于没有及时、准确地把握时机，打了一场被动仗，这不但影响了企业现实产品市场的销售，也影响了企业今后的发展前途。

案例拓展　　万燕 VCD 的“成”与“败”

万燕 VCD 作为行业“先锋”，于 1993 年 9 月将 MPEG 图像解压缩技术应用到音像新产品上，制造出了世界上第一台 VCD，并斥资在安徽建立了万燕电子系统有限公司。“万燕”的第一代产品在 1993 年 9 月面世并通过了国家鉴定。“万燕”生产的第一批 1 000 台 VCD 几乎全部被国内外各电子公司买去做了样机，成为解剖的对象。

“万燕”在前期研究开发的投入是 1 600 万美元，广告投入是 2 000 万元人民币，中国百姓到了 1994 年底才逐渐认识 VCD，而在这一年，“万燕”生产了几万台 VCD，结果只卖出了 2 万台。由于前期投入太多，导致早期产品成本高达每台 360 美元，再加上广告费用，在市场上每台 VCD 卖四五千元，却基本无利可赚。

1996 年开始到 1997 年，中国的 VCD 市场每年以数倍的速度增长。从 1995 年的 60 万台猛增至 1997 年的 1 000 万台，催生了爱多、步步高、新科等内地新名牌，并占据了 VCD 的大市场。到 1996 年最悲惨的事情发生了，这一年全国 VCD 销量达 600 万台，而“万燕”已萎缩到了无货可销的地步，不得不被美菱集团重组。

原本以 VCD 行业“先驱”的形象展示自身的企业，现在成了行业中的“先烈”。这里，企业经营中的每一步都缺少策划，同样是利用媒体进行传播，但怎样利用媒体也是一个值得思考的问题。爱多、步步高、新科一时间成为行业中的知名品牌，无一不是和媒体利用有着直接的关系。

资料来源：根据卢强：《泰然方略：解剖万燕悖论 不轻易进入未成熟行业》文章中提供的资料改写，http://finance. sina. com. cn，2005 年 10 月 11 日，新浪财经。

(4)实事求是。在企业新闻活动的策划中，实事求是一直是策划人员所必须秉承的重要原则。从新闻学的角度来分析，社会现象可以分为两大类：一类是宣传性现象；另一类就是事物所特有的现象。宣传性现象是经过策划、人为制造并经新闻报道所展示出来的现象。事物所特有的现象是指排除了各种外界影响和人为干扰的情况下，由事物内在矛盾决定而呈现出来的现象，它是原始的、自然的、未经加工的现象。一般来说，事物的特有现象比宣传性现象的价值更大。因此，企业相关人员在采写新闻报道之前，一定要到现场了解情况，掌握第一手资料，以保证新闻稿件的可信度和所具备的新闻价值。

(二)新闻制造的形式

如前所述，企业中的新闻制造是指组织策划、开展重大的专项公共关系活动，以形成公共关系活动中具有新闻价值的事件。

(1)记者招待会。组织可以根据新闻价值和新闻内容的要求，通过记者招待会的形式开展公共关系活动，以引起新闻媒介的关注与重视，借助记者的手笔，扩大组织的影响，为组织公共关系信息传播提供素材、创造条件。

(2)公众联谊会。组织可以根据不同时期的发展条件和发展要求确定不同的公众联谊会形式，如可以通过消费者座谈会、用户洽谈会、企业商品研讨会、新产品介绍会等形式协调企业与社会各界人士的关系，让他们充分认识企业各项经营方针及各项工作。

(3)文艺演出会。这是组织内部公共关系活动的一种重要形式，组织通过身边的人来表现身边的事，会使内部员工有一种亲切感，并增进组织内部各方人士的了解，沟通各种信息，加强组织文化建设，形成一种团队精神。文艺演出也可以根据社会需要配合其他形式进行。

(4)开展体育活动。体育活动既可以锻炼体魄，又可以增进了解、建立友谊、发展关系。体育活动的形式多种多样，可以根据各种人的条件满足各种人的要求。既可以在组织内部举行经常性的小型体育比赛、体育表演等，又可以联合其他组织开展大型的体育活动。

(5)周年纪念会。对于一个组织来说，开业典礼是一次重大的公共关系活动，但一个组织只有一次这样的机会。而周年纪念日却每年都有一次，逢五、逢十，纪念日更为重要。组织可以利用周年纪念日开展重大的公共关系活动，如召开纪念会、演讲会、座谈会，开展文体活动等。

(6)利用各种节假日开展公共关系活动。我国是一个多节日的国家，有春节、元宵节、妇女节、植树节、劳动节、青年节、端午节、建军节、中秋节、国庆节、元旦等。企业应该利用这些节日，结合组织的条件和各种需要开展各种类型的、有意义的公共关系活动，以活跃气氛、增进了解。

实际上新闻制造就是新闻策划，它需要把握机会，进行创造性思维，系统地实施。关于新闻策划问题，我们在本章第三节专门论述。

三、新闻准备

新闻准备是指实施新闻策划的人员(如公共关系工作者)在采写新闻之前对所要掌握的素材和资料给予的评价与分析。这是掌握新闻价值、写好新闻稿件的重要前提条件。一般来说，公共关系中的新闻准备要从四个方面着手进行。

(一)掌握事物特有现象

新闻学所研究的两种现象，即宣传性现象和事物所特有的现象，前文已经认定，事物的特有现象比宣传性现象的价值更大。但无论哪一种现象，当通过媒体进行传播以后都会形成一种传播性现象。这种现象所形成的扩大影响的态势，对企业未来的影响至关重要。因此要求企业在策划工作中要从事物所特有的现象起步，即从根本上把握实事求是的原则，不要制造虚假信息，在策划并实施活动的过程中避免不合理的和半合理的新闻宣传性现象发生，更要避免假事件的出现。这是新闻学的要求，也是策划学所必须遵守的规则。因此，新闻制造者一定要根据主客观条件和活动目标的要求，实事求是地安排、组织、实施所策划的活动，并予以报道。浮夸和渲染都是新闻策划和新闻制造所不允许的。

案例拓展 **“正龙拍虎”真相毕露**

2007年10月12日，陕西林业厅公布了猎人周正龙用数码相机和胶片相机拍摄的华南虎照片。随后，照片的真实性受到来自部分网友、华南虎专家和中科院专家等方面的质疑。2008年6月29日，陕西省政府召开新闻发布会，通报周正龙拍摄的“华南虎”照片系假虎照。经查实，周正龙拍摄的“华南虎”照片是一个用老虎画拍摄的假虎照。

资料来源：http://digest.icxo.com/sp/paihu.htm；http://baike.baidu.com/view/1278620.htm?fromenter。

关于“华南虎”照片的拍摄和新闻的发布，最初的宣传性现象就属于违背事实真相的现象，这样的新闻必然要招致社会公众的质疑，最终会真相大白。因此，企业策划人员在进行新闻策划工作中，始终以事物所特有的现象为主线是至关重要的，这是新闻传播具有生命力和公信力的保障。

（二）制造新闻合情合理

公共关系人员在制造新闻时要严格遵守新闻制造的规则要求，使制造的新闻（实质上这也是一种宣传现象）符合实际要求，直接、正面地反映事物的本质。凡是人为地制造假象、渲染废象、展示歪象的新闻准备都是不符合新闻价值和公共关系要求的。假象是与客观事实背道而驰的现象，如一家企业正面临着破产倒闭的危险，然而，为了迎接上级领导的检查或记者的采访等而人为地制造出一派生产繁忙的景象，并辅之以表格、标语、口号等。废象是指对显示事物本质无关紧要的、纯属偶然出现的现象，如商店一营业员对一熟人服务周到，不能证明这个服务员服务水平高，更不能证明整个商店服务水平高。歪象是歪曲或颠倒地反映事物本质的现象，如企业用损害公众利益的办法来获得经济效益，不能证明其工作成效高。公共关系人员一定要提高识别假象、废象和歪象的能力，以准确地掌握正象。

（三）客观评价新闻事件

策划人员或公共关系工作人员掌握了新闻素材之后，无论是自己撰写新闻稿件，还是把素材提供给新闻媒介，都要客观地评价新闻事件，不要带有感情色彩，不要站在第一者和第二者的立场上说话。因为新闻宣传需要体现出客观性与可信性等特点，如果站在第一者的立场上说话，很可能就会使新闻稿件变成一篇广告词；如果站在第二者的立场上说话，很可能又会使新闻稿件变成一篇评论员文章。因此，要求策划人员或公共关系工作人员站在第三者的角度，客观地评价新闻事件，以保证新闻宣传的特点得以显现。

（四）选好角度以做报道

对于一件事物，可以从不同的角度去分析，从而得出不同的结论。新闻报道也要选好角度，以求获取最佳的传播效果。企业开展有新闻价值的公共关系活动，其报道者可能是企业的公共关系工作人员，也可能是新闻界的记者。企业公共关系工作人员考虑问题的着眼点是组织重大公共关系活动所能形成的最大社会影响；新闻记者的着眼点是分析新闻本身的社会性、时事性和趣味性等。由于两者考虑问题的着眼点不同，所以报道的角度也会不尽一致。一个有经验的公共关系工作者，在自己撰写新闻稿时，尽量从客观的角度去分析主观的问题，以确保新闻价值的实现；在给记者提供素材和资料时，尽量帮助记者选好报道的角度。

从企业公共关系活动的角度来分析，报道角度有两种类型：一类是“驾车”，报道的主体是企业自身;另一类是"搭车",报道的角度是非企业组织。

案例拓展　　　　　海尔与外资的合作新闻

"位于海滨城市的青岛海尔集团公司,引进德国利勃海尔公司、日本三洋公司、丹麦得贝公司的电冰箱、电冰柜和空调器生产技术和设备,其核心企业青岛电冰箱总厂的主导产品琴岛—利勃海尔冰箱,曾获得中国冰箱史上第一枚国优金牌,连续五年被全国消费者推为最受欢迎的轻工产品,是全国十大驰名商标之一。"①

这里报道的主体是青岛海尔集团公司,是以企业为核心而展开的活动并进行的报道。

如果从"搭车"的角度进行新闻传播,其传播的主体不是企业,而是传播中首句话提到的事物或人物,或在第一段中所阐述的内容。如下面这则报道就是站在第三者的角度,将企业作为报道主体的一个要素——新闻发生的地点。

案例拓展　　　　　香格里拉的"搭车"新闻

"新华社北京9月28日电:中顾委一批参加过长征的老同志今晚来到北京香格里拉饭店,祝贺'藏区之夜'落下帷幕。"②

这里报道的主体是中顾委参加过长征的老同志,香格里拉饭店是开展"藏区之夜"活动的地点,在这篇报道中香格里拉是作为新闻要素中的地点要素而被提到的。显然,作为新闻要素被提及与作为主体为报道主线,对企业的分量是不一样的,企业更愿意作为主体在报道中出现。但并不是企业的每一次活动在社会环境中都具有新闻价值,所以企业对任何形式的报道都应给予高度重视。因为无论是"驾车"还是"搭车",对扩大企业的影响都有一定的益处。企业策划人员应不放弃任何能够传播企业品牌的机会,企业公共关系人员当然应该争取"驾车"的报道,但也不应放弃"搭车"的机会,有时,"搭车"也会收到意想不到的效果。

企业在策划和开展公共关系活动中,无论是新闻发现、新闻制造还是新闻准备,都要求策划人员和公共关系人员要头脑灵活,善于提出问题、观察问题、分析形势、深刻思考,以保证公共关系活动的质量和新闻传播的可信度。

第三节　公关新闻策划

公关新闻是指将公共关系的活动通过新闻报道的形式进行传播,以达到扩大影响、形成光环效应的目的。公关新闻较之广告的表现方式更客观、公正,它是一种公共关系与营销策略之间的巧妙组合,是新闻传播的最好素材。

公关新闻策划是一个有目的的行为,它将公关策划与新闻传播结合起来,形成一种有新闻价值并可传播的活动过程。公关新闻策划是为企业公关与营销服务的,其策划程序为先确定

---

① 《经济日报》,1992年10月25日。
② 李珍军. 公共关系与新闻界[J]. 会员通讯,1990(35).

企业公关与营销目标，而后创意公关活动，并通过新闻媒介对活动进行有效的传播。

公关新闻策划是要通过创意推出更好的公关活动，旨在吸引新闻媒介的关注。其策划活动所追求的目标分为活动目标与策划目标两大类。

一、公关新闻策划的目标

公关活动目标是指通过公关活动所追求的有利于企业发展的结果，包括活动对品牌的影响、对销售的影响以及对企业形象的影响等。

（一）活动对品牌的影响

公关活动的目标之一就是致力于企业品牌的建设与运行，以提升品牌的形象和社会地位，如海尔张瑞敏所主导的砸冰箱的举措，非常具有新闻价值，可以赢得媒体的青睐。而通过媒体将事件报道出去之后，它并不能直接给企业带来市场的扩大，但可以在消费者和合作伙伴当中树立起“海尔”高度重视产品质量的形象，这为海尔品牌的发展奠定了坚实的可信任基础。开展公关活动在企业发展的过程中常常会形成一些品牌故事，这些品牌故事通过媒介传播，在社会中会形成久远的影响，并奠定品牌的特殊风格形象和市场地位。这种形象和地位对品牌的未来发展产生着至关重要的作用。

为了保证公关活动的可传播性，使公关与媒介能够更好地融合，企业在进行公关新闻策划时要明确两点：

（1）公关策划要具有独特性，策划出的活动是其他竞争对手想不到或做不到的事情。这样的事情具有新闻价值，易引起媒体的关注与介入。

（2）事情的开端、过程乃至结尾要有情节，能吸引人去品味，并能进行由此及彼、由表及里的引申与延伸性思考。这样的事情会对品牌产生积极的影响，保证公关活动的效果有利于品牌的建设和市场的发展。

（二）活动对销售的影响

公关活动对销售的影响是比较直接的，通过公关活动可以引发顾客对企业品牌和产品的关注并产生购买的愿望，增加销售量、提高市场占有率。

在实际的公关新闻策划中，可以考虑这样几个方面的问题：

（1）公关新闻活动可以在品牌诉求方面形成独特的销售主张（Unique Sales Proposal，USP），这一销售主张一定要与目标市场人群的追求相吻合，如“蒙牛酸酸乳”赞助的“超级女声”活动，其中的品牌诉求是“酸酸甜甜就是我”，这一销售主张正好契合了13～18岁这一年龄段和独生子女这一人群的心理。

案例拓展　　**“超级女声”活动**

湖南卫视与蒙牛集团凭借“超级女声”活动将“蒙牛酸酸乳”产品运作到了极致，使这一产品在市场上赢得了年轻女孩们的无限追捧。

市场定位：蒙牛确定推出的蒙牛酸酸乳系列产品目标市场定位为13～18岁的目标消费群。

品牌诉求：“酸酸甜甜就是我”，正好适合这个年龄段，并为独生子女的“80后”（1980年以后出生）人群。她们备受呵护，我行我素，有活力，自我意识感强，但由于无兄弟姐妹而感到孤独，需要一种机会、一种场合的表现。同时，这个年龄段的人群不计较价格。

活动要点：蒙牛通过一个电视节目创造一种流行元素，实现酸酸乳与电视节目的整合营销，牢牢抓住了13～18岁的蒙牛酸酸乳目标消费群。将品牌定位的目标人群与“超级女声”活动的参与者及影响者进行了巧妙的契合。活动运行中，通过代言人传播、媒体集中攻势、终端活动配合、网站全面报道，使活动运行高潮迭起，极大地拉动了公关活动本身的人气和宣传效果。

活动效益：2005年8月23日，蒙牛乳业在香港发布了上半年财务报告。公司上半年期内营业额由2004年的34.73亿元上升至47.54亿元，纯利润高达2.47亿元，较2004年同期的1.84亿元增长33.9%。

资料来源：根据 http://bbs.pinsales.cn《超级女声：2005年市场营销最佳典范》改写。

(2)评价活动本身对销售的影响，可以通过以下三个方面得以显现：

一是活动的传播效果，包括社会各界公众对活动的关注度。如“超级女声”，可能会有很多年龄大的人不喜欢，但他们也会关注活动，因为媒介的传播力度大，家里或邻居家的孩子们对活动的热情也会影响到他们。

二是媒体的整合传播效果。即一次活动，一定会有一个主要媒体的全面跟踪，同时会有一些媒体做配合性传播，配合性媒体介入的数量越多，整合传播的效果会越好。“超级女生”的主要媒体是湖南卫视，其他媒体的介入则对活动的推动起到了烘托作用。

三是看活动过程及活动之后直接对销售形成的影响。有些公关新闻活动可能会对销售形成长期性的支撑，短期内效果并不明显；而有些公关新闻活动既有短期效应，又有长期效应，像“超级女声”这样的活动是一种长期效应与短期效应相结合的活动，所以在活动的过程中及活动之后是可以看到市场效果的；还有一些公关新闻活动只有短期效应，对企业市场的长期支撑力度不大。对后一种情况，要求企业要确定好节奏，推出系列的公关活动，以获得媒介的长期支持，并获得对市场的长期认知与接纳。

(三)活动对企业形象的影响

公关新闻活动是一项战略性工作，最终的目标是塑造企业形象，推动企业稳健、高效地发展。因此策划公关新闻活动，一定要围绕着这一目标而展开。

企业形象是公众对企业的评价，企业形象的形成需要根基，它根植于企业的经营哲学、技术水准、产品品质、品牌内涵、服务能力、人员行为等。企业形象一旦形成，公众持有的看法一般就不会轻易地改变。这说明，企业形象具有稳定性和整体性等特点。但如果企业出现了公关危机或品牌危机，媒体对企业进行大规模的负面信息传播，这时，企业的形象就会发生逆转，使企业陷入形象危机的泥潭。因此，建立企业形象重要，保持与维护企业形象更重要。同时，企业在维持形象的过程中也要使原有企业形象的内容不断更新、不断提升，这一过程就是公关活动与新闻媒介活动相结合的体现。

二、公关新闻策划的程序

公关新闻策划主要解决的问题是：为什么要进行新闻策划？新闻策划沟通传播的对象是谁？公关新闻要达到什么效果？只有明确了这些问题之后，才能进行策划及新闻媒体的选择等。关于公关策划的程序，我们已经在第一章第三节中作了介绍，这里仅就公关新闻所要做的工作做一简单介绍。

(一)新闻调查分析

新闻调查是新闻策划运作的起点,它的目的在于详尽地了解市场、产品、企业、社会公众、宏观经济环境、营销中的微观环境、媒体状况及舆论倾向等,以为新闻策划活动提供最直接的依据。而新闻分析是指在调查的基础上,按照一定的目标,对调查的内容进行判断、甄别,总结出一些可资利用的观点、规律,以作为新闻规划的方向和策略的指导。具体内容包括营销环境的分析、宏观经济政策的分析、媒介与舆论导向的分析等。

(二)新闻规划

新闻规划是整个新闻策划运作的核心环节,目的是在新闻调查分析的基础上,对新闻策划运作进行战略决策,拟订具体的新闻运作计划。具体内容包括新闻策划目标决策、企业形象定位、新闻背景、新闻主题、媒体传播计划、实施时间、新闻效果测定方法等,通常以"新闻规划案""新闻策划案"的形式体现。

(三)新闻实施

新闻实施是指依据规划案、策划案,写出具体的新闻稿件,通过各种形式传播给媒体。这是一个将想法变成现实的过程。新闻稿件的写作,主要内容包括新闻价值提炼、新闻主题确定、新闻层面结构编排等。新闻传播则是指可以通过发布会、研讨会、论坛或者传真、E-mail、直接投递给媒体、接受采访等形式,将新闻发布出去,与公众接触,并进行传播控制的过程。

(四)新闻监测

新闻监测是指对新闻运作的效果进行检查、反馈、调整,为下一步新闻运作提供必要的依据。这一阶段的工作可采取两种形式:一种是依赖于专业的调研公司,对新闻传播作调研,以掌握新闻传播的状况;另一种是企业公共关系部会同调研部对公关新闻传播作调研,以获得第一手资料,把握新闻传播的结果和基本状况,做到心中有数,为下一步工作的开展提供依据。

三、公关新闻策划的应用

公关新闻的核心在于传播,传播的目的在于张扬企业的良性信息、提高企业的品牌影响力,以达到促进产品销售或塑造企业品牌形象的目的。出色的公关新闻活动在三个层面上得以应用:思维创新、品牌传播和事件营销。不同层面的公关新闻应用会有不同的效果。

(一)思维创新

关于创新思维的方法,我们在公共关系策划方法(第一章)中已经介绍过,这里我们用具体的事例来进行说明。

案例拓展　　**房产的卖点创意**

在阿根廷首都布宜诺斯艾利斯,有一位叫彼德的房地产发展商找上了当地一家公共关系公司,希望公关公司为其房地产项目做宣传推广。彼德在布宜诺斯艾利斯东边一个新的开发区建造了几个楼盘及几条商业街,由于该开发区属于新区,市政配套不完善及公共交通不便,加之人流不足,所以这些楼盘与商业街的销售情况非常不理想,彼德就想借助公关公司的力量来提高这个新片区的知名度,吸引多些人流前来。

公关公司在进行仔细调研之后,他们发现,一般的公关手法虽然可以提高此区域的知名度,但对于彼德公司的销售而言并无实质效果——这个区域存在明显的硬伤,那就是交通不便。当然,他们也可以运用寻常的推广手法,做做表面功夫,然后收取发展商一大笔代理费。

但这一方法可能导致知名度上去了，但对房产的销售不会有太大的起色。这不得不让公关公司的策划者们进行系统的思考。因此，高度的责任感使这家公关公司放弃了一般做做的这种想法。

平心而论，彼德公司这些房地产项目的地理位置还是非常不错的，几个楼盘都邻近布宜诺斯艾利斯美丽的拉普拉塔河，并与该市中人口密集、观光客最多的区域隔河相望，如果能将彼德公司的项目与对河这个繁华区域相连起来，势必就能解决目前面临的所有问题。公关公司的项目小组经过多次的脑力激荡，一个大胆的创新想法出台了：在彼德公司所在的区域与隔岸的繁华区域之间，建造一座桥。这不仅仅是引导交通的一座普通的桥，而且还可以成为布宜诺斯艾利斯标志性建筑的桥。

作为南美著名的城市，布宜诺斯艾利斯虽然是观光客常到之处，但令人遗憾的是，这座城市长期以来就缺乏一个可以真正代表城市形象的建筑。公关公司在向彼德公司提出建桥建议之中，详细地阐明此举的重大意义：不仅可以促进彼德公司的项目销售，也令布宜诺斯艾利斯的建筑历史从此走进一个新的时代，结束没有地标性标志的历史。

公关公司的建议不仅得到彼德公司的认同，也得到了政府的大力支持。从建桥的消息发布开始那一刻，公关公司的公关新闻工作同时也紧锣密鼓地展开了：在这些新闻宣传中，彼德公司从一个濒临倒闭、面临危机的公司被塑造成了一个有强大实力、高度责任感的大公司，未等大桥正式落成，彼德公司的房产项目早已销售一空，而且售价一涨再涨——消费者从各个新闻报道中看出大桥建成之后所带来的巨大潜在价值。

资料来源：根据 http://hr.chinaeec.com/yinxiao，2006 年 12 月 11 日中国管理传播网提供的资料改写。

销售不利——建一座桥——公关新闻，这三者之间的思维创新是跳跃式的，在这种大胆的跳跃背后，隐藏着的是公关公司卓越的市场判断力与舆论导向的把握能力。

思维创新是成功公关新闻的关键所在。在某些特殊的境况之下，当一般性营销方式无法奏效时，根据现有的条件，大胆突破困局限制，令公关新闻找到公众的兴奋点，顺利地将企业或产品的信息包装成公众乐意阅读的新闻，让公众在不知不觉中接收到了企业要传达的信息。这就是策划人所能运用的跳跃式思维模式。

（二）品牌传播

任何一个希冀做品牌的企业，都会将公关新闻作为品牌传播的重要手段。通过公关新闻可以将品牌的特征、内涵、价值、服务等告知给社会公众。作为品牌传播的重要手段，公关新闻充分利用了其新闻传播的权威性、公正性、客观性等，从多角度、多方面提升品牌的知名度与美誉度。

美国管理学权威人士德鲁克坚信：未来营销界将是以公关为导向的品牌传播时代。在他看来，任何新的品牌传播方案都应该从公关新闻入手，在达成公关宣传目标后，才转向广告等其他传播活动；公关新闻能够为企业提供信誉度，进而在广告中创造可信度，两者的配合则可以让产品在市场中所向披靡。

（三）事件营销

事件营销，是指企业通过策划、组织和利用具有新闻价值、社会影响以及名人效应的人物或事件，吸引媒介、社会团体和消费者的兴趣与关注，以求提高企业或产品的知名度、美誉度，树立良好的品牌形象，并最终促成产品或服务得到市场认可的手段和方式。

从传播的角度分析，事件发生是公关新闻的基础与前提。企业进行事件营销的目的也在于利用事件本身的热点与新闻性，吸引公众对事件的高度关注，并使企业的产品与服务随着人们对事件的关注热情而得到宣传。事件营销最常见的应用方式有两种：一是紧扣当前热点事件，让产品搭上新闻的快车，扩大知名度；二是抓住民众关注的问题要点，就产品或企业本身制造出新闻热点。

中国有许多嗅觉灵敏的企业，从重大的社会事件中觉察出巨大商机，从而加以利用，为产品宣传服务。蒙牛乳业就是其中一家出色的企业。

案例拓展　　**蒙牛赞助“神舟五号”**

作为中国第一艘载人航天飞船“神舟五号”飞船的赞助商之一，蒙牛的企业知名度随“神五”上天声名鹊起，而随后公关新闻的开展与跟进，更是大大提升了蒙牛及其产品的社会影响力。无论是在报纸、电视、广播还是在户外媒体上，人们都可以看到“蒙牛——中国宇航员专用牛奶”的标语不断且重复地出现。将一个企业及其产品与全中国人民所关心的国家科技振兴大事紧密捆绑在一起，蒙牛的公关新闻已经远远超越了产品宣传的范畴，这对企业品牌形象与美誉度的提升起到了无可估量的促进作用。

事件营销的另一方面则是利用人们普遍关注的问题，创造出热点事件，从而为公关新闻的开展奠定基础。

案例拓展　　**交楼即交房产证引发的媒体关注**

在许多发展商将楼房重复按揭、延期办理房产证甚至无法办理房产证而屡屡遭受投诉的背景下，广州兴业房地产公司抓住消费者对房地产发展商的诚信与实力高度关切的热点，与房管局及销售代理公司密切配合，在其属下岭南花园楼盘的销售工作中创造了“交楼即交房产证”的先例。由于这是广州市首次交楼即交房产证的做法，所以引起了社会一片轰动。交楼当日，广州大批传媒聚集到该楼盘，自发地为发展商做宣传，有的购房者已经在其他楼盘交付了定金，当得知这里“交楼即交房产证”时，宁愿损失定金，也要在这里购房。这一事件还引发了社会对房地产发展商诚信的一场讨论，随后许多有关此话题的报道，更是为该发展商带来了不可估量的正面宣传价值。

资料来源：http://www.southcn.com。

事件营销必须紧紧扣住新闻宣传这一核心，即所要开展的活动或进行的事件必须有新闻价值，符合新闻要素的要求，能够让媒体有积极主动传播的动力，使公关活动能达到事半功倍的效果。任何一种产品或任何一家企业都有其独特或与众不同之处，如何挖掘出这种差异化卖点，使其与新闻事件密切相连，这是考验策划人员和公共关系工作人员素质与能力的关键点。

本章思考

1. 如何理解新闻传播的基本特征？
2. 如何把握新闻传播中的新闻价值？
3. 企业如何进行新闻制造？
4. 新闻策划应如何确定目标？通过何种形式开展公关活动？
5. 企业在什么情况下有必要召开记者招待会？
6. 从投资的角度分析，企业进行的赞助活动会对企业形成怎样的回报？
7. 企业的展览展销活动对企业市场的扩大会发挥何种作用？
8. 你认为企业开放参观对企业未来的发展会起到什么作用？
9. 在企业十大公关活动类型中，哪些属于战略型的？哪些属于战术型的？哪些属于两者兼而有之的？

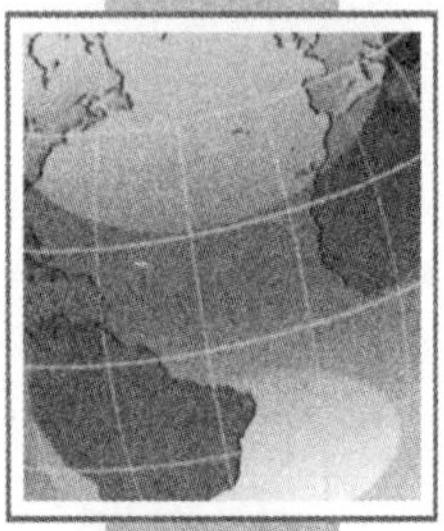

第九章 广告创意策划

所谓名牌，不过是比其他牌子卖得好、卖得久，同时又比其他牌子卖得贵的产品。有了广告，同样质地的产品会有不同的价格。有了创意，同样投入的广告会有不同的销售效果。有这样一种说法：在我们呼吸的空气中，除了氧气、氮气和水蒸气之外就是广告。广告无孔不入，甚至没有孔打孔也要入。广告在品牌传播中的作用更加明显，在品牌塑造上，广告不仅仅引导着消费，更创造着名牌，创造着价值。

第一节　广告与企业形象

广告就是将适当的讯息，经过适当的"包装"，于适当的时机，在适当的场所，投入适当的预算，通过适当的媒体，针对适当的目标受众所进行的沟通说服行为。简单地说，广告就是花钱告诉消费者一个东西，其目的就是极力说服消费者并让消费者掏钱买下这个东西。当然，广告还是一种心理暗示，也倡导一种生活理念、行为方式或者价值观点等。美国广告代理商协会将广告定义为：广告是付费的大众传播，其最终目的为传递情报，改变人们对广告商品的态度，以诱发其行动并使广告主得到利益。对于企业而言，广告的成败与企业形象是否能成功地塑造并维持密切相关。

一、广告对企业形象的影响

从定义中可以明显看出，广告对于消费品最主要的作用莫过于"促进销售"，这种销售不仅仅是更多产品的销售，同样也是品牌的销售——让消费者认知、接受、购买某种品牌的产品，创造更坚实的品牌基础。可以说，广告对于产品品牌的作用，是在量的指标上销售更多的产品，而在质的指标上则更注重的是创造更久的产品品牌与企业品牌，使产品与企业迅速提升为品牌，塑造或维持企业形象。一个广告无论它表现的内容是什么，也不论其表现手法多么不同，但其传达的信息是共同的，那就是品牌。奥格威说："每一次广告都应该对品牌形象有所裨益。"做广告都要有助于整体品牌资产的积累，从品牌不断更新换代的"速朽"到根深蒂固的"不朽"。

(一)广告创造名牌

名牌是从哪里来的？名牌不是从天上掉下来的，名牌是企业人为创造出来的。尤其是用广告创造出来的。在产品同质化时代,“酒香不怕巷子深”的企业理念已经过时,优良的质量并不能保证产品的畅销。只有通过广告建立的品牌形象,才能深入人心、历久弥新、持久恒效。广告是企业和消费者之间沟通的桥梁。有人说:当今时代,不做广告,钻石也卖不出去;广告做得好,用报纸包一块砖头,也能卖个好价钱。虽然这种说法有些极端,但是也正好说明了广告的魅力。

广告策略是企业实施名牌战略、塑造品牌形象的一个相当重要的方式。在竞争性市场中,各类产品信息纷繁驳杂,消费者每天要接受大量的商品信息,为节省购买活动中的信息成本,消费者往往借助于广告,通过广告所给予的商品信息对商品进行比较和鉴别,然后决定自己的购买目标。广告正是通过大众传播媒体,向非特定的公众传达商品特征、性能,以激发其购买欲望、培植其特定消费习惯的一种传播活动。任何一种品牌的知名度在很大程度上取决于该品牌拥有者对该品牌的广告投入、策划设计、媒体刊播频率、广告效果等。在信息社会,不做广告的名牌是不存在的。可口可乐有一句名言:“我们卖的是水,顾客买的是广告。”可见,广告成就了可口可乐,可口可乐也成就了“金钱堆起来的名牌”,它平均每年花费在商标上的广告费就达 1.84 亿美元,因为他们的口号还有“凡是动的我们就赞助,凡是不动的我们就将它刷成红色”。这样大的广告投入,想不成为名牌都难。

任何一种产品进入市场的第一步都必须是广告先行,没有广告的作用,产品的品牌魅力是难以塑造的。20 世纪 90 年代初我国最早生产火腿肠的春都集团,就是靠着几乎将全部的资金都拿到中央电视台做广告这一手法打出的名堂。再如我们熟知的“康师傅”方便面,中国是方便面产销大国,早在二十年前,北京的方便面就畅销全国。然而,谁也不会想到,大陆几千家方便面厂,竟然没有竞争过台湾顶新公司的“康师傅”。“康师傅”成功的一条秘诀就是敢于出钱做广告,并舍得出大价钱。这样背负盛名的“康师傅”即使定价比别人高出三分之一,还是畅销全国,成为中国食品行业的大赢家。西方经济学家认为,商品销不出去要做广告,商品销得出去更要做广告。这正是当今国际强势品牌也不敢随意削减年度广告预算的原因所在。广告能使一个产品或品牌“一举成名天下知”。央视著名主持人白岩松说:一条狗拉到中央电视台连播 30 天便可成为一代名狗!我们也可以从宝洁分别以 3.8 亿元和 3.94 亿元人民币连续两届(2005 年和 2006 年)蝉联央视标王的举动中看出广告尤其是在强势媒体上做广告的魅力和魔力。

(二)广告引导消费

广告对于产品是一种介绍,而对于消费者则更多的是引导。广告本质上是一门“说服”的艺术。

通过广告塑造品牌魅力,进而产生对消费者的吸引力,是广告对名牌成长的一种助力。在信息越来越发达的今天,从某种意义上可以说我们生活在一个广告的世界中,时时处处受着广告的影响。广告引导和塑造着我们的生活方式、行为方式、审美方式。广告在完成其商业功能的同时,其魅力可谓无时不有、无处不在。这是因为广告本身就具有美感和审美价值。正如结构主义美学家雅各布森所言:人类社会中最社会化、最丰富和最贴切的符号系统显然是以视觉和听觉为基础的。广告就是一种集语言、文字、图像于一体,经过提炼概括、去粗取精,用来集中表现产品最本质的设计意图和基本特征,给消费者一个鲜明的产品形象认知的大众传播手段。优质的产品广告不仅将品牌深植人心,而且由其所具有的美感给人带来深刻印象,从而对产品和品牌引发好感、产生认同。在众多的商品中,大多数消费者的消费行为会受到广告的引导,而且不同消费者有不同的消费习惯和目标,但是更多的消费者乐于接受和追随的是通过广告塑造的品牌所传达的一种独特的、与众不同的信息。在某种程度上，正是广告为该品牌提升了地位。消费者在发生消费行为的时候，已不仅仅是该品牌产品所包含的内容，更多的是品牌所具有的附加值，而品牌地位的提升往往是通过广告传播来完成的。

广告不仅给人以美的感受，而且能够通过提升品牌价值，进而提升人们的社会地位，现代消费方式越来越趋于品牌消费。“金利来——男人的世界”，此句简单的广告语没有诸多表现，但深入人心。它所传达的信息就是，金利来是成功男人的身份象征，金利来成了男士身上的一种文化符号，意味着成功品质不俗。这种愿望是每个男士所共有的。金利来的广告使其在白领阶层中扎下了根，成功地提升了品牌地位，使其在同类产品中超凡脱俗、卓尔不群，成为众多白领阶层男士首选目标。金利来，带给消费者的是一种心理上的优越感和对自我价值实现的认同。广告恰恰表达了这种信息。

（三）广告促进销售

琳琅满目的广告在使消费者目不暇接的同时，也对企业营销发挥着巨大的作用，它通过改变消费者对品牌的认知与态度，强化对该品牌的兴趣，最终购买该品牌。

在对消费品品牌进行广告策划与传播的时候，一定要紧紧抓住消费者的兴趣，这个兴趣要从消费品本身出发，即找到消费品的卖点。

卖点（USP——Unique Selling Proposition），是著名营销学家罗斯·里夫斯提出的理论，这就是与众不同的销售主张。任何企业都应该建立自己的销售主张。罗斯·里夫斯的这一主张主要包含以下三个方面：

（1）企业应该告诉消费者购买该产品会得到的利益。

（2）这种主张应该是竞争对手无法提出或未曾提出的。

（3）这种主张应该以消费者为核心并易于理解和传播。

营销学中还有一句非常著名的话：“你卖的不是一个钻头而是一个洞。”意思是说，企业生产的产品或提供的服务只是满足消费者的某一特定需求的工具或手段，消费者购买的并不是你的产品本身，而是他的某一需求或利益的满足，这是对产品核心诉求在品牌传播中的进一步诠释。也就是说，任何产品的终极目标都是要得到消费者的购买和使用，而要让消费者购买和使用，让其知道和认可则是必需的前提，从而要求你的产品或服务必须具有明确和便于理解、记忆的说法，否则企业就没有实现销售和获利的机会。

产品核心卖点的传播总是给消费者留下最深的印象，它可以是一句广告语，比如农夫山泉的“有点甜”、乐百氏的“27层净化”、海飞丝的“去除头屑烦恼”、海王金樽的“第二天舒服一点”等；也可以直接体现在产品的名称或商标里，如“敌百虫”“脑轻松”“商务通”“眼保姆”等，都是产品给消费者留下的特定印象。相反，一个宣传自己同时拥有去屑、营养、使头发更黑亮功能的洗发水会完全失去个性，无法在消费者心中留下深刻印象，自然就无法打动消费者。因此，找出你产品的核心卖点，对于产品传播、品牌树立、销售促进都具有不可估量的拉动效应。这些观点也为广告的“说服”打下了良好的基础，很多企业在“说服”消费者时采用了这种手段。

在广告提炼产品特点和新卖点、增强说服力时，企业还必须有强大的基础。

可靠的价值基础——产品要确确实实具有你所宣传和承诺的功效或特征，确实能够满足消费者的某种需求，也就是产品的核心价值必须真实可靠，不能欺骗消费者。

足量的消费潜力——广告所宣传的产品功效和卖点必须要有足够数量的消费者需求，否则产品就很难有销量保证，盈利可能也就相对狭小。

独特的核心诉求——所提炼出来的产品核心诉求必须区别于同类产品和竞争者，要有自己的独特之处。随着产品同质化越来越严重,尤其在产品充分市场化的领域更为明显,必须要寻找出产品与众不同的品质,才能打动消费者。

简捷的传播方式——所提炼出来的产品核心概念的表达方式,必须易于通过各种形式广泛传播,易于理解和记忆。

二、企业形象广告分析

广告传播已经成为消费品生产厂家制胜的武器之一,被每一个商家重视着、利用着。但是,在做广告的时候往往也会有厂家抱怨"投资太大、效果不好",因此我们就必须秉着客观、理性的态度来正确地分析消费品广告的投入和价值。

(一)"广告有一半是浪费"

美国著名商人约翰·华纳梅克感叹道:"我知道我的广告费有一半是浪费的,问题是我不知道浪费掉的是哪一半。"

在广告作为一种信息传播与促销的手段已经越来越被企业重视与应用的今天,巨大的广告费用和造成的"浪费"也越来越被企业注意。而很多广告分析者也在寻找如何避免浪费的途径,但从另一个角度来讲,广告的"浪费"又在一定程度上对品牌传播来讲是值得的。广告除了具有引导消费者购买功能外,还有塑造品牌形象、提高品牌知名度、创造品牌价值的巨大作用,而这时候一些"浪费"了的广告费则往往就是发挥了其特有的功能。如很多人买不起奔驰汽车,但他们知道奔驰汽车的广告,知道奔驰汽车的象征意义,也就知道奔驰的价值所在,这对于奔驰来讲广告不仅没有浪费,而是更增加了品牌的附加值。

除了"故意浪费"的行为外,还有些广告费的浪费也是"实属无奈"的,其根源就是广告投资门槛越来越高。

广告必须通过大量的传播才能达到效果,没有传播,再好的广告也不能展示它的魅力、发挥它的作用,而现在媒体数量的增加及信息的爆炸导致广告产生了"传播过多"的现象。这种"传播过多"正是导致浪费的一个重要原因。在竞争日益激烈的今天,没有可与具有相同性质产品相媲美的广告投入,往往就会在广告上输给对手,从而在产品的销售上败下阵来。试想如果可口可乐只依靠自己创下的品牌,不时刻注意广告投入的话,可能早就被百事可乐和一些其他品牌等取代了碳酸饮料中"老大"的位置。

而且,越来越高的媒体广告收费也增加了企业广告的成本。中央电视台黄金时间段广告"标王"身价从 1995 年的 3 079 万元增长到 2006 年的 39 400 万元,也正说明了这样一个问题:广告要想在有影响力的媒体播放,需要付出的是高额经济代价。

反过来说,做广告而不把钱花足,更是广告投资中最大的浪费。就像烧开水到了 99℃而不去再努力提高 1℃一样造成巨大的损失,毕竟 100℃才是开水。中国有句名言:行百步者半九十,这对于消费品广告也一样适用,广告没有做到位,和没有做广告是一样的。

(二)广告是一项长期投资

广告大师大卫·奥格威认为,每个广告都是对某一品牌形象的长期投资,厂商通过独特的文化、价格、个性等品牌核心价值来树立自己的形象,顾客在购买商品时,除了购买商品的基本使用功能外,更多的是购买品牌附加价值,企业需要持之以恒地向消费者传达信息,以巩固消费者对品牌的忠诚度。现代社会由于科技发展日新月异,产品更新换代速度加快,同时人们消费心理存在喜新厌旧的情感,因此产品在塑造品牌魅力之后,更需进一步与消费者沟通交流,通过广告不断地向消费者传达信息,表达一种交流的情感。如果自恃名牌,故步自封,忘记了继续以广告形式与消费者沟通交流，在激烈的市场竞争中将会很快被消费者淡忘，成为明日黄花、过眼烟云。

正因如此，几乎所有的名牌企业都在广告上认认真真下功夫，敏锐感受消费者心理需求，不断以广告形式加强同消费者之间的沟通交流，并不断赋予名牌新的内涵。如福特公司创名牌时间已久，但仍以每年平均2.15亿美元的费用投入广告；通用汽车公司每年以3.93亿美元投入广告……可以说，越是名牌产品，广告投入越多。越是知名企业，广告投放也就越有力度。因为这些名牌企业深深懂得，自己稍一松懈，消费者就很容易被其他广告所吸引，失去一定的市场份额。由此可见，广告是产品品牌与消费者之间的一个重要媒介，起着交流、互诉情感的作用。交流越多，感情越浓；交流越少，感情越淡。

广告效应也具有滞后性，其显效期也是有一定周期的。虽然引导消费者购买商品是广告的作用之一，但是，购买本身是一项实质的行动，前面的环节分析就充分说明，从广告引起消费者对商品的注意到实际购买，每个环节之间都会有很多的变数。例如，变化不定的经济气候，人口变迁，社会事件，时间的变化，市场内的竞争者们在产品样式、价格、广告与促销等方面的回应等，都会影响即期内的企业产品销售；同时，产品销售渠道的健全、产量的丰裕，都会影响到消费者在购买时的选择。比如，某人虽然认同广告中的A品牌汽车，如果很长一段时间内，各汽车店只卖B品牌的汽车，为了解决出行问题，此人很可能就会购买B品牌的汽车。

另外，消费者即使接受了广告传达的信息并认可了广告中的产品，但是在消费行为实施前，他面对的是一个开放的市场，选择机会也大大增加，理性思考不断增强，从而购买决策过程被拉长，也导致了广告的滞后反应。

因为广告的滞后性，企业需要对此不断投入，由此，企业在进行广告传播时就要具有持之以恒的精神，坚持到底。有一幅《打井》的漫画：一个人挖井找水，挖了几口井，都没挖到有水的深度就放弃了，而且其中有一口井只差几锹就可见水了，他没有坚持下去，其结果是始终没找到水，只得愤愤离去。很简单的图画却阐明了深刻的道理：成功往往就在再坚持一下的努力之中。企业的广告也如打井，只有深入才能见到清澈的水，广告只有坚持才能发挥强大的作用。其实很多成功的广告也正说明了这个道理：英国人为了让中国女人接受力士香皂用了5年；日本人为了让中国女人接受“资生堂”用了7年；美国人为了让中国人接受可口可乐用了11年……我们的企业该如何去做，不言而喻。

三、企业形象广告形式

广告的形式从不同的角度界定，有不同的分类方式，依据广告与媒介的关系来考虑广告的形式问题。因为广告信息的传达离不开媒介，媒介和广告就像是难舍难分的孪生弟兄。媒体可以说是品牌在消费者面前演出的舞台，在品牌塑造中扮演着重要角色。

广告是通过媒介而传播的，一方面，在高新科学技术迅猛发展的当代历史条件下，各种广告传播媒介不断地发展、更新、完善；另一方面，不同的广告传播信息需要相应的广告传播媒介予以配合，才能珠联璧合、相得益彰。广告发布策划是广告全案策划的一个重要组成部分，既顺应又推进了广告的构思策划和表现策划。当代广告发布的策划创新，关键在于根据广告定位及其构思创新和表现创新，开发和组合广告传播媒介，以发挥广告媒介的组合优势。

曾经有人对美国的消费者做过一个调查，发现他们每天通过报纸、杂志、广播、电视、路牌、交通、邮件等各种通路接触到1 600条广告信息。广告能够如此大规模地“轰炸”消费者，都不得不借助于形形色色的广告媒体。

(一)影视广告

影视广告可以分为两种：一种是通过影视制作技术制作后在电视、电影等冷媒介上某一时间段以纯广告的形式播放。这类广告是在影视节目中随处可见的。另一种是隐藏在影视作品中，作为影视画面组成部分的“隐性广告”。

产品的影视广告是用影视制作手段来拍摄的，通过电影院或者电视台播放的有形、有声、有色、有时空的电波广告。它集视听于一体，最为直观、形象，而且会“动”。影视广告那活生生的画面、真实强烈的音响、悦耳的音乐，再加上绚丽夺目的色彩，是任何一种媒介广告无法比拟的。影视广告的特点有：

第一，影响广泛。随着影视媒体的普及以及影视广告受接受者文化程度高低的影响较小，影视广告的影响也就越来越大了。

第二，效果直观。影视广告利用了视觉、听觉的综合效果，直观地显现消费品品牌，且具有示范作用，因此能给消费者以深刻的印象。如美国玩具商经常选择几种尚未上市的新产品，在电视上大做广告，以其新、奇、美的特点，吸引儿童的关注。同时，对比较复杂的玩具，不仅示范如何使用、如何保养，有时候还配以一定的情节，使整个画面洋溢着浓厚的生活气息，含意深邃，寓情于乐，在轻松愉快的气氛中，激发了儿童的购买欲望。这样，广大顾客通过影视广告，不仅可以挑选到心爱的玩具，而且选购的时间也大大缩短了。

第三，形式有趣。影视屏幕可供创作人员驰骋神思，变奇斗胜。不少影视广告以其富于想象力的动画和奇特的配音效果，使观众兴趣盎然，达到了积极的宣传效果。

第四，内容简练。影视广告时间一般比较短(常规广告大约 10 至 15 秒钟)，因此所宣传的内容应直指卖点、言简意赅。主要是通过反复播放，形成冲击力和记忆点。

影视广告也有不足之处，那就是瞬间即逝并且广告制作成本较高。制作一部影视广告片同制作一部影视片一样，要有美工、编排、音响、导演、监督、场记、摄影、排演，因此，花费较大并且影视广告在屏幕上显示过后就不再留下什么痕迹了。

另外，在影视节目中也经常有以影视画面形式出现的“隐性广告”。“如今的编剧不是考虑人物性格塑造，而是考虑怎么在电影中塞进更多的广告。”这是所有好莱坞编剧经常挂在嘴边的抱怨。其实不仅是在好莱坞电影中的广告见缝插针，在很多国内的影片中“软广告”同样屡见不鲜。冯小刚导演的《天下无贼》可算是一个经典案例，宝马汽车、惠普笔记本电脑、佳能数码摄像机和便携式打印机、诺基亚手机、长城润滑油……各种不同领域不同类型的产品广告在《天下无贼》中的戏份已经超过了主演。

影视中的“隐性广告”由于具有隐蔽性，在传达产品信息的时候更能让受众不自觉地接受，或者说是无意识地接受了商品的宣传，甚至取得了直接广告望尘莫及的效果。如果你看过一部电影之后说“007 戴‘欧米茄’手表可真帅”，或者“奥迪跑车实在是太漂亮了”，那你就已经无意中成了电影隐性广告的受众了。

(二)广播广告

广播广告是依附于广播媒体经过声音传播的广告宣传形式，广播分为无线电广播和有线电广播两种。列宁将广播广告称为“不要纸张”“没有距离”的“报纸”。在电视没有发展普及之前，广播是备受听众欢迎的传播媒介，而且，这几年随着经济的发展，广播这种具有强大流动性的媒体也逐步地打破了原来故步自封的局面，开始不断地向前发展。

作为一种听觉媒介，广播的主要特点有传播迅速、通俗易懂、听众不受教育程度限制、层次广泛等，而广播广告在广告媒体的特征基础上也呈现出诱人的优势：

第一，广播广告具有极强的流动感。广播广告是利用电波传递的有声广告，迅速及时。广播广告具有极强的流动感，因为广播是一种携带方便的传送声音的媒体，只需要耳朵，不需要眼睛和人体其他器官来接收信息，受众可以在各种状态下接收广播信息。广播的这种特点和优势越是在经济发达的地区越表现得突出和明显，广播有着占领传播流动空间得天独厚的条件。市场经济的迅猛发展，势必带来人们生活节奏感的加快，在动态中获取信息的媒体唯有广播。

第二，广播广告具有良好的交流性。广播广告充分利用语言的特点和音响效果，语言尽量口语化，通俗易懂，还结合多种听众喜闻乐听的表现形式，配上悦耳的音乐和逼真的声响效果，吸引和打动听众。同时，广播广告还采取听众点播、讲故事、广播剧、专题讲座等形式，扩大广告的影响，增加收听率。因为广播广告是可以时时和受众沟通的，故具有很强的交流性。

第三，广播广告具有无限的覆盖性和受众的全面性。广播覆盖按其功率来说，虽然有一定的范围和区域，但从实际的收听情况来看，广播的覆盖却无法划定明确的界限，加之地形、气候和磁场等方面的因素和作用，广播的覆盖以及延伸意义上的信息传送可以说是无限的。同时，由于广播媒体和广播信号的扩散性、开放性和灌输性，使得广播在有确定性听众外，也有众多的不确定性听众。如每个广播电台的每个节目都有特定对象性的听众，同时听众也可以在没有要收听广播的主观意识下，在路上、在商场等场所听到连续不断的广播。所以说，广播的受众是对象化与不对象化的统一，是全面性的。

第四，广播广告具有低投入与高回报的优势。随着市场的日益繁荣活跃，市场需求变化不断加大，广告也要与时俱进，不断变化，广播广告有较好的适应能力，能机动灵活地配合市场传播活动，及时传递信息。

同时，在同等级别的媒体中，因为广播广告的成本远远低于报纸和电视广告的成本，广播广告的收费也比报纸、电视低得多，广播广告具有低投入与高回报的优势。

（三）平面广告

平面广告媒体泛指以长、宽两个维度存在和显现的所有广告媒体，运用平面媒体传播有关商品信息的广告，就是平面广告。平面广告是迄今为止历史最长、构成最复杂的广告媒体。我们常见的平面媒体广告形式主要有报纸广告、杂志广告、招贴广告、邮寄广告、墙体广告、路牌广告、灯箱广告、条幅广告、POP 广告……

在电子技术飞速发展的今天，平面广告仍能占有重要的一席之地，可见平面广告在竞争中存在着其他广告形式不可替代的特点：

第一，形式灵活——平面广告排版非常灵活，有文字、有图案，文字可以横排也可以竖排，字号可大可小，字体可方可圆，能够增加美感，吸引广告受众的注意。

第二，接收方便——对于受众来说，无需花费太多的经费，或者根本不用花钱，就可以接收到广告信息。另外，平面广告携带、阅读等都非常方便。

第三，便于存留——便于存留也就意味着广告有可能再次进入受众的视线，发挥广告效益。

第四，价格低廉——绝大多数的平面广告费用都比影视、广播等广告费用低廉。

由于受二维平面媒体的影响，平面广告也有其局限性：

第一，它只能诉诸受众的视觉。

第二，它只能对有一定文化水平的人发挥作用。

第三，平面广告均为静态的，不能让人感觉到物体的运动。

(四)实物广告

实物广告是指以具体的物体作为广告媒介的广告形式,实物广告多种多样,大多以立体的形式出现,如我们常见的服装广告、气球广告、充气模具广告、建筑广告、雕塑广告等。实物广告在现今的广告中扮演的角色越来越重要,它们具有生动活泼的造型、惟妙惟肖的姿态,有强大的传播功能……

实物广告形式多样,具有广阔的宣传范围和强大的宣传攻势。实物广告的种类众多,不同形式的实物广告又有各自不同的特点,如模具广告形象生动、小气球广告小巧玲珑、热之球广告张扬奔放、雕塑广告沉着稳重、建筑广告风光惹眼……这些实物广告都在通过不同的途径传播着大量的信息。

案例拓展　　**五粮液的实物广告**

五粮液集团在所在地的建筑、雕塑、园林等上面都做上了广告,可以说它们是充分展现实物广告魅力的代表,从五粮液集团的东大门到西大门,分布着一个个宏伟高大或精美绝伦的建筑、雕塑、园林、绘画、工艺美术、书法、篆刻、文学艺术等作品,是风景所在也是广告所在。五粮液集团十里酒城,分为东大门、酒文化博览馆、奋进塔、鹏程广场、酒圣山、安乐泉、世纪广场、果酒公司及财富宾馆九大景区。主要有以“东大门”“五粮液酒文化博览馆”“奋进广场”“鹏程广场”“日月宫”“总部大厦”等为代表的气势宏大的现代建筑艺术景点;又有以“酒圣”“奋进”“参天大树”“五粮液史话”“人面鹰身”“五粮神女”“饮品八仙”“杨惠泉”“邓子钧”“观沧海”等人和物为代表的精美的雕塑艺术景点;还有以“酒圣山”“安乐泉”“五粮液大道”“世纪广场”等为代表的综合园林艺术景观;更有酒文化博览馆、日月宫内外众多的书法、摄影、五粮液包装、展品等文化、装饰艺术品;等等。这些景点与实物广告载体同为一体,多角度、多层次地对参观者进行了信息渗透,对提高五粮液集团的知名度、美誉度、认可度具有重要作用。参观五粮液集团,游人当然饱了眼福,不过也被赚去了眼光。

实物广告发展潜力巨大,可以不断挖掘社会、自然界中无限的资源作为广告载体。

四、企业形象广告形式的开发和组合

广告形式选择不当,即使广告有创意也没有多大的广告效果。广告形式的选择必须了解消费者、了解商品,对目标市场、市场定位、信息发布的要求、费用等因素进行综合考虑。

(一)新型广告形式的开发

随着社会的发展,能成为广告载体的媒介种类和形式也日益增加,新的广告形式不断得到开发,其中影响最大也形成了一定规模的主要有网络广告和手机广告。

网络广告是随着网络媒体的诞生和发展而逐步崛起的广告形式,它的传播是基于网络的。网络媒体的特点也决定了网络广告的特征。

网络广告具有传播迅速、更新速度快的特点。网络媒体虽然是新兴的媒体,但是经过十几年的发展已经成为备受关注的大众媒体。网络的包容性和更新速度以及传播的多元化,使得网络的信息传播迅速、及时甚至达到了实时的信息传播,网络广告在这个庞大的信息基础上自然具有强大的传播能力。

网络广告传播具有空前广泛的传播范围。网络的受众数量是呈几何级数增长的,而且互联网的超链接特性，使得世界各地都能接收到网络信息。

网络广告形式多样、信息多彩。网络多媒体的应用，使得网络的信息多姿、多彩、多维。网络广告也具有不同的形式，有游动广告、固定浮标广告、弹出窗口广告、自动打开关闭广告、下坠抖动广告、飞舞广告，以及对联广告、条幅、LOGO、文字、链接、邮件、冠名、栏目合作、活动等广告形式。

网络广告还具有互动性强、便于评估的特征。网络媒体的一大特征就是互动性极强，受众可以随时发表自己对任何事情的看法，通过网络传播到世界各地，这样的互动性也促进了网络广告的传播。而且网络广告可以及时对受众进行统计，便于跟踪和衡量广告的效果。另外，网络广告还有针对性强、受众关注度高、可重复性和可检索性、制作成本低、更改灵活等优势。

但是，网络广告也和网络媒体一样具有不可避免的劣势。首先，网民的自主性导致信息选择性和传播分散性，很多网民为了不被广告干扰自己的其他活动，往往会在电脑或者信息终端安装屏蔽软件来限制广告的传播。其次，受众层次的局限，网络传播受众对象大多在18岁到35岁之间，所以网络媒体接收广告的大多集中在这个年龄段，这样一些针对儿童和老年人的消费品要慎重考虑网络传播。再次，网络媒体由于还在发展中，需要不断完善，一些虚假报道和虚假广告的出现使得消费者对网络媒体和网络广告的权威性缺少信心，基于此，消费品在选择网络做广告的时候一定要选择权威性强、受众接受程度高的网站。

除了网络外，手机作为私人通信工具，规模日益庞大，也在声势浩大的发展中逐渐成了令许多商家垂涎的广告平台。手机广告作为一种新型的广告形式也在不断壮大（在这里，手机广告是指基于手机媒体的广告活动，而非为手机产品所做的广告）。

手机广告主要有短信息、彩铃、预制新闻图片广告等形式。另外，企业定制手机进行广告传播（不生产手机的企业和生产手机的企业合作，如Nokia和中国移动合作生产移动梦网手机等）也逐渐兴起。

中国庞大的手机使用者群体每月固定的消费将是企业觊觎的大蛋糕，通过这一快速的传播手段可以产生许多奇迹。在网络上，一条流行的信息可以被下载数十万次之多，同样祝福的信息可以在几年内反复地出现和流传，如果哪个企业能通过巧妙地策划搭上这趟顺风车，将会给品牌的提升提供巨大的助力。

手机广告和网络广告有类似的地方，不能只看重短期的促销，要有持之以恒的精神和令人感到快乐的娱乐品质。现在很多企业不断地利用手机这样的媒体传达着产品信息以及对顾客的关注，如顾客在购买服装后留下自己的联系方式，以后每到节假日或者此品牌的服装有新款、促销或者其他活动的时候都会及时收到手机短信，或者是商情信息、产品介绍，或者是娱乐信息、节日问候等，从购买之日起就没有间断过。同时，企业也收到了很好的传播效果，树立了形象。

手机广告作为新的平台，随着手机拥有者数量的增长，其魅力和威力都不可阻挡。

（二）广告形式的整合

企业在策划消费品广告的时候一定要考虑广告形式的整合，这样才能使消费品广告产生轰动的宣传效应和良好的促销效果。

1. 传播效果的延伸

不同形式的广告都有各自覆盖范围的局限性，假若将不同的广告形式组合运用则可以增加广告传播的广度，延伸广告的覆盖范围。广告覆盖面越大，产品知名度越高，其传播效果越好。

2. 传播效应的重复

由于各种广告形式所覆盖的受众对象有时是重复的，因此广告形式的组合使用将使部分广告受众增加，广告接触次数增加，也就增加了广告传播的深度。同时消费者接触广告次数越多，对产品的注意度、记忆度、理解度就越高，购买的冲动就越强。

3. 传播效率的互补

以两种以上广告形式来传播同一广告内容，对于同一受众来说，其广告效果是相辅相成、互相补充的。由于不同的广告形式各有利弊，因此，加以组合后能取长补短、相得益彰。

在对不同的广告形式进行整合的时候，需要考虑几种适合消费品传播策略的方式。

(1)视觉广告与听觉广告的结合

视觉广告形式是指借助于视觉要素表现的广告，如前面介绍的报纸、杂志、户外广告、招贴、公共汽车广告等。听觉广告形式是指主要借用听觉要素表现的广告，如广播、音响广告等。因为视觉广告更直观，给人以一种真实感，听觉广告则更抽象，可以给人丰富的想象，两者的结合可以使消费品的广告从感性和理性双重角度得以展示，从而增加人们对消费品的记忆并产生兴趣。

(2)瞬间广告与长效广告的组合

瞬间广告主要是指广告信息瞬时消失的广告形式，如广播、影视、音响等电波电子广告形式，由于这种广告一闪而过，信息不易保留，因而要长期保留信息，可与反复查阅的长效广告配合使用。长效广告一般是指那些可以较长时间传播同一内容的印刷品、路牌、霓虹灯、公共汽车等平面广告形式。

(3)大众媒体广告与促销媒体广告的组合

大众媒体广告是指在大众媒体上刊登的广告，如报纸、电视、广播、杂志、网络等传播面广、声势大的广告媒体，其传播优势在于“面”。但这些媒体是与销售现场相脱离的广告，只能起到间接促销作用，如能与促销媒体广告相组合，则会起到直接的促销效果。促销媒体广告主要指邮寄、招贴、展销、户外广告等传播面小、传播范围固定，且具有直接促销作用的广告，它的优势在于“点”。

广告形式的有效组合能使消费品的传播效果更直接有效，但是我们在采用广告形式组合策略时，还需要注意几个方面的问题：

第一，不同广告形式的组合使用要耗费大量广告费，因此只适合那些有经济实力并有准备的企业；

第二，不同广告形式的组合策略比较适合在开拓新市场及推出新产品时使用；

第三，广告形式的组合运用是复杂的，应建立在研究分析和计划的基础上，不能随心所欲。

第二节　广告创意与企业形象的缔造

一、广告创意的特性

“创意”一词作为名词，意为“有创造性的想法、构思等”；作为动词，“创意”即“提出有创造性的想法、构思等”。追根究底，创意应该是对陈旧思维的突破，应该是对墨守成规的叛逆，是对约定俗成的变更，是对习以为常的颠覆；创意是对人类思维的拓展，是对既往成就的超越；创意需要智慧，需要激情，更需要勇气。

一般来说，好的广告创意通常具备以下三个特点：新鲜、力度、实效。对于创意，不同的人出于不同的出发点也有不同的见解。通过“谐音”字来阐释创意，其内涵也是比较值得借鉴的。我们基本可以用与“创意”一词谐音的六个词“创易”“创异”“创议”“创忆”“创益”“创艺”来理解“创意”的内涵。

(一)“创易”和“创异”是对创意最基本的要求

易，简易、平易、变易。创意首先需要简单。过于复杂的创意不是好的创意。因为我们购买的电视、广播时段的长度是有限的，购买的户外路牌、平面的面积也是有限的，过于复杂的创意难以在有限的时间和空间内表现。更为重要的是，我们的目标受众每天要面对成千上万条广告的居心“叵测”来袭，他们很容易眼花缭乱，如果广告创意过于复杂，根本就无法深入去了解或者记忆。

创意也要求平易近人，贴近目标受众的层次。

此外，广告还需要不断地更新、变易，要保持其流动性，而不是一副面孔迎来送往春夏秋冬，需要让消费者感触到新鲜和改变。

创异，顾名思义，就是要创造不同。广告怎样做到与众不同呢？色彩、音乐、代言人的选择……诸如此类，都是细枝末节的变化，最根本的改变来自广告创意。而如何让广告具有创意即标新立异呢？我们可以这样来理解：

别人没说时，你要优先说——概念先行；

别人都说时，你要大声说——加大传播力度；

别人大声说时，你要怪声怪气地说——突出个性；

别人都南腔北调的时候，你就要优雅地说——展现风格，走向品牌。

(二)“创议”和“创忆”是较高层面的创意举措

案例拓展　　两个真实的故事

故事一：1915年，在国际巴拿马博览会上，各国送展的产品可谓琳琅满目、美不胜收。可是中国送展的茅台酒，却被挤在一个角落久久无人问津。中国工作人员心里很不服气。他眉头一皱，计上心来，便提着一瓶茅台酒，走到展览大厅最热闹的地方，故作不慎把这瓶茅台酒摔在地上。酒瓶落地，浓香四溢，招来不少看客。人们被这茅台酒的奇香吸引住了……从此，那些只饮什么香槟、白兰地的外国人才知道中国茅台酒的魅力。这一摔，茅台酒出了名，被评为世界名酒之一，并得了奖。

故事二：1985年，76台海尔生产的“瑞雪”牌冰箱经检验不合格，当时厂里职工对这76台冰箱的去留产生了许多不同的看法，有人主张低价卖给职工，有人主张修好后重新投放市场。但张瑞敏果断命令责任者当众砸毁了这些不合格冰箱。正是这一砸，砸醒了职工的质量意识，砸出了海尔的信誉，也更加坚定了张瑞敏提出的“品牌战略”，更为海尔砸出了一个光明美好、可持续发展的未来。

从这两个大家耳熟能详的故事中不难看出创造“议题”在品牌传播中的巨大作用，而“议题”的创造导致的直接结果就是创造了消费者的“回忆”，消费者对此印象深刻，难以忘怀。此类创意手法不仅在国内屡见不鲜，在国外更是频频亮相。如2004年10月21日，为了向公众推介吉普(Jeep)品牌的高级多功能运动车——“大切诺基”(Grand Cherokee)2005年款，宣传该车“随处可去，无所不能”(go anywhere，do anything)的超强本领，美国戴姆勒·克莱斯勒汽车公司竟借助一种特殊装置的牵引将一辆大切诺基“开”上一座30层高的大楼侧墙上。该公司这一精彩的策划吸引了差不多50万人的现场关注，全美乃至全球媒体报道或转载了这一活动消息。

(三)“创益”和“创艺”是创意的目的与追求

众所周知，不赚钱的企业是不道德的，同样，没有效益的广告也是不负责任的。没有效益，创意的新鲜与力度也就无所附丽，失去了意义。广告创新要获得收益，就必须从受众出发，锁定受众，好比“点射”，而不是用炸弹炸鱼，炸到多少算多少。此外，言语也需要精准，要号住消费者的脉，知道消费者心里想什么，投消费者所好。更重要的是要诉求承诺，也就是要有诉求点。例如我们的各个品牌有什么特点、有什么特别的地方，我们的饼干是口味特别，还是人家洒上芝麻，我们在饼干上洒的是杏仁，亦或是吃起来感觉有什么独到之处。

而一味地追求效益，对广告的艺术性不管不顾，也是不能被认同的。市场发展到今天，广告传播的艺术成分越来越受到重视，只有具有创意、新鲜的广告才能够引起人们的兴趣和参与，老生常谈却是令人感到乏味的，对别人工作方法的“克隆”或模仿，也只能是降低自己的水平与地位。如一些消费品企业经常于节假日在商场或者超市门口搞各种表演活动，这样的活动在前几年可能还是有效的传播方式，但是随着消费者对这些活动的好奇过后，就开始厌倦了，这时如果还是一味地重复而没有什么改变，只能是落得个“门前冷落车马稀”的境地了。

更有甚者，一些企业在广告传播中大打“恶俗”牌，通过“恶搞”来吸引消费者的眼球，积聚注意力，最著名的莫过于2008年春节期间恒源祥品牌的电视广告。相信很多人对这则广告至今依旧印象深刻：“恒源祥”商标和北京奥运会会徽组成静止的画面，一个低沉的男音从“恒源祥，北京奥运会赞助商，鼠鼠鼠”，念到“恒源祥，北京奥运会赞助商，猪猪猪”，依照这种方式把十二生肖完整地念了一遍，历时一分钟。这则广告确实制造了议题，也让消费者印象深刻，但受到了广大观众的口诛笔伐，不少观众表示看完十二生肖完整版的广告产生了一种砸电视机的冲动。这种通过“恶搞”方式播出的“雷人”广告创意，从长远看是不利于企业发展和品牌形象传播的。

二、广告创意“六点”原理

在品牌传播中，除了期望消费者最终购买产品外，还要使消费者钟情这款产品，重复购买，在此基础上，广告法则被赋予了新的内涵和意义，即“六点”原理。

(一)视点

视点就是要“引起注意”，这是广告的第一原则。其实，广告一词来源于拉丁语 Adverture，原意就是“大喊大叫”，后演变为英语中的广告 Advertise，其含义是“一个人注意到某件事”，再以后演变为“引起别人的注意，通知别人某件事”。可见广告最原始的含义就是要引起注意。一则广告只有能引起公众的注意，才能有机会发挥广告的作用。现代社会是一个信息爆炸、眼球经济、震撼经济的时代，如果广告不能一下子引起大众的注意也是不成功的广告。

广告中信息的成功传递，往往是首先作用于消费者的视觉、听觉，继而引发其心理感应，促进系列心理活动，最后导致消费者的购买行为。注意是消费者对广告作用心理活动过程的第一个环节，若不能引起消费者的注意，以下几个环节就无法产生。因此，能否引起注意，直接关系到广告成功与否。广告界流行一句话：“如果你的广告能引起人们的注意，则推销商品的任务已成功了一半。”引起注意是一个商业广告成功的基础。广告所要求的注意并不是蜻蜓点水、一闪而过，而是持续时间相对较长的关注。但同时，引起注意在成功广告活动中只能作为一种手段，而不是目的，这种手段绝不能分散广告的注意力，不能让目光最终停留在“注意”上，而是商品上。

首先，广告要引起消费者注意，就要吸引消费者的眼球。一般而言，动态的事物比静态的事物更吸引人，电视广告比图片广告更能让消费者感兴趣，特别是现代三维动画广告更形象生动。另外，色彩配置的不同对消费者的影响也各有不同，如红色比绿色夺目，绿色又比黑色明亮。

其次，在消费品广告中感性诉求方式比理性说教更吸引人。人是有感情的，引起消费者情感上的共鸣是广告制胜的法宝。例如，“威力洗衣机，献给妈妈的爱”“金帝巧克力，只送给最爱的人”等都是用拨动“情弦”的话语作为广告语，效果通常会很好。

再次，消费品的广告内容应当简明扼要、浅显易懂。广告文字应当朗朗上口，如“车到山前必有路，有路必有丰田车”“穿上双星鞋，潇洒走世界”。广告歌曲应当通俗、有感染力，如沱牌曲酒的“悠悠岁月酒，滴滴沱牌情”。广告图像应当能让消费者过目不忘，如“万宝路”的牛仔形象等。

另外，提高广告与消费者之间的接触次数也是引起注意的有效方式。日本著名的媒体《朝日新闻》曾对广告和消费者接触关系的问题做过专门研究，结果发现在媒体上出现次数多的广告，它的注目率比出现次数少的广告要高出4%。这也给很多国内的企业带来了启示：消费市场的占有是一个连续的过程，不能因为品牌已经建立就不再做广告，因为广告暂时的退出就可能使企业失去领土，而再想占领就需要花更多的代价。

（二）卖点

广告在引起受众注意的基础上，还需要使受众对产品产生兴趣。广告在吸引了消费者注意后，另一个重要环节就是要使消费者产生对产品的兴趣，因为只有兴趣才能使消费者更注意产品的广告和对产品的相关介绍，促进购买等环节的发生。

产品使消费者产生兴趣的关键点是能够使消费者从产品中获得利益。利益是每个人永恒的追求，只要有利可图，消费者往往就会对产品产生兴趣。如保健品广告要想得到消费者的注意，就要充分展示其保健功能，使其对应的人群对其产生兴趣，从而也为激发其购买欲望打下基础。

消费品广告还可以用制造焦点、满足消费者基本欲望要求等方式使消费者产生兴趣。消费者注意到广告后就会寻找广告中的重点和焦点内容，如果其间有自己需要的方面就能很容易地激发消费者的兴趣，如汽车的广告在以优美的画面吸引了受众后，如果配有一些消费者关心的焦点——省油、气派等，就能增加产品的卖点。

消费者还具有模仿的欲望，如果自己喜欢的明星或者身边的人拥有一些消费品，而且给消费者感觉不错的话，则消费者也会以模仿的心理产生购买的兴趣，这就是广告代言人的主要作用了。

（三）兴奋点

通过以上两个重要的环节，消费品基本上已经在消费者心目中树立了形象，但是还不能马上引起他们的购买行动，这时如果能把消费者潜于心中的欲望引发出来，激起消费者的购买动机，那么这则广告才算进一步吸引了消费者。消费者在购买之前，一般都先暗自盘算，如果消费者觉得即将要购买的商品对自己很重要，商品广告的刺激就会使消费者产生购买行动。有个广告人曾这么对鞋商说过：“你卖给客人的不仅仅是一双鞋子，而是一双美丽的脚。”这就是说，广告要能满足消费者除了商品以外更多的需求，满足消费者更多的欲望，才能激起消费者的兴奋点。

人类的一切活动都是有目的的，消费者购买某种商品也是为了达到某种目的。消费者购买商品一般想达到两类目的：

第一类是实用。衣取其丽，食取其味，物取其值。消费者的目的就是从消费品中获得实实在在的好处、快感，这些好处大多与产品本身的性能功效有关。

第二类是情感满足。有些消费者购买商品不仅仅是为了使用，有的时候也往往会为了满足自己感情上的需要而购买，这时候消费者的目标是想用商品来体现商品本身或其以外的东西，如消费者买劳力士手表主要是为了显示自己的财富。

消费品在广告中如果突出其与众不同的品质、出色的特性以及消费者购买的价值等，往往就会激发出消费者的欲望。

如 swatch 手表的广告，在突出了它优秀品质的同时，也展现了手表计时功能以外的特性——手表已经是一种时尚和身份的象征。这就结合了消费者使用和感情满足的需要，激发了消费者潜在的购买欲望，从而赢得了众多的消费者。

（四）记忆点

当人们购买某种商品时，会首先想起其中的某个牌子；或者是到商店的柜台旁，看到若干同类商品，最容易产生认同并发生购买行为的是那些头脑中已有印象的牌子，而很少会选择一个“陌生者”。看来，把自己的新产品或是自己所宣传的新产品“嵌入”消费者的记忆宝库，应该是所有企业的目标与梦想。

如何通过广告使这些目标和梦想成为现实？其中，反复是加强消费者记忆的最简单、最有效的方法。根据心理学家艾宾浩斯的研究证明：“遗忘的进程是不均衡的，在速记后的短时期内遗忘得较快，而以后逐渐缓慢，只经过一次加强的记忆，其衰减得非常快，即被遗忘得很快。记忆多次被加强后，就会形成永久性记忆。”①例如，宝洁公司从不轻易舍弃有效的广告，不管它运用了多久。虽然如此，但人们不得不承认它的电视广告很有效，很有推销力，这与它的这一重复“轰炸”式的广告攻势不无关系。脑白金的广告虽然被很多人认为是恶俗的广告，但是它的作用却大得惊人，这也不能不归功于不断地重复给消费者带来的冲击。

另外，将代号与商品信息紧密结合，使它们以这些易记代号为标志，也不失为增强记忆的好方法；同样，能给消费者带来愉快联想的广告画面、优美的版面设计及插图等能使消费者增强对广告的记忆。如上好佳食品那悠然自得的电视广告画面，会使消费者心旷神怡，从而记忆了上好佳的广告，也记忆了上好佳的产品。

（五）利益点

消费品在广告中运用多种方式吸引了消费者注意、激发了购买欲望之后，还要采用广告的持续作用，促成消费者的购买行为，才可以说是完成了获得利益的一步。

消费者在行动之前不仅有情感上的欲望，还有理性的比较分析，产品只有满足了消费者感性和理性的双重需求，才能使消费者产生购买的行动。所以这里所说的利益点不仅仅是产品利益，更是消费者获利的部分，消费品广告就是要让消费者认为这个产品是同类产品中最适合自己的。

---

① 艾宾浩斯.记忆[M].曹日吕，译，北京：科学出版社，1965.

要达到这样的广告效果，我们在投入广告的时候还要充分遵循以下原则：①

1. 最大满意原则

消费者总是力求通过决策方案的选择、实施，取得最大效用，使某方面需要得到最大限度的满足。

2. 相对满意原则

消费者面对多种多样的商品和瞬息万变的市场信息，不可能获得关于欲购消费品的所有信息，所以在制定决策时，消费者只需做出相对合理的选择，达到相对满意即可。

3. 遗憾最小原则

由于消费者在购买产品时不可能达到绝对满意，常存在着不同程度的遗憾，因此，遗憾最小作为决策的基本原则往往是消费者消费的重要倾向。

4. 预期满意原则

有些消费者在决定购买之前，已经预先形成对产品的心理预期，然后在对备选方案进行比较选择时，与个人的心理预期进行比较，从中选择与预期标准吻合度最高的作为最终决策方案。

这些原则也是消费品在进行广告策划的时候需要认真考虑的问题，在广告中尽量能使消费者形成对产品的正面认识，在进行消费时依据以上原则做出购买决策。

(六)盈利点

消费者重复购买才能使企业真正持续不断地盈利。消费者购买决策的最后一个阶段是买后行为，买后行为主要取决于消费者对产品满意与否。我们知道，人的机制存在一种在自己的意见、知识和价值观之间建立协调性、一致性或和谐性的驱动力，消费者在购买产品以后，会通过寻求证实产品价值比其价格高的有关信息来减少不和谐感，而广告在这方面具有得天独厚的优势，为消费者寻求和谐感建立了最好的平台，即广告可以极大地减少消费者购买后不满意的心理，从而提高消费者的满意度，如果消费者对此次购买行为满意，将在下一次购买行动中再次购买该品牌的产品，或者向其他人宣传该产品或该品牌的优点，从而形成对该品牌重复购买以及促进产品更广的销售。

过去的品牌选择会对未来品牌的偏好起到强化作用，这对于一个正处在品牌扩展阶段的企业是至关重要的。企业要扩大规模，必然要经历一个品牌扩张的阶段，而这时候企业也要不断地利用广告来强化消费者的品牌意识，让他们不断地深入认识在其脑海中固定品牌的优势，使企业不断地获得经济和社会效益。

第三节 广告创意策划的六大“心诀”

消费品广告的作用毋庸置疑了，但是如何使这些作用能更快、更好、更强地发挥出来，还是我们需要不断思考的问题。我们从理论和事例相结合的角度，总结出了六点可以提高消费品广告效果的“诀窍”。

一、一 K 公式：KISS 公式——Keep it simple and sweet

广告学认为，广告的作用在于以下五个方面：提供信息(Information)、争取顾客(Persua-

---

① 丁家永. 当代消费者购买决策理论与发展[OL]. 中国营销网，2003－09－25.

sion)、保持需求(Maintenance of Demand)、开辟广大市场(Creating Mass Markets),以及确保质量(Quality)。这五个方面的作用是通过各种手段完成的,特别是现代广告业,资金和技术力量都很雄厚,但不论其发展如何日新月异,最基本的手段还是语言,为了赢得顾客,广告语言必须具有感召力。因此,书面广告语言大多采用口语形式,且简捷、干脆、有力,忌用结构盘错的长句、复杂句,要大量使用省略句、祈使句和破折句,从而使广告做到短小精悍(simple)。

广告短小精悍,不仅醒目,而且还要节省时间和金钱。前者,是对受众而言;后者,则是对商家而言。短小的广告能让读者在短时间的阅听中获取必要的信息,了解广告所介绍的商品。而广告字数少,所占篇幅小,则能为商家大大节省广告费。如:

农夫山泉——农夫山泉有点甜!

雀巢咖啡——味道好极了!

娃哈哈——妈妈,我要喝!

……

简单的几个词,却能够使消费者钟情。

成功的广告还应具备另一特性——甜美,即文字优美,读起来使人心情舒畅,容易接受。广告在介绍商品的同时,还要通过各种手段来激发消费者的购买动机,并满足他们的要求,包括物质的和精神的需要,这是广告得以存在并发生效力的内在根由。广告以理服人、以情动人,诱发消费者的潜在需要与购买欲望,满足他们的需求,提供购买理由,使他们感受到获得这种商品所带来的愉悦与满足。

顾客的普遍心理是:消费要物有所值,甚至物超所值。广告中煽情的词语往往会有很强的感召力。如:

学琴的孩子不会变坏——台湾山叶钢琴广告。

I chocolate you——昂达 MP3 广告。

由此可见,广告语言的 sweet 特性就像一个充满甜言蜜语的美丽陷阱,使消费者愿意陷入其中。

二、两项原则

产品要想取得集中又扩散的宣传效果,必须在产品的广告中把握好两项原则:

(一)减法原则:Just one

产品的卖点可能会多种多样,一种产品也会有多个卖点,但是广告不能把每个卖点都说出来,因为“什么都说等于什么都没说”“特点太多等于没特点”,在广告中一定要集中力量完成对一个特点的突出阐述,做到“只说一件事(Just one)”。

对于消费者而言,他们的观点是“专一即专业”,一点的力量会远远大于多点的集合。在广告中要吸引消费者,就需要只说他们最感兴趣或者产品最有创意的一件事、一个信息就足以了,广告人称之为“一点动人”原理。这也跟消费者的记忆规律有关,在一项调查中,我们发现了消费者记忆的“7 品牌定律”——国内的消费者每天面对的日用类品牌已超过 10 000 个,而一个消费者最多只能记起 7 个品牌。

由此可见,消费者的记忆是有限的,不要指望消费者对任何广告都能注意和记忆,他们只会选择自己喜欢、诉求点集中的来记忆。所以消费品在进行广告策划的时候一定不能贪多,而要专一。我们能记忆的很多广告就是专一的内容和特点。如海王银得菲,强调“效用”——“治感冒,快!”;高露洁,强调“防蛀”——“我们的目标:没有蛀牙”;创维电视,强调“健康”——不闪的才是健康的……

(二)创意原则:ROI原则

ROI是广告大师伯恩巴克创立的DDB广告国际有限公司制定出的广告策略上的一套广告理论,其基本要点是:好的广告应具备关联性(Relevance)原则、原创性(Originality)原则和震撼性(Impact)原则三个基本特质。

1. 关联性原则

广告主希望广告能使更多的顾客前来购买产品,而消费者有一种从众的心理,当看到其他消费者纷纷购买某种产品时,很容易受到感染而产生购买的欲望。因此,有些广告人认为要感染消费者,就必须在广告内容上直接反映出某类产品销路好、顾客多的场景。如国内众多方便面的广告,就表现出吃者狼吞虎咽,看者羡慕不已、垂涎三尺,有的竟然一家人在除夕之夜围着吃方便面;某饮料广告,也是一大帮人争先恐后抢购,盛况空前……这样广告就表现得过了头,不仅没有艺术性,而且让消费者看了也有点儿别扭。

广告要达到促销的目的,不能单纯认为表现广告画面的热销就可以了,而应该是广告效果的热销。诸如上述的广告华而不实,消费者难以产生共鸣。晏殊写富贵,不用金、玉、富、贵字眼,而写诸如"笙歌下楼台"等富贵气象,不着一字而尽得风流。广告也应该以此为榜样,用意象烘托氛围。德国有一家鱼餐馆想告诉顾客它的海鲜很新鲜,老板只在门前架起一个大木架,架上晒着一张正在不断滴水的渔网,一切尽在不言中。所以广告创作要讲究沟通的技巧,比喻、象征、借代、拟人等,就是经常被采用的创意表现手段。如果不直接诉求商品,却让人接收到有关的商品信息,让消费者不知不觉受到影响,激起购买欲望,这才是高明的广告。

商品广告最重要的是传达商品的有效信息。为了强调商品的特点,生动形象地表达商品的个性特征,广告常常需要为产品找一个关联体,把产品的有关特征从关联体身上反映出来。关联体可以是生活中人们所熟悉的具体的人、物、事,也可以是为消费者广为认同的概念、道理、观念、行为方式等。关联体必须是生活中司空见惯的、为大众所喜爱的、与商品特性关联性强的指代,两者的关联性越强,消费者就越能够理解,广告效果就越好。

2. 原创性原则

广告创作的一个根本要求就是新颖,广告必须有所创新以区别于其他,创新首先要突破常规的禁锢,善于寻找诉求的突破。"反传统"可谓是广告令人耳目一新且有效的措施:

(1)角色的反传统。百事可乐的一则电视广告获得了2000年第41届克里奥广告奖的金奖。广告的内容是:在一间退休士官们常去的酒吧里,一个小女孩想喝百事可乐却没有,就痛斥侍者一番。接着小女孩走出酒吧,所有的顾客都跟着小女孩离开了酒吧。这则广告用小孩教训大人这种反传统的方式来推销产品,可谓用心良苦。

(2)观念的反传统。我们这个社会总的来说还是男权社会,就在这个男权的社会里,德国的kookai时装提出了一个大胆的理念:女人是世界的主角,男人尽在我掌握。这种带有女权主义色彩的反传统表现,自然独树一帜。

(3)表现的反传统。一种小儿感冒药的平面广告,没有产品,没有包装,没有商标,也没有成分,画面上只有黑底白字的两句简单对话:"约翰,是比利在咳嗽吗?""起来喂他吃咳定。"这则不像广告的广告打破了传统的药品广告模式。

另外,我们还要掌握USP理论,为广告的有效传播开辟新的途径。看一下宝洁公司的做法:宝洁公司每推出一个产品,都会把商品给消费者带来的具体好处说得清清楚楚,独一无二又有销售力度。如海飞丝的诉求点是"去头屑",飘柔说的是"洗发、护发二合一,令头发飘逸柔顺”，潘婷的特点是“含维他素原 B5，兼含护发素，令头发健康，加倍亮泽”，而新产品润妍又有与其他产品不同的功能——“黑发，专为中国女性设计”，舒肤佳诉求的是“洁肤且杀菌”，并通过显微镜对比，说明唯有其取得中华医学会认可。这样的广告直接凸显了主题，让消费者能够明晰地掌握每种产品的特性。

对旧元素的重新组合也不失为一种明智的广告策略。旧元素是消费者司空见惯或非常熟悉的，从一个新的角度重新运用这些旧元素，达到出奇制胜的效果。如一则酒的平面广告，画面是一个人正在倒酒，这个人穿的汗衫上印有爱因斯坦的头像。奇就奇在，汗衫上的爱因斯坦伸出舌头，而这个人倒出的酒刚好经过爱因斯坦的舌头。乍一看，就像是爱因斯坦伸出舌头品尝美酒。如果是高科技的产品用爱因斯坦做广告，人们会习以为常，但用于酒的广告出人意料了。

广告还要贴近生活，从生活中来，到生活中去，只有这样才能使消费者产生亲近感，从而去购买消费品。生活中有很多素材可以用在广告上，广告应该来源于生活，又高于生活，是艺术化了的生活。如上我们所说的宝洁公司产品，都是根据人们生活中的种种问题来确定主题的，只不过是在表现主题的时候更多了点儿艺术化的效果。

在原创上也有很多可以借鉴的事例：

成都恩威——难言之隐，一洗了之。

景田百岁山——水中贵族。

孔府家酒——让人想家！

麦氏咖啡——好东西，要与好朋友分享！

3. 震撼性原则

传播就是通过顾客的眼睛来看待一切的商业行为，没有冲击力的广告，难以争夺目标受众的“眼球”(眼球经济)，也难以抓住他们的“耳虫”(耳朵经济)。诺贝尔经济学奖获得者赫特也说：“在信息时代，有价值的不是信息，而是你的注意力。”因此，广告抓住了观众的眼球和耳虫就等于成功了一半。

当消费者看到企业的广告有很强烈的震动时，就说明了这个广告具备了震撼性。一个感情的投入、一句贴心的话语或者一幅触动心弦的画面都会使消费者产生共鸣，甚至有时人们不常注意的事实真相也有震撼人心的效果。

情感诉求的广告就是让消费者在浓厚的情感氛围中传达商品的信息，使消费者在不自觉中产生情感共鸣，强化对产品的好感。怀旧广告是情感表现广告的一种重要的形式。每个人，内心深处总有些美好的记忆和深深怀念的故事。把消费者这些记忆深处的故事挖掘出来，将产品巧妙地融入其中，传递商品的信息，将能起到很好的广告效果。台湾中华汽车以怀旧的情绪抒发了一个主题“最重要的一部车——爸爸的肩膀”“最长的一条路——妈妈的皱纹”两支感人至深的广告片。随后中华汽车又以“连续剧”的形式推出从两人共组小家庭、怀孕生子到养育孩子的三个广告片，描写生活中的温情故事，为公司增添了一层浓浓的人情味。

每个民族都有它的文化背景，在广告中表现这种传统的文化，也能引起消费者的共鸣。养生堂“父子”系列广告，表现的是中国传统伦理中的孝道，具有深层的文化背景。广告中有句话更是震撼人心：几乎所有的父亲都知道儿子的生日，又有几个儿子知道父亲的生日！

如果没有关联性，广告就失去了意义；没有原创性，广告就失去了吸引力；如果失去震撼性，广告就不会给消费者留下深刻的印象。单纯只有针对消费者需要的关联并不难，点子新奇也容易做到，从技术上实现视觉的震撼力也不是大问题。难的是，广告中同时体现这三条原则:既要关联,又要原创,还要震撼人心。要达到这三者的完美结合,就必须深刻地了解消费者、了解市场,清楚产品的特点,明确商品的定位。

三、三"失"损耗

一则具有"慑心性"的广告,从内在上来讲,一般应包含标新立异的创意、别具一格的广告语、强烈的视觉冲击力、美感、强大的发布力等几个元素。有了这些元素,广告才有可能发挥其特有的威力,使消费品一举成名。但是对于宣传产品而言,仅仅有了这些元素还是不够的,因为影响广告效果的不仅仅是广告的内在方面,外在的因素同样是不可忽视的重要方面。一般来说,影响广告效果的外部因素很多,可用下列公式从三个方面表示:

$$E=A+M_1+M_2$$

E:Effect,效果——效果"得到";

A:Aim,目标——目标"得心";

M_1:Medium,媒介——投放"得当";

M_2:Management,管理——管理"得法"。

只有内外兼修,才能成就功名。广告要想取得成就,还要努力避免"三失损耗"。

(一)一失——投放失当

广告的投放会直接关系到广告的效果、企业的利益:投放得当就会事半功倍,相反则会事倍功半。广告投放策略已被赋予越来越多科学的理性,企业在投放广告的时候一定要认真分析媒体的特点,依据原则投放,避免失当损耗的产生。

要使广告投放的收益最佳,需要掌握以下原则:

1. 内涵统一原则

消费品广告在投放的时候一定要充分考虑所投放的媒体内涵是否与消费品的内涵相一致,只有内涵一致了,才能使广告效应得到消费者的认可,使产品为目标消费群所注意。如奢侈消费品广告应该选择定位在白领阶层或者富人阶层的媒介,而日用品广告则应以面向大众的媒体为首选投放目标。

2. 有效受众扩大原则

任何一种媒介的受众都不可能与企业产品的目标消费群完全重合,因此,企业组织投放广告时,应最大限度地挑选互补媒介,即选定一个媒介后,要针对它没有包含在内的那一部分消费群体,借助其他媒介来完成,这样做能够使广告覆盖最大的目标人群。

3. 信息互补原则

不同的媒介有着不同的传播特性,每种媒体只有互相协助、补充,才能更完整地表达消费品广告的信息,促进消费者对产品的了解和购买。

4. 巩固提高原则

消费者对广告信息产生兴趣、记忆、购买欲望,需要广告有一定的频率反复提醒和巩固。因为受众对一则广告在一个媒介上重复刊播的注意力会随时间而减少,因此需要多种媒介配合,延长受众对广告的注意时间。消费品广告在投放的时候,必须要不断地提醒消费者注意,巩固消费品在消费者心中的地位。

5. 时空交叉原则

不同的媒介有各自独特的优缺点,消费品广告在投放的时候,要研究每种媒介不同的性质,考虑时间、空间上的配合,以达到良好的传播效果。如消费品可以在电视、报纸上做简明的新闻报道式广告，而在杂志上做深度的软文广告，在网络上做视觉效果强的立体广告等。

(二)二失——管理失控

企业管理是一个广泛的内容，其中不仅仅涉及企业的生产、销售等基本流程的管理，同时也包括企业对于广告这把“双刃剑”的管理。

广告管理应该是一个从头至尾长期的过程。

首先，在广告投放之前要明确媒体，即事前管理。媒体的选择就是目标受众的选择，只有选择正确的受众，广告才能做到有的放矢，才能收到良好的传播效果。另外还要明确受众对媒体的接触情况，了解媒体的广告收费等基本情况。在了解媒体后，广告投放前的进一步完善也是必不可少的环节，有的广告主在准备投放广告时往往不再对自己的广告做什么修改和完善，这样很容易造成在不同的媒体中播出的广告千篇一律，虽然这样能给受众留下较深刻的印象，但是难免会带来“审美疲劳”的感觉，影响广告传播效果，所以广告的事前管理还应包括对广告创意本身的管理。

其次，在广告投放期间也要密切注视，进行事中管理。事中管理主要是根据具体情况，对广告进行调整、修改等。

再次，企业还要对广告进行事后管理。主要就是广告播出后，企业要密切关注受众的反馈，了解受众对广告以及产品的态度。如果受众反映好，那么广告就要继续、深入地投放；反之，企业则要立即改变策略，避免起到相反的效果。事后管理对广告效果评估的价值巨大。

广告要向管理要效益，做好广告过程全面管理是关键所在。

(三)三失——应变失机

消费品市场是一个极具活力的动态市场，而这个动态特征也将导致广告经验的贬值——广告只能遗憾地说“经验是失败之父”。也就是说，今天奏效的广告明天就有可能失效。在变化的环境中，经验贬值的速度与环境变化的速度成正比——环境变化越快，经验贬值也就越迅速。

在广告管理中，一个重要的方面就是要及时关注环境的变化，根据具体的环境变化，本着“保护自己，打击敌人”的原则，随机应变地改变广告策略。

如乐百氏纯净水在农夫山泉抛出“水弹事件”(水仙花)后，立即在广告上采取了应变措施，将标榜了多年的“27层净化”的诉求改为“水，源来如此”；而健力宝第五季的诉求则更为直接——水，就是水！这种应变及时、准确，在受到冲击的时候及时地做出反击，以保护自己。而当农夫山泉推出“农夫果园”的时候用了“三种水果，喝前摇一摇”做电视广告后，娃哈哈就针对性地推出了“四种水果”饮料，并在广告中不忘打击对手：“三种水果，就想搞定我?!”

不仅广告在竞争的时候要积极应变，同样在各种新闻、事件发生的时候也要能及时推出“应景”广告，增强广告的传播效果，这在事件传播中称为“借势传播”。如几乎在神舟五号发射成功的同时，蒙牛乳业即在各大城市推出了“蒙牛牛奶，为中国航天事业加油”的系列公益广告，一时间成为各大媒体竞相转载的免费广告。蒙牛的这种应变不仅借助这个世界关注的新闻事件传播了自己的品牌和产品，也把蒙牛的企业形象向上推进了一步。

广告的应变还包括对自身的不断修改和完善，有的广告虽然没有受到同行业的冲击或者没有大型的新闻事件发生，企业也要根据消费者的需求，不断地变化方式，即“随需应变”。如房地产的广告往往就是按照消费者的需求来做的：消费者需要舒适的自然环境时，广告就会极力宣传其环境的优美；消费者需要人文氛围时，广告又大打人文牌。

四、四"化"增效

消费品广告不仅要体现产品的特色，为企业的经济利益服务，还要与社会接轨，与消费者牵手，赢得企业的社会效益。人性化、幽默化、情感化和公益化可以说是使消费品广告增辉的法宝。

（一）人性化增效——"以人为本"的广告才能成为经典

"人性化"是广告的趋势，广告要"以人为本"，要顺从民意，要充分体现人文精神和传统文化。有人说，"即使是为狗生产的食物，其购买对象也是人"。广告只有感化和浸透每一个生命，用激情去点燃品牌之光，才能达成其极致境界。如日本松下电器的广告就充分展现了以人为本——"价值"去掉"人字偏旁"便成"介直"；诺基亚的"科技以人为本"更加直白；海信的"有爱，科技也动情"、TCL 的"科技，取悦你"等广告都体现了人性化的特色，也增加了广告的感召力。

随着市场教育的普及，广告可以说正在成为人们生活中的有效需求和习惯性的生活方式，广告和民众的生活息息相关，广告不仅使厂商能够实现品牌价值的增值，也能够倡导一种生活理念，广告作品更多的是表达民意。目前企业更多的是"为己"广告，而不是一种"为他"广告。我们总是在挖空心思地追求自己的目标，制造"为己"的广告作品，而不是设身处地考虑消费者的感受，这是广告创作上存在的弊端，也是一个误区。只有实现从"为己"到"为他"的突破和变革，广告从"非人性化"转向"人性化"，才能适应社会的需求，实现历史的经典。

广告的人性化设计能大大满足消费者的情感需求，解决人们由于高科技发展带来的苦闷与烦恼，为人们的生活增光添彩，平衡人们的情感，这是人性化设计的魅力所在，也正是人性化为广告增效的力点所在。

"人性化"广告的创作，应该贴近消费者的生存方式，贴近消费者的生活环境，贴近消费者的思维观念。如伊利牛奶"天天天然"简短的人性化广告就自然清新地体现了牛奶对消费者健康的关怀，体现了企业的理念，增强了广告的传播效果。

总之，一个注重人性化的广告，能达到和受众深层交流的目的，在获得受众品牌认知的同时建立起品牌美誉度。

（二）幽默化增效——幽默是一杯美味的"休闲咖啡"

对于幽默，列宁说过，"幽默是一种优美的，健康的品质"。对于幽默，爱迪生说过，"如果你想征服世界，就必须使这个世界有趣"。对于幽默，广告大师波迪斯说过，"巧妙运用幽默，就没有卖不出去的东西"。

幽默在我们日常生活中不可或缺，而将幽默巧妙地运用在广告创意中，更是会起到意想不到的效果。它不仅能加强广告的可看性，还会使广告的诉求重点更加明确。广告的幽默化表现，是一种特殊的机智，它通俗、俏皮、深刻却又诙谐可笑。笑是轻松的，在轻松中向消费者传递信息，这是幽默促销的目的。广告的幽默化，能为不同年龄层受众所喜闻乐见，它集喜剧性、通俗性、娱乐性、含蓄性于一体，能博得众多消费者的会心一笑。

赢得笑容，赢得全世界。幽默广告由于其戏剧性、趣味性，迎合了人们求乐的心理需要，创造了一种自然的传播氛围、一种轻松愉快的良好心境，自然而然会吸引人们的注意，在笑声中接收广告传递的信息。百事可乐公司的总裁说：可乐之争，输赢并不重要，重要的是有趣。

在广告中，我们可以充分利用幽默广告语言要素，变换技巧来增强幽默的效果。其中寓实于虚是常见的手段，广告故意不把宣传主体点明，而是表达出与广告主体相关的内容，先让人感到莫名其妙，然后又心领神会其中的弦外之音。如新飞冰箱的“谁能惩治腐败”、某油漆的“家具的贴身保镖”、婷美内衣的“做女人挺好”等广告都用不同的手法展示了幽默的魅力。另外，利用笑星、明星等制造幽默也是广告常用的手段。如“非常系列茶饮料”内心独白篇借用周星驰在《大话西游》中的经典名言、“步步高复读机”的西天取经篇都使消费者看了广告后忍俊不禁，笑声过后也自然记住了产品的名字。

但是，广告在使用幽默的时候，也要知道幽默是把“双刃剑”。它能发挥无限的魅力，但也能制造麻烦。企业要能够巧妙地运用幽默广告，为产品销售服务。

首先，产品是根本，幽默为广告服务。幽默广告不是给大伙讲笑话，是为销售的目的服务的。因此，要尽可能让受众记住你的品牌。如麦当劳里的 baby，故事一开始就充满童趣，与此同时，笑声背后有一个重大的悬念围绕着观众：为什么这个可爱的 baby 会又哭又笑呢？原来，是麦当劳的商标在作怪。有着因果关系的广告，没有脱离产品是最根本的原则，巧妙地安排幽默，使广告乐趣无穷。

其次，要知道笑星不一定是幽默广告，关键是挖掘笑星的幽默，并为产品服务。幽默广告中可以是笑星，可以是明星，可以是普通人，可以是动物，可以是卡通人物。具体怎么选择，要根据整体、产品特点、广告战役、市场环境以及形象代言人的特质来定。

（三）情感化增效——情感恒久远，广告永流传

情感是人类的灵魂，是人类最美的语言，情感是浇灌生命之花的甘泉，没有情感一切就暗无生机。对于广告而言，情感表现则是广告增强传播效果的强大助推力。增加了更多情感的广告能通过人类最基本的感情打动受众，通过情绪与情感唤起消费者的行动。如统一（乌龙茶）的“统一用心，人间有情”、雕牌（牙膏）的“真情付出，心灵交汇”、半克拉（钻石）的“全世界只有你是我的另一半！”等都是以情感为主线的广告，而这些广告不仅有华美的设计，也是产品销售的催化剂。

情感广告的创意源于生活，要做出好创意首先要研究目标消费者的心理，尤其是情感需求，然后将产品或品牌跟情感联系起来。如贝尔电话是传递爱的电话，在广告中运用的也是生活中的画面：一天傍晚，一对老夫妇正在进餐，这时电话铃声响起，老太太去另一间房接电话，回到餐桌后，老先生问她：“是谁来的电话？”老太太回答：“是女儿打来的。”老先生又问：“有什么事吗？”老太太说：“没有。”老先生惊讶地问：“没事？几十里地打来电话？”老太太呜咽道：“她说她爱我们！”两位老人相对无言，激动不已。这时，旁白道出：“用电话传递你的爱吧！”再如中国移动 M-ZONE 中“我的地盘，我做主”代表了一种时尚、张扬的生活态度，符合了目标消费者的生活和情感，也引起了无数消费者的共鸣。

在广告中运用情感时，一定要注意产品或品牌与情感或价值观的联系。如电话是传递信息的，那么它可以传递爱；巧克力是一种甜的食品，因此它可以代表甜甜蜜蜜的爱情；白酒是很浓烈的，通常是男人们聚会时喝的，因此它可以代表男人之间的友情……产品或品牌与情感或价值观之间的连接点是很重要的，这个连接点是决定创意成败的关键，只有先找出了这个点，才有可能继续发展广告故事。

广告在运用情感增效手段时，一定要有真情实感，避免虚情假意。情感广告依靠的是以情动人，如果广告中没有真情实感，只有冠冕堂皇的空话或者虚情假意，那只会弄巧成拙。雕牌洗衣粉广告的“下岗篇”就是一个很感人的广告：年轻的妈妈下岗了，为找工作而四处奔波，懂事的小女儿心疼妈妈，帮妈妈洗衣服，天真可爱的童音说出：“妈妈说，‘雕牌’洗衣粉只要一点点就能洗好多好多的衣服，可省钱了！”门帘轻动，妈妈无果而回，正想亲吻热睡中的爱女，看见女儿的留言——“妈妈，我能帮你干活了！”年轻妈妈的眼泪不禁随之滚落。

广告在运用情感手段时，还要把握感情的限度，避免广告中出现不道德的内容。广告应该根据文化传统的不同，采取适当的手段来展现情感。如中国的传统感情都是比较含蓄和内敛的，在广告表达时也应遵循这个传统，表达情感的时候或许只是一个充满爱意的眼神或者是一个拥抱就足够了。同时广告中的情感还要避免文化冲突，广告战略讲究本土化，广告创意同样也要本土化，不同民族有不同的传统文化和信仰，因此在做情感广告创意的时候一定要了解不同地区的文化，避免产生冲突。

要使感情在广告中表现得淋漓尽致，最重要的是要善于发现产品与情感之间的关联点，寻找产品可以寄托感情的那一方面。

（四）公益化增效——公益广告让爱心飞翔

公益广告是企业发展不可或缺的力量，面对高频度的广告轰炸，受众难免会有见广告而“却步”的反应，比如报纸上的广告略过不看，电视、广播广告一出现立即调频，网络广告在打开之前就被扼杀在“摇篮”里……因此，对于那些认为只要投放大量商业广告就可以让受众相信一个品牌的企业，必须实现的核心转变是：甩掉粗野鲁莽，找回温情爱心；淡化自私唯我，真心关爱大众民生；打碎广告暴发户形象，塑造现代企业风范。这时候公益广告往往能给企业带来意想不到的传播效果。

公益广告的播出标志着企业正从一味地追求利润最大化，过渡到注重企业文化建设，保持企业在公众中的亲和力，强化企业与社会和谐发展统一的层面。公益广告力求为企业打造良好的社会形象、提高信誉度、提升品牌价值、展示现代企业形象。这样公益广告在塑造企业形象中就有了明确方向和持续的基础，从而也会使消费者对企业产生好感。如在伊拉克战争爆发后，统一润滑油立即播出了“多一些润滑，少一些摩擦”的广告，既结合了世界形势，也突出了产品特性。

企业的公益广告主要就是为服务于企业形象而提供全方位思路的，在进行公益广告传播的时候，企业公益广告应该将企业文化的核心作为主线，主题丰富多彩。特别是作为公益广告，应该展现具有现代气息企业的责任、温情、关爱，让企业受到社会的认可。

五、五 W 检测

做任何事情都需要根据想要的结果制订计划，计划的正确与否是决定事情成败的重要因素之一，品牌在进行广告策划时也要全面地考虑如何规划和检测结果。广告计划的制订，一般由五个 W 来规定，同时“5W”检测也是广告沟通的基本原则，即在正确的思想指导下，于正确的时间、正确的区域，对正确的人群，传达正确的信息。

（一）Why——为什么做广告

制定广告策略，首先要明确广告宣传的直接目的：广告宣传的总目标是宣传企业、产品，吸引顾客，扩大销售并挖掘潜在的消费市场。正如著名的经济学家布里特所说：“商品不做广告，就像姑娘在黑暗处向小伙子递送秋波，脉脉此情只有她自己知道。”①

为实现这一总目标，企业需要不同的广告来实现，每一个广告又有不同的策略和希望达到的直接目的。这就需要企业清楚为什么做广告，这里，有的是为了推销新产品，有的是为了清理库存，有的是为了通知特殊的销售日，有的则是为了感谢顾客的光临……不同的目的应该有

① 邰启扬，王克，王正，徐静．实用广告技巧[M]．北京：中国大百科全书出版社，1994.

不同的形式、不同的诉求方式,这样才能达到所要的结果。

如美国柯达摄影器材公司为了清理年底过期的几十万个彩色胶卷,不惜在萨拉热窝冬季奥运会上免费为各国记者提供及冲洗自己的彩色胶卷,其结果是大量积压存货通过各记者撒向全世界,其广告宣传的效果不言而喻。日本富士为了进入美国市场,在洛杉矶奥运会上以超过柯达公司(400 万美元)一倍多(900 万美元)的摄影器材赞助费夺标,乘虚登堂入室,使柯达公司后悔莫及。这两家摄影设备经销商为了不同的目的,做了不同的广告,但是结果都一样,就是获得了经济利益。因此,确定直接目的、明确为什么做广告后,对于制定具体策略具有十分重大的意义。

(二)Who——广告对谁说

广告到底是向谁宣传?消费者有不同的消费层次、收入层次、文化层次、年龄层次……他们有不同的消费习惯和心理动机,也有不同的接触广告的渠道。只有找准了向谁宣传,才能有针对性地确定广告策略,收到事半功倍的效果。

在"找人说话"过程中,可能出现以下四种情形或结果:

"找对人,说对话"——投其所好;

"找对人,说错话"——自讨没趣;

"找错人,说对话"——自作多情;

"找错人,说错话"——对牛弹琴。

其中最佳效果是"找对人,说对话",而最差的自然就是"找错人,说错话"了!广告要寻找的就是这个最佳的效果——命中目标,取得成绩。

分析广告对象可以从四个方面入手:一是社会职业层,如知识分子阶层、工人阶层、农民阶层、学生阶层、国家干部阶层、个体户阶层、企业家阶层等。二是家庭状况,如家庭结构、家庭人口、家庭收入、家庭住址等。家庭是社会职业阶层的组成部分。三是个人情况,如年龄、性别、职业、文化程度、业余爱好、婚姻状况等。四是用户关心点分析,各人都有各人所关心的重点,即使在同一商品上,人们也会有不同的追求和企望。"广告应对用户的关心点而发,以求与用户的关心点相吻合,任何一个广告都不能追求过多。"①

(三)What——广告说什么

广告说什么?广告的内容有产品、企业形象、服务、某种概念四类。不同的宣传内容有不同的宣传要求和不同的宣传方法。即使是对同一产品也有不同的宣传角度,如电视机,是宣传产品的性能、质量等品质?还是宣传电视机生产企业品牌、声誉?或者宣传电视机售后服务的周到?以及宣传电视机是现代生活的必备品?……这些问题应仔细斟酌、反复分析,才能从市场的角度做出正确的抉择,运用正确的宣传。

国外有这样一个调查,或许会给广告说什么带来一些启示:抽"万宝路"香烟的人,平均每盒香烟要从口袋里掏出来 30 次(已大大超过香烟的支数 20),其中有1/3 的人是为了欣赏和向别人显示这个品牌。对于功能相同或相近的产品,消费者会选择那些让其有精神寄托或有与众不同附加值的产品,这正是产品宣传的重点——突出不同而不是相同。如手机在功能上可以说没有太大的差别,但是不同的品牌却都能找到与众不同的方面来"炫"自己。

广告说什么,就是要说出产品的与众不同,说出消费者的心声,说出购买者的意图。

(四)Where——在哪儿做广告

广告选择在什么地方做?做到多大的范围?这些对广告的效果有直接影响。现在广告媒

① 陈培爱.广告策划与策划书撰写[M].厦门:厦门大学出版社,1993.

体众多，不同的媒介有不同的特点，对广告的影响也不尽相同，只有选择正确的媒介、进行完美的媒介组合才能使广告做到“地利”，才能发挥广告的巨大攻势。

除了选择媒体外，还要考虑广告的地域，不同的地域有不同的环境，产品适合在何地销售，就在什么地方投放广告，不要一味地实行“广泛撒网”的政策，而是应该“重点培养”。如儿童食品广告就应该选择在儿童或者儿童的父母能经常接触到的媒介投放，如电视的儿童频道、报纸的生活专版等，如果一味地遵循广泛的原则，而没有侧重点，则广告的效果也不会太好。广告选择在哪儿做也是有很大学问的，这是广告成功和节约成本必须考虑的因素。

(五)When——何时做广告

何时做广告，是对广告推出的时间、频率所作的具体安排，也是广告媒介策划的重要组成部分。企业竞争的环境总是处在变化之中，在广告传播中必须善于抓住机遇，适时推出广告信息，取得最佳的传播效果。

广告的信息发布受到时间因素的制约，要善于把握“最佳时间”，这种“最佳时间”是在比较中存在的。其主要制约因素有目标公众、产品生命周期、受众记忆规律和收视峰谷。企业进行广告传播最好选择受众目标集中的媒体，在符合受众记忆规律基础上，选择收视高峰时段投放具有生命力的产品广告。

企业广告传播应该遵循“反复的原则”，要注意广告频率。广告只有向消费者反复宣传，才能形成深刻的印象。一般来说，广告必须定期地、反复地出现，才能取得更好的效果。但是从经济上说，广告持续时间越长，费用就越大；从心理上说，一则单调乏味广告的重复出现，会使受众感到厌烦，甚至反感。广告持续时间的长短一般要考虑以下三个因素：新购买者在市场上的出现率、购买频率和忘记率。企业要根据产品的市场反应来决定广告重复的频率。

广告时间的选择，是广告策划的重要内容，也是媒体选择程序中的重要步骤。选择什么时机做广告也有很大的学问。一般地说，选择时机要注意以下几个方面：(1)要有整体观念；(2)要服从市场的变化；(3)要根据竞争对手而定；(4)要随季节变化而变；(5)要随产品周期的发展而变；(6)要符合人的心理规律。

六、六 M 要素

对企业而言，广告不仅仅是一个技术问题、战术问题，很多时候更是一个战略问题。事实上，绝大部分品牌的打造是通过广告战略来实现的。在通过广告打造品牌的时候，要注意充分展现广告的六 M 要素：Market——市场、Message——信息、Media——媒体、Motion——活动、Measurement——评估、Money——费用。这些都是与广告密不可分的组成部分，同时也对广告起着不同的作用。

(一)市场是广告的战场

广告的主要目的就是争夺市场、扩大市场和巩固市场。广告直接影响着市场，同时市场也在直接考验着广告的作用。有道是：做多大广告，做多大市场；有多大的市场，就有多大的广告竞争。

广告在产品进入市场的不同阶段，所产生的作用也不尽相同。在初步进入市场时，广告可以说是打开市场有力的敲门砖；在市场相对稳定的时候，广告要能对市场进一步提升影响力起到积极的铺垫作用，为创建市场高峰打下基础。因此，这一阶段应以品牌广告与强化促销功能的专题广告结合投放为主，在稳定销售的同时，注重强化品牌形象。在市场的升级阶段，广告又要能够在进一步分析市场、研究市场、总结前两个阶段在广告投放中的得失前提下，密切关注竞争对手的广告动作和消费者的一些变化，以出奇制胜的传播策略，做到广告的巧妙投放，于万马奔腾中实现在当地市场的销售新高。

广告和市场是密不可分的伴侣，广告能影响市场，市场又是广告施展魅力的舞台。

(二)信息是广告的主体

广告主要的内容就是"广而告之"，而要告的是什么对于消费者和企业而言都是至关重要的，信息就是广告所要带给消费者的主要内容——企业的信息、产品的信息甚至生产的信息、销售的信息、附加信息等。传播学中提出了传播的信源、信道和信宿三要素，而信源是首要的，没有信源一切也都没有意义，广告中的信息就是传给消费者的信源，这是信息传播的根本。

广告的信息主要有两种：

一种是正面信息，即直接、直白地告知消费者产品的特点、功能，促使消费者购买。如海王金樽就在广告中提出解酒的功效，一句"要干更要肝"也道出了它的功效，这样就会促使有这种需要的消费者购买。

另一种是侧面信息，即通过迂回的方式告知消费者产品的性能、特征或者企业的文化内涵、理念等。现在很多企业在进行广告策划的时候就是从侧面入手，尤其是一些国家禁止播放的广告更为突出。如大红鹰集团在进行广告时大多是采用侧面信息传播方式，通过传递企业的文化、企业的理念等来间接地宣传产品，当"胜利之鹰"飞翔在各种地方的时候，消费者无疑对它的产品已经植入脑海中了。

(三)媒体是广告的载体

没有媒体，广告就没有依托，就没有传播的机会，也就不能发挥作用。媒体是广告信息传播中的"信道"，是广告的载体，广告只有依附于媒体才能起到"广"的效果。就像没有道路车辆不能运行一样，没有媒体，广告的信息就不能传达给消费者。企业在投放广告的时候一定要认真分析不同媒体的特点，有依据地选择媒体，才能使广告依托媒体得到有效的传播。

(四)活动是广告的同盟

活动与广告相辅相成、互相配合、互相完善，共同为品牌的传播立功劳。活动和广告往往是同时进行的，活动是为了广告能更深入人心，广告是为了活动能更突出主题。企业在实行广告策略的时候，应该实现广告与活动的有机结合，打出漂亮的"组合拳"。

企业的广告与活动相结合的时候不能互相矛盾。广告必须与活动相辅相成、互相呼应，绝不可"打着领带穿草鞋"。比如卖三四万元的经济型小汽车，就不要在广告中去诉求"大气、尊贵"，而"奔驰"也绝不会去诉求"实用"。同时，企业的广告与活动相结合的时候还不能互相脱节。广告和活动在市场运作中应一气呵成，浑然一体，统一行动，整体表达。要善于打组合拳、立体战。如果各个环节脱节，就会顾此失彼，削弱了广告的力度，无法达到促进销售的目的。如农夫山泉在"水战"中曾打出一记漂亮的组合拳。2000 年 4 月，农夫山泉在中央电视台播出广告，演示了一个实验：两株水仙花，一株浇纯净水，一株浇农夫山泉天然水，结果浇纯净水的水仙花病恹恹的，而浇农夫山泉天然水的则茁壮成长、意气风发。这种活动与广告的完美结合使农夫山泉"天然水"的概念深入人心。

(五)评估是广告的镜子

评估不仅使广告能理性地认识传播的效果，也能从评估的结果中汲取经验和教训——以评估为鉴，广告可以知成败。

广告策划活动评估，是指广告策划活动实施以后，通过对广告活动过程的分析、评价及效果反馈，对广告活动是否取得了预期效果进行的检验。广告评估不仅是对广告后期效果的评估，还应包括对广告调查、广告策划、广告实施发布的评估。

评估广告策划活动效果的客观标准是经济效益、社会效益和心理效益，以经济效益为主，同时兼顾社会效益和心理效益。

(六)费用是广告的枷锁

谁都希望以最小的投入，得到最大的回报，广告自然也不例外，但是前面我们已经分析，广告的一半是浪费，广告是一项长期的投资，这个浪费投资不得不用大量的金钱来衡量。日渐庞大的广告费用时刻提醒着广告主——投入和产出多数时候是成正比的，如果能制造投入少、效果突出的广告，而那一点点“奇迹”就在于广告的创意。

通过以上分析，可以得出这样的结论：

广告是市场营销最直接也是最有效的手段。

广告不是万能的，也绝不是无能的，但没有广告却是万万不能的。

广告投放像赌博，既靠技巧，又靠运气。

广告其实没有什么秘密，所有的秘密都隐含在产品、服务和人们的生活之中。

本章思考

1. 广告与企业形象是一种什么样的关系？
2. 企业如何才能避免广告的浪费，即广告怎样做才能更有效？
3. 企业应依据什么条件对广告形态进行选择？
4. 面对新型广告形式，企业应该怎样进行广告媒体组合的选择？
5. 广告创意点与广告效益点是一种怎样的关系？广告创意中应如何把握这些点？
6. 广告创意中，广告创意“心诀”该怎样利用？

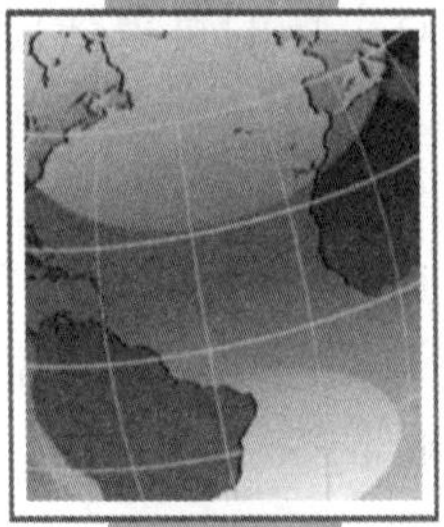

第十章 危机管理策划

在人类社会的发展中有三种类型的危机：第一类是经济危机，由经济学研究其解决方案；第二类是公共危机，由以政府为主导的公共关系学研究其解决方案；第三类是企业危机，由以企业为主导的公共关系学提出策划思路并实施解决危机的方案。

这里，我们站在企业的角度来思考企业面对危机爆发的时候该如何应对的问题。

第一节 危机的基本概述与特征

一、对企业危机的理解

危机的概念是广泛的，几乎涉及从自然界到人类社会的所有方面。我们所研究的企业危机只是危机多种形式中的一种，它隶属于人类社会危机的范畴，并处于经济领域暨市场范围之中，其结果直接影响到企业的运作甚至会危及企业的生命和存在。

（一）危机

对于“危机”的定义，国外学者从不同的角度阐述了自己的观点，内容也各有侧重。其具有代表性的观点主要有：罗森塔尔和皮恩伯格将“危机”定义为对一个社会系统的基本价值和行为准则构架产生严重威胁，并在时间压力和不确定性极高的情况下必须对其做出关键性决策的事件；格林认为“危机”是指事态已发展到无法控制的程度，而危机管理的任务就是尽可能地控制事态，在危机事件中把损失控制在一定范围内，在事态蔓延时要争取重新控制住事态的变化；塞伯斯将“危机”定义为妨碍一个组织运行和目标达成一致的事件，它的生长力或继续生存的能力可能会受到一个不利的个人因素的影响，如它的雇员、客户或组成部分所意想的任何活动或任何活动的失败。

我们所理解的危机是指一种对组织基本目标的实现构成威胁、要求组织必须在极短的时间内做出关键性决策和进行紧急回应的突发性事件。危机的发生常常伴随着三方面的事态：一是事件本身的延伸及变化；二是媒体的广泛关注；三是由媒体关注引发的社会公众的广泛关注，尤其是目标公众的直接介入。事件本身的延伸与变化具有不确定性；媒体关注是引发公众关注的导火索；公众的关注是前两个原因的必然结果。

媒体对组织与企业关注的规律是：跟踪好的机构作正面报道（锦上添花）；跟踪发生事件的

机构作负面报道(落井下石),甚至媒体会专门寻找有问题的企业曝光其问题;不关心中游的企业或组织(因不具有新闻价值)。为此,企业应做好品牌的建设和管理工作,以保证形成良好的品牌效应,使媒介能从正象的角度去关注与传播品牌;品牌运行一旦出现对市场的负象效应,形成品牌危机,媒介的跟踪以及负面的传播就是不可避免的。

(二)企业危机

企业危机是一种直接危及企业运行与发展、对企业造成破坏性影响的事件。企业危机常常表现为品牌危机,即直接影响到品牌的运行与品牌生命存在的突发性事件。如"康泰克""PPA 事件"是对康泰克品牌造成不良影响的事件;"SK-Ⅱ事件"直接影响到 SK-Ⅱ产品的市场销售;"双汇"被媒体曝光"瘦肉精"事件后,"双汇"品牌损失 10 亿元人民币。

在市场经济环境中,无论你是多么有名的企业,无论你是多么高水准的品牌,都不可能不遇到危机。对企业而言,危机每时每刻都有发生的可能。就像人的一生不可能不犯错误和不得疾病一样,品牌的成长也不可能一帆风顺。

二、企业危机的特征

企业危机和各种危机一样有着共同的特征,主要表现为以下形态:

(一)突发性

危机的出现常常让人无法预料,一眨眼的工夫就可能发生灾难,且来势汹汹,一发不可收拾。当企业的所有工作人员身处平静而正常的工作环境、进行着按部就班的工作时,面对着突如其来的危机事件,会立即感到震惊与不解,并束手无策。只有稍稍平静下来之后,才会慢慢地思考并对发生的事件理出头绪。

(二)紧急性

危机事件就是紧急事件,危机事件一旦爆发就犹如惊涛骇浪一般迎面袭来。因为危机事件往往是危害力量积攒到了一定程度,在极短的时间里爆发,并迅速蔓延,在短时间内就可能达到失控状态的事件。此外,危机事件还常常作为其他事件的导火索,一连串地引发"涟漪"形成危机的并发症,如三鹿奶粉事件不仅影响到三鹿奶粉本身的市场销售,连带影响到了三鹿其他产品的销售,进而还影响到了整个奶制品行业的市场运行,最终导致三鹿品牌的消亡。

(三)公众性

危机事件出现之后,媒体会在第一时间内赶来并作报道,有些危机事件直接由媒体所为。这样通过媒介的传播会使社会公众及时地了解到事件的爆发与来龙去脉;有关当局、专家、投资方、员工以及其他权益持有者和社会公众也会密切关注事态的发展变化,尤其是在网络经济时代,网络的快速传播与传播的无障碍,使得信息传播的速度与范围不受任何时空的限制,这也必然导致危机被社会公众的广泛关注和密切跟踪。

(四)危害性

由于危机的突发性、紧急性和公众性,使危机主体在急速的时间内就面临着巨大的危害,轻者损失市场和利润,重者损失品牌和生命。而对于反应迟缓或判断与决策错误的品牌主体,其灾难的后果更是不堪想象。同时,舆论通常会站在弱势群体的角度对危机主体实施监督与控制,使企业的所有行为均在舆论和公众的监督之下,企业解决品牌危机的指导思想、行为表现能够及时地反映在公众之中,并成为公众评价品牌危机的依据。

(五)联动性

危机的爆发常常要牵动着各种关系和各项工作。这时企业自身的核心性工作就是解决危机事件，企业所有的工作均围绕着这项工作而展开；企业的利益相关者关注着事态的发展，他们或者参与到解决危机事件的工作之中，或者审视着企业解决危机事件的工作进展状况；企业的各种社会关系，更多的是给企业施加压力，防止自己的利益受损，更有对企业的品牌不信任者背企业而去。品牌危机的联动性更多地会表现为负面效应增多、正面效应减少，怀疑者比例上升、信任者比例下降，指责者增多、同情与认同者减少。这就是“多米诺”效应。

第二节　企业危机的成因

任何企业危机事件的出现，都会事出有因。查出企业危机的成因是解决企业危机事件的第一要务。我们只有清楚了产生问题的根源，才能对症下药，拿出最好的解决方案。这里，我们从企业危机成因的内在逻辑性和成因的具体分类两个方面进行研究。

一、企业危机成因的逻辑

在分析企业危机发生时，一般都是从源头来界定其类型。英国著名公关专家萨姆·布莱克教授将危机事件分为“已知的未知”和“未知的未知”两种。“已知的未知”是指事先已经知道危机将要发生，但什么时候发生以及怎样发生尚不清楚；“未知的未知”是指事先并不知道危机将要发生，更不知道什么时候发生以及怎样发生。

是什么危机事件的发生会使企业有所预感而被确定为“已知的未知”呢？这一定是与组织自身的运作有直接关系的危机事件，如制度的缺失或不健全、人员的素质不高或培训不到位、技术或产品质量本身存在着缺憾、对以往或已经发生的事件没有给予高度的重视而消极等待或被动拖沓等，都可能会导致不利于企业或品牌事件的发生。这些原因导致企业危机事件的发生，我们把它归于企业的系统性原因。“康泰克”PPA事件、“特福龙”不粘锅事件、“雀巢”3＋奶粉事件、河南光明乳业“回锅奶”事件、天津“锦湖”轮胎事件、南京冠生园月饼“陈馅新做”、特斯拉刹车系统失灵事件等，均属于“已知的未知”，即系统性原因导致企业危机事件的发生。

案例拓展　　**SK-Ⅱ化妆品品牌危机爆发**

2005年3月初，江西一消费者将宝洁告上法庭，原因是使用了SK-Ⅱ产品后，非但没有出现宣传的神奇功效，反而导致皮肤灼伤，并在该产品掩藏在中文下的日文产品成分说明中发现俗称“烧碱”的氢氧化钠。3月7日，宝洁发表紧急声明，称SK-Ⅱ产品是安全的，宣传效果有测试数据为证，其两位形象代言人也出面声援。3月25日，宝洁终于承认其广告宣传的内容定义不够清晰，但坚称SK-Ⅱ产品符合国家标准，是安全的。8月，一审法院驳回原告的诉讼请求。至此，并不是SK-Ⅱ化妆品品牌危机事件的终了，而是其品牌危机事件的开端。

资料来源：价值中国网，2005－12－07。

有些企业危机事件的发生是无法预测的，因为事件的发生与企业运行系统以及自身行为没有任何必然的联系，完全是因为外在的、非企业运行的原因所致。如美国强生公司麦格尼尔分公司发生的“泰诺”胶囊药品毒死人事件，是因有人在药里投毒所致；“禽流感”事件的发生对“肯德基”品牌的影响，使人们“谈鸡生畏”而远离“肯德基”；等等。这些危机事件的原因在企业外部，但造成了对企业的严重影响，我们称这种原因为“偶然性原因”或属于不可预测的原因。

一般情况下，“系统性原因”导致企业危机事件的爆发，多源于企业内部；“偶然性原因”导致企业危机事件的爆发，多源于企业外部。由此我们界定出企业危机爆发的原因及其内在的逻辑(见图 10—1)。

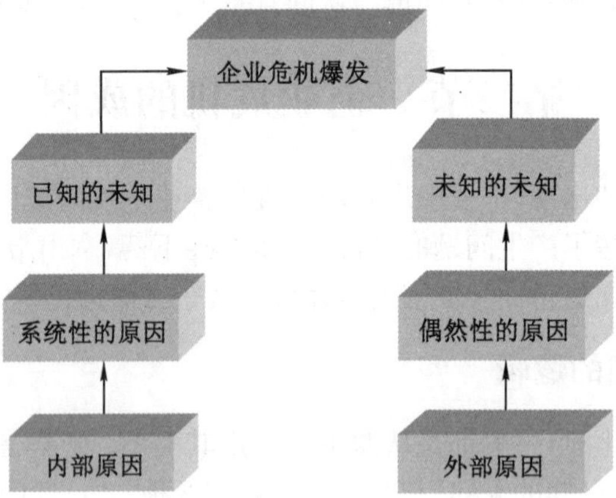

图 10—1　企业危机爆发的原因

二、企业危机成因的分类

前面我们将企业危机的爆发从内部原因和外部原因两个角度进行了分类，其具体的表现形态仍然可以从这两个方面展开分析。

(一)内部原因

企业所有的经济运行均是由企业内部工作人员所从事的工作，由内部人员工作所造成的事件就属于企业内部原因引发的事件，由内部原因导致的企业危机可能的原因主要有以下几个方面：

1. 产品原因

产品(服务)原因主要是指产品(服务)的价格、质量、安全、蕴含技术等方面出现的种种问题，导致企业遭遇危机。在实际生活中有很多种表现形式，这里我们重点对产品质量危机、产品安全危机、产品价格危机这三点较为常见的危机类型进行介绍。

(1)产品质量危机。对于制造业和流通业而言，产品是将企业品牌与公众联系在一起的媒介，也是公众直接了解企业和品牌的通路。有些企业危机，常常是因为消费者或用户对产品不满而致。尽管企业加大了对产品质量的管理力度，引进了一系列国际质量认证体系，设立了专门的质检中心等，但是，任何公司都不能绝对保证产品销售到客户手中后不会出现问题。对于企业 0.1‰的问题产品概率，对于一个具体的消费者来说，就相当于接受了概率为百分之百的失败产品，这必将引起他们对该企业的不满甚至是投诉。当这种个体的抱怨逐渐发展到一定程度时，就会导致公众对企业的集体不满，从而引发品牌危机。

案例拓展　　**苹果公司“iPod nano”产品**

美国苹果公司曾以苹果电脑闻名一时，几年前，当 IBM、SONY、INTEL 等国际大公司还在竞相占领电脑市场时，苹果就巧妙地转换了经营领域，从事 MP3 的生产和销售，并在美国、英国等发达国家迅速占领了 MP3 市场，成为首屈一指的大品牌。然而，在 2005 年 9 月，苹果公司却遭受了国际公众的严厉批评，有的甚至将其告上了法庭。

国外媒体报道，苹果公司于 2005 年 9 月刚刚推出“不可能再小”的 iPod nano 播放器的彩色显示屏特别容易被刮伤，甚至出现在轻轻触及后爆裂的情况，这一质量问题激怒了美国加州已有 iPod nano 的使用者，他们对苹果提出集体诉讼。诉讼案由以 Jason Tomczak 为代表的 iPod nano 用户提起。Tomczak 先生称，他只是用纸巾擦拭了 nano 屏幕的表面，就留下了“擦痕”。针对极易受损的 nano 屏幕，iPod nano 的使用者们要求苹果赔偿他们购买 iPod 的费用，并支付诉讼费用，除此之外，还要苹果公司将销售 iPod nano 所得的“不法利益”分摊回馈给消费者。事情发展到了 11 月，引起国际连锁反应。来自英国和墨西哥的消费者也加入了要求苹果公司进行赔偿的队伍中，使得这件案子扩大成了跨国诉讼案件。代表来自世界各地，向苹果公司要求赔偿的消费者的律师 Steve Berman 说道：“无论在何地售出的 iPod nano，皆有屏幕容易刮伤的问题。”自从 9 月 6 日被曝光以后，iPod nano 的屏幕瑕疵就成了众多网络论坛、新闻特写的话题，法庭甚至还引用了几段网络上的评论。一时间，苹果公司陷入了巨大的品牌危机中。本想依靠 iPod nano 的新型外观吸引顾客的苹果公司，此时却因新产品的质量问题招来了公众的种种批判。

资料来源：http://tech.qq.com/a/20051022/000037.htm；http://mp3.zol.com.cn/22/221833.html。

(2)产品安全危机。由于产品安全存在着隐患所酿成的危机事件，对企业品牌形成的影响更具有破坏性，因为产品的安全问题一般会对使用者直接造成不可收拾的后果，轻则需要医护治疗，重则出现生命危险。对此，公众对生产公司的谅解程度就会降低，危机一旦出现，便会极大地挫伤消费者对企业的信任度，如果处理不好将会使企业迅速失去市场，因此它关乎企业和品牌的生死存亡。

案例拓展　　**可口可乐的品牌危机**

1999 年 6 月 9 日，比利时有 120 人在饮用可口可乐后发生中毒，伴有呕吐、眼花及头痛，法国也有 80 人出现这种情况。已经具有 113 年(始于 1886 年)历史的可口可乐公司遭受了历史上罕见的重大危机。虽然可口可乐公司立即着手进行了中毒原因的调查，但是没有启动危机管理方案，亚特兰大的公司总部只是在公司网站上粘贴了一份相关报道，报道中充满了令人费解的专业词语。与此同时，也没有一个高层管理者对此事表示关切。此举激怒了公众，很快有许多消费者不再购买可口可乐，而且比利时政府强烈要求可口可乐公司收回所有产品。尽管这时公司上下才意识到了问题的严重性，但是危害已经造成。1999 年底，可口可乐公司宣布利润减少 30%，公司总损失达到了 1.3 万亿美元，全球共裁员 5 200 人。

资料来源：张景云，于套. 100 个成功的公关策划[M]. 北京：机械工业出版社，2002.

(3)产品价格危机。“价格战”随市场竞争的激烈程度应运而生，并随家用电器市场的“价格战”而愈演愈烈。回顾过去的十几年时间里，从长虹掀起价格战，到群雄征战，从国美、大中喊出低价口号，到苏宁打出超低价的招牌，再到每年“双十一”淘宝、天猫、京东、拼多多等打出的低价策略，无不是价格战引发的市场竞争。尤其是在微波炉市场上，当格兰仕称霸世界时，价格优势一直是格兰仕攻无不克、战无不胜的锐利武器。由于格兰仕的低价，引发了微波炉品牌的全行业低价。价格战从表面上看似乎有利于保护消费者利益，也导致了厂家销量的上升，但其中也不乏恶性竞争者。价格战使许多厂家被迫参与其中，进退两难：参与价格战，销售所得的利润不能支持企业的正常经营而出现价格危机；不参与价格，战成为市场中的另类而被经销商所唾弃，也被消费者所不选。由此出现了一种严峻的市场现象，许多成本较低的小厂家逐渐将一些成本较高但生产质量较好的大厂家挤垮，最终导致整个行业走向亏损。在我国，不论是在彩电、空调、洗衣机等家电市场，还是在移动通信市场，亦或是在手机、电脑高科技市场，乃至“双十一”涉及的所有产品，都存在着价格战导致品牌危机发生的现象。

2. 人力资源原因

人才是企业的重要资源。企业在发展中由于各种原因所造成的掌握核心技术的人才流失，或关键职位人员的衔接不善，会使企业的发展后劲不支而停滞不前，甚至会对企业造成重大的损失，这种损失不仅仅表现在销售和利润方面，更可能表现在品牌方面。因为品牌的损失是一种无形资产的损失，它比有形资产的损失更具有破坏性和致命性。

（1）领导层的更换或分裂导致企业危机。企业品牌的壮大，大多数会拥有至少一位对品牌成功起到关键性作用的领导者。他是企业的核心，他带动着品牌的发展，推动企业走向成功。然而，当这位或者这些关键性人物由于突然、或然的原因退出或分裂公司领导层时，必然会使企业受到巨大的打击。这不仅会动摇投资者对企业的信心，更会导致员工们质疑企业管理层，从而引发企业和品牌危机。

（2）大量员工流失造成的企业危机。市场竞争使人才的流动速度加快，员工跳槽已经成为司空见惯的事情。人才的适当流动可以使企业接收到更新鲜的血液，有利于公司的创新发展，但是大量员工的流失，甚至集体跳槽的出现会使企业元气大伤，殃及企业的形象。企业花在重新招聘、重新培训上的大量成本，新进员工用来熟悉业务的大量时间，都会对企业造成财力和实力上的削弱，从而诱发企业和品牌危机。

3. 财务原因

财务管理不善和财务丑闻是财务危机的两大主要类型。前者是由于财务的管理不善会引起公众对企业管理层管理能力的怀疑，欠缺的大笔资金也会使整个生产陷入停滞状态，从而引发其他方面的危机；后者是因为丑闻一经披露会使广大公众对企业产生强烈的不信任感，让企业遭受信任危机。总体来说，两者都会进一步给企业未来的筹融资活动带来困难，给予企业致命的打击。

案例拓展　　**安然生命终结的财务起因**

总部设在得克萨斯州休斯敦的安然公司（Enron）曾被《财富》杂志评为美国最有创新精神的公司，该公司 2001 年的股价最高达每股 90 美元，市值约 700 亿美元。但在安然公司前任财务主管涉嫌做假账并受到美国证券交易委员会（SEC）调查的消息公布后，公司的盈利大幅下调，股价急剧下跌至 26 美分。安然公司被迫根据美国《破产法》第十一章的规定向纽约破产法院申请破产保护，以资产总额 498 亿美元创下了美国历史上最大宗的公司破产案纪录。

案例拓展　　安达信退出市场

2001年秋，美国安达信公司，一个拥有90多年历史的国际性会计师事务所，由于出现了一系列的财务丑闻，其中最大的一宗就是帮助安然公司做假账，最终退出了审计市场。这一史无前例的财务丑闻案的发生震惊了全球。与此同时，引发了人们对各大金融机构的怀疑。一时间，美国投资银行、证券分析和投资咨询机构、资信评级组织、所有的交易所以及注册会计师协会等机构都面临着全社会的信任危机。

和上述两个公司如出一辙的是中国的银广夏、蓝田等公司，同样是财务丑闻被曝光后而直逼公司的性命。财务危机的爆发具有彻底的毁坏性，它使消费者、投资者、合作伙伴等各个利益相关者均会对企业失去信心，进而导致品牌无法运作，企业陷入瘫痪。

4. 营销原因

营销过程中诱发企业危机的原因很多，如品牌定位不易被识别或不符合市场规则、营销手段不被市场所接纳、营销渠道关系接洽不畅、信息传播手段与内容令市场反感、客户关系处理不好等。

品牌定位不易被识别或不符合市场规则，是企业品牌永远也成长不起来的关键原因。它不是毁灭品牌的直接原因，却是拖垮品牌的根本。如果一个企业长期不能使品牌壮大，就势必会怨恨这个品牌，进而选择更换新品牌的策略。但问题是下一个品牌也可能会重蹈覆辙，从而使品牌短寿。

营销手段不被市场所接纳表现为两种情况：一种是企业为品牌营销所做的努力始终得不到市场的回应，进而使品牌长期处在一种萎靡不振的市场状态之中，这种状况的结果是品牌被市场淘汰；另一种情况是品牌营销手段形成了巨大的影响力、被更多的人所熟悉，却招致了消费者或用户的反感，反而使营销工作步履维艰，市场状况难以好转，结果可能是一片斥责之声。

营销渠道关系接洽不畅是指生产厂家与流通企业之间存在着不和谐的关系状态，导致渠道不接受生产厂家的产品及品牌。这是一种营销关系不畅的表现，这种表现一定有其内在的原因，如乐华彩电所进行的渠道革命，由于矛头直指经销商，进而使经销商背企业而去，使乐华这一曾经兴盛的品牌不得不退出市场。

信息传播手段与内容令市场反感是营销手段不被市场接纳的一种延伸。由于企业在品牌传播中所界定的信息及其表现形态引起市场的反感，进而使企业品牌运行步履维艰。

案例拓展　　营销不适三例

红极一时的“富丽”饼干曾做了一则广告：一个可爱的男孩拿起饼干说“富丽是我的”。这一举动曾被国内的记者们批评得落花流水。简单的一句广告语却被媒体指责为“纵容了孩子的独享心理”，不利于孩子的心理健康，富丽企业一时间面临品牌危机。

“吉野家”将类似国旗的图案印在了一只卡通鸡的胸脯上，招致对国旗不恭的嫌疑，也被媒体批得体无完肤。

旺旺的广告语——吃了旺旺才会旺，涉嫌在新年广告中传播迷信而被媒体与公众所指责。

客户关系处理不好是指企业在与客户沟通和接洽并处理问题时出现了瑕疵，从而使客户不满。在市场竞争中，如果企业与客户的关系出现了问题而使客户不满，就意味着客户可能会流失。这时，企业如果能采取补救措施或许能使客户暂时留下，但在客户的脑海中留下的阴影是挥之不去的。在这种情况下，企业与客户的关系处于风雨飘摇之中，稍有风吹草动就可能会彻底破裂，因此，必须谨慎维系。谨慎维系客户关系的最好办法就是要把企业在客户脑海中的阴影彻底除掉，选择的路径可以是按照客户的要求彻底解决问题，也可以是以补救的方式让客户获得更大的满足，还可以是与客户沟通，彼此之间增进了解，建立真正的互信关系等。这时企业最不能做的事情就是：置客户的利益于不顾，不积极地解决存在的问题，以不应有的态度和行为去激怒客户等。

从正常的经济运行角度来分析，企业会通过不断与客户们沟通的办法来拉近与客户的距离，进而赢得客户。在当今公众意识觉醒并得到企业广泛重视的现实世界中，企业与客户之间的关系越来越复杂，其间任何问题的出现都可能会殃及企业的安全。

案例拓展 **奔驰汽车为何被砸**

2001 年 12 月 26 日，武汉的一位王先生以及其他七名男子在武汉野生动物园砸了他的银色敞篷奔驰车。

这个不寻常的事件始于 2000 年底。王先生当时购买了这辆进口的 SLK230 型汽车。这种等级的汽车在中国不便宜，连同税和运输费用，他总共付了 90 万元。虽说价格不菲，但是购新车的喜悦超过了一切。然而好景不长，仅过了几个星期，这辆豪华车就出现了故障，驾驶位置上的警示灯时常亮起，油耗大，发动机几乎达不到功率要求。看到这些问题，王先生让人把车开到遥远的北京，奔驰公司让专业人员对车进行修理，车又回到武汉。然而仅两个月后同样的问题重新出现，警示灯亮起，并出现动力不足。王先生说，他总共让人修理了 5 次，最后越来越坏。

北京的奔驰公司对这件事另有看法：问题不在于车，而在于汽油。他们认为王先生总是使用劣质汽油，促成了问题的不断产生。然而，王先生认为这个事件不仅仅是技术问题，而是奔驰公司在搪塞自己，这也充分体现了奔驰公司的傲慢，所以，他准备砸汽车以引起奔驰公司的充分注意，将其演变成一个新闻事件。十几个摄影师和电视摄像机在武汉野生动物园拍摄了砸车行动，观众们鼓掌助威。

对此，奔驰公司在声明中对事件的定性是："极端的、没有必要的行为""非理性的而且无意义的举动"及"不必要且侵害我公司权益的行为"。这一回答燃起了许多中国用户的愤怒。《北京青年报》所作的一项调查表明，50％的被调查者认为，"奔驰公司的举措伤害了中国人民的感情"。

资料来源：http：//www. sina. net，2005 年 8 月 3 日 10：05。

5. 服务原因

无论是制造业、流通业还是服务业，当企业面对客户或顾客向其提供服务时，如果出现顾客不满意的现象，而现场服务人员又不能及时更正自己的服务表现、不能及时解决服务中存在的问题，就会使顾客的不满情绪加剧并蔓延，这时，被激怒的顾客就会将矛头指向企业和企业的品牌，进而酿成企业危机并发品牌危机的事件。

在制造业和流通业，由服务原因酿成的企业和品牌危机，随之而来的是产品销售和市场成长一定会受到巨大的冲击，这里的服务与产品的销售即与市场的扩大是直接相连的，产品与服务共同构成了企业的品牌基础；在服务业，服务与产品合二为一，服务就是产品，服务原因酿成的企业危机会使企业的服务市场萎缩，甚至是一蹶不振。

在现实的理论研究中，一些研究者专门研究了关于服务失败后的挽救问题。经过大量的实证分析，研究者认为服务失败后要及时补救，才能挽回服务失败后对企业和品牌形成的影响(赵冰，2005)；如果不能及时补救，则必然会使顾客不满情绪加大，损害企业的品牌形象，形成企业危机并发品牌危机。

6. 战略与组织原因

企业由于战略选择失误或是自身组织结构上的缺陷而导致危机的发生，具体包括缺乏明确的发展战略，战略选择过于保守或过于随意，组织结构老化、臃肿，组织布局不合理等。这些原因导致的企业危机在发生危机之前往往具有很多危机信号，而企业管理者对这些信号的忽视与此类危机的突然发生有着直接关系。巨人大厦至今没有“耸立”起来就是一个很好的例证。

案例拓展　　**巨人大厦的轰然倒塌**

巨人集团在 IT 产业和生物工程产业取得了骄人业绩的时候，在战略决策上选择了进军房地产业。由此，耗资庞大的巨人大厦的构想出台，并一而再、再而三地修改方案，导致了巨人大厦从开始预想的 18 层耗资 2 个亿，变化到 36 层耗资 5 个亿，最后变化到了 72 层耗资 12 个亿。不断变化着的战略决策和不断提升的耗资金额，并没有给集团领导敲响警钟。而当最后由于资金拉动使企业无力继续投入时，外力支持的大门也已经被集团领导者由于早年的自傲、唯我独大而封死。媒介对此事的真实报道是巨人集团品牌危机的导火索，但实际上早在大厦建造思路出台并不断增层的过程中就已经埋下了品牌危机的种子。

企业的战略决策是否正确，决定着企业和品牌的发展。有些企业向海外投资或在海外与外资合作，由于问题考虑不周，或自身的能力所限，导致投资的失败或原定目标的无法实现。当海外投资不尽理想的状况被中国媒介报道之后，势必要影响到中国国内市场的经济运行；而有些企业还可能会招致海外媒介或海外相关权威人士的指责，这又势必要影响到海外经济的进一步拓展。这两种情况都会使企业的经济运行遭受巨大的冲击，从而使企业遭遇危机。TCL 的海外扩张之路就是一个很好的佐证。

案例拓展　　**TCL 艰难的海外扩张**

2004 年 7 月，TCL 多媒体(TMT)并购法国汤姆逊公司彩电业务，双方合资成立 TCL 汤姆逊公司(TTE)。新成立的公司主要在欧美销售彩电。同一年，对海外并购热情高涨的 TCL 还闪电般并购了法国阿尔卡特的移动电话业务。

李东生的梦想是将 TCL 做成一家“受人尊敬和最具创新能力的全球领先企业”。并购汤姆逊以后，TCL 几乎在一夜之间成为全球彩电业霸主和全球手机业第七强。李东生当年成为《财富》杂志的年度亚洲商人、中央电视台的年度经济人物。

虽然并购法国汤姆逊提前圆了 TCL 全球彩电业霸主之梦，但它不仅不能给公司带来任何帮助，反而成了压在其肩上的一个债务包袱。

其实，汤姆逊已是一个日趋衰败的公司，该公司彩电业务在 2003 年就已巨亏 17 亿元，TCL 在并购交易之前就已埋下隐患。

2005 年，TCL 从汤姆逊手中接过其欧美的彩电营销体系。但是，欧洲业务亏损的势头没有被遏制反而扩大，尤其恰逢彩电业从 CRT(显像管)电视向平板电视转型；合并阿尔卡特之后的 TCL 手机项目也背负亏损包袱，TCL 腹背受敌。

彩电业从 CRT 电视向平板电视转型，给 TCL 的国际化进程带来了困难——TCL 原来欧洲业务的管理体系只适合 CRT 时代，汤姆逊以前的技术优势主要在背投电视，TCL 的动作也比其他厂家慢一拍。2005 年 5 月，平板电视已开始大幅降价，TTE 的液晶电视产品才开始大规模投放市场。当年圣诞节是液晶电视的销售旺季，TTE 却由于没有成本足够低的上游液晶面板供应，只能眼睁睁地看着"肥水"流入"他人田"。

并购交易 2 年后，2006 年第三季度，TCL 彩电业务在美国市场首次出现当季盈利，但 18 个月在欧洲扭亏的诺言兑现依旧遥遥无期。截至 2006 年 9 月 30 日，TMT 在欧洲业务上的累计投资损失约 2.03 亿欧元(约合人民币 20.3 亿元)。

2006 年 10 月 31 日，TCL 集团终于对外宣布，终止欧洲分公司 OEM 业务之外的所有销售和营销活动，并裁掉部分员工。同时按照重组方案，TMT 欧洲业务已经在新的业务模式和新的组织架构下展开实施。此次业务转型调整意味着，TMT 暂时放弃了欧洲业务。

TTE(欧洲)重组已是 TCL 在欧洲的第二次失利。在 2004 年并购汤姆逊公司彩电业务前夕，德国传来了两年前 TCL 投资 820 万欧元收购的彩电公司施耐德停产的消息。

2004 年两大跨国并购项目签订之时，李东生面对的是掌声与鲜花；但是，TCL 之后连续两年的亏损却让李东生饱受质疑——国际化是否一定要采取跨国并购？连续并购是否过于冒进？并购之前是否对困难有了充分估计并做好相应准备？

资料来源：郭永刚. 李东生：如果能够重来，TCL 会做得更好[N]. 中国青年报，2007-02-06.

企业战略决策的正确与否，没有一个统一的标准，它由企业自身的条件和所处环境的不同作为界定的依据，其中包括企业的管理与运作能力、运行经验、市场环境等。

评价战略决策正确与否的标准是符合企业和品牌的特征，有着完备的运行思路，运行体系健康而顺畅，制度与约束条件清晰而明确，对可能出现的不利事件考虑周全并有所准备，做事情谨慎、细致，力所能及等。

(二)外部原因

不可抗力事件和外部原因引发的危机是任何企业都无法预测和准确判断的，因为这类危机事件常常表现为非企业原因，即使有些原因和企业有关或有一定联系，但危机出现的导火索也一定是发生在企业外部。企业为此所必须做的工作主要是预防和危机爆发过程中的积极处理。

外部原因引发的危机主要有：

1. 由不可抗力事件引发的企业危机

不可抗力事件是指人为因素无法阻拦的事件，它可能表现为天灾，也可能表现为人祸，如自然灾害的发生、敌对势力的破坏、重大疾病的爆发、经济危机的来临等。我国 2003 年爆发的 SARS，使许多企业不得不闭门停产，导致很多企业蒙受了生产经营上的巨大损失，2020 年的新冠疫情使企业再次面临考验。美国“9·11”事件，使许多航空公司、旅游公司甚至餐饮公司面临着破产的危险，2020年新冠疫情再次使航空企业损失巨大。疯牛病、禽流感、甲型H1N1流感等灾难事件的发生，使许多餐饮服务企业无法经营而遭受打击；亚洲金融危机对经济的破坏作用，让更多的企业难以承受；海啸的发生，使旅游业遭到了巨大的破坏；由美国次贷危机引发的金融危机，使美国的企业遭受了巨大的打击，也使以出口为主要经营方式的中国企业（其他国家的企业也和中国企业一样会遭受重创）必须要考虑市场目标的转移问题。日本“3·11”海啸大地震，使日本汽车工业几近瘫痪，也使海外的市场供应力不从心，恢复生产须历尽艰辛。

案例拓展　　山东企业积极应对美国“轮胎特保案”

中国出口美国轮胎中有一半属于“山东造”，美国强行宣布对中国输美轮胎产品采取特殊保障措施后，山东省采取措施积极应对。

轮胎出口大户山东东营永泰集团，年生产半钢子午胎600万条、全钢子午胎90万条，其产品80%用于出口，而美国市场占其出口份额的四成以上。美国特殊保障措施让他们的产品价格优势消失，公司国际贸易部经理朱存栋说，他们已经做好了应急准备，加大向欧洲市场、南美市场、非洲市场和印度市场的出口份额。

因惩罚性关税受影响的出口美国轮胎中有一半属于“山东造”，因此，奥巴马政府的征税决定立刻在山东轮胎企业中引起了强烈反响。山东轮胎生产企业表示将积极配合行业协会进行上诉，保护合法权益；同时积极创造新产品、开拓新市场，应对贸易保护主义。

山东大学教授王伟强表示，在这件事情上，企业要吸取教训，加入WTO以后，这样的贸易壁垒会越来越多；而我们的企业要时刻保持清醒的头脑，要熟悉国际规则，学会抓住国内、国际两个市场，两条腿走路，这样才不至于太被动。①

2. 由他人过错引发的企业危机

（1）产品被伪造形成危机。市场上假冒、伪造产品屡见不鲜、屡禁不止。从价格便宜的电器、电子产品，到国内知名的烟酒产品，再到国际名牌服装、鞋帽、箱包、化妆品以及入口的奶粉与食品等，可以说假冒产品覆盖了整个产品市场。虽然政府和有关部门不断加大打击力度，但仍有大量的假货流入市场之中，为消费者和生产厂家带来了危害。出现假货并不是被仿产品厂家的责任，并且单一地依靠生产厂家自身的力量去打假也不公平，但是当市场上充斥着大量某个品牌的假货，而消费者无法辨别时，就会使消费者产生沮丧、恐惧和失望情绪，使他们普遍地对该产品产生共性的质疑，进而拒绝或避免购买该产品，这种情况必然导致被仿企业遭遇危机而使品牌的置信度大大降低。

案例拓展　　茅台酒被仿导致的后果

贵州茅台酒，一直被誉为酒中极品，以其不凡的品质和不菲的价格受到了消费者的关爱，并受到社会公众对品牌的认同。但受利益驱使，假茅台酒的出现也是一波胜过一波。从1992年查获假茅台酒21吨（占当时茅台酒厂年产量的六分之一），到2005年9月在上海和杭州家

① 资料来源：中央人民广播电台《新闻和报纸摘要》节目，2009年9月16日。

乐福货架上查出500多瓶假茅台，再到后来由众多媒体报道的“10吨假茅台流入北京23家酒店”，茅台酒受尽了被假冒的困扰与折磨。尽管这些假冒酒都是一些“三无”产品，同茅台酒没有什么关系，但一经报道，消费者对“茅台”这个品牌就产生了畏惧进而不信任，消费者对假酒的担心，无疑会大大影响茅台酒的品牌形象，许多人不敢再买茅台酒，这使茅台酒厂蒙受了较大的销售损失，更影响到消费者对这个品牌的信任。

资料来源：http://www.cnpharm.com/www.news/85/20289.html。

在这种他人过错的危机事件中，企业通常无辜蒙冤，虽然自身并没有做任何错事，但遭受的损失通常较大。所以，为了防止类似事件的发生，企业通常要设立市场监测部门，防止被仿产品的出现，一旦发现，立刻采取制裁和自我保护措施，防止对品牌运营的干扰和破坏。

(2)产品被替代形成危机。当今社会中，消费者个性化、多样化的需求和科学技术的迅猛发展，使产品更新换代的速度不断加快。在这样一个竞争不断加剧的市场环境中，如果企业对消费者的需求不予高度关注，或是在技术创新上停滞不前或脱离实际，必将使企业的老产品迅速地被新产品所替代，使企业遭受产品替代危机。如果一个企业不思进取，其品牌形象就会被社会公众固化为保守、落后，这样的品牌形象是不会受到市场青睐的。

案例拓展　　产品被替代酿成品牌危机二例

【例1】 20世纪90年代中期，当众多企业还在不断投入巨大的资本生产VCD播放机时，DVD播放机以其更高的性能和合理的价格，迅速地赢得了广大消费者的喜爱，在短短2年中占领了大部分从前VCD的市场，使众多未能及时更换生产项目的VCD厂家遭受到了巨大的危机，有些品牌不得不退出市场(一个行业的退出市场意味着众多企业遭遇需要转型的危机)。

【例2】 广州太阳神公司在20世纪90年代初，曾以其太阳神保健口服液和猴头菇口服液风靡保健品市场。然而，由于该公司没有重视新产品的开发和研究，没有洞察到市场上新的需求，在随后的10年中竟未能成功地推出一款新产品。而此时保健品市场的热点频出，使消费者的目光转移到了其他产品的身上，面对着这种状况，太阳神口服液遭遇了被替代而不得不退出市场。

3. 由不正当竞争行为导致的企业危机

在市场竞争中，对于居于市场领先地位的企业来说，与其他同类企业相比，更多地增加了一层危机发生的概率——被竞争对手盯住。其中有些竞争对手可能会采取一些不正当的竞争行为，人为地制造一些不利于竞争者的事件，企图把竞争对手赶出市场。一个有稳定市场的企业，可能会自如地应对任何突发事件，将事件处理好。但中国很多企业就犹如大海中的一叶孤舟，不具备应对突发事件的能力，因此，一遇危机便处于风雨飘摇之中，处理不好就可能将自己的性命葬送掉。

案例拓展　　危机引发三株品牌一蹶不振

三株口服液在年销售额高达80亿元的状况下，遭遇到了危机。其危机事件发生与两件事情直接有关。

一是“成都事件”。三株公司成都市场部的工作人员在编写宣传材料时，未经患者同意，就把相关人士作为典型病例编入其中并进行大范围宣传，结果导致纠纷，并经新闻界曝光，中央电视台《焦点访谈》节目也进行了报道，事件由成都波及全国，产生了极大和极坏的负面影响。

二是“常德事件”。湖南常德有一病重老人“服用了”其儿子买来的三株口服液后，不久死亡，在三株竞争对手的“指点下”，老人家属便提出三株口服液是致老人死亡的罪魁祸首。于是诉诸法庭，判决结果几经反复，官司打得旷日持久，传遍神州。

面对这两件事情，三株企业由于没有处理企业危机的经验，毫无思想准备，又无任何防范措施，而媒体对弱势群体一方的倾斜态度，也使得三株有口难辩。面对着媒体的指责和公众的怀疑，三株品牌顷刻间走向了崩溃。2年后，法院的公正判决还给了三株一个清白，但三株已经再无回天之力了。几年之后，三株几次想东山再起，但终重振乏力。

这两次事件毫不讳言都与人为幕后操纵有关，竞争对手充当了幕后操作者，不惜花大力气进行策划、运作与传播，唯恐天下不知。

资料来源：根据《中国中医药报》(2005)“三株：辉煌与沉寂”改写。

三株企业是被竞争对手的不正当竞争行为推倒的。据调查，湖南“喝”三株口服液的老人，本来身体就不好，儿女为孝敬老人，希望老人身体好转，为老人买了三株口服液。还没等老人喝呢，就住进了医院，而后死亡。老人的死和三株无关，可竞争对手为老人的家人出了一个主意，让老人家人状告三株口服液，称这样可获得巨额赔偿。由此引发了三株口服液旷日持久的官司。

类似三株事件的企业危机和品牌危机的案例很多，但对于有危机意识的企业，由于准备充分，并能及时应对危机、处理危机，从而可保证企业品牌的稳定；而对于没有准备、不知如何应对的企业，其品牌的性命就会被葬送掉。

此外，国家新政策的出台或政策的改变、科学技术的发展和市场环境的变化，都可能会对企业提出新的考验。经得起考验的企业，就能推动品牌的发展与壮大；经不起考验的企业，就会使品牌在市场上滑坡或坠落。因此，对企业危机或品牌危机的防范至关重要。

第三节　建立危机预警系统

《伊索寓言》里有这样一则故事：森林里有一只野猪不停地对着树干磨它的獠牙，一只狐狸见了不解地问：“现在没看到猎人，你为什么不躺下来休息享乐呢？”野猪回答说：“等到猎人出现时再来磨牙就来不及啦！”野猪抗拒被捕猎的利器，不是它那锋利的獠牙，而是它那超前的“危机意识”。

比尔·盖茨认定：“微软离破产永远只有12个月。”

张瑞敏认为：“我每天的心情都是如履薄冰、如临深渊。”

任正非坦言：“华为总会有冬天，准备好棉衣，比不准备好。”

所有国内优秀企业领袖的危机观点，都是各自成功企业危机意识的精髓。没有危机意识，单纯的“硬性危机预防体系”是无力的。超前、无形而全面的危机意识才是企业危机防范中最坚固的防线。

一、建立企业日常危机预警机制

日常危机预警系统是指企业全员有着强烈的危机意识，有着敏感的危机触觉，有着处理危机的组织系统，有着处理危机的约定程序和制度，有着即时性处理危机事件的反应和应对能力。

在一项对全球工业 500 强的董事长和总经理的调查中发现，这些企业被危机困扰的时间平均是 8.5 周，有应变计划的企业要比没有应变计划的企业被危机困扰的时间短 2.5 倍（如果无应变计划的企业年被危机困扰的时间是 10 周的话，则有应变计划的企业就会将这一时间缩短至 4 周）。危机后遗症（即危机后续对企业造成的影响）波及时间平均为 8 周，有应变计划的企业比没有应变计划的企业受危机波及的时间短 2.5 倍（如果无应变计划的企业受危机影响而形成的后续恢复能力的时间需要 10 周的话，则有应变计划的企业后续恢复能力的时间就只需 4 周）。[①] 这说明，在危机到来之前，企业的计划和准备工作是非常重要的。

（一）培养企业危机意识

培养企业危机意识是从企业文化的角度入手，让全体员工时时刻刻感觉到危机的存在。具体操作上，可通过建立理念系统、组织危机培训、收集与分析危机案例（尤其是同类企业已发生的案例）等方式进行。

1. 建立企业理念系统

将企业危机意识融入企业理念系统之中，使每一位员工都能深刻理解其间的内涵，让危机思想深入每一位员工的心中。前面我们提到的微软的比尔·盖茨、海尔的张瑞敏、华为的任正非等企业领袖所拥有的危机意识均为老板意识，企业培养危机意识的工作还在于将这些老板的危机意识灌输到每一位员工的思想中，通过不断地教育、培训和理念系统贯彻落实的考核，使每一位员工均具有非常敏感的危机细胞。

2. 组织危机管理的培训

在向员工灌输危机意识的同时，还要不断讲解危机的防范措施与实施步骤，培养员工的危机敏锐性，一旦危机爆发，每一个员工都清楚该怎么办。其培训的内容应包括危机管理的基本原则、应对企业危机的处理程序与方法、模拟危机到来时的应对措施、分析成功应对危机的企业案例，也要分析应对危机失败的案例以及失败的关键环节等。在组织员工进行实地应对企业危机事件发生的模拟演练中，既可以对已经发生过的真实的危机情景进行重复模拟训练，也可以自行创造各种可能出现的危机情景进行演练。例如，针对顾客不满这一现象，企业可以创造出各种各样的抱怨原因让服务人员进行模拟处理，从而提高他们的应变能力；在针对产品可能出现的问题时，站在顾客的角度严格挑剔其中的各种问题，以提出应对该类问题的解决方案等。

3. 收集企业危机的案例

危机的预防也在于不断地学习他人的做法。收集以往的各种企业危机案例并将其分类，可以为企业积攒起强大的档案库，有助于企业管理者和广大员工的分析和学习，并设身处地地思考遇有危机事件发生的处理思路。企业可以根据危机事件的起因，将案例分为产品（服务）型、市场营销型、人力资源型、财务型等；或者也可以按照企业所处的行业分为 IT 行业、通信行业、家电行业、食品行业、保健行业、体育休闲行业、服装行业、其他行业等。这样不仅可以开

① 刘刚．危机管理[M]．北京：中国经济出版社，2004.

阔企业管理者与员工的视野，还能从中提取精华、总结经验，设立多种方案，做到有备无患。

(二)制定企业危机防范计划

1. 建立企业危机领导小组

企业危机领导小组组长须由企业一把手兼任，小组成员应来自企业的相关部门负责人，如品牌部、技术部、公关部、信息部、销售部、服务部等。

小组成员的日常工作：

(1)每日通报企业的市场运行状况，注重企业运行日常的波动信号，将信号波动状况的指标（销售额、销售量、价格浮动、区域市场分布、特殊事件等）做成图表，以便监控。

(2)对于一些非通常性的信息要给予高度重视，每周做一次必要的企业运行与市场状况的分析，将自己品牌与竞争者品牌的市场运行状况进行对比分析，以找出差距和不足。

(3)检查员工的企业危机意识和对企业理念的理解、记忆与运用状况，发现问题及时解决。

(4)制定企业危机的培训计划，指挥企业危机防范的模拟训练等。

小组成员的关键工作就是处理企业危机事件。

2. 建立企业危机防范制度

企业危机防范制度是保证企业运行正常，并防止企业危机爆发的保障。企业危机防范制度包括：

(1)确定员工行为准则，保证员工的行为符合规定的要求，防止形成行为疏漏。

(2)提出营销运行准则，按照规定的营销运营程序对营销工作进行管理与监督。

(3)制定企业服务制度、消费者投诉制度，保证服务水准的提高，形成良好的品牌效应。

(4)建立消费者回馈信息的通道与接待制度，保证消费者回馈信息通路的畅通无阻。

(5)建立企业诊断制度，定期对企业及品牌进行检查，其中的诊断员可以聘请相关专家并会同企业相关部门的管理者共同来完成。

3. 制订企业危机管理计划

企业危机管理计划产生于企业危机爆发之间，并作为企业品牌运行制度而存在，当企业危机爆发时可以立即启用。

(1)内部计划的制订。企业内部危机管理计划规定的内容包括：企业在危机发生多久后，以什么形式与企业全体人员进行沟通；员工们的哪些相关利益会受到影响、哪些不会受到影响；企业会向员工们提供什么样的辅助工作；企业应该营造怎样的工作气氛、如何营造；等等。

(2)外部计划的制订。企业外部危机管理计划包括的内容主要有：

①在企业危机发生后，选择在多长时间之内、以怎样的态度、利用何种形式对公众和媒体进行沟通，包括新闻发布会和媒介传播等。企业可以根据不同的危机类型采取不同的沟通形式，主要可以采用网上沟通、电话沟通、开新闻发布会沟通等形式。

②怎样组织危机事件的调查，包括调查事件与人员的安排、调查范围的界定、调查器械的使用等。

③怎样进行企业危机事件的处理，包括采用什么手段对公众进行道歉、运用什么方式将问题产品收回、使用什么措施对受害者进行补偿等。

④怎样进行媒体宣传。在这方面，企业应该利用外部专家，在危机发生前就研究出一套适当的备选方案，包括设计新闻稿、选择何种媒体传播、传播口径的界定等。

二、建立良好的公共关系氛围

企业的公共关系既包括企业与利益相关者之间的关系，也包括企业与非利益相关者之间的关系。

企业的利益相关者是指与企业有着相关或共同利益的群体，包括供应商、经销商、投资者、股东、员工等。企业的品牌运行就是靠这些关系的支持。长期与企业利益相关者之间保持良好的沟通关系，是保证企业顺利运行的必要条件，同时在发生企业危机时，这些利益相关者还可以从维持企业品牌形象的角度，帮助企业渡过难关。

非利益相关者是指与企业没有利益联系，却对企业的经济运行给予长期关注者，包括政府关系、媒介关系、社区关系等。他们对企业的品牌运行也有着强大的支持力度，其中最重要的关系当属媒介关系。由于媒体的特殊社会地位和社会影响力，很多媒体人的视野远比企业内部的人宽广，与媒体保持联系，企业会从媒体对其他企业的报道中发现其对某一问题的倾向性，然后对照自己、发现问题、控制危机源头；也可通过媒体了解到整个媒体对自己企业的关注方向，做好防范企业危机发生的预防工作。

案例拓展　　创维从容面对企业危机

2004 年 11 月 30 日，香港廉政公署在代号为“虎山行”的行动中拘捕了“涉嫌盗取公司资金”的创维董事局主席黄宏生。当日，创维数码在香港被停牌。

创维董事局副主席张学斌及公司多名高管当晚即召开紧急会议，商议对策，并在深圳创维大厦紧急约见媒体(媒介关系)。

12 月 1 日，国美、苏宁、永乐、大中四家家电连锁巨头发出声明力挺创维(经销商的支持)。

12 月 2 日，黄宏生以百万港元保释。

12 月 2 日，北京松下、彩虹、三星等八大国内彩管企业发表声明，表示将优先保证创维的原材料供应(供应商的支持)。

12 月 3 日，深圳 7 家银行分行行长聚集深圳创维大厦，表示将鼎力支持创维(金融关系的稳定)。而在公司内部，全体员工更是齐心协力共度危机(员工的支持)。

12 月 5 日，创维高管在京召开新闻通报会。创维自始至终都在强调两件事：一是创维方面会积极配合香港廉政公署的调查；二是整个集团的各项事务一切运转正常，不会因此受到不良影响。

12 月中旬，深圳市副市长到创维表态：创维本部发展非常稳定，市政府全力支持(政府关系)。

2005 年 1 月 1 日，创维 CEO 王殿甫的“促销”秀在京城开演。

2005 年 2 月 4 日，创维 PDP/LCD 技改项目正式获得深圳市政府财政贴息，从侧面向公众告知了政府对创维公司的信赖。

2005 年 3 月 2 日，黄宏生案复审。黄宏生向法院方面提出要求，由于全国政协委员黄宏生要参加近日在北京举行的全国政协十届三中全会，因此希望法院方面能够允许黄宏生短暂离开香港前往北京参会，并获批准。

2005 年 8 月 26 日，创维数码(0751. HK)在香港发布年报，显示上一个财务年度营业额再创历史性新高，为 104.66 亿港元，较上年同期增加 13.6%；纯利为 4.03 亿港元，增长 17.8%，成倍的利润增长远远高过同行。

创维不仅实现了销售和回款的双增长，还实现了从家族式管理向现代企业制度过渡的“革命”。

资料来源：博锐管理在线，2005 年 12 月 8 日，作者：游昌乔。

第四节　企业危机的应对与管理

企业危机防范是保证企业不发生或少发生危机的具体措施，但危机预防并不能保障危机绝对不会发生。由于企业危机产生的原因具有多样化，有些原因是在企业的控制之下，而有些原因则属于企业无法控制的，因此，任何企业，包括世界顶级的企业都不可能远离危机。在企业危机来临之际，企业必须要从容应对。

一、企业危机管理理论

格林(Green)认为：危机管理的任务是尽可能控制事态，在危机事件中把损失控制在一定的范围内，在事态失控后要争取重新控制。

危机管理专家米特罗夫和皮尔逊认为：收集、分析和传播信息是危机管理者的直接任务。危机发生的最初几个小时(或危机持续时间很长时的最初几天)，管理者应同步采取一系列关键的行动。这些关键的行动是“甄别事实、深度分析、控制损失、加强沟通”。同时，米特罗夫(Mitroff)将危机管理分成五个阶段，表现为：

(1)信号侦测(Signal Detection)——识别新的危机发生的警示信号并采取预防措施。

(2)探测和预防(Prevention/Prepration)——组织成员搜寻已知的危机风险因素并尽力减少潜在损害。

(3)控制损害(Containment/Damage)——危机发生阶段，组织成员努力使其不影响组织运作的其他部分或外部环境。

(4)恢复阶段(Recovery)——尽可能快地让组织运转正常。

(5)学习阶段(Learn)——组织成员回顾和审视所采取的危机管理措施，并整理使之成为今后的运作基础。①

1986 年，美国著名咨询顾问史蒂文·芬克 (Steven Fink)出版了《危机管理：对付突发事件的计划》一书，在书中史蒂文·芬克首次提出了危机生命周期的理论。其基本观点是，危机犹如人的生命周期一样，具有从诞生、成长、成熟到死亡等不同的阶段和不同的生命特征。史蒂文·芬克把危机分为四个阶段：第一阶段是征兆期(Prodromal)，线索显示有潜在的危机可能发生；第二阶段是发作期(Breakout or Acute)，具有伤害性的事件发生并引发危机；第三阶段是延续期(Chronic)，危机的影响持续，同时也是努力清除危机的过程；第四阶段是痊愈期(Resolution)，危机事件已经完全解决。

伯奇和古斯把企业危机分为危机前(Precrisis)、危机(Crisis)和危机后(Post-crisis)三大阶段，每一阶段又分为若干小阶段。这种观点为我国的一些学者所接受，如薛澜等人认为，从最广泛的意义上说，危机管理包含对危机事前、事中、事后所有事务的管理。②

执教于普林斯顿大学的诺曼·R. 奥古斯丁提出了危机管理六阶段模型，他把危机管理的

---

① 李娟. 公共危机事件中政府信息公开研究综述[J]. 中外企业家，2009(8).

② 薛澜，张强，钟开斌. 危机管理：转型期中国面临的挑战[M]. 北京：清华大学出版社，2003.

过程分为危机的预防、危机管理的准备、危机的确认、危机的控制、危机的解决及从危机中获利六个阶段。[①]

表10－1列出了国外学者关于危机理论的阶段模型。

表10－1　　国外学者关于危机理论的阶段模型

芬克模型	征兆期	发作期	延续期	痊愈期		
米特罗夫模型	信号侦测	探测和预防	控制损害	恢复	学习	
伯奇和古斯模型	危机前	危机	危机后			
奥古斯丁模型	危机的预防	危机管理的准备	危机的确认	危机的控制	危机的解决	从危机中获利

二、企业危机应急模型

对于企业危机，我们创建了企业危机爆发之后的危机处理计划模型和应对危机的行动模型作为企业危机处理的依据。其中，应对危机的计划模型均以英文字母A打头，故称其为6A计划；而应对危机的行动模型由于其内容均以英文字母C打头，所以称之为7C模型。

（一）应对危机计划模型

危机管理6A计划[②]就是企业在危机事件发生时，企业要迅速制订出应对危机的工作计划，形成危机管理的系统思路。这其中包括六个方面的内容：一是提出声明（Announcement）；二是统一口径（Accordance）；三是关注感受（Attention）；四是给予保证（Assurance）；五是提供帮助（Assistance）；六是营造气氛（Atmosphere）。这六个方面构成了企业应对危机的总体思路。对此企业上下要协调一致，稳住阵脚，尽早尽快解决问题，以促使企业度过危机，尽快恢复正常生产。这六个步骤相辅相成、互为条件，共同组成了一个公关系统（见图10－2）。

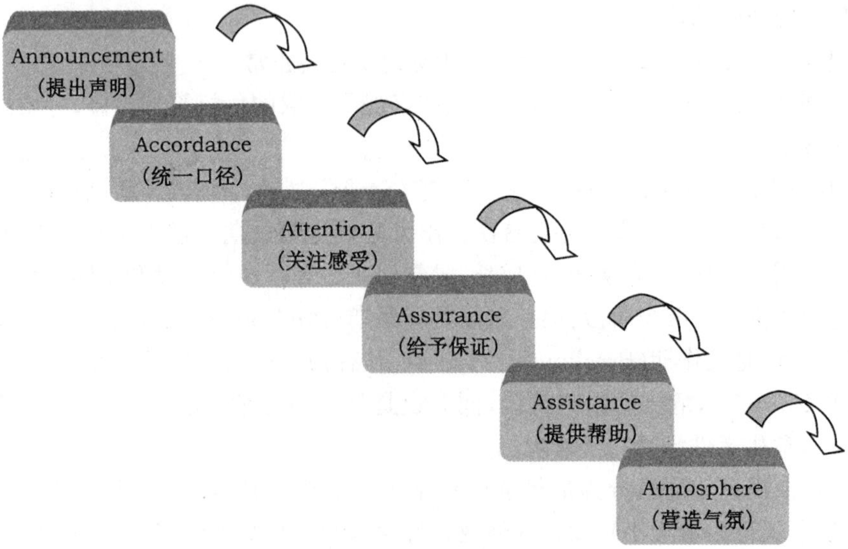

图10－2　企业应对危机计划模型

① 诺曼·R.奥古斯丁，等．危机管理[M]．北京：中国人民大学出版社，2001．
② 危机管理6A计划是我的学生韩丽娟在她的硕士论文中提出的模型。

企业在具体实施危机管理的6A计划时，必须做到：第一要快速反应，即要求企业的管理者和全体员工对问题的发生要具有极快的感知，并在极短的时间内作出上述计划并付诸实施，尤其在提出声明(Announcement)和统一口径(Accordance)上都要在与媒体接触前做出决断。第二要掌握全面信息，并按照事态处理的不同阶段，分步骤并即时地将内容传达出去。第三要利用一切可以利用的机会传达企业的诚意，并积极努力达到一定的结果。

(二)应对危机行动模型

危机发生后在危机应对计划的指导下，企业应做的具体工作我们通过所创立的7C模型来予以指导。7C模型的基本内涵是，在企业危机爆发时，企业需要通过以下7个方面的工作，达到解决企业危机、重新恢复品牌形象的目的(见图10—3)。

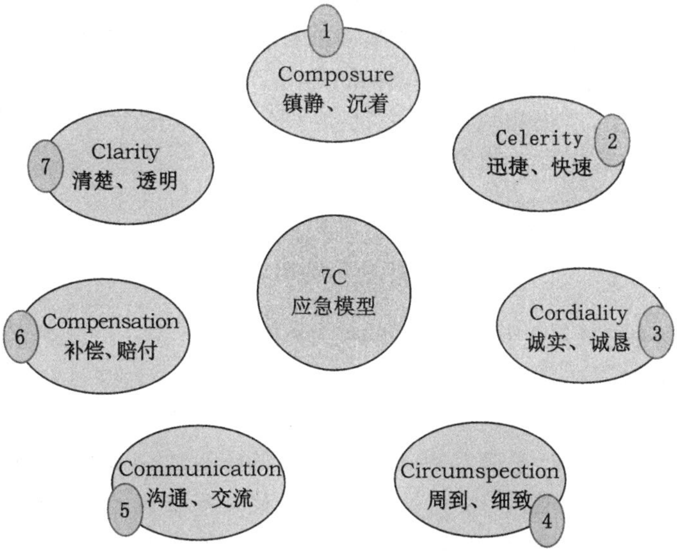

图10—3　企业对应危机行动模型

Composure——镇静、沉着。企业危机爆发，对任何企业都是巨大的压力，但压力再大，都不要惊慌失措，而是要沉着应对，分析企业危机的来龙去脉，拿出具体的可行方案。

Celerity——迅捷、快速。指的是危机来临时，企业要反应迅速，不拖延时间，一般保证在2～4小时之间商量对策。纵然是在节假日，或是在每天工作以外的时间，研究对策都不要超过12小时，以保证在24小时之内对媒介和公众的指责做出相应的回复，并保证同时将对策信息传达给消费者或受害者。这里有两个黄金时段，一个是黄金12小时出方案，另一个是黄金24小时将方案落地。

Cordiality——诚实、诚恳。指的是面对着企业危机，重视消费者、受害者、媒介、政府、各类社会公众等各个方面的意见与态度，坦诚地披露事件的原委，诚恳地接受媒体的监督和社会公众的审查，实事求是地通报事情的演进和解决问题的进程等。

Circumspection——周到、细致。指的是危机爆发后，企业要调查研究，掌握事件的来龙去脉，深入调查事件的影响方向与影响程度，周道、细致地为受害者、弱势群体一方着想，以关心与同情的方式使他们感受到企业的诚意。

Communication——沟通、交流。企业危机爆发后，无论程度轻重，都要给予高度重视，及时与媒体、利益相关者和各类相关公众沟通、交流，一方面将企业为解决危机而制订的方案公之于众；另一方面也要广泛听取媒体与公众的意见与建议，将其作为解决危机、制定新的措施与对策的依据。

Compensation——补偿、赔付。如果企业危机酿成了较严重的后果，企业对受害者一方应给予补偿或赔付，补偿或赔付的方式应视情形而定，可以是实物形式的，也可以是货币形式的，还可以是长期承诺形式的。同时，如果可能引起法律纠纷，还可依据法律规定进行赔偿形式与量化指标的界定。

Clarity——清楚、透明。企业危机的解决过程一定要提高透明度，让媒介、消费者和受害者都非常清楚危机解决的程序、反应的速度、做出的承诺，包括最后的结果、各方对企业的满意程度等，都要通过媒体通报给相关人士。

落实以上 7C 模型需具备必要的条件，其中包括：严格的企业制度；规范的企业理念识别系统和行为识别系统；高水准的管理团队和训练有素的员工队伍；将社会责任列入企业文化中；有着健全的企业危机应急管理的组织体系；等等。

企业在实际工作中，应将 7C 模型写入行动手册，一旦危机爆发，在制定完行动计划后，马上依据 7C 模型一步一步并一件事情一件事情地对照落实。

案例拓展　　35 个紧急电话

一位美国女记者到日本度假，到商场选购了一套音响准备送给她东京的婆婆。在挑选完毕之后，营业员按照这个已经挑好的品牌到仓库取出货品并交给了这位美国顾客。当女记者回到宾馆之后，打开一看，立即“花容失色”——买来的音响是一个空心货样，只能摆着不能用。对这种明显的欺诈行为，女记者撰写的《微笑背后隐藏的杀机》一文迅速出笼，并准备在第二天发送报社。然而，第二天早上她刚出门，这个商场的经理和营业员却出现在了她的面前，首先送上一台真正的音响，另外附赠一张经典唱片，再就是一份书面的关于此事的备忘录。在这个备忘录里，记录了商场追踪这位女顾客的全部过程：

营业员发现失误→电告各门口的保安“堵截”此顾客未果→上报经理→从顾客遗漏的一张快递单据查出其父母的美国电话→由此查出其日本婆婆家的电话→最后查出其在本地所居住的宾馆。

一共 35 个紧急电话，挽救了一场即将上演的“商场欺诈事件”。

资料来源：中国公关网，2004 年 11 月 15 日。

三、企业危机应急程序

企业危机应急程序是指企业在解决危机时所应遵循的基本程序。它应该从以下 6 个方面进行安排：

(一)启动应急小组

当危机出现的时候，企业首先要明白速度比金钱更重要，每一个部门、每一个员工都要跟随危机行动起来，并组成或启动处理危机核心部门——危机应急小组，以保证处理危机的条理性、及时性和准确性。

(二)掌握事实真相

通过电话、E-mail 以及目击证人、当事人等多种途径了解情况，掌握事件的来龙去脉，并对事件进行分析、判断，做到心中有数；然后分清责任，是己方的责任，决不推诿，不是己方的责任，也要积极帮助解决问题。

（三）提出解决方案

应急小组马上集合开会，分析事件可能导致的结果，提出解决方案；应急小组对要开展的工作做出分工，各负其责、分头行动，随时保持联系，对出现的新情况及时通报。

（四）举行新闻发布会

对事件发生、衍生及延伸的状况，提出解决方案，将企业的指导思想和已经进行的工作向媒体通报，以保证通过媒体进行有效的传播。同时接受媒体的质询，对媒体和其他方面的任何问题都要做到不回避、不推诿、不含糊。新闻发布会之后仍要积极与媒体沟通，将即时性的问题与危机事件解决的进展情况随时向媒体通报。

（五）开通热线电话

热线电话开通的时间应保证在企业掌握危机事件的时候，也就是说，企业知道了发生的事件，应该马上就开通电话，最晚不能晚于事件发生后的 12 小时。企业可把平时的联络电话改成应急电话，并保证电话畅通无阻。最好能将原来的录音电话应答的内容改成致歉以及打电话者如何联络企业、解决相关事宜的内容，以方便顾客的投诉和公众利用电话反映问题。热线电话运转延长的时间至少为三天，而后随着事件解决的进展情况和相关工作内容的调整，将电话改成相关的内容。这是一个动态管理的过程。

（六）把握公众情绪

企业危机事件的发生，往往会引起公众情绪的波动，危机应急小组成员解决危机事件的一个重要原则就是耐心、诚实、为他人着想，绝不能做出让公众和媒体不满的事情和行动来，以保证品牌危机能尽快、更好地解决，并能够将危机转变成契机，为品牌的发展提供相应的思路、方法与机遇。

以上企业危机事件的应急程序，在遵循企业危机应急模型的基础上，与企业危机公关活动相衔接，这样可保证危机事件能够按照企业的设想，使问题得以解决。

四、开展危机公关活动

危机公关指的是企业运用公共关系手段来解决品牌危机的问题。其工作内容包括消除影响、恢复形象等。

一般情况下，我们按照危机公关的三部曲来解决企业危机的问题，即准备期、处理期和恢复期。

（一）危机公关准备期

危机公关准备期是一项长期的工作，它应该融入品牌危机的预防工作之中。在品牌危机发生时需要做一些具体的工作，包括组织有关人员，尤其是专家参与成立的危机公关小组，调查情况，对危机的影响作出正确的评估，以制定相应的计划，控制事态的发展。

1. 快速行动

由于网络技术的普及，使得危机造成的负面影响在极短的时间内就可以传遍世界，从而使企业及品牌陷入极为严重的险境之中。因此，危机公关最大的一个特点就是反应要迅速。在最短的时间里介入危机，尽可能地争取媒体甚至是政府部门的声音，帮助自己说话，避免事态的无谓扩大。

2. 确定危机级别

危机级别可分为紧急状态(红色预警)、紧要状态(橙色预警)和一般状态(黄色预警)三个级别。紧急状态为最严重的危机级别,要求企业全员行动,共同应对危机,向所有利益相关者及相关公众紧急通告,求得各方的支持;紧要状态为次严重的危机级别,要求企业相关人士和相关部门参与到危机事件的解决之中;一般状态为不严重的危机预警,主管品牌的部门或公共关系部门就可独立地解决危机事件。危机级别的确定,主要的依据是危机对企业及品牌造成的影响程度。

3. 通告媒介和相关群体

企业要正视危机发生的现实,客观地分析与解决问题,对事、对人均不回避、不掩饰。要充分集合企业各个方面的资源,在企业内部与外界之间做好沟通工作。在危机发生的一段时间里,需要有专人 24 小时监控媒体与舆论的发展情况,并随时根据新的状况发出自己的声音。

4. 统一口径、统一声音

为了保证对外传播的一致性,企业应该做到:

(1)在企业内部提高透明度,并明确阐释企业的立场、观点,让所有员工都能理解企业的意图与方法,保证大道、小道所传播的信息均一致、明了。

(2)建立对外发言人制度,确定发言人人选,所有对媒介传递的信息仅通过新闻发言人进行传播,从而保证传播信息的一致性,同时为解决危机和恢复品牌形象创造条件。

(二)危机公关处理期

危机公关处理期是实实在在解决问题的阶段。这时,企业为解决危机事件已经确定了原则和制定了计划。现在的工作就是把解决的思路及相关的信息向新闻媒体和公众通告。

对于新闻界来说,当事件发生时,如果当事人或者企业什么都不说,那么记者们就会用猜测外加公众的情绪来完成他们的报道;如果通过正面的传播,既可以让公众看到和感觉到企业的办事效率,又可以让公众审视和评价企业解决问题的姿态。

在这个阶段,好的姿态会赢得公众的欢迎,从而促成问题的解决和目标的达成;如果企业无诚意解决危机事件,而是推卸责任,甚至是指责他人,则公众就会产生更加不满的情绪,这样不仅无助于问题的解决,还会造成更大的危机。

对于公众来说,品牌危机中传播的失误造成的真空,会很快形成强大的负面效应,使危机问题的解决愈加困难。如果危机发生后,企业无人出面面对媒体,企业的解决方案没能及时地通告给媒体和公众,则人们就会用想象来填满所有的疑问,这种情况是不利于问题的解决的。

对于专家来说,在某些特殊品牌危机处理中,当企业与公众的看法不一致、难以调解时,必须靠权威人士发表意见。企业要善于借助公正性和权威性的机构来帮助解决危机。在很多情况下,权威意见往往对企业品牌危机事件的处理可以起到决定性作用。因此,企业在处理危机时,一方面要做到谦虚自责,勇于承担责任,始终把公众的利益放在首位;另一方面也要做到坚持原则,保证对策的公正、信息的公开。只有这样,企业才既能控制事态的发展,转危为安,又能借此使企业品牌更加完善。

(三)企业形象恢复期

在这一阶段,企业要做好善后处理工作,尽快恢复企业信誉与品牌形象,重新取得客户、利益相关者、政府机构及各类社会公众的信任。对于重大责任事故,导致社会公众利益受损时,企业必须承担起责任,给予公众一定的精神补偿和物质补偿。在进行善后处理工作的过程中,企业也必须做到以诚相待,只要顾客或社会公众是由于使用了本企业产品而受到了伤害的,企业就应该无条件地在第一时间向社会公众公开道歉,以示诚意。对于那些确实存在问题的产品，应该不惜代价迅速收回，作出修改或销毁的处理，以表明企业解决危机的决心。

案例拓展　　**强生——“泰诺”事件的危机处理**

1982 年 9 月 29 日和 30 日，在芝加哥地区发生了有人因服用含氰化物的“泰莱诺尔”药片而中毒死亡的事故。开始仅 3 人因服用该药片中毒死亡，可随着消息的扩散，据称美国全国各地有 250 人因服用该药而得病和死亡，强生—麦格尼尔—泰莱诺尔，这一连串的名字一下子成了全国关注的焦点。

强生公司经过对 800 万片药剂的检验，发现所有这些受污染的药片只源于一批药，总共不超过 75 片。最终的死亡人数是 7 人，全在芝加哥地区。为向社会负责，强生公司还是将预警消息通过媒介发向全国，随后的调查表明，全国 94%的消费者知道了有关情况。

强生公司在中毒事件发生后很短时间内就收回了芝加哥地区的数百瓶药品，花费 50 万美元；随后又以零售价收回了全国所有的同类药品，并将所有收回的药品全部销毁。

强生公司用了 3 个月的时间研制出了抗污染包装的泰莱诺尔胶囊，重新投向了市场。伴随着巨大的公关活动，强生公司不仅在价值高达 12 亿美元的止痛片市场上收复了失地，还以该事件为契机，倡导无污染药品包装。事故发生后的 5 个月内，该公司夺回了原失去市场的 70%，同时塑造了企业对公众负责的新形象。

资料来源：http://www.hr.com.cn。

企业在危机得到解决后的形象恢复期，可通过多种类型的公关活动进行公关传播，如社会型公关活动、建设型公关活动、征询型公关活动、服务型公关活动等都是可供选择的活动类型。选择何种活动类型，主要从两个方面进行考虑：一是客观条件的具备和机会的成熟，即社会环境是否适合开展某种类型的公关活动，同时又具备机会；二是企业自身是否具备开展某种类型公关活动的能力，包括策划能力、机会的把握能力、投资能力、完整的实施能力、媒介控制与传播能力等。

本章思考

1. 现实中你如何理解品牌危机的特征？
2. 品牌危机产生原因的内在逻辑是什么？
3. 你对品牌危机事件爆发的原因有何观点与建树？
4. 产品被伪造、被替代与前面提到的内部原因中造成的品牌危机有何不同？
5. 企业的危机日常预警系统应从哪些方面进行思考？
6. 是什么原因使得创维能够渡过如此之大的企业危机难关？
7. 7C 企业危机应急模型是否可行？它需要企业具备什么条件？这些条件如何能保证 7C 模型的贯彻落实？
8. 试根据现有企业所发生的品牌危机，请你拟订一份品牌危机解决方案。

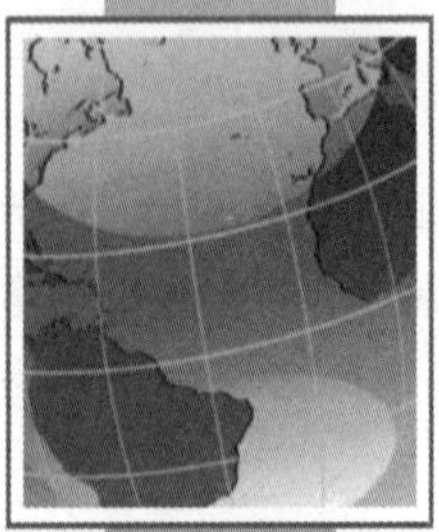

第十一章 网络传播策划

随着互联网的普及，网络传播作为全新的传播手段得到了迅猛发展。网络传播是以计算机、手机为终端，借助于互联网技术在网络上进行的各类传播。从传播内容上看，有文字传播、图像传播、语音传播、影像传播、互动传播等多种形式。

第一节 网络传播与企业形象策划

企业网络有两重含义：一是在企业经济运行和社会活动运行过程中形成的关系氛围并由此形成的关系网，这是传统意义上的公共关系网络；二是企业借助于互联网而开展的各项活动，通过网络传播与网络运营来保障企业的信息传播、形象塑造，并帮助企业实现既定的目标与效益。通常后一种含义被称为网络公关或网络运营。本章主要介绍后一情况，即企业各项活动与互联网的对接和运营。

一、网络传播的特征

网络传播作为一种全新的现代化传播方式，有着与传统媒介截然不同的特征和优势，具体来说包括以下几点：

(一)各种传播形态并存

互联网络将人际传播、群体传播、组织传播、大众传播等各种传播形态集于一身。借助它不仅可以向全社会进行开放性的大众传播(各种网站的新闻与各类信息、各个平台的录播与直播)，而且可以作为“点对点”的人际传播(如电子邮件、网上通话、网络短信)、小范围的群体传播(如讨论组、聊天室、各种会议、各类课堂等)、组织机构或单位的组织传播(如群发电子邮件、各单位内部的局域网运作等)。

(二)多种传播方式并举

互联网络是电脑、电视、录音机、电话机、游戏机、传真机、打印机等性能的总汇，或者说是各种传统媒介的大熔炉，它将以往各自独立的、单一性的传播方式综合在一起，又将文字、口语、音响、图表、图片、图像等各种传播形式汇于一体，可以根据需要自如地从一种形式转换到另一种形式，或者让几种形式并举，做到图、文、声、像并茂，真正实现多媒体传播。

(三)高度的即时性

在网络媒体上，我们往往看不到头版头条新闻在哪儿，新闻内容总在不断地滚动更新，借助数码摄录设备和手机等现代化影像处理和通信工具，网络新闻记者可以进行事件现场直播，在网络上图文并茂地以第一时间、第一速度报道出来。特别是对于突发事件，网络比电视编辑的时间更短暂、更迅速，公众在网络上可以即时看到事件分分秒秒的发展状况，而网络后台的编辑们还可以迅速调出与事件相关的背景图文资料，让社会公众更全面、更客观地了解事件真相、新闻背后的故事或细节。

网络这种即时性的特点，缩短了信息传播的周期，拉近了受众与信息传播者或某一事件的“距离”。因此，比较成熟的公关人员非常善于运用网络传播的这一特点，保持与其受众之间的实时“交流”，以使组织或机构赢得公众的信赖。

（四）高度的交互性

这是网络传播与传统印刷传播、电信传播的最大不同之处，在这种传播中，传授双方存在很大的交互性。它们的角色位置可以方便地、频繁地交替互换。网上的传播者往往也充当受传者，受传者也往往充当传播者，此时此地是传播者，彼时彼地又是受传者。在网上设立网站或数据库的机构、媒体或个人，固然是传播者；但他们为了传播，往往通过网络进行采访、询问、调查、检索，这时的他们便是受传者。在网上浏览、检索的一般用户，固然是受传者；但他们不仅有很大的寻觅信息的主动权，而且随时都能充当传播者。他们可以通过电子邮件向别人传送信息和观点，也可以向新闻讨论组、向公告板传送信息或观点，还可以设立个人网页，开启网络课堂，发布信息或观点，吸引他人来访问。正如麻省理工学院教授尼葛洛庞蒂所言：“在网上，每个人都可以是一个没有执照的电视台。”

（五）高度的灵活性

网上传播和接收，都极具灵活性。一方面，凭借一台联网的电脑或手机，传播者可以随时随地传送信息，受传者也可以随时随地选择收看或调阅任何已进入网络的信息。这就是网络传播的五个 W：Whoever，Whenever，Wherever，Whomever，Whatever。即任何人在任何时间、任何地点都可以同其他任何人交流任何信息。另一方面，网络传播允许实时同步和非实时异步的自由选择和转换。广播电视是以共时性、同步性为特点的。人们在接收广播电视信息时必须与它的播送同步，要按照它们的节目播送时间来安排自己的时间。而在网络传播中，参与者既可以处于同步接收状态，如 MSN、QQ 类即时通信软件的使用，也可以不同时处在传播的情境中，如过时信息的检索、电子邮件的使用、点赞加关注的多次重复播放、重要内容的回放等。于是人们有了在使用媒介时自主安排时间的能力，人们的传播活动有了更大的自由度。

网络传播给我们的时代提供了最快捷、便利的传播方式。网络传播是人类有史以来增长速度最快的传播手段。网络传播的出现对人类文明的意义，不亚于中国人发明纸张的意义。正是基于网络传播的上述特点和优势，它在问世之后便备受各国政府和广大公众的重视和关注，如今它已成为人类传播领域极为重要的手段和工具。

二、网络传播对企业形象策划的影响和变革

正是因为网络传播具备上述五大特征和优势，因此在网络时代这些特征对企业形象策划活动产生了重大影响，推动了企业形象策划活动的变革。这主要体现在以下几个方面：

（1）由于网络传播即时性突出，企业形象传播的速度较之传统传播手段有了大幅提升，尤其在新产品发布、新业务推介方面发挥着重要作用。

截止到 2020 年 3 月，中国网民规模为 9.04 亿，较 2018 年增长了 7 508 万，互联网普及率达 64.5%；手机网民规模达 8.97 亿，网民使用手机上网的比率达 99.3%。如此庞大的网络受

众成为企业通过网络手段传播企业形象的坚实基础，成为其他传统传播手段无法代替和比拟的最快捷、最便利的渠道。

(2)由于网络传播交互性突出，企业可以植入各社交网站进行线上营销和业务拓展，大大地促进了企业形象策划的效率和效果。

社交网站正在成为以人际关系为连接的互联网互动应用的集成平台。社交网站平台正在促使平台用户人际交往的价值最大化，这个价值包括娱乐价值和商务价值。娱乐价值自不必说；在商务价值方面，社交网站已经成为人们在网上沟通和应用工具的集成平台，线下联谊、线上求职、口碑营销、营销拓展等方式正在促进用户交互方式的多样化和真实化，也大大提升了用户的黏性。被2020年疫情催生的网络直播带货在2020年4月份以后越来越火。罗永浩自4月至11月8个月间直播带货额达19.25亿元；董明珠作为格力的掌门人，自2020年4月24日开始也开启了“直播带货”模式，为格力产品站到了市场的最前沿。在2020年的12场直播中，已经收获了451.1亿元的销售额。这些业绩是借助于互联网平台得以实现的。而近10亿的网民就是互联网平台的运营基石。

(3)由于网络传播灵活性突出，在网络虚拟空间，品牌和消费者之间的互动让企业形象的策划提升到一个新的高度。

传统传播模式下，报纸、书刊、电视广告等手段都只关注品牌与消费者之间的互动，而品牌要达到好的传播效果，不仅要与消费者充分互动，还要使消费者之间产生互动，并借助这种互动实现更广泛、更深入的传播效应，网络传播的灵活性很好地满足了这个需求。例如，品牌的拥护者或信仰者自发为品牌建立起网站或社区，与相同爱好者结成同盟，这些人不仅自己是品牌的忠诚顾客，而且对品牌的传播起到了重要的影响。这就是典型的品牌引发消费者之间互动的案例。

案例拓展　　李佳琦《南方车站的聚会》：6秒卖出25万张电影票

2019年12月，电影《南方车站的聚会》主演胡歌、桂纶镁来到“口红一哥”李佳琦的淘宝直播间，通过淘宝直播进行了一场“线上路演”加“直播卖票”。

客户在直播间买到的“电影票”其实是一个优惠电影票资格，仅需1分钱，用户购买成功以后，还需要在票务平台再花19.9元买下自行选择场次的电影票，相当于总共花20元钱看场电影。

本次直播的数据让人十分惊喜，1小时有636万人在线观看，25.5万张电影票在6秒钟内被抢购一空。

可见，电影的宣发路径正在向短视频、直播平台拓展，通过直播卖票的形式，电影营销领域的不断跨界和升级尝试，也为电影业带来新的业态活力。

第二节　网络传播的途径与方法

企业在网络运营中可以通过自建网站、电子邮件、搜索引擎、网络广告、Web2.0环境下的网络传播、移动网络传播、微信公众号等各种形式来开展网络传播工作。

一、企业网站

(一)企业网站和域名

网站(Website)开始是指在因特网上,根据一定的规则,使用 HTML 等工具制作的用于展示特定内容的相关网页的集合。简单地说,网站是一种通信工具,就像布告栏一样,人们可以通过网站来发布自己想要公开的资讯,或者利用网站来提供相关的网络服务。人们可以通过网页浏览器来访问网站,获取自己需要的资讯或者享受网络服务。网站由域名、空间、网站程序和页面设计风格组成。企业网站,就是企业在互联网上进行网络建设和形象宣传的平台。

互联网的发展也使人们认识到域名是一个稀有的全球资源。无论在互联网上开展什么活动,诸如电子商务等,都必须从域名开始,有一个合法的、易于宣传推广的域名是非常重要的一个环节。尤其是在国际 IT 业界和商界,人们越来越关注行业域名独特的商业价值,认为域名汇集了传统商业世界中六大商业资源(公司法人、注册商标、营业执照、产品名牌、公司名称和销售地点)于一体,具有极高的商业价值和广告价值。一个简捷、明了、好记、含义好的域名能促使访问量的增长,并省下巨额的广告费用,这是个人和企业的一笔巨大的无形资产。business.com 在美国以 750 万美元出售,而大家熟知的 Yahoo 网站仅仅域名的价值就超过了 1 亿美元。在美国,1999 年域名被国家法院定为财产。据报道,在韩国,其工业银行已开展域名抵押贷款业务,通过抵押域名可获得高达 1 000 万韩元的贷款,这足以证明域名的价值。

(二)企业网站的分类

根据行业特性的差别以及企业的建站目的和主要目标群体的不同,大致可以把企业网站分为:

1. 基本信息型

主要面向客户、业界人士或者普通浏览者,以介绍企业的基本资料、帮助树立企业形象为主,也可以适当提供行业内的新闻或者知识信息。

2. 电子商务型

主要面向供应商、客户或者企业产品(服务)的消费群体,以提供某种直属于企业业务范围的服务或交易或者为业务服务为主,或者以交易为主。这样的网站可以说是正处于电子商务化的一个中间阶段,由于行业特色和企业投入的深度、广度的不同,其电子商务化程度可能处于从比较初级的服务支持、产品列表到比较高级的网上支付的其中某一阶段。

3. 多媒体广告型

主要面向客户或者企业产品(服务)的消费群体,宣传企业的核心品牌形象或者主要产品(服务)。这种类型无论是从目的上还是从实际表现手法上相对于普通网站而言更像一个平面广告或者电视广告,因此用“多媒体广告”来称呼这种类型的网站更贴切一些。

4. 产品展示型

主要面向需求商,展示自己产品的详细情况以及公司的实力。对产品的价格、规格、功效等做最全面的介绍。这种类型的企业站点主要目的是要展示自己的产品。这是在注重品牌和形象的同时也重视企业的产品介绍。

在实际应用中,很多网站往往不能简单地归为某一种类型,无论是建站目的还是表现形式都可能涵盖了两种或两种以上的类型。对于这种企业网站,可以按上述类型的区别划分为不同部分,每一个部分都可以认为是一个较为完整的网站类型。另外,由于互联网公司的特殊性,在这里不包含互联网的信息提供商或者服务提供商的网站。

(三)企业网站的传播功能

1. 树立和传播企业形象

网站的形象代表着企业的品牌形象，公众在网上了解一个企业的主要方式就是访问该公司的网站，网站建设的专业化与否直接影响企业的网络品牌形象，同时也对网站的其他功能产生直接影响。尤其对于以网上经营为主要方式的企业，网站的形象是访问者对企业的第一印象，这种印象对于建立品牌形象、产生用户信任具有头等重要的作用，因此具备条件的企业应力求在自己的网站建设上体现出自己的形象，但实际上很多网站对此缺乏充分的认识，网站形象并没有充分体现出企业的品牌价值，相反一些新兴的企业利用这一原理做到了“小企业大品牌”，并且获得了与传统大型企业平等竞争的机会。苹果公司的网站(http://apple.com.cn)是企业网站的成功典范，在企业形象、文化理念、产品功能、服务水准和用户体验等方面都做到了完美和极致，给访问者以美的享受和备受尊崇的体验。

2. 促进网络沟通

企业网站真正的内涵在于内容的丰富性、沟通的便捷性与回馈的及时性。一些新的网络技术的应用可以促进企业和访问者更便捷地沟通。除了电子邮件之外，其他的沟通方式还有在线留言、交互论坛、企业博客、即时通信、腾讯会议、钉钉课堂等，甚至网络电话、网络视频沟通方式也被越来越多的企业网站所采用。有效的沟通就是成功营销的开始，网站的沟通功能越来越被企业所看重。

3. 展示产品或服务

顾客访问网站的主要目的是为了对公司的产品和服务进行深入的了解，企业网站的主要价值也就在于灵活地向用户展示产品说明的文字、图片甚至多媒体信息，即使一个功能简单的网站至少也相当于一本可以随时更新的产品宣传资料，并且这种宣传资料是用户主动来获取的，对信息内容有较高的关注程度，因此往往可以获得比一般印刷宣传资料更好的宣传效果。这也就是为什么一些小型企业只满足于建立一个简单的网站的主要原因，在投资不大的情况下，同样有可能获得理想的回报。

4. 发展电子商务

除了树立企业形象和展示产品或服务外，越来越多的企业网站开始注重电子商务功能的实现。随着网络技术的进一步发展和成熟，电子商务关键环节如网络支付和物流配送等已经得到了完善，一些从事销售的企业越来越依赖于网上销售，甚至出现了专门从事网络销售的公司。特别是近两年，B2C类电子商务模式进入了快速发展的阶段，一批企业依靠网络销售快速成长，占领了相当的市场份额，取得了极大成功。其中的典型代表有京东商城、淘宝特价、苏宁易购、快手小店等。

5. 发布企业信息

网站是一个信息载体，在法律许可的范围内，可以发布一切有利于提升企业形象、改善对顾客服务以及促进销售的企业新闻、产品信息、营销信息、招标信息、合作信息、人员招聘信息等。因此，拥有一个网站就相当于拥有一个强有力的宣传工具。当网站建成之后，合理组织对用户有价值的信息是网络营销和传播的首要任务，当企业有新产品上市、开展阶段性促销活动时，也应充分发挥网站的信息发布功能，将有关信息首先发布在自己的网站上。

6. 提升客户服务

通过网站可以为顾客提供各种在线服务和帮助信息，比如常见问题解答(FAQ)、电子邮件咨询、在线表单、通过即时信息实时回答顾客的咨询等。一个设计水平较高的常见问题解答，应该可以回答 80%以上顾客关心的问题，这样不仅为顾客提供了方便，也提高了顾客服务效率，节省了服务成本。

7. 维护客户关系

有些企业网站通过网络社区来吸引客户参与，将客户组织起来，成立一个"虚拟"社区，客户可以通过网络社区这种沟通方式分享彼此收集到的信息开展社交活动。现在，有许多企业网站还建立了客户关系管理系统，不仅开展客户服务，同时也有助于增进客户关系。随着互联网技术的发展，客户关系联络方式更加生动有效，客户参与度也越来越高，对客户的黏度也越来越大，有效地实现了企业顺畅与客户有效沟通的目的。随着 Web3.0 时代的到来，互联网的互动效应、社会公众的主动性、数字最大化、多维化等特征明显显现，使之服务的内容更加广泛。

8. 开展网上调查

市场调研是营销工作不可或缺的内容，企业网站为网上调查提供了方便而又廉价的途径，通过网站上的在线调查表或者通过电子邮件、论坛、实时信息等方式征求顾客意见等，可以获得有价值的用户反馈信息。无论是产品调查、消费者行为调查，还是品牌形象等方面的调查，企业网站都可以在获得第一手市场资料方面发挥积极的作用。

9. 资源合作

资源合作是独具特色的网络营销手段，为了获得更好的网上推广效果，需要与供应商、经销商、客户网站以及其他内容功能互补或者与相关企业建立资源合作关系，实现从资源共享到利益共享的效果。如果没有企业网站，便失去了很多积累网络营销资源的机会，没有资源，合作就无从谈起。常见的资源合作形式包括交换链接、交换广告、内容合作、客户资源合作等。

二、电子邮件传播

(一)电子邮件与电子邮件营销

电子邮件(Electronic Mail，简称 E-mail)又称电子信箱、电子邮政，它是一种用电子手段提供信息交换的通信方式，是目前 Internet 应用最早、使用最广的服务。通过电子邮件系统，用户可以用非常低廉的价格，以非常快速的方式(几秒钟之内可以发送到世界上任何你指定的目的地)，与世界上任何一个角落的网络用户联系。这些电子邮件可以是文字、图像、声音等各种方式。同时，用户通过电子邮件还可以得到大量免费的新闻、专题邮件，并实现轻松的信息搜索。另外，电子邮件还可以进行一对多的邮件传递，同一邮件可以一次发送给许多人。这是任何传统的方式也无法相比的。正是由于电子邮件的使用简易、投递迅速、收费低廉、易于保存、全球畅通无阻，使得电子邮件被广泛地应用，它使人们的交流方式得到了极大的改变，也对信息传播的方式产生了重大影响。

当电子邮件成为大众传播工具的时候，其营销价值也就逐渐表现出来，电子邮件营销也成了企业进行市场活动和品牌推广的主要方式。电子邮件营销(E-mail Marketing)是指企业根据 E-mail 高效、快捷、受众范围广、成本低廉的特点，以 E-mail 为网络营销工具，向目标用户或潜在用户传递有价值的企业信息的一种网络营销方法。

根据用户许可与否分类，E-mail 传播可分为许可 E-mail 传播和未经许可 E-mail 传播，相应 E-mail 营销分为许可 E-mail 营销(Permission E-mail Marketing，PEM)和未经许可 E-mail 营销(Unsolicited Commercial E-mail，UCE)。未经许可 E-mail 营销也就是通常所说的垃圾邮件，正规的 E-mail 营销都是基于用户许可的，同时对企业来说，基于用户许可的传播才是有效的传播。

根据E-mail地址的所有权分类，E-mail营销可分为内部E-mail营销（内部列表）和外部E-mail营销（外部列表）。内部列表就是通常所说的邮件列表，是利用网站的注册用户资料开展E-mail营销的方式，常见的形式如邮件新闻、会员通讯、电子刊物、产品目录等。一个高质量的邮件列表对于企业网络营销的重要性已经得到众多企业实践经验的证实，并且成为企业增强竞争优势的重要手段之一。外部列表特指企业自行向特定的潜在用户直接发送推广信息，或者通过专业服务商开展的E-mail营销活动，其实是网络广告的一种表现形式。这两种方式各有自己的优势，两者并不矛盾，根据需要可有所侧重，有时可以同时采用。

（二）电子邮件营销传播与企业形象策划

1. 塑造品牌形象

E-mail营销对于企业品牌形象的价值，是通过长期与用户联系的过程中逐步积累起来的，规范的、专业的E-mail营销对于品牌形象有明显的促进作用。品牌建设不是一朝一夕的事情，不是通过几封电子邮件就能完成的，因此，利用企业内部邮件列表开展经常性的E-mail营销具有更大的价值。通过邮件列表的有效传播和用户的有效反馈，及时收集用户的意见，调整公司策略，从而形成公司品牌建设的良性循环。

2. 推广产品或服务

这是E-mail营销最主要的目的之一，一些企业甚至用直接销售指标来评价E-mail营销的效果。通常E-mail营销邮件列表的建立是一项系统工作，不是一个人或一个部门能完成的，需要与网站的其他功能相结合，将涉及技术开发、网页设计、内容编辑等内容，还可能涉及市场、销售、技术等部门的职责，如果是外包服务，还需要与专业服务商进行功能需求沟通。因此，只有充分重视E-mail营销过程才有可能得到比较理想的结果。

3. 维系客户关系和提升顾客服务

与搜索引擎等其他网络传播工具相比，E-mail首先是一种互动的交流工具，然后才是其营销功能，这使得E-mail营销在顾客关系方面更具价值。顾客关系功能也是通过与用户之间的长期沟通才发挥出来的，内部邮件列表在增强客户关系方面具有独特的价值。在实现与顾客有效沟通的同时，E-mail营销同时也是一种高效的服务手段。通过内部会员通讯等方式提供顾客服务，既可以节约大量的顾客服务成本，同时也可以提高顾客服务质量。

4. 网站推广

通过电子邮件的方式可以主动向用户推广企业网站，并且推荐方式相对搜索引擎来说更为灵活，既可以是简单的广告，也可以通过新闻报道、案例分析等方式出现在邮件的内容中，从而获得读者的高度关注。

5. 资源合作

经过用户许可获得的E-mail地址是企业的宝贵营销资源，可以长期重复使用，并且在一定范围内可以与合作伙伴进行资源合作，如相互推广、互换广告空间等。充分挖掘现有营销资源的潜力，可以进一步扩大E-mail营销的价值，让同样的资源产生更大的收益。

6. 市场调研

利用电子邮件开展在线调查是网络市场调研中的常用方法之一，具有问卷投放和回收周期短、成本低廉等优点。通过电子邮件既可以向特定的用户发送特定的问卷进行特定主题的调研，也可以进行广泛的调研，收集详细的一手资料。对调查范围的精度和广度可以灵活控制。

三、搜索引擎传播

（一）搜索引擎概述

因特网的飞速发展、Web 信息的迅猛增加，用户要在信息海洋里查找信息，就像大海捞针一样，搜索引擎正是为了解决这个“迷航”问题而出现的技术。搜索引擎（Search Engine）是指根据一定的策略、运用特定的计算机程序搜集互联网上的信息，在对信息进行组织和处理后，按照一定的方式显示给用户，为用户提供检索服务和信息导航。从使用者的角度看，搜索引擎提供一个包含搜索框的页面，在搜索框输入词语，通过浏览器提交给搜索引擎后，搜索引擎就会返回与用户输入的内容相关的信息列表。

搜索引擎有着巨大的影响力，全国搜索引擎市场也得到了空前的发展。根据艾媒咨询（iiMedia Research）数据显示，2019 年第四季度，中国移动搜索市场保持稳定增长态势，用户规模已达 7.05 亿人，九成广告主具有移动搜索营销意愿。

（二）搜索引擎传播的特征与优势

从传播学的角度讲，通过搜索引擎进行的搜索已经是一种新的信息传播方式了，是基于网络传播的一种衍生大众传播方式。这种传播方式是基于互联网上现有的信息，由网络用户借助于搜索引擎这一信息传播工具主动选择、使用信息，它具有以下三个基本特征：

1. 非线性传播

与报纸、杂志、广播、电视一样，通过搜索引擎进行的信息传播是一种非人际传播，是靠互联网这个平台进行的。但搜索引擎中的信息传播打破了传统纸质、视听媒体的线性单向特征，不再是由信息制造者向接收者的单向流动，而是由信息接收者主动发起，通过搜索关键字，接触到多维的信息资源，包括网页、文本文件、图片、声音、动画、视频等资料。信息接收者是自己主动走入一个虚拟的网状信息空间的，是信息传递的发起者。

2. 个性化传播

在互联网上，围绕一个主题，信息的制造者没有一个特定的主体，可能有多个信息制造者，比如，如果用户搜索的主题是儿童服装，并以“儿童服装”这个关键字在网络上实施搜索，则搜索到的信息有可能是产业新闻、企业网站、图片、分析报告、儿童服装商品等，这些信息归属不同的制造者，可能是新闻记者、儿童服装厂、广告设计公司、市场研究机构和电子商务公司。用户根据自己获取信息的特定需要，利用不同的搜索引擎，通过关键字获取个性化信息，不是对这些信息的被动接受，而是主动筛选。同一主题的信息，究竟需要哪种，由用户的搜索行为决定。用户是信息传递内容的决定者。

3. 搜索引擎的多样化

作为互联网上的信息传播工具，搜索引擎本身的多样化为个性化搜索提供了技术基础，目前有不同语种的搜索引擎及支持多语种搜索的搜索引擎，百度可以搜索到中英文两种语言的信息，Google 更是可以支持 34 种语言的搜索。有支持不同文件格式的搜索引擎，除一般的网页搜索外，还有图片、声音、动画、视频文件的搜索，如 Google 有专门的“图像”“地图”搜索，百度有“视频”“图片”“问答”“咨询”“热议”“贴吧”“小视频”“文库”“音乐”的搜索。有专题搜索引擎，如游戏、软件、大学等各种专题的搜索，比如北京大学天网搜索引擎涉及科研、教育、文化、经济、商业、娱乐等各个领域，并且由于采用了先进的算法，更新速度快、检索质量高。此外，还有面向本地化的搜索引擎，以本地化信息为主。所有这些搜索引擎，用户都可以自由选择，在搜索信息时，根据实际需要来具体确定。

(三)利用搜索引擎推广企业品牌、树立企业形象

1. 搜索引擎登录与排名

企业出于扩大宣传的目的,将自己的网站提交到搜索引擎上,让相关的产品和服务信息进入搜索引擎数据库,将有机会出现在搜索结果列表中,以增加与潜在客户通过互联网联系的机会。企业网站推广的第一步,就是要快速广泛地向各大搜索引擎登记。目前虽然有可以自动向多个搜索引擎登录的辅助软件,但是如果想获得良好的推广和营销效果,对于主要的搜索引擎,一定要采取人工的方式,以便有的放矢,提高注册质量。为了获得理想的收录效果,必要的时候还要进行收费登录。

企业网站在被搜索引擎收录以后,还要不时地追踪企业网站在搜索引擎中的排名变化,若网站排名大幅下降,则应考虑重新注册,并仔细分析原因,有针对性地进行搜索引擎优化和维护,甚至制定详细的规划进行搜索引擎营销策划。

2. 竞价排名

竞价排名是一种按效果付费的网络推广方式,由百度首创,现已被大多数搜索引擎使用。企业购买该项服务后,注册一定数量与企业产品和服务相关的关键词,当潜在客户通过搜索引擎寻找相应产品或服务信息时,企业的网站将出现在搜索结果的醒目位置。如果多家企业同时竞买一个关键字,则搜索结果按照每次点击竞价的高低来排序,出价高的排在前面,排在前面的企业就有可能优先被用户找到。这种方式与前一种方式的主要区别在于位置不同,在竞价排名方式下,为了商业利益,搜索结果的排序被人为布置,扭曲了搜索算法的自然排序。前一种方式不干涉搜索算法的自然排序,而是在搜索结果页面的右侧区域另开辟一块广告区域,信息查询者的搜索不受人为干扰。

3. 关键词广告

关键词广告,是付费搜索引擎营销的一种形式,也可称为搜索引擎广告、付费搜索引擎关键词广告等,以 Google 的 AdWords 为代表,是由广告主购买与自己企业产品和服务相关的关键字,成为搜索引擎的"赞助商"。当信息搜索者输入的关键词与广告主选择的关键词完全匹配时,广告才呈现在用户面前,查询者是对产品或服务感兴趣的潜在用户,有效排除了对业务不相关的访问者,节省了广告费用的支出。这种方式具有覆盖范围广、投放针对性强、用户关注度高和投资性价比好等特点,近些年获得快速发展,是企业网络营销活动中参与积极性最高的一种方式。

4. 自助式

通过搜索引擎进行品牌推广,除了付费的方式,还有免费的方式。一个企业可以通过研究搜索引擎的算法机制,通过企业网站网页的优化、建立链接、信息发布等免费方式提高网站在各大搜索引擎中返回页面上的排名。比如 Google 就使用一种叫 Pagerank 的技术对网站搜索结果进行排名。如果遵循其原则,通过一定的方法、按照一定的程序和步骤、运用一些技巧完全可以使自己企业的网站排名靠前,无须向搜索引擎公司或搜索引擎营销公司付费。一般来讲,用户用某一关键词进行搜索时,只会对返回结果页面上的前几位感兴趣,所以,如何提升企业网站在各大搜索引擎搜索结果页面上的排名,在不动声色中达到品牌传播的目的,是当今网络营销人员应具备的基本技能之一。

5. SEO 与 SEM(搜索引擎优化与搜索引擎营销)

SEO 是 Search Engine Optimization 的缩写,翻译成中文就是"搜索引擎优化"。搜索引擎优化是遵循搜索引擎科学而全面的理论机制,对网站结构、网页文字语言和站点间互动策略等进行合理规划部署来发掘网站的最大潜力，使其在搜索引擎中具有较强的自然排名竞争优势，从而对促进企业在线销售和强化网络品牌发挥应有的作用。

搜索引擎优化的主要工作是，通过了解各类搜索引擎如何抓取互联网页面、如何进行索引以及如何确定其对某一特定关键词的搜索结果排名等技术来对网页内容进行相关的优化，使其符合用户浏览习惯，在不损害用户体验的情况下提高搜索引擎排名，从而提高网站访问量，最终提升网站的销售能力或宣传能力。所谓"针对搜索引擎优化处理"，是为了要让网站更容易被搜索引擎接受。搜索引擎会将网站彼此间的内容做一些相关性的资料比对，然后再由浏览器将这些内容以最快速且接近最完整的方式呈现给搜寻者。由于不少研究发现，搜索引擎的用户往往只会留意搜索结果最开始的几项条目，所以不少商业网站希望通过各种形式来干扰搜索引擎的排序。

艾瑞咨询根据 SEMPO 发布的针对北美广告主对各营销手段的投资回报率(ROI)的评价数据发现，以汽车行业为例，广告主认为 ROI 最高的营销方式分别是竞价排名和 SEO，对关键词定向广告、内容定向广告、付费收录这三类搜索营销方式也有一定的认可度，上述四种方式均属搜索引擎营销(SEM)，认可度比例之和达 59%。而广告主对传统营销方式的认可度均大大低于对搜索引擎营销的认可。同时，该调查还发现，广告主进行 SEM 的首要目的是达成品牌传播，有 61.0%的广告主是出于此目的；次要目的是销售促进，有 68%的广告主是出于此目的；而对于自有企业网站的广告主而言，达成流量促进是重要的目标之一，有 43%的广告主认可。其他目的则相对比较次要，广告主认可度不超过 20%。报告分析认为，品牌传播更为大中企业广告主所看重，而销售促进则更为长尾中小企业所看重，因此占比都较高。对于自有网站的企业广告主而言，流量就是生命线，通过搜索引擎营销带动流量提升是最为关键的。

四、网络广告传播

(一)网络广告概述

网络广告是新生代的广告媒介，它是随着国际互联网的发展而逐步兴起的，它具有传统媒介广告的所有优点，又具有传统媒介所无法比拟的优势。网络广告可以分为广义和狭义两种。广义的网络广告指企业在互联网上发布的一切信息，包括企业的互联网域名、网站、网页等；狭义的网络广告一般指建立一个含广告内容的 WWW 节点，目前多为标题广告，用户通过点击这一含超链接的标题，将被带至广告主的 WWW 节点。

网络广告是主要的网络营销方法之一，在网络营销方法体系中具有举足轻重的地位。事实上，多种网络营销方法都可以理解为网络广告的具体表现形式，并不仅仅限于放置在网页上的各种规格的 Banner(横幅)广告，如电子邮件广告、搜索引擎关键词广告、搜索固定排名等都可以理解为网络广告的表现形式。无论以什么形式出现，网络广告所具有的本质特征是相同的：网络广告的本质是向互联网用户传递营销信息的一种手段，是对用户注意力资源的合理利用。

艾瑞咨询研究了中国不同网络广告形式的市场发展情况后发现，2008 年中国品牌图形广告增长迅速，市场规模达到 80.4 亿元，到了 2020 年这一数字上升到了 4 414.8 亿元，12 年间市场规模增长了 5 391%；搜索引擎广告 2008 年营业收入规模 50.3 亿元，到了 2020 年这一数字上升到了 321.4 亿元，12 年间增长了 538.9%。

(二)网络广告形式

1. 网幅广告(包含 Banner、Button、通栏、竖边、巨幅、徽章等)

网幅广告是以GIF、JPG、Flash等格式建立的图像文件，定位在网页中大多用来表现广告内容，同时还可使用Java等语言使其产生交互性，用Shockwave等插件工具增强表现力。

2. 文本链接广告

文本链接广告是以一排文字作为一个广告，点击可以进入相应的广告页面。这是一种对浏览者干扰最少，却较为有效果的网络广告形式。有时候，最简单的广告形式效果却最好。

3. 电子邮件广告

电子邮件广告具有针对性强(除非你肆意滥发)、费用低廉的特点，且广告内容不受限制。特别具有针对性强的特点，它可以针对具体某一个人发送特定的广告，为其他网络广告方式所不同。不过随着移动用户规模的扩大，这一路径有越来越被更多人忽视的趋势。

4. 赞助

赞助式广告多种多样，比传统的网络广告给予广告主更多的选择。

5. 与内容相结合的广告

广告与内容的结合是赞助式广告的一种，从表面上看，它们更像网页上的内容而并非广告。在传统的印刷媒体上，这类广告都会有明显的标示，指出这是广告，而在网页上通常没有清楚的界限，因而关注率与阅读率较一般广告效果会好些。

6. 插播式广告(弹出式广告)

访客在请求登录网页时，强制插入一个广告页面或弹出广告窗口。它们有点类似电视插播广告，都是打断正常节目的播放，强迫观看。插播式广告有各种尺寸，有全屏的也有小窗口的，而且互动的程度也不同，从静态到全部动态的都有。浏览者可以通过关闭窗口不看广告(电视广告是无法做到的)，但是它们的出现没有任何征兆，肯定会被浏览者看到，更多的浏览者不喜欢又无法避免。

7. Rich Media

一般指使用浏览器插件或其他脚本语言、Java语言等编写的具有复杂视觉效果和交互功能的网络广告。这些工具的使用是否有效，一方面取决于站点的服务器端设置，另一方面取决于访问者浏览器是否能查看。一般来说，Rich Media能表现更多、更精彩的广告内容。

8. 其他新型广告

包括视频广告、路演广告、巨幅连播广告、翻页广告、祝贺广告等。随着互联网技术的发展，网络广告的形式也越来越丰富和多样化。比如，在即时通信工具对话面板上出现的广告、在SNS交互游戏中的广告、虚拟产品的广告等，而且这些形式更加能够吸引用户的积极点击，因此产生了超预期的传播效果，也会得到企业越来越多的重视。

(三)网络广告的传播特征

1. 传播对象面广

网络广告的对象是与互联网相连的所有计算机终端和移动终端的客户，通过互联网将产品、服务等信息传送到世界各地，其世界性广告覆盖范围更是其他广告媒介所望尘莫及的。

2. 表现手段丰富多彩

网络广告采用集文字介绍、声音、影像、图像、颜色、音乐等于一体的丰富表现手段，具有报纸、电视的各种优点，更加吸引受众。网络广告制作成本低、时效长以及高科技形象使越来越多的工商企业选择将它作为重要国际广告媒体之一。

3. 内容种类繁多，信息面广

网络广告的内容大到飞机、小到口香糖均可上网做广告。庞大的互联网网络广告能够容纳难以计量的内容和信息，它的广告信息面之广、量之大是报纸、电视所无法比拟的。如报纸广告的信息量受到版面篇幅的限制，电视广告的信息量受到频道播出时间和播出费用的限制。随着互联网技术的发展，越来越多的国内企业和个人在国际互联网平台上建立站点或主页，打出广告，推销自己，推销产品，使网络广告信息量激增。

4. 多对多的传播过程

报纸广告基本是一对一的传播过程，电视传媒则是一对多的方式，而互联网上的广告则是多对多的传播过程。之所以这样，是因为在互联网上有众多的信息提供者和信息接收者，他们既在互联网上发布广告信息，也从网上获取自己所需产品和服务的广告信息。

5. 具有互动性

网络广告的互动性是指企业或个人将广告信息内容准备好，放置于站点上，所有网络用户都可以通过上网及时查看，获取广告信息，即人—机—人模式。例如，一家公司通过网络广告将公司产品信息传播到世界各地的互联网计算机终端客户，当受众之一的个人收到该信息后，对该公司的产品产生了兴趣，开始在网上交互查找该产品信息，以期获得更多的有关信息。进一步而言，此人可通过电子邮件、网络电话、网络传真等向该公司询问各类有关问题，得到满意答复后，可通过电子商务手段实现商品购买。传统的销售渠道中间环节过多，既增加了广告成本，又减慢了商品信息传递的速度，难以满足飞速变化的市场需求。而利用网络广告可将产品信息几乎在生产的同时，就可同步传递到用户网中，等于在同一时间对无数受众做了广告宣传。如山东省的许多乡镇企业将自己农、副、土、特加工品在互联网上发布广告后，获得了国外大量订单，开拓了国际市场。

五、Web2.0 环境下的网络传播

（一）Web2.0 概述

Web2.0 这个术语是在一次为 OpReilly Media 公司的 Dale Dougherty 和 MediaLive 公司的 Craig Cline 联合举行的会议进行思想交流的时候由 Dale Dougherty 提出的。2004 年，国际 Web2.0 大会提出“Web2.0 成为一个平台”。Wiki 百科全书说，“Web2.0 是对于感知到的 World Wide Web 正在进行的变化：WWW 从网站的集合转变为向终端用户提供 Web 应用的计算平台的统称”。从这个定义上讲，我们可以看出，Web2.0 并不是一个具体的事物，而是一个阶段，是对这个阶段的各种技术和相关产品与服务的一个总称。所以，我们无法说 Web2.0 是什么，但是可以说哪些是 Web2.0。因此也有人如此总结：Web2.0 是以 Flickr、Craigslist、linkedin、Tribes、Del. Icio. us、43things. com 等网站为代表，以 blog、tag、SNS、RSS、wiki 等应用为核心，依据六度分隔、长尾理论、XML、A2JAX 等新理论和技术实现的互联网新一代模式。

“六度空间”理论又称作六度分隔（Six Degrees of Separation）理论。这个理论可以通俗地阐述为：“你和任何一个陌生人之间所间隔的人不会超过六个，也就是说，最多通过六个人你就能够认识任何一个陌生人。”该理论产生于 20 世纪 60 年代，由美国心理学家米尔格伦提出。人、社会、商业都有无数种排列组合的方式，如果没有信息手段聚合在一起，就很容易损耗掉。在互联网上聚合的弱纽带当然还是虚拟的，虚拟虽然是网络世界的一种优势，但是和商业社会所要求的实名、信用隔着一条鸿沟。熟人之间通过“六度分隔”产生的聚合，将产生一个可信任的网络，这其中的潜能和价值是无可估量的。

“长尾”理论是 2004 年 9 月美国《连线》杂志主编 Chris Anderson 提出的一个理论。它的

基本原理是：只要存储和流通的渠道足够大，需求不旺或销量不佳的产品所共同占据的市场份额可以与那些少数热销产品所占据的市场份额相匹敌甚至更大。即众多小市场汇聚成可与主流大市场相匹敌的市场能量。其成功的案例如 Google 的 Ad-Sense 和亚马逊网站等。

从以上关于 Web2.0 的定义、理论及其应用中，我们可以发现 Web2.0 的一个关键原则是用户越多，服务越好。在 Web1.0 中，网站关心的焦点是信息，而在 Web2.0 中则是以用户为中心来组织的数据，它是以人为核心线索的网。在以用户为中心的应用中，每一位用户都在不断地贡献着价值，这一无尽的过程充分应用了集体智慧，因而它符合互联网经济的网络效应理论。而集体智慧显然离不开用户广泛而持续地参与。用户的参与性隐含着一个潜在的前提与一个潜在的特点。潜在的前提是该架构意味着对用户的信任，相信用户所产生的群智力量；潜在的特点是用户往往是在利己的基础上参与网站的服务，而无形中达到了利他的效果，即成为传播者。发掘和充分利用接收与传播合二为一的特性才是让 Web2.0 最具吸引人的重要因素。

因此，Web2.0 是形成社区化生活方式的平台。在 Web2.0 中，个人不是被动的客体，而是作为一种主体参与到了互联网之中，个人在作为互联网使用者的同时，还成为了互联网的主动传播者、作者和生产者。

(二)Web2.0 的典型应用

1. IM

即时通信(Instant Messaging)的缩写是 IM，这是一种可以让使用者在网络上建立某种私人聊天室(chatroom)的实时通信服务。大部分即时通信服务提供了状态信息的特性——显示联络人名单、联络人是否在线及能否与联络人交谈。目前在互联网上受欢迎的即时通信软件包括 QQ、百度 Hi、微信、Skype、新浪 UC、MSN Messenger、Yahoo! Messenger、ICQ、Google Talk、阿里旺旺等。其中尤以微信得到了普遍的应用，已成为移动通信中不可或缺的工具。

2. Blog

Blog 即是 Web Log(网页日志，简称“网志”或者博客)合并演化而来，主要是以日记的形式发布文章，并可以附加评论的个人网页。Blog 是个人或群体以时间顺序所作的一种记录，且不断更新。Blog 之间的交流主要是通过反向引用(TrackBack)和留言、评论(Comment)的方式来进行的。Blog 的作者(Blogger)，既是这个 Blog 的创作人，也是其档案管理人。博客是继 E-mail、BBS、ICQ 之后出现的第四种网络交流方式；博客代表着新的生活方式和新的工作方式，更代表着新的学习方式。通过博客，让自己学到很多，也让别人学到更多。随着微信的广泛应用，博客的应用有下滑的趋势。

3. RSS

RSS(Really Simple Syndication，简易信息聚合)是基于 XML(可扩展标志语言)的一种形式，是在互联网上被广泛采用的内容包装和投递协议。RSS 是一种描述和同步网站内容的格式，是使用最广泛的 XML 应用。RSS 搭建了信息迅速传播的一个技术平台，使得每个人都成为潜在的信息提供者。发布一个 RSS 文件后，这个 RSS Feed 中包含的信息就能直接被其他站点调用，而且由于这些数据都是标准的 XML 格式，所以也能在其他的终端和服务中使用，这是一种描述和同步网站内容的格式。RSS 广泛用于网上新闻频道，网络用户可以在客户端借助于支持 RSS 的聚合工具软件，在不打开网站内容页面的情况下阅读支持 RSS 输出的网站内容。

4. Wiki

维基(Wiki)是一种在网络上开放且可供多人协同创作的超文本系统，由沃德·坎宁安于

1995年首先开发。这种超文本系统支持面向社群的协作式写作，同时也包括一组支持这种写作的辅助工具。也就是说，这是多人协作的写作工具。参与创作的人也被称为维客。同一维客网站的写作者自然构成了一个社群，维客系统为这个社群提供简单的交流工具。

5. Tag

标签（Tag），它是用来描述内容的分类信息标志。总的来说，Tag是一种分类系统，但是每个Tag均由用户自建，不必遵从某一分类体系，它是组织信息的一种新方式。随着Web2.0、Web3.0的应用（CSS＋DIV＋Ajax），Tag可被广泛应用，目的是为了更好地显示和突出搜寻的重点关键词或词条，以便更好地索引和指导用户浏览。

6. SNS

SNS是Social Network Software的缩写，即社会性网络软件，它依据六度分隔假说，以认识朋友的朋友为基础，扩展自己的人脉，这是一个无限扩张的过程；在需要的时候，可以随时获取该人脉的帮助。

7. P2P

P2P是peer to peer的缩写，可被理解为"伙伴对伙伴""点对点"的意思，或称为对等联网。它可以加强网络上人的交流，进行文件交换、分布式计算。

8. Web bookmarks（Web feed）

"网页书签"又名"网摘"，起源于一家名为del. Icio. us的美国网站于2003年提供的一项叫作"社会化书签"（social book mark）的网络服务。这项服务使网络用户可以随时将自己浏览的网页保存在网上，还能将这些信息与其他用户共享。

（三）博客营销与企业形象传播

中国网民中，超过50%的人浏览过博客。据报告对人群特征的分析，无论是博客作者还是读者，较之一般的网民而言，拥有更高的学历和收入。营销专家曾由此断言，博客营销将是企业理想的网络营销。对于企业而言，企业博客的网络营销功能归纳为两点：（1）它是有效的信息传递方式之一；（2）它是一种网站的推广方法。

目前，博客营销侧重的主要是消费者沟通、品牌打造、概念预热、市场前期调查、新产品测试、媒介关系处理、公关辅助等方面；另外，Blog相关技术可以帮助企业完成危机公关，利用RSS，企业可以第一时间掌握各个角落里对于企业的评判声；发布在博客托管网站上的博客内容，有价值的博客内容会吸引大量潜在用户浏览，造就了庞大的长尾市场，从而达到向潜在用户传递产品或服务信息的目的。

企业通过博客营销和传播有三种平台：（1）在知名博客上投放广告；（2）在专业博客网站开辟企业博客；（3）企业独立开发企业门户博客，拥有独立域名。

从目前来看，独立的CN博客域名不失为一个最佳的解决之道。注册一个独立域名指向博客，不但使企业（或者个人）的博客有了一个对外的独立标志，对广告主而言，可以依据CN博客域名进行效果评估，从域名注册机构提供的CN域名解析数据分析广告效果，从而有针对性地进行广告投放，对目标受众、投放效果等进行评估。同时，一个简短的CN域名有利于博客的推广和传播，令读者更易记忆和访问，从而令博客获得更高的流量。更重要的是，通过对域名指向的控制实现对博客流量的控制，通过培养访问者对博客域名的访问习惯，取得博客的自主权，从而自己掌握博客商业命运。另外，综合利用Web2.0的各项技术、理论及其核心应用，将博客融合到企业门户网站将成为企业网络营销的主要发展方向。

(四)RSS 营销与企业形象传播

RSS 营销就是指通过利用 RSS 技术向用户传递有价值的信息来实现网络营销目的的活动。这样,企业利用 RSS 技术可以及时把最有价值的信息(如商业机会、商品价格、某些关键词的搜索结果等)“推”向用户,使用户不必每天去访问成百甚至上千的网站,就可以获取这些网站最新的信息,从而使企业更为有效地开展网络营销活动。如亚马逊网站几乎将所有种类的商品(图书、电子产品、音像制品、玩具、服装等)打包成相应的“RSS 频道”,向用户终端的阅读器定期发送。通过 RSS 这个新渠道,亚马逊每当有新商品上市,在有新促销信息和新重大新闻时,都能快速及时地将这些信息“推”向用户,由此不仅给用户提供了方便,而且还大大提高了这些信息的普及率。

(五)SNS 营销与企业形象传播

随着互联网普及率的进一步提高和 Web2.0 大潮的逐步推进,社交网站已经成为网民在互联网上的重要基础应用之一。Facebook 的成功范例使得一些以 SNS 为核心理念,定位于商务社交、生活口碑、专业人士、年轻人群的社交网站迅速兴起,并在短期内吸引了大批用户,赢得了资本界和业界的广泛关注,行业竞争程度也逐步升级,用户走向进一步细分。

社交网站带来的多样化社交网络应用正在改变着人们对互联网的使用习惯,也对中国互联网的发展和普及起到了积极的推动作用。随着各类社交网站和应用程序在竞争中快速发展,用户规模迅速增长,2019 年社交网站行业研究报告显示:行业用户规模已达 9.73 亿,安装应用程序(APP)渗透率达到了 88.5%。

社交网站体现出的用户黏度和流量优势,正在吸引着越来越多的广告主在社交网站上进行广告投放。社交网站上的广告形式主要包括植入式广告、主题互动式广告、精准营销广告、口碑传播、生活资讯、品牌及产品搜索、应用平台分成等。

SNS 最大的特点是能实现基于用户真实身份的精准营销。作为真实关系网络延伸的 SNS 网站会员的信息真实度较高,同时,我们也可以依据用户信息和朋友圈子去判断一个用户的真实程度。作为 SNS 网站,可以从注册信息里非常详尽地知道每一个用户的基本用户属性,也可以从用户的使用行为中分析得出兴趣、经历、偏好、朋友圈、购物记录,这为高精度营销活动做好了数据上的积累。利用这些掌握的用户人口统计和行为信息,网站可以很轻松地将此服务转换为一个广告网络。

充分利用用户的参与和互动,研究用户的兴趣点以及用户之间互动的连接点,是社交网站创新盈利的重点所在。由于网络存在海量信息,大量信息需要用户进行选择和过滤,而从朋友那里得到的消息往往更有参考价值。在这种情况下,通过会聚好友的社交网站进行“口碑传播”就成了有效的营销传播方式。知识型产品、奢侈品可利用社交网站用户互信程度较高的背景进行口碑营销;企业可以选择入驻 SNS 网络,在网络阵地上扩展和巩固用户群体,使其成为消费者可以信任的消息来源。

六、移动网络传播

虽然发明手机的主要目的是用来进行语音通话,但是手机与互联网的结合已经使其成为了一种重要的网络传播方式。人们通过手机不仅可以通话,还可以上网、阅读新闻、收发 E-mail、游戏娱乐、订购商品与服务、发布和接收各种信息等。手机已不仅仅是现代通信业的代表,它还是网络媒体延伸的重要组成部分,社会已经进入到了移动生活时代,企业的商务活动也进入到了移动商务时代。

工信部2019年4月的数据：中国手机上网的用户规模已达12.9亿户，三家基础电信企业的移动电话用户总数达15.9亿户；其中移动宽带（3G和4G）用户13.4亿户，4G用户规模为12.1亿户，至2021年4月，国内的5G用户数超过了3.5亿。

移动网络的发展也给企业进行移动营销、品牌形象移动传播带来了广阔的空间和良好的机会。移动营销也可以称为“无线营销”，是一个既涉及无线通信，又与市场营销有关的跨领域交叉学科。“无线营销”也可以理解为“网络营销”的一个技术性延伸，它们的理论基础都是市场营销。正是由于“无线营销”对“网络营销”的“无线”延伸，从而给市场营销创造了“无限”的应用前景，形成了“A的立方（A^3）”的概念。具体而言，就是“无线营销”使人们可以在任何时间（Anytime）、任何地点（Anywhere）做任何事情（Anything）。这使人们的学习、生活和工作发生了翻天覆地的变化。

移动营销传播最显著的特点是能实现对用户的精准营销。一个手机号码对应一个手机用户，且往往是用户随身携带，使通过手机投放的广告能直接到达目标用户手中，这也是实现精准营销的基础。另外，移动营销也可以采取与传统媒体及互联网媒体相似的广告投放方式，直接进行广告推送。但和传统媒体不同的是，广告营销公司在推送广告前会先根据客户情况做目标受众分析，根据目标人群的关键性指标，如年龄、性别、兴趣爱好等筛选出目标受众进行广告推送，由于手机的高对应性，使广告能高效地传送到潜在的目标客户手中，从而实现广告效果的精准化和最大化。

随着4G网络的普及和5G时代的到来，手机上网速度这个“瓶颈”得到了很好的解决，传统互联网上的所有传播手段和方式在手机上都能得到方便的应用和无缝对接，从而发挥移动传播的优势。现在快手、抖音、今日头条、冯站长之家等都成为了移动互联网传输信息的重要平台。

七、微信公众号

微信公众号是由腾讯公司开发的一类自媒体平台，它可以帮助企业提高品牌知名度，降低宣传成本等。其基本形式包括服务号、订阅号、小程序、企业号四种。

服务号适用于企业和组织，并且需要具备开发能力和客户管理能力。每月只能群发四条信息，提供强大的产品服务功能，可以发送产品信息，也可以销售产品，支持微信支付，构建电商体系，拥有微信全部高级接口。

订阅号适用于企业组织和个人，每天可以群发一条信息，具备信息传播、媒体资讯传播、品牌宣传的功能。可以发送产品信息，但不可以销售产品，开放部分高级接口。

小程序可以更快、更便捷地获取和传播信息，无需下载，占用内存少。

企业号只适用于企业内部的通讯，实现管理效率的最大化、信息传递的无限制。

企业可根据公众号的类型和功效进行选择。服务号支持企业和媒体的认证；订阅号支持个人、企业、政府、媒体及一些组织的认证。只有获得认证的标识后，才能获得更完美和更高级接口的特权。运行中获得认证的组织可以从订阅号升级为服务号，升级后类型不可变更。服务号和企业号推送的消息可以在微信的列表中显示，而订阅号推送的消息则须点开“订阅号”文件夹；小程序位置在“发现”中获取。

当企业想做品牌时，微信公众号无疑是一个很好的选择。

第三节 网络传播策划

网络传播策划主要包含的内容有企业网站建设、网站运营。好的网站会受到社会各界公众的喜欢,吸引更多的网民登录,从而确保网站的传播效果。

一、企业网站建设与运营策划

(一)网站策划的重要性

网站策划是根据企业网络传播的需要,对网站的风格、功能模块、栏目内容、网站营销策略以及网站运营策略做出的一个整体方案。

网站策划直接决定网站能否成功。缺乏整体策划的网站建设很难达到预期的目标。一个实用的、有价值的好网站,应该具有一定的功能,我们把这种类型的网站称为功能型网站。功能型网站是网络技术与企业运营相结合的产物。企业网站的建设,其实是一个营销整合的过程。首先需要了解企业的各种需求,包括了解企业的市场状况、竞争状态、营销渠道、方式及方法等;其次把它与互联网技术相结合,将这些工作移到网上进行。大多数企业尽管是传统营销的行家,但对互联网,尤其是那些对网络可以实现的功能并不了解,或者是没有更深入了解的企业,可能提不出更具体的要求。这时寻求专业网站人员进行策划与构建就非常必要。而如何更简捷地体现网站的功能,这些功能又怎样与企业 CIS 系统相结合等,都需要专业人员对网站的构建进行深入思考。

企业建站需要一个完整的策划,这个策划过程要进行针对企业的市场分析、可行性分析、目标群体分析,还包括网站的主要栏目设置、主要功能选择、整体结构界定等多方面的工作。

(二)网站策划的内容

1. 客户定位

了解客户特征、客户习惯和客户喜好。

2. 网站的风格定位

网站的风格定位是网站建设的第一步,也是网站走向成功的起点。其重要性应得到足够的重视。影响网站风格定位的主要因素有公司企业文化、行业特征、产品定位、客户定位等。在综合考虑了这些因素之后,网站设计师、分析师以及策划师须联合对网站进行风格定位。网站风格主要包括:站点的 CIS(标志、色彩、字体、标语);版面布局;浏览方式;交互性;网页表现形式等。风格定位的准确性是网站成功与否的关键所在。

3. 网站的栏目设置

网站的栏目是构成网站最重要的部分,是网站的骨架,是承载网站内容的基础。好的栏目设置可以帮助用户更好地了解和使用网站,提高用户的停留时间,从而增加企业的商业机会。合理的栏目设置可以更好地展示企业的文化、核心价值、产品信息、解决方案等客户最关心的问题与内容。

4. 网站的内容规划

如果说栏目是网站的骨架,内容就是网站的血肉,是网站真正的核心。网页漂亮美观固然重要,可是真正能吸引和留住客户的是内容。所以,对内容的组织和提炼就成为了网站建设过程中最关键的一个环节。网站独创的、有价值的内容不但可以提高访问用户的黏稠度,更能有效地提高网站在搜索引擎中的排名,从而吸引更多的用户。对产品合理地分类和描述,会对公司产品的销售起到无法估量的作用。网站内容更新频率同样是衡量一个网站水平的重要指标。

5. 网站的技术解决方案

技术解决方案是网站最终能够被用户使用的根本，不同的企业，对网站有不同的功能需求。技术解决方案主要包括网站的软件环境和硬件环境，具体包括：网站开发语言（ASP、JSP、PHP 等）；数据库类型（Oracle、SQL Server、MySql、Access 等）；服务器类型（虚拟主机、虚拟专机、主机托管等）；网站安全性方案（防黑客、防病毒等）。专业的网站策划要求根据企业的实际需求制订合适的技术解决方案。

6. 网站的网页结构和框架

网站的网页结构和框架是一个比较容易被忽视的问题，但对于网站的价值却是非常重要的。网页结构和框架的合理性可以提高网站的可操作性，从而提高客户访问网站的效率，让客户更快地了解公司，更快地找到客户需要的产品，这对提高客户的忠诚度和满意度有极高的价值。不仅如此，好的网站结构还能够帮助网页在搜索引擎中占据理想的位置。

7. 网站的整体营销方案

企业建设网站的根本目的是促进企业产品或者服务的销售，从而加快企业的发展壮大。若要网站帮助企业达到这样的目标，网站本身的推广就成了一个前提，只有更多的客户知道并且访问企业的网站，网站才能帮助企业提高产品的销售量以及提升企业品牌的价值。而网站的推广营销是一项系统工程，需要专业的营销人员进行策划，制订一整套切实可行且贴近用户的营销方案，包括搜索引擎竞价排名、搜索引擎优化（SEO）、事件营销、E-mail 营销、联盟营销、病毒式营销、免费服务营销、广告投放等。搜索引擎是当今互联网世界最权威、最高效也是最受网民欢迎的工具，企业网站在各大搜索引擎中的排名位置在很大程度上决定了网站的运营成功与否。排名越靠前，越能受到用户的关注，关注的用户越多，企业获得的商业机会就越多，所以搜索引擎营销是整个网站营销中的重中之重。

（三）网站策划的注意事项

1. 明确企业建立网站的目的

根据企业的产品、销售渠道和销售对象等情况，明确企业的网站是信息服务型、销售型、销售服务型或是综合型，面向企业客户的网站和面向个体消费者的网站是完全不一样的，即使是面向个体消费者的网站，其目的也并非仅仅是销售商品，而且并不是所有产品都适合在网上销售。比如，面向企业客户的网站，重点是其在企业间合作过程中的作用，而不需要像面向消费者的网站那样千方百计地去增加浏览率。如可口可乐公司没有在网上销售产品，网站只是它树立形象、提供顾客服务的一个工具，是整体营销战略的一部分。

2. 了解自身的目标市场

企业的客户是企业还是个体消费者，他们的信息化程度、上网频率、主要使用语言、主要希望了解的信息、购买水平、主要使用的浏览器等，这些都要搞清楚。当然，最初建网站时不可能了解这么细致，网站内容需要随着对消费者了解的深入而逐步调整。比如，企业的顾客群体如果是喜欢新技术、受教育程度较高或经常使用互联网的，则电子商务成功的可能性就很高。

3. 明确自身的竞争优势

企业的网上、网下竞争对手（网上竞争对手可以通过搜索引擎查找）在商品、价格、服务、品牌、配送渠道等方面的优势，竞争对手的优势能否学习？如何根据自己的竞争优势来确定自己的营销战略?

4. 如何为客户提供信息

企业的网站信息来源,信息是集中到网站编辑处进行更新、发布还是由各部门自行更新、发布?集中发布可能安全性好,便于管理,但信息更新速度可能较慢,有时还可能出现协调不力的问题。比如,某产品已经售缺,但网站编辑却不知道,仍在网上销售该产品。这时如有客户购买,后续的解释、退货,亦或是长时间等待发货都会对企业形成不利的局面。

5. 评估自身的获利能力

本企业网站是单独的业务,还是传统业务的一部分?希望从哪些方面获得利润?自身的获利能力如何?

如果在建设网站之前循着上述提示将各个环节思考清楚,并找出相对准确的答案,就会有一个非常好的开端,剩下的问题主要就是一些技术性支持了。

二、基于 SNS 网络整合传播策划

互联网网络营销的手段已经非常丰富,包括门户广告、搜索引擎营销、论坛营销、博客营销、视频营销,以及利用 C2C 平台销售产品、利用 B2B 平台推广产品、利用直播平台进行产品直销,甚至是自建网站宣传品牌和销售产品等。所有这些手段和方式本质上都没有错,都会有一定的效果,但是所有的这些方式都存在效益递减和成本递增的可能。

下面以 SNS 为例,分析企业进行网络整合传播营销的几种思路。

(一)把产品或者品牌植入 SNS 用户的交互媒介中

目前在 SNS 网站上,送虚拟礼物是一个表达人际关系的重要方式,而虚拟礼物与现实生活中的用品相对应,比如饰品、服装、化妆品、书籍等都可以。如推广某款服装,可以依照现实的模样做一个虚拟礼物,放置在礼物列表中,用户可以把它当作免费礼物送出,而且送出的虚拟礼物中存在着幸运机会。比如说,礼物接受者 100 人中有一个人有机会获得现实中的服装,获得服装的人需要在网站群组中留言评论。目前大型的 SNS 网站中,超过 1 000 万以上的用户已很平常,假如通过送礼页面发送礼物,其中如果只有 1%的人用它来送礼,也至少超过 10 万人主动送礼,而且被送礼的人也可以看到这个礼物,这样至少有 20 万人参与进来,当受赠礼物者产生回赠行为的时候,这个礼物本身的印象再一次得到加深。由于参与活动能够引起人们的好奇心,而人们对礼物的关注又使每天浏览礼物页面的人增多,从而发挥广告显示的功效。同时还为用户提供了购买的入口,这个入口可以是网上商铺,比如自己建立的销售网站,也可以是在其他网络平台上建立的商铺等,据此,可以推算出明显的效果转化率。需要指出的是,礼物要具备明显的吸引力,受到人们的重视。

(二)建立产品和品牌的群组,让用户接受产品和品牌的概念

在 SNS 网站上建立品牌或者产品用户群,在用户群中,用户之间会产生互动,从而产生更高的黏度和拉更多的人进来。同时,通过这个群,可以辨别出用户的属性,包括用户的年龄、性别、学历、收入、阶层等,而且这些用户在网上参与投票、参加游戏、参与测试等,留下了丰富的行为特征,这些行为给企业提供了很好的用户行为特征数据库,为企业做下一次的产品营销,甚至产品的设计方向提供了绝佳的参考。

SNS 网站的群组营销有自己的独特优势,它是真实的群组,有朋友之间的互动关系,企业和用户之间也可以建立便捷的沟通方式,这是与传统群组和论坛营销不同的地方,对于广告主而言,可以更加容易看到品牌推广的效果。首先,每个群组加入的人群是真人;其次,人数的多

少是确定的，由此参加群组活动的用户积分可以计算；最后，主体数和回复数一目了然。

本章思考

1. 企业应如何利用网络传播来塑造企业品牌形象？
2. 企业应通过哪些途径和方法开展网络传播？
3. 企业应该如何制作网络广告并如何传播？
4. 企业应如何建设自己的网站？
5. 请你利用 SNS 为企业设计一套完整的营销传播方案。

第十二章 形象策划效果评估

开展企业策划性工作，包括对 CIS 投资，开展各项公关、营销、服务、广告、网络运营等一系列活动，一定会得到市场的认同与回报。认同表现为市场接纳企业的产品与服务；回报表现为企业经济效益的提高。企业有关形象策划活动的各项投资所产生的效益有别于其他项目(如新产品开发、新领域进入等)的投资，表现为企业在获取正常效益的基础上产生的增量，这是一个不断渐进的增量。

任何一个企业开展上述策划性活动所进行的投资，都期望得到一个良好的投资回报率。然而，企业策划活动的投入所能实现的活动目标是一个长期的市场回报过程，很难在一个短时间内得到一个令人惊喜的效果。因此，对企业策划活动的评估也需要从一个历史发展的角度来进行分析。

为使企业的策划活动与运作效果得以实现，有必要从理论与实践的结合上，建立一套比较系统且又可行的策划活动实施效果评估体系。这样，不仅有利于对我国企业策划活动的成功经验进行总结与推广，促进我国企业策划活动运作的进一步发展，而且也有利于企业主管和策划专案人员既了解到自己工作的成效，又能发现不足，使活动中出现的问题及时得到解决或处理，并对下一步工作的推广和实践进行策略性的调整，以期取得良好的效果与效益。

第一节　经济效益评估

企业是营利性的经济组织，企业任何活动，包括经济活动与非经济活动，都是以获取经济利益为最终目的的。经济活动的直接目的就是获取经济利益，非经济活动是为经济活动提供服务的，是帮助企业实现经济利益的。所以，企业任何一项投资都必须考虑到其成本和收益之间的关系，以确保在一个稳定的历史时期内，其收益大于支出，形成企业利润。这是一个企业生存和发展的必要前提。企业策划工作既是一种经济活动，又是一种社会活动。作为一种经济活动，企业期望通过活动本身的运作，带给企业更大的收益，以确保企业经济效益目标的实现。作为一种社会活动，企业期望通过策划活动的运作在社会上形成一定的影响力，通过参与各类对社会有益的事业，提高企业的知名度与美誉度，赢得社会各界公众的好感、信赖和支持，并由此转化为社会公众对企业、企业产品、企业服务和企业品牌的认同与接纳，最终使企业经济效益得以提高。因此，我们必须首先考虑策划活动与运作活动的成本投入与经济效益之间的关系。

一、企业策划投资与运作成本的计算

企业高层领导一旦决定对企业实施形象策划，就是期望从战略层面上把握企业的未来，为企业的发展奠定良好的基础。这时企业就必然面临着企业形象策划的战略投资问题。企业策划活动的投资回报是一个渐进的过程，很难立竿见影，但它可以保证企业运行规范，形成良好的企业形象和品牌效应。在活动实施的开始阶段，企业的投资代价较为高昂，企业必须分析形象策划的成本支出，分析其成本支出的有效性，争取以最小的投资获得阶段性更满意的结果。

这里我们按照CIS策划性工作的运行思路来进行分析，其他各项策划性工作，包括营销策划、品牌策划、服务策划、公关策划、广告策划、新闻策划、危机管理策划、网络运营策划等与CIS策划运行和效益评估的思路基本相同。这其中很多策划性工作和具体的实施性工作大部分是融合在一起的。

CIS战略运行工作分为导入期、运作期和收获期。导入期为提出CIS导入，进行导入实施(含调研、创意、设计、策划等)，直至导入结束的时期。这一时期，通常需要一年左右的时间。运作期为CIS导入以后的实施过程，包括传播工作、广告活动、公关活动、产品促销活动等。这一时期持续的时间更长，但一般的成本投入均以一个经营年度为计算周期。收获期是在企业规范了运行行为、形成了良好的企业形象之后，可以长期获得经济利益和社会利益。这里对运行成本的计算只能计算导入期和运行期，而在企业的长期发展中，其运行期与收获期既有衔接，也有融合。在长期的运行中，由于企业从策划的运行中获得了经济利益，因此，它们会愿意为策划活动进行导入投资和运行投资。

我们将年度支出的CIS总成本确定为C(Cost)。其具体成本内容包括：

(1)企业实态调研费、咨询策划费、创意设计费，记作C_1。

(2)相应的员工投入价值，含教育培训(企业培训、国内培训、国外培训)、实施工时费用等，记作C_2。

(3)企业导入CIS的实物投入和损耗，含统一行为识别物的制作、视觉识别系统的制作、各种手册的印制费等，记作C_3。

(4)导入后的各项推广工作，含营销、广告、公关、媒介传播、促销、各项服务水准的提升等支出，记作C_4。

其中，第一项支出C_1为企业CIS导入费用，这部分费用具有可控性，且容易核算，它在投资形态中由于表现为一次性投入，所以在CIS导入期，CIS投资额度会比较大，但与CIS运行费用相比会小得多。这部分费用的投入，是CIS运行之前的必要投入，是CIS运行的依据。没有这部分费用的投入，CIS运行就无从谈起。在其他企业形象的策划中，这部分费用就表现为策划费，即支付给策划人员(咨询公司或专家)的费用。

在第二项支出中，教育培训费是单独的投资，比较容易计算，而实施工时由于与没有进行CIS导入期的工时费用混淆在一起，所以计算起来有着相当大的难度。在实际成本支出中，很难将其分割成CIS成本部分和非CIS成本部分，我们只能将进行了CIS导入之后与没有实施CIS导入时的运行投入进行比较，对其中超过一般工时的费用计入CIS运行成本之中。

第三项支出由于以实物形式出现，我们只能计算原始的制作成本。企业CIS导入之后，由于指导行为和统一形象的所有物品都发生了新的变化，从而需要重新制作，这样，其制作成本是容易核算的。

第四项费用中的每一项支出，如广告费、促销费、公关费等，企业都要单独预测、分项支出，所以也是容易控制且容易核算的。

美国企业 CIS 导入的成本核算，一些经济学专家认为，一个企业为实现其变革计划的一半(另一半延伸原来的思路不做改变，如投资方向、投资领域、组织结构等)，必须在改变人的行为方面花费大约年度预算的 5%～10%。这种改变人的行为费用即指 CIS 导入费和各项策划费用。而在我国，所有 CIS 导入的企业所支出的 CIS 成本，用于第四项即传播的费用最高，占总投资额的 90%～96%。这是因为，我国的企业认为，要想塑造企业形象，形成企业的光环效应，没有传播工作，不做广告，不开展公关活动，不做产品的促销，很难实现理想的目标。但对 CIS 导入费用，更多的企业表现出不情愿或很吝啬的态度，谈判中尽力压缩这部分开支。须知没有 CIS 导入，就不可能有良好的 CIS 运作。通过以上分析，我们可得出 CIS 导入与运行的总成本：

$$C=C_1+C_2+C_3+C_4 \tag{12-1}$$

二、企业 CIS 运作收益的计算

企业 CIS 导入后，企业要全员加入 CIS 的运行工作之中，包括教育培训、规范行为、监督检查、制作各类文件等。然后就是对外传播，开展公关、广告、促销等各项工作。通过企业的 CIS 运作，可获得直接的经济效益和间接的经济效益、实施 CIS 导入的年度效益和未实施 CIS 导入的年度效益、企业实施形象工程所获得的形象资产的增值、CIS 导入以后企业长期所获得的利益等。

(一)直接经济收益与间接经济收益

企业实施 CIS 战略的重要成果主要有两个方面：一方面是企业直接经济效益的提高，表现为销售额中利润比例的上升。这是在 CIS 导入的运作后，直接信息传递所带来的市场的扩大、消费者对产品接受度的提高、企业竞争优势的加强而导致的结果。另一方面是企业社会效益的提高转化为企业经济效益的结果，这是企业间接经济效益的提高。这是因为，企业知名度、信誉度、美誉度的扩大，企业形象的提升等效应产生的社会公众对企业信任程度的加强，形成了更多的公众对企业、对企业品牌、对企业产品、对企业服务的认同与接纳。

在这里，我们把企业的经济效益记为 P(Profit)。CIS 运营的经济效益是指企业实际收益的增加部分，表现为企业所获得的利润，它通过销售额中利润所占的比例进行计算，也可以通过销售收入减销售成本获得。我们在计算企业 CIS 的运作收益时，以销售额作为计算依据，这是因为，企业 CIS 导入前和导入后同类产品的价格可能会因为品牌知名度的扩大而有所上升，所以其利润率会发生一定程度的变化。同时，市场占有率也会有所增加，甚至可能会有更大幅度的增加。为避免不可比因素影响计算的准确度，我们统一以销售额作为前期计算的依据。

(二)实施 CIS 导入的年度收益与未实施 CIS 导入的年度收益

一般来说，对企业 CIS 运行的收益状况，应以增量对比分析法进行分析。有些企业实施 CIS 导入时间短，仅有一年的时间；有些企业实施 CIS 导入时间长，比如两年以上。这样，销售额增量或利润额增量肯定有着相当大的差异性。因为企业直接效益，即期性比较强，而企业的间接效益，延期性比较强。实施 CIS 导入多年的企业，其效益增量(销售额增量和利润额增量)自然要大于实施 CIS 导入一年的企业。因此，这里有必要进行分析。

(1)本经营年度开始实施 CIS 导入的企业，其实施 CIS 战略所带来的直接收益增量和间接收益增量我们统一记作 P，则 P 为直接收益与间接收益的总和。但在实际计算中，我们很难将这两部分分开，因为间接收益最后总要转化为企业的实际收益而融入企业的总收益之中。

在CIS战略实施的过程中，广告活动和商品销售促进活动直接影响着销售额的大小，新闻传播活动和公共关系活动对销售额的扩大也会形成一定的影响，同时，这两项活动又会对企业形象的提升，企业知名度、美誉度的扩大产生巨大的影响力，从而对企业收益又具有延续性的效应。对销售额扩大的影响可直接计入本年度销售收入之中，其延续性效应对以后年度的销售额扩大产生的影响，可计入产生影响的年度内。这里我们仅就实际发生额进行统计。

由于实施CIS导入经营年度的销售额与未实施CIS导入经营年度的销售额可以通过企业的统计资料和历史资料获得，所以以销售额作为企业收益计算的指标简便易行。我们将以销售额增量计算的收益记作 P_1，销售额记作 S，其中实施CIS经营年度的销售额记作 S_c，未实施CIS经营年度的销售额记作 S_o。其计算公式为：

P_1＝实施CIS经营年度的销售额－未实施CIS经营年度的销售额

$$=S_c-S_o \qquad (12-2)$$

（2）通过进一步分析，我们不难发现，P_1 实质上是由两个因素的变动而产生的。一个因素为价格，即由于企业CIS的导入，使企业产品品牌定位发生变化，使产品品牌的市场位置上移，同时其品牌的影响力也得到了加强，导致企业产品价格上扬，高于市场平均价格而给企业带来了收益；另一个因素是由于销售量的扩大即由于市场占有率的提高而给企业带来的收益。有影响力的品牌，其市场占有率一定高于其他品牌。

其一，从价格变动的角度来分析。由于企业实施了CIS战略，企业拥有了良好的形象。为保持良好的形象，企业必须在形象内涵上下功夫。其中，最基础的内涵之一是生产和经营具有优秀品质的产品，将其培育成名牌产品，使其品牌价值高于同类产品品牌的价值，使其产品的价格高于同类产品的平均价格。这种由CIS导入与运作给企业带来的变化可能通过两种形式得以实现：一种是骤变，即企业导入CIS以后，确定了企业的经营战略，将原有产品进行改革，使其质量加强、功效突出、性能优良，并改变其包装等外观，使其具有高档产品的表现，以在市场上赢得消费者的青睐。另一种就是渐变，即企业导入CIS以后，确定了企业战略目标，将原有的产品逐渐地提高档次，从质量、功效、性能上逐步地按市场上的要求进行改变，使其不断地升级换代，价格也逐步地得以提高，几年以后，企业产品的整体形象就会得到大大的改观。

市场上的西装从一二百元至五六千元，甚至上万元乃至几万元的不等价格，突出表现的就是名牌产品的品牌价值与普通产品价值的差异。名牌产品自然有名牌产品的设计、名牌产品的质量、名牌产品的功效与性能等表现形态，但如果不对名牌产品进行培育，其品牌的价值基础再牢，也很难实现名牌产品的品牌价值向超额价格的转换。企业要想成功地实现这种转换，必须要依赖于CIS的整体运作。这说明，将企业品牌价值的超值部分转化为市场的超额价格，归因于企业实施CIS战略和企业形象策划所带来的收益，应计入企业CIS收益范畴之内。这部分收益记作 P_{11}，将企业实施CIS的产品价格记作 M_c；而将市场上其他企业同类产品的平均价格记作 M_b，企业实施CIS的产品销售量记作 X_c。计算公式为：

P_{11}＝（企业实施CIS后产品价格－同类产品的平均价格）×企业实施CIS后的产品销量

$$=(M_c-M_b)\cdot X_c \qquad (12-3)$$

式中仅仅反映的是产品价格变动的情况，其中企业实施CIS后的产品价格（M_c）以及实施CIS后的产品销售量（X_c）可由统计资料获得，同类产品的平均价格（M_b）可通过调查、咨询获得。

其二，从销售量变动的角度来分析。由于企业实施 CIS 战略，企业的媒介传播活动、广告活动和促销活动的开展，势必要带来市场的扩大和产品销售量的上升。由于销售量增加而带来的收益是企业 CIS 导入后的直接收益，也应计入 CIS 的收益之中。我们将这部分收益记作 P_{12}，企业未实施 CIS 战略时的产品销售量记作 X_o，其计算公式为：

$$P_{12}=(\text{企业实施 CIS 战略后的产品销售量}-\text{企业未实施 CIS 战略时的产品销售量})\times\text{同类产品的平均价格}=(X_c-X_o)\cdot M_b \quad (12-4)$$

式中反映的是产品价格不变情况下，产品销售量的变化所引起的销售额的变化。这里我们假定，企业在实施 CIS 战略之前，其产品价格为同类产品的平均价格(M_b)。

例：我国某企业 2013 年产品的销售收入为 12 亿元人民币，2014 年 2 月开始导入 CIS，并于当年进行 CIS 的传播与实施，2014 年当年产品销售一跃至 20.35 亿元人民币，较 2013 年增长了 60%以上。这样大的增长幅度不能不说明它与企业导入 CIS、树立良好的品牌形象有着必然的联系。

需要说明的是，我们将企业 CIS 导入后，销售额的增加所带来的收益的原因分解为价格的变动和销售量的变动两个因素，为了确定企业销售额的增加是由哪个因素变动所引起的，企业还应该按照上述的说明进行分类计算。

如上例，企业由于导入 CIS 后而增加的销售额 8.35 亿元人民币，其中由于单位产品的价格从原来的 20 元调整到了 22 元，单位产品价格增加了 2 元。2013 年企业销售量为 6 000 万件，销售额为 12 亿元人民币；2014 年企业销售量为 9 250 万件，销售额为 20.35 亿元人民币。

这里由于价格变化增加的销售额部分为：9 250 万件×2 元=1.85 亿元。

由于销售量提升而增加的销售额部分为：(9 250－6 000)万件×20 元=6.5 亿元。

事实上，单位产品价格变动是显而易见的，这是一个需求弹性的问题。如果对于某一品牌的产品，市场上销售量的刚性比较强，即需求弹性不大，则价格的变动就有利于企业取得更高的收益。而作为消费品，这种现象并不多见。这里主要的原因在于企业对品牌的培育导致消费者对品牌的认同。而某一品牌能给消费者带来更满意的利益，即使单位产品价格高，他们也愿意接受，这就说明企业的软性投资得到了硬性的回报。软性投资为形象、品牌、广告、公关等 CIS 方面的投资，硬性回报是企业销售额的增加和利润额的上升以及市场占有程度的加强。

以上从经济效益的角度来分析，企业由于 CIS 导入与运作，其收益状况为：

$$P_1=P_{11}+P_{12} \quad (12-5)$$

这里，P_1 表现为企业 CIS 导入后实际销售额的增量所带来的收益，含价格变动增量和销售量变动增量所带来的部分。而要使这两部分的增量转化为企业的经济收益，还必须按企业 CIS 导入后的实际利润水平计算，这是因为，实施 CIS 导入需要企业支付一定的费用，这部分费用扣除后再计算企业的利益，才是企业真正利润的增加。这里，CIS 导入后的实际利润率记作 I_c。即：

$$P_1=\text{实施 CIS 经营年度的销售额}\times\text{企业 CIS 导入后的实际利润率}=S_c\cdot I_c \quad (12-6)$$

(三)企业 CIS 运作后形象资产的增值

企业形象是企业的一种无形资产，是企业整体素质的外在反映，是企业的一种精神价值。如前所述，企业形象提升的巨大市场影响力，可以对企业收益的扩大产生延续性效应，这种延续性效应最终并入企业的收益之中。但在企业 CIS 导入之后的几年中，我们无法从其销售额中单独分割出企业形象的价值。因此，这里我们有必要对企业形象资产价值的增值进行专门性的分析。

现代市场经济的发展，使企业越来越重视其无形资产的积累。而在社会上，对企业无形资产的评估也有专门机构，从而形成了一套比较完善的评估手段与方法。这里，我们不是应用对企业无形资产的评估手段与方法来评价企业无形资产的价值，而是要通过计算企业形象资产的增值来确定企业实施 CIS 战略运行后所带来的收益。

一般来说，不是任何企业都要进行无形资产的评估的，只有那些已经拥有了相当高的无形资产，企业形象、品牌价值都相对稳定的企业，才能或才肯愿意进行企业无形资产的评估。但不管企业是否进行其无形资产的评估，由于企业进行了 CIS 的导入与实施，必然带来企业形象的提升、企业品牌价值的增大，从而导致企业收益的加强。当我们尚不知道企业的无形资产价值究竟多少时，仍可以计算出企业无形资产带给企业的收益。这里，我们采取超额资本利润率指标来对企业形象资产作出简单的评估。

超额资本利润率是指企业超出行业资本平均利润水平部分所带来的利润率。企业资本投入分为固定资本投入与变动资本投入。在一定的历史时期，企业资本投资总额是既定的，而且在一个特定的行业中，资本利润率水平也是可以计算的，如果企业的资本利润率水平高于平均资本利润率，则超过部分就形成了超额资本利润率。

超额资本利润率的获取途径主要有：

第一，企业劳动生产率高于社会平均劳动生产率水平。企业有较高素质的员工，有现代化的机器设备和科技手段，有科学的管理方法，所有这些要素都可以使企业形成较高水平的利润率。

第二，企业的市场运行状况好。表现为企业有着优良的产品和细致的服务，有系统的营销手段与有效的广告、公关、媒体传播手段的配合。

第三，企业的社会影响力大，品牌知名度、信誉度、美誉度高，社会公众愿意接受企业高价值的产品与服务。

在以上途径中，前两种途径是企业形象的基础，后一种途径是企业形象的表现。三种途径共同构成了企业形象乃至企业无形资产形成的价值途径。

通过以上分析我们可以看出，资本利润率的高低是企业综合实力的反映。企业技术的先进与否，员工素质的高低，产品质量的优劣，管理水平的好坏，生产组织协调均衡与否，营销方式的优化程度，广告、公关的配合等方面，无一不对其增减变化产生强劲的影响。而超额资本利润率恰恰反映了以上诸多方面的综合作用，是企业综合实力的超值反映。因此，从理论上讲，利用超额资本利润率来估算企业形象价值的增值是科学而可行的，我们设定企业超额资本收益为 P_2，实施 CIS 后实际资本利润率为 R_c，同行业平均资本利润率为 R_b。其计算公式为：

P_2 =（企业实施 CIS 的实际资本利润率－同行业平均资本利润率）

×企业实施 CIS 后经营年度的产品销售额

$$=(R_c-R_b)\cdot S_c \tag{12-7}$$

式中，企业实际资本利润率（R_c）为 CIS 导入后年度实际发生的资本利润水平，销售额指标（S_c）也根据实际发生的数额计算，这两项指标通过统计资料或计算可以获得；行业平均资本利润率（R_b）通过行业统计资料可以获得。

通过以上计算，我们得出了企业 CIS 运行一年后的收益计算公式：

$$P=P_1+P_2 \tag{12-8}$$

(四)企业实施 CIS 战略以后持续多年的年度收益

企业实施 CIS 战略以后,其延续效应仍然会发挥作用。因为,一方面,企业在实际运行中,仍然会按照 CIS 导入的要求开展各种传播推广工作,导致其直接收益增加;另一方面,企业无形资产通过多年的积累,其价值总量会更高,如果企业的品牌价值与企业形象已深入人心,由此所带来的市场的扩大和收益的提高,使企业持续运作时间越长,其效果会越好。所以说,企业 CIS 导入的投资是一种延续性投资,它所带来的收益是长期的。CIS 运作时间越长,其累加的无形资产价值会越高,其效益会越好。

(1)企业实施 CIS 战略以后任何一个年度的销售额增加所带来的收益均可记作 P_1,只不过在后面加上某某年就可以了。如计算 2015 年的销售收益,可记作 $P_{1(2015)}$;如计算 2018 年的销售收益,可记作 $P_{1(2018)}$;如计算 2020 年的销售收益,可记作 $P_{1(2020)}$。

$$P_{1(n)} = \text{本经营年度销售额} - \text{上一经营年度销售额} = S_{c(n)} - S_{c(n-1)} \quad (12-9)$$

(2)如前所述,企业形象资产随着 CIS 运作时间的延长,其累加价值会更高。如可口可乐无形资产的价值(指评估价值而非实际收益价值),1990 年为 78 亿美元,1994 年为 324 亿美元,1996 年为 360 亿美元,1998 年为 434 亿美元,2001 年为 689.5 亿美元……2019 年为 808.3 亿美元。2020 年 12 月 11 日,可口可乐美股市值达到 2 292.68 亿美元。尽管企业无形资产价值不可能与当年全部实现的市场销售价格完全相等,但它所能带来的市场的扩大和收益水平的提高是显而易见且可计算的。

企业无形资产价值的增值,我们记作 P_2。延续以上的思路,如果计算 1998 年企业无形资产价值的增值,可记作 $P_{2(1998)}$;如果计算 2009 年企业无形资产价值的增值,可记作 $P_{2(2009)}$;如果计算 2019 年企业无形资产价值的增值,可记作 $P_{2(2019)}$。

这里我们按企业超额资本利润率计算:

$$\begin{aligned} P_{2(n)} &= (\text{企业本年度实际资本利润率} - \text{同行业本年度平均资本利润率}) \\ &\quad \times \text{本年度产品的销售额} \\ &= [R_{c(n)} - R_{b(n)}] \cdot S_{c(n)} \end{aligned} \quad (12-10)$$

需要指出的是,一方面,企业无形资产的价值增值,是由评估机构通过测定和评估得到的数据,它对企业无形资产收益,即由无形资产价值转化而来的企业实际收益有着相当大的影响。但它本身价值的增大并不是企业实际收益的增加值,所以,我们不能用企业形象资产价值的年度增加部分来替代企业无形资产所带来的实际收益增加值。另一方面,企业无形资产的评估可能不是每年都要进行,一般企业为了节省评估费用,要在 3~5 年中评估一次,所以企业无形资产价值的增加部分不具有年度的连续性,这会影响我们对资料的获取。只有世界顶尖级的企业,或评估工作不收费的机构才可能每年对所关注的品牌都进行评估。在我国,这种情况目前是不存在的。

应当明确,企业在 CIS 导入后通过多年的实际运作,由企业形象资产的增值而给企业带来的超额收益,是企业实施 CIS 运行过程中的主要收益之一,所以计算这部分收益,更可以增强企业管理机构对 CIS 的深层而长远的认识。

综合以上分析,企业实施 CIS 战略的收益为:

$$P_{(n)} = P_{1(n)} + P_{2(n)} \quad (12-11)$$

应当注意,式(12−8)与式(12−11),其表现形式一样,但说明的时间不同,式(12−11)有具体的说明时间。但无论是否说明,都不影响实际的使用和计算。

(五)企业实施CIS后的经济效益

我们将企业实施CIS后的经济效益记作E(Efficiency)。

前面,我们对企业CIS导入与运作的成本与收益进行了分析,从而可以计算出企业CIS导入后任何一个经营年度的效益:

$$E_{(n)}=P_{(n)}-C_{(n)} \tag{12-12}$$

如果使企业CIS导入与运作的成效显著,即保证CIS的投入与效益产出能够达到一种经济、有益的状态,使企业CIS导入后的企业收益大于CIS运作投资,就必须要满足:$E=P-C\geqslant 0$,其中P和C的数值由式(12—1)～式(12—11)来确定。只有这样,企业实施CIS战略才有意义。

正如前面所指出的,企业实施CIS导入是一种战略性投资,它会使企业在以后的一个很长的历史时期受益,但很难取得立竿见影的效果。因此,在CIS导入后的第一年或短时期内,企业实施CIS推广的经济效益值E不一定大于零,有时还可能会出现负数。这是因为企业为CIS导入需要投入的成本很难在一年内全部收回。如果企业CIS导入与推广投资大于企业CIS导入与推广后给企业带来的效益,则企业为此的运作就处于投资大于收益的状态,企业的经济收益E则为负数。

在企业实际运作中,只要决策正确、实施得力,E值出现负数的可能性比较小,即使出现也是暂时的现象。正常的情况是E值会不断地扩大。因此,企业在评价CIS导入与运作效果时,在一年之内,应以满意效果为原则,即在实施CIS运作的年度内确定一个满意的E^*值,若在第一年的测算结果满足了$E\geqslant E^*$这一公式,则认为其效果就是令人满意的。

第二节　CIS导入效果的量化评估

对于CIS导入的量化指标,应按照企业CIS导入的具体要素进行分析与测定,由此建立企业CIS导入效果的量化评估体系。企业CIS导入构成要素为理念识别系统(MI)、行为识别系统(BI)、视觉识别系统(VI)。这里,我们根据这三大系统的具体要素进行分析与测定。

对于效果评估系统,我们采取加权计算法,根据CIS各要素的比例,给予各要素指标以不同的权数,确定其分值。这里,我们将CIS总分值确定为100分,其中理念识别系统(MI)在CIS系统中是最核心、最重要的部分,确定其所占比例为40%,行为识别系统(BI)和视觉识别系统(VI)各占30%。

一、理念识别系统要素的测定

理念识别系统的确定主要是从第三者——社会公众——的角度来对本企业理念识别系统进行评判。评判的标准可根据社会环境、文化水准、科技发展的要求来进行界定,看企业理念识别系统的各要素是否能让社会公众产生认同。企业理念识别系统测定的基本工作步骤为:

第一步,对理念识别系统进行分要素确定。在实际运行中,要根据企业导入CIS实际创意、策划的理念分要素进行考虑,这里我们按照理论确定标准进行测定。在本书第四章的理念系统中,我们曾将企业理念识别系统的内容从理念口号、经营方针、事业领域、价值观、人才观、服务观、企业精神、企业使命、经营宗旨(信条)、企业风格(品格)、行为准则、座右铭、公司歌曲等方面进行确定。

第二步,对理念系统各要素进行分值确定。将以上这13个方面进行平均分配,每个小的内容确定满分为5分,以非常满意计5分,很满意计4分,满意计3分,不太满意计2分,保留意见计 1 分。满分按 40%的分值计算(其计算方法依据第四步说明)。

第三步,将第二步所进行的评价内容打分要求绘制成表格。将各要素所占分值列于表 12—1 中。

表 12—1　　MI 导入效果量化与分值表

项目得分评价依据 / 得分 / 各项所占分值	表述是否准确	表述是否朗朗上口	是否有现代感	是否易记忆	能否表现企业风格	小计
(1)理念口号 5 分						
(2)经营方针 5 分						
(3)事业领域 5 分						
(4)价值观 5 分						
(5)人才观 5 分						
(6)服务观 5 分						
(7)企业精神 5 分						
(8)企业使命 5 分						
(9)经营宗旨 5 分						
(10)行为准则 5 分						
(11)企业风格 5 分						
(12)座右铭 5 分						
(13)公司歌曲 5 分						
合计						

第四步,确定各要素项目得分评价依据。这里,我们将理念系统的得分评价依据确定为五个方面,依次为表述是否准确、表述是否朗朗上口、是否有现代感、是否易记忆、能否表现企业风格。以上这五个方面的依据,按照第二步所设定的要求进行评价,并将每一项得分计入小计之中。满分为 65 分。

第五步,将表格发给企业所选择的理念系统评价者进行打分,评价者可以是企业内部工作人员(高层、中层和员工代表),也可以是外聘的评价专家。

第六步,将表格收回,进行汇总,并计算最后得分的结果。

按照以上六个步骤对企业理念系统进行的评价,最后的得分满分为 65 分。这里设定每张有效的评价表格(Table)所评价的分值(Score)记作 T_s。其中,T(从 $1\sim n$)为参评的所有的表;S(从 $1\sim n$)为每份参评表所给出的分值;总分满分为:$T\times 65$;实际得分为:$\sum T_s$。按照 40%的评价比例,依据下面的公式计算,并得出最后的结果:

$$\text{最后分数}=\sum_{1}^{n}\frac{T_s}{T\times 65}\times 40\%$$

如果按 40%得满分计算,对最后汇总结果的认定是:得分为 30%(含)以上,则为优秀;如果得分在 20%(含)~30%(不含)之间,则为良好;如果得分在 20%以下(不含),则为一般。对这三种评价结果的态度是：对优秀的方案，企业应积极组织实施；对良好的方案，企业应视情况做一定的修整；对一般的方案，企业最好要求策划人员做补充性或修正性的二次策划。

二、行为识别系统要素的测定

由于行为识别系统分为对内活动和对外活动两个方面，故我们进行分别测定。前面，我们已经将行为识别系统的测定比例确定为30％，这里，我们将其进行分配，确定对内活动为15分、对外活动为15分，并分别进行分析。

(一)对内活动的测定

企业对内识别系统测定是将内部识别系统的落实确定为一定的标准和目标，根据所期望的目标进行考核。其基本的工作步骤为：

第一步，将企业对内活动的内容进行分要素测定。在实际运行中，要根据企业导入CIS的创意、策划内容进行考虑，这里我们仍按理论研究的内容进行测定。一般来说，通常将企业对内开展的活动分为教育培训、研究开发、作业合理化、福利制度、礼仪规范、环境规划、公害对策等几个方面。

第二步，对以上各要素项目进行分值确定。这里，我们将上述七个方面的比值进行分配。由于这一部分总分值为15分，而其中教育培训在企业CIS运作中属于最重要的工作内容，它自身又包含对管理人员进行培训和对员工进行教育培训两个方面，所以，我们将其分值确定为3分，其他每项确定为2分，共计15分。

第三步，绘制表格，将各项目分值列于表12—2中。

表12—2　　BI(对内活动)导入效果评价量化分值表

项目得分评价依据 / 得分 / 各项所占分值	教育培训 3分	研究开发 2分	作业合理化 2分	福利制度 2分	礼仪规范 2分	环境规划 2分	公害对策 2分	小计
内容规定是否合理								
确定标准是否合适								
是否具有可操作性								
合　计								

第四步，确定各项得分的评价依据。这里我们将各项目确定的得分依据划分为三个方面，即内容规定是否合理、确定标准是否合适、是否具有可操作性。由于这里对分值的比例分配处于一种不均匀状态，所以以上三个方面的各项目得分也不一样。第一项教育培训为3分，在这一项目中，对以上三个方面能做出肯定回答的各计1分，不能做肯定回答的各计0分。其他六项内容各为2分。由于内容规定是否合理这一项在三个方面的问题中属最重要的问题，因此，这里规定对此做肯定回答的计1分，不能做肯定回答的计0分；其他两方面的内容各为0.5分，即能做肯定回答的计0.5分，不能做肯定回答的计0分。

第五步，将表格发给企业所选择的相关评价者进行评价、打分。

第六步，将表格收回，进行汇总。

这里对企业行为系统的评价之所以与对企业理念系统的评价选择的是不一样的方法，其理由是：

第一，对理念识别系统所评价的内容多，不好确定绝对的分值，只能由相对分值来进行计算得出；而对企业行为识别系统测定内容少，比较容易直接按30%的分值进行分配。

第二，对理念识别系统的评价，主要是从创意的角度进行甄鉴，为理念系统的实施确立依托；而对行为系统的测评，主要是从实施的角度入手，评价实施的标准以及能不能更好地贯彻落实。据此，我们选择了不同的评价思路和方法。当然，如果对企业行为识别系统需要评价的内容超过了8项，也可以采用同理念识别系统同样的评价方法，对其进行评价。也就是说，如果评价内容少，选择直接打分的方法；如果评价内容多，则可以采取计算相对分值的方法。两种方法可根据评价内容的多少进行互换。关于企业对外所形成的行为识别系统，也按照这样的思路进行。

(二)对外活动的测定

企业对外识别系统的测定是将外部识别系统的落实确定为一定的标准和目标，根据所期望的目标进行考核，其基本的工作步骤为：

第一步，将企业对外活动的内容进行分要素测定。在实际运作中，企业必然要根据导入CIS的创意、策划内容进行考虑，这里我们仍然按照理论研究的内容进行测定。一般来说，我们通常将企业对外活动的内容分为市场调查、传播推广、广告活动、公共关系、销售促进、服务活动、社会公益活动等几个方面。

第二步，对以上各要素项目进行分值确定。这里，我们将上述七个方面比值进行分配。由于这一部分的总值为15分，而其中最重要的工作内容应该是公共关系活动。因为公共关系活动目的在于扩大企业的信誉度和美誉度，塑造良好的企业形象，它本身是企业的一项长期性工作，又不带有任何功利性色彩。因此，这里将公共关系活动项目的分值确定为3分，其余各项分值为2分，共计15分。

第三步，绘制表格，将各项目所占分值列于表12—3中。

表12—3　　BI(对外活动)导入效果评价量化分值表

各项所占分值 / 得分 / 项目得分评价依据	市场调查 2分	传播推广 2分	广告活动 2分	公共关系 3分	销售促进 2分	服务活动 2分	社会公益 2分	小计
策划创意是否有新意								
实施过程是否合理、科学								
活动结果是否达到了理想的目标								
合　计								

第四步，确定各项目得分评价依据。这里，我们将各项目确定的得分依据分为三个方面，即策划创意是否有新意，实施过程是否合理、科学，活动结果是否达到了理想目标。与对内活动导入效果评价依据类似，这里，对各分值的分配比例也是处于一种不均匀状态，所以，关于以上三个方面的各项目得分也不一样。前面，我们对公共关系活动项目的重要性进行了说明，所

以公共关系活动项目确定为 3 分，而在公共关系活动项目下，对以上三个方面的内容能做出肯定回答的计 1 分，不能做肯定回答的计 0 分。其他六项内容各为 2 分。由于策划创意是否有新意是一种创新性要求，好的活动方案的出台，可以保证活动效果更加完美，所以，对这一内容权数的规定要大一些，做肯定回答的计 1 分，不能做肯定回答的计 0 分；其他两个方面的内容规定各为 0.5 分，即能做肯定回答的计 0.5 分，不能做肯定回答的计 0 分。

第五步，将表格发给企业所选择的相关评价者进行评价、打分。

第六步，将表格收回，进行汇总。

关于企业行为识别系统外部活动各项内容的解释见第五章第一节。

三、视觉识别系统要素的测定

由于视觉识别系统分为基础要素部分和应用要素部分，我们对此进行分别测定。前面，我们已经将视觉识别系统的测定比例确定为 30%，即视觉识别系统在百分制中占 30 分。这里，我们将其进行分配，确定基础要素部分为 15 分、应用要素部分为 15 分，据此分别进行分析。

（一）基础要素的测定

企业视觉识别系统的基础要素部分是企业对外传达信息、树立公众形象的核心部分，也是建立企业识别系统的基本元素组织。对此，我们进行测定的基本工作步骤为：

第一步，对企业视觉识别系统基础要素的内容进行分要素测定。基础要素部分无论是在理论研究中，还是在实际设计使用中，其各要素内容都是一致的。其内容包括企业名称、企业标志、企业品牌及商标、企业标准字及标准色、企业造型及徽记图案、企业宣传标语或口号等。

第二步，对以上各要素项目进行分配。这里，我们将上述六个方面进行分配比值。这部分总分值 15 分，对其进行平均分配，每个项目分值为 2.5 分。

第三步，绘制表格，将各项目所占分值列于表 12－4 中。

表 12－4　　VI（基础要素部分）导入效果评价量化分值表

各项所占分值 / 得分 / 项目得分评价依据	企业名称 2.5 分	企业标志 2.5 分	企业品牌及商标 2.5 分	企业标准字及标准色 2.5 分	企业造型及徽记图案 2.5 分	企业宣传标语或口号 2.5 分	小计
表现形式是否具有现代感							
表现形式是否具有审美情趣							
内涵是否有依据							
是否有独特风格							
形状、形态是否易识别、易记忆							
合计							

第四步，确定各项目得分评价依据。这里，我们将各项目确定的得分依据分为五个方面，即表现形式是否具有现代感，表现形式是否具有审美情趣，内涵是否有依据，是否有独特风格，形状、形态是否易识别、易记忆。以上五个方面的问题，能做肯定回答的，在相应项目的表格中计 0.5 分，不能做肯定回答的计 0 分。

第五步，将表格发给企业所选择的评分者打分。

第六步，将表格收回，进行汇总。

关于企业视觉识别系统基础要素部分各项内容的解释见第六章第二节。

(二)应用要素的测定

企业视觉识别系统的应用要素部分是指企业依据视觉识别系统的各项要求，在企业对外传播系统所有的可视物品中统一使用规则的表现形态。对此，我们进行测定的基本工作步骤如下：

第一步，对企业视觉识别系统应用要素内容进行分要素测定。与基础要素部分内容的要求一样，对应用要素部分，无论是在理论研究中，还是在实际设计、使用中，其各个要素内容都是一致的。其内容包括办公事务用品、办公器具设备、广告宣传设计、员工衣着服饰、交通工具及建筑外观、陈列样品规则等。

第二步，对以上各要素项目进行分值确定。这里，我们将以上六个方面比值进行分配。这部分总分为 15 分，对其进行平均分配，每个项目为 2.5 分。

第三步，绘制表格，将各项目所占分值列于表 12—5 中。

表 12—5　　VI(应用要素部分)导入效果评价量化分值表

各项所占分值 / 得分 / 项目得分评价依据	办公事务用品 2.5分	办公器具设备 2.5分	广告宣传设计 2.5分	员工衣着服饰 2.5分	交通工具及建筑外观 2.5分	陈列样品规则 2.5分	小计
表现形式是否有现代感							
表现形式是否简单明了							
内涵是否有独特风格							
是否能吸引人的注意力							
是否易识别、易记忆							
合计							

第四步，确定各项目得分评价依据。这里，我们将各项目确定的得分依据分为五个方面，即表现形式是否有现代感，表现形式是否简单明了，内涵是否有独特风格，是否能吸引人的注意力，是否易识别、易记忆。以上五个方面的问题，能做出肯定回答的，在相应项目的表格中计 0.5 分，不能做出肯定回答的计 0 分。

第五步，将表格发给企业所选择的评分者打分。

第六步，将表格收回，进行汇总。

关于企业视觉识别系统应用要素部分各项内容的解释见第六章第二节。

四、企业 CIS 导入效果总评

以上我们分别对企业 CIS 导入的三大部分依据其基本内容进行了效果评估。在此基础上，我们对总体评估结果进行测定和分析。

首先，将以上各项得分情况列于表 12—6 中。

表 12－6　　企业 CIS 导入效果评价总得分表

项目得分评价依据 / 得分 / 评价者排序	MI 40 分	BI(内部) 15 分	BI(外部) 15 分	VI(基本要素)15 分	VI(应用要素)15 分	小计
(1)						
(2)						
(3)						
(4)						
合　计						

这里需要说明的是，评价者排序是按评价者人数来确定的，将评价者进行编号，将其评价结果(各项目得分情况)列于项目得分相应的表格内。有多少人参加评价，则排序就为多少。

其次，在合计栏中将评价者打分情况进行汇总，得出总分值，总分值被评价者人数除，即可计算出每一个项目平均得分。

再次，对分值进行评价，找出问题所在，以利于企业对 CIS 导入各项目的修正与改革。

以上这套量化系统的优点是，整体照顾到了 MI、BI、VI 各项指标的细节，各个要素的量化分值比较细，同时寻找出了不同要素的评价依据。这说明，对其中每一个要素的评价都是有具体依据的，不是无的放矢。评价项目也较客观、全面、系统、科学。其不足之处在于，对评价者的要求比较高，要求评价者必须具备较强的 CIS 理论知识和相关专业的知识，如管理、营销、公关、广告、美术设计等，同时要求评价者对具体企业的 CIS 导入进行较详细的了解。

操作此套评价系统的最好办法是采用德尔菲法，依靠外界专家进行背对背的评价，同时结合企业 CIS 管理委员会成员对企业 CIS 导入系统的评价。这样得出的评价结果会很公正、客观、准确。

第三节　策划效果的内外测试与评估

前面，我们对企业 CIS 导入的经济效益和要素设计进行了测试与评价，但这两个方面的评价并不全面。本节将对 CIS 导入后进行推广与实施的效果，从主观感受到实际收获的角度进行测试与评估。

企业推进 CIS，是从企业内部到企业外部的过程，因此，它必然产生内部反映和外部反映两个方面的效果。

一、企业内部测试与评估

企业内部测试与评估是企业 CIS 管理委员会或企业最高决策层，为了考察 CIS 的导入效果，对企业内部从一般员工到企业主管就 CIS 导入的有关问题进行询问调查或系统测试的过程。其中询问调查属于日常调查，以随时随地了解情况的方式进行；系统性测试是企业 CIS 导入后在企业内部所做的一项专题调查，主要了解企业 CIS 导入后其内部各方面的信息反馈，各层人员的感觉、意见与建议等，以用于CIS的调整。系统性测试对员工所采取的方式主要是问卷调查；对管理人员可以是问卷的形式，也可以是专题座谈的形式。

(一)问卷测评

由于企业一般员工在CIS导入过程中所参与的程度和介入的深度有限，对CIS内涵的理解与把握不可能很全面、很系统，因此，调查人员在调查问卷设计时所提出的问题应该是表层的、大方向的、简单的、明确的，且有一定的针对性。

在采取问卷测评的方式时，可先确定问卷测评的主题方向，然后就主题方向提出问题，再实施调查，收回问卷，对问卷进行统计、汇总、分析、总结等。

关于问卷测评的主题方向主要有CIS整体印象测评、理念系统测评、行为识别系统测评、新企业名称测评、新企业标志或商标测评……

1. CIS整体印象测评

这种测评要求测评的内容涵盖要全面，问题要表层化，同时又是企业在导入CIS过程中以及实施过程中所必须要把握的问题。具体内容如表12－7所示。

表12－7　　CIS整体印象测评表

你对企业导入CIS过程的整体印象如何	是	否	不确定	说明
(1)导入CIS以来，公司各方面情况是否有了明显改观				
(2)公司导入CIS，花这么大的力气是否值得				
(3)公司各方人士，是否对导入CIS很热心、很理解、很支持				
(4)企业新确定的理念系统大家是否都知道并理解				
(5)你认为企业新理念系统是否很有企业风格				
(6)你对新的CIS管理制度是否很认同、能接纳				
(7)你对企业对外的活动印象如何、是否认为有意义				
(8)通过CIS导入，企业内部各方面关系是否有新的改善				
(9)CIS导入后，企业员工是否比以前更敬业、爱岗、认同企业				
(10)你是否喜欢企业新的标志				
(11)如果让你佩戴企业的标志，你是否会有自豪感				
(12)你是否喜欢企业新的商标和包装设计				

2. 理念系统测评

这是对企业理念系统各个方面进行的考核，主要把握企业内部员工对理念系统的理解、认同、接受的态度等。具体测评内容如表12－8所示。

表 12－8　　企业理念系统的测评

请谈谈你对企业理念系统的看法	是	否	不确定	说明
(1)你认为企业新的理念系统是否具有完整性和现代感				
(2)你认为企业新的理念是否符合企业特征和风格				
(3)你认为企业新的理念系统是否能表现企业文化				
(4)新的理念系统能否激励你奋发向上				
(5)新的理念口号是否有震撼力，能否调动员工的积极性				
(6)新的价值观是否有新的价值内涵				
(7)企业的历史使命表述是否准确、合适				
(8)企业的经营方针是否具有战略功能和社会价值				
(9)你每日开始工作之前是否要背诵几遍企业的座右铭				
(10)你是否将企业的理念系统内容全都记在心里				

3. 行为识别系统测评

为了使企业行为识别系统能够在社会上引起一定的影响力并产生良好的社会效果，我们应通过内部调查，了解员工对此的理解，以求其更加完善。这里，我们仅对 BI 中对外活动部分作一个测评。具体测评内容如表 12－9 所示。

表 12－9　　企业行为识别(对外活动)的测评

请谈谈你对企业对外活动内容的看法	是	否	不确定	说明
(1)企业进行的市场调查是否有价值				
(2)企业 CIS 导入后所召开的新闻发布会在社会上是否引起了良好的反响				
(3)新闻发布会及相关的对外传播活动是否很成功、很理想				
(4)企业的广告策划有无新意				
(5)企业广告制作水平是否很高				
(6)企业广告传播工作是否成功				
(7)企业公共关系活动状况是否良好				
(8)企业公共关系活动是否有创造性				
(9)企业销售传播是否对树立产品形象和企业形象有益				
(10)企业销售人员的工作是否体现了企业行为识别系统的要求				
(11)企业的服务工作是否很好				
(12)企业的社会公益活动是否受到了社会的关注				

4. 新企业名称测评

企业在 CIS 导入中如果更换了新的企业名称，在名称更换之前，最好能征求一下企业内部员工的意见，听一听员工们对此的看法，以便保证企业更换名称工作能顺利进行。其具体测评内容如表 12—10 所示。

表 12—10 新企业名称测评

你对新企业名称的印象如何	是	否	不确定	说明
(1)新企业名称是否反映了企业的性质或产品的特征				
(2)新企业名称是否容易发音、容易理解				
(3)新企业名称是否容易拼写				
(4)新企业名称是否容易记忆				
(5)新企业名称是否符合企业内涵、有企业风格				
(6)新企业名称是否有行业特征和独特性				
(7)新企业名称内涵是否丰富				
(8)新企业的中英文名称是否统一、无歧义				
(9)新企业名称的字体、造型看上去是否令人满意				
(10)如果企业走向国际，这样的企业名称是否合适				

5. 企业新商标测评

企业新商标是企业新品牌的图案表现形式。企业在 CIS 导入中所规定的品牌战略和形象战略的实施，就是要靠新商标、新品牌的启动。因此，新商标的好坏、员工是否认同，直接影响着企业的市场运作和发展战略的实施。具体测评内容如表 12—11 所示。

表 12—11 企业新商标测评

谈谈你对企业新商标的看法	是	否	不确定	说明
(1)新商标与企业形象是否一致				
(2)新商标能否表现企业产品的特征				
(3)新商标是否简洁、明快				
(4)新商标是否有冲击力，能吸引人的注意力				
(5)新商标有无企业的独特风格				
(6)你是否喜欢这个新商标				
(7)新商标表现形式是否有现代感、有国际风格				
(8)与商标配合的标准字是否浑然一体				
(9)你认为标准字的设计是否合适				
(10)标准色是否有感染力，符合审美情趣				

如果企业为了使调查结果更容易量化和分析，对表 12—7～表 12—11 的所有内容均可以标尺的形式、按分值进行设计并进行调查，以便更准确地把握被调查者的态度。

除以上项目测评以外，企业还可以就更细节的方面进行测评。在测评后，要将问卷回收并对问卷进行统计、汇总与分析，找出存在的问题和员工不满意之处，以利于进行必要的修正。

(二)座谈测评

座谈测评可在企业内部管理层、决策层中进行。企业可就 CIS 导入的所有方面进行座谈，如关于理念系统的内涵丰富、独特与否进行剖析，就企业行为识别系统的准确、科学、适度与否进行分析，就企业视觉识别系统的表现形式进行判定。

座谈测评也是一种调查方法，在这种调查中，正反两方面的意见均可搜集到，而且每一个参加座谈者都会把自己的想法、看法表述得很细致、很深刻，同时又能提出一些建设性的思路与方案。因此，这是一种深层次评析企业 CIS 导入效果的方法之一。

座谈测评主题要明确，重点要突出；要使各方面的代表均能参加座谈并发表意见；座谈要自然、轻松，尽量给座谈者充分发表意见的机会和时间；注意展示 CIS 系统各方面的内容，让参加座谈者能充分理解其间的内涵；做好记录工作，以便将更多、更好的意见收集上来，以利于对 CIS 内涵的修正与改进。

二、企业外部测试与评估

企业外部测试与评估是选择与企业有关、对企业 CIS 导入与运作有所了解或比较熟悉的相关者，就企业 CIS 导入与运作的内涵、表现形式、实施状况等方面进行调查，从中了解到外部社会公众对企业 CIS 导入的看法，对企业形象的认知、识别和赞美程度，以把握企业 CIS 外部推广效果。

(一)确定调查与测评对象

在企业外部环境中，与企业的直接相关者很多，如图 12—1 所示。

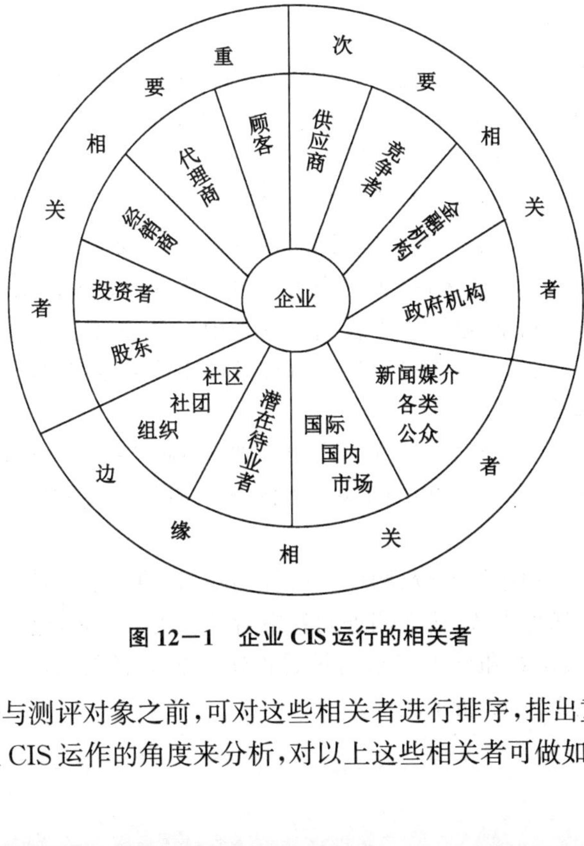

图 12—1 企业 CIS 运行的相关者

企业在选择调查与测评对象之前，可对这些相关者进行排序，排出重要相关者、次要相关者和边缘相关者。从 CIS 运作的角度来分析，对以上这些相关者可做如下排序：

1. 重要相关者

指受企业 CIS 导入直接影响并关注企业 CIS 信息的那些相关者，这里主要包括消费者、经销商、代理商、企业股东、投资者等。这些相关者直接受企业 CIS 导入的影响而产生对企业的一些态度变化和行为变化。如果企业 CIS 导入效果良好，并树立了良好的企业形象和品牌形象，则这些相关者就愿意接纳企业、认同企业，为企业的发展做出贡献。因此，这些相关者是企业选择调查和测评对象的必选者。

2. 次要相关者

指受企业 CIS 导入的影响不是特别直接，但又受一定的间接影响的那些相关者。这里主要包括供应商、竞争者、金融机构、政府机构、新闻媒介等。这些相关者对企业 CIS 导入信息的接收不直接，企业只能通过公共关系活动的信息传递与这些相关者建立联系。如果企业 CIS 导入效果好，企业形象和品牌形象好，他们可能会支持企业的发展，如供应商提供原材料或商品，金融机构给予一定的资金上的支持，同行同业者对企业产生良好的评价，新闻单位报道企业的信息等。这些相关者可作为企业调查、测评的选择对象，也可不作为调查、测评的选择对象。企业可视情况和密切程度而定。

3. 边缘相关者

指对企业 CIS 导入信息不是特别关心的那部分相关者，如潜在待业人员、国际国内市场、社区社团组织、各类公众等。这些相关者对企业 CIS 导入不关心，不接收其信息，在 CIS 导入效果调查与测评的对象选择中，企业没有必要选择这些相关者。

(二)确定调查方法与调查内容

与市场调查和企业实态调查相类似，企业在进行 CIS 效果评估中确定的调查方法主要有问卷调查(民意测验)、座谈调查、访问调查等。一般来说，企业选择问卷调查的形式比较多，这是一种专项调查，调查结果对企业进行 CIS 调整有相当大的参考价值，并可据以掌握 CIS 的运作状况和企业形象状况。

在调查内容的确定方面，应先确定调查主题，然后根据调查主题来确定调查内容。调查的主题主要有：企业 CIS 导入总体情况；企业形象状况及品牌形象状况；企业理念传播系统；企业行为传播系统；企业视觉传播系统；企业公关、广告活动等。

对企业 CIS 导入总体情况或总体形象进行调查，可采取定性分析的方式，也可采取定量分析的方式，抑或采取两者相结合的方法。同时在调查中，企业也可采取隐去公司主体的方式或显现出公司主体的方式。一般来说，采取隐去公司主体的方式进行调查，其调查的结果相对比较客观，被调查者可以说心里话。如果在问卷调查中选择多家企业让被调查者同时进行评价，其效果可能会更佳。因为这样做可以让被调查者在比较和鉴别中给予回答。

(三)调查与测评实施

根据以上分析，我们在选择问卷调查方式的基础上，确定采取对多家公司进行调查、测评的方式，以在比较中发现本公司存在的问题和 CIS 导入效果以及整体形象状况，并对其进行定性与定量的综合分析。

这里我们选择四家公司进行比较、测评。回答问题时，可以进行①②③④的排序，也可以进行单选与多选。采取哪种方式，请在调查问卷中给予说明。同时，企业在时机或时间的选择上，可以于导入后立即做调查和导入实施两年后再作一次重点调查，以比较 CIS 导入及运作的结果。具体情况如表 12－12 所示。

表 12－12　　**企业 CIS 导入效果调查测试表**

企业名称 / 得分 / 测评项目	A公司	B公司	C公司	D公司
(1)是否是具有国际竞争力的企业				
(2)是否是研究开发极旺盛的企业				
(3)是否是技术优良的企业				
(4)是否是热心开发新产品的企业				
(5)是否是传统性的企业				
(6)是否是和蔼亲切的企业				
(7)是否是善于宣传、广告的企业				
(8)是否是善于开展公关活动的企业				
(9)是否是值得信赖的企业				
(10)是否是具有未来性的企业				
(11)是否是稳定性、安全性高的企业				
(12)是否是合乎时代潮流的企业				
(13)是否是具有清洁形象的企业				
(14)是否是办公积极、效率高的企业				
(15)是否是内部风气良好的企业				
(16)是否是具有现代感的企业				
(17)是否是拥有优秀经营者的企业				
(18)是否是规模大、有实力的企业				
(19)是否是对顾客服务周到的企业				
(20)是否是认真考虑消费者问题的企业				
(21)是否是销售网络健全、完善的企业				
(22)是否是销售力强的企业				
(23)是否是对公害防治与处理相当热心的企业				
(24)是否是对社会有贡献的企业				
(25)是否是对文化事业很热心的企业				
(26)如果你买股票，愿意选择哪家公司				
(27)如果你准备辞职，愿意去哪家公司				
(28)你认同哪些企业产品的品牌				

注：请在 0～5 分之间酌情打分。

对于以上问卷调查，企业或调查机构收回后，要进行统计、整理、分析，撰写出调查报告，以供企业掌握全面的情况。

如果选择显性调查的方式，将公司主体列于其上，并对 CIS 导入效果进行调查，其调查内容的确定和调查实施过程可参照企业内部调查与测评的方法和程序。这样，企业可以了解到很细节的情况，把握 CIS 导入的直接效果。

企业 CIS 导入，同时可以带动企业各项工作的启动与配合，使企业各项运行工作走上良性、有序的轨道。但企业不能乐观地将 CIS 运营工作中的一切业绩全然归为 CIS 的功劳。具体情况应具体分析，企业应根据自身的背景和 CIS 导入状况，客观地评价 CIS 导入效果，采取各种可行的办法，掌握第一手资料，并对其进行检验与分析。

本章思考

1. 企业形象运行成本应该怎样计算？
2. 企业形象运作收益应该怎样计算？
3. 企业理念识别系统各要素应该怎样测量？
4. 企业行为识别系统各要素应该怎样测量？
5. 企业视觉识别系统各要素应该怎样测量？
6. 企业应该怎样让内部员工参与对企业形象系统的评价？
7. 企业如何让社会公众来评价企业的形象识别系统？

参考文献

[1]李本辉，邓德胜. 营销策划学[M]. 北京：中国经济出版社，2008.

[2]周培育. 商务策划原理[M]. 北京：中国经济出版社，2007.

[3]周培育，万钧，刘秉君. 策划思维与创意方法[M]. 北京：中国经济出版社，2008.

[4]晏滔. 东方策划学[M]. 北京：当代世界出版社，2008.

[5]滕宝红. 转危为机——制造业脱困之路[M]. 北京：人民邮电出版社，2009.

[6]周玫. 企业品牌运营模式研究[M]. 北京：中国社会科学出版社，2008.

[7]吴粲，李林. 策划学精要[M]. 北京：中国人民大学出版社，2009.

[8]吴粲. 策划学(第3版)[M]. 北京：北京师范大学出版集团、北京师范大学出版社，2008.

[9]李生校. 企业策划学[M]. 北京：科学出版社，2004.

[10]沈骏，徐云望，赵承宗. 策划学[M]. 上海：上海远东出版社，2005.

[11]李森. 企业形象策划[M]. 北京：清华大学出版社、北京交通大学出版社，2009.

[12]庄贵军. 企业营销策划[M]. 北京：清华大学出版社，2005.

[13]叶万春. 企业营销策划[M]. 北京：中国人民大学出版社，2004.

[14]施春来. 企业营销策划[M]. 北京：中国经济出版社，2008.

[15]马尔科姆·麦克唐纳. 营销策划(第五版)[M]. 北京：中国市场出版社，2004.

[16]强振宏. 如何进行营销策划[M]. 北京：北京大学出版社，2004.

[17]萨布哈什·C. 杰恩. 市场营销策划与战略[M]. 北京：中信出版社，2004.

[18]任锡源. 营销策划理论与实务[M]. 北京：首都经济贸易大学出版社，2006.

[19]汪秀英. 企业CIS战略的策划与实施(修订第二版)[M]. 北京：首都经济贸易大学出版社，2006.

[20]汪秀英. 当代公共关系学[M]. 北京：首都经济贸易大学出版社，2008.

[21]汪秀英. 企业品牌工程的运营与管理[M]. 北京：科学出版社，2010.

[22]汪秀英，徐岩. 企业运营与发展(第二版)[M]. 北京：中央广播电视大学出版社，2007.

[23]Balmer，J. M. T.，Stephen A. Greyser. Corporate marketing：Integrating corporate identity，corporate branding，corporate communications，corporate image and corporate reputation[J]. European Journal of Marketing，2006(40)：730－741.

[24]Balmer，J. M. T. Corporate identity，corporate branding and corporate marketing：Seeing through the fog[J]. European Journal of Marketing，2001，35(3－4)：248－291.

[25]大卫·奥格威. 奥格威谈广告[M]. 曾晶，译. 北京：机械工业出版社，2003.

[26]马克·布莱尔(Mark Blair)，理查德·阿姆斯特朗(Richard Armstrong)，迈克·墨菲(Mike Murphy). 360度品牌传播与管理[M]. 胡波，译. 北京：机械工业出版社，2004.

[27]何修猛. 现代广告学[M]. 上海：复旦大学出版社，2005.

[28]罗立，罗彬彬. 烟品广告的奥秘[M]. 广州：广东经济出版社，2003.

[29]韩进军，罗立. 品牌传播[M]. 北京：北京大学出版社，2007.

[30]凯文·莱恩·凯勒. 战略品牌管理[M]. 北京：中国人民大学出版社，2003.

[31]赵龙，张阿琴. 家具广告的奥秘[M]. 广州：广东经济出版社，2004.

[32]冷振兴. 炒作？——没事找事的事件营销[M]. 北京：企业管理出版社，2004.

[33]张利民,王素珍.饭店管理概论[M].北京:北京大学出版社,2008.
[34]高厚礼.试论企业服务的策划与控制[J].淄博学院学报,2000(2).
[35]王明景.旅游服务礼仪[M].北京:科学出版社,2006.
[36]方伟,曾舒煜.快速消费品行业指南(大学生职业探索系列丛书)[M].北京:高等教育出版社,2009.
[37]孟建华.现代物流管理概论[M].北京:清华大学出版社,2004.
[38]向常华,叶昌德.实用企业文书写作大全[M].哈尔滨:哈尔滨地图出版社,2005.
[39]余鑫炎.商业经济学[M].北京:中国财政经济出版社,2003.
[40]彭兰.网络传播概论[M].北京:中国人民大学出版社,2009.
[41]陈孟建,沈美莉,徐慧剑.网络营销与策划[M].北京:人民邮电出版社,2007.
[42]欧朝晖.SEO智慧搜索引擎优化与网站营销革命[M].北京:电子工业出版社,2009.
[43]田智辉.新媒体传播:基于用户制作内容的研究[M].北京:中国传媒大学出版社,2008.
[44]张国良.全球化背景下的新媒体传播[M].上海:上海人民出版社,2008.
[45]张卫东.网络营销理论与实践(第3版)[M].北京:电子工业出版社,2009.
[46]匡文波.网络传播技术[M].北京:高等教育出版社,2003.
[47]张传玲,王红红.电子商务网站运营与管理[M].北京:北京大学出版社,2009.
[48]中国互联网络信息中心,http://www.cnnic.net.cn/.
[49]艾瑞咨询,http://www.iresearch.cn/.